조선 왕실 문화의
제도화 양상 연구

6

조선 왕실의 사예(射藝)와 무(武) 문화

본 저서는 2013년 대한민국 교육부와 한국학중앙연구원(한국학진흥사업단)의 한국학 총서(왕실문화총서) 사업의 지원을 받아 수행된 연구임(AKS-2013-KSS-1230006)

조선 왕실의
사예(射藝)와 무(武) 문화

오종록 지음

국학자료원

과연 조선 왕실에도 무(武) 문화가 있었을까? 조선시대를 연구한 성과들을 보면, 조선 왕실 구성원들은 무예나 무술과 관련된 문화 활동을 한 일이 거의 없었던 듯하다는 생각을 하게 된다. 그렇지 않고서야 이와 관련된 연구성과가 이처럼 없을 수가 없다. 그러나 하늘이 내린 장수라는 칭송을 들었던 이성계의 후손들이 왕위를 계승하였는데, 어떻게 그럴 수가 있었을까? 이러한 의문 속에 조선왕조실록과 이러저러한 기록들을 살펴본 결과, 조선 왕실에도 무 문화가 활쏘기 재주 곧 사예(射藝)를 중심으로 엄연히 존재하였음을 확인할 수 있었다.

우리 역사에서 영웅적 능력을 바탕으로 왕조를 개창한 인물들의 핵심 무예는 모두 사예였다. 부여의 시조와 고구려의 시조는 그 이름이 모두 '주몽'이다. 이 주몽이라는 이름은 사실 고유명사가 아니라, 활을 잘 쏘는 사람을 가리키는 보통명사였다. 부여의 주몽과 고구려의 주몽 모두 남들보다 월등하게 활을 잘 쏘아서 영웅이 될 수 있었고, 나아가서는 왕조를 개창할 수 있었다는 것이다. 고려의 태조 왕건도 활을 쏘는 능력이 출중하여, 그 능력으로 용왕의 두통거리를 해결하였다는 설화가 전하고 있다. 그런 가운데 하늘이 내려준 활솜씨에 대한 이야기를 가장 많이 남기고 있는 영웅은 역시 조선의 태조 이성계이다.

이러한 까닭에, 조선 국왕이 활쏘기 능력을 드러내는 것과 조선의 어떤 장수나 군사가 활쏘기 능력을 드러내는 것은 전혀 다른 수준의 맥락 위에 위치하게 된다. 조선 국왕과 왕실의 초월적 권위가 태조 이성계로부터 비롯된다는 사실, 그 태조 이성계를 대표하는 이미지가 신궁(神弓)이라는 것을 누구나 안다는 사실 등이 다른 수준의 맥락을 형성하는 핵심 요소들이었다. "사예와 연결된 권위는 조선 국왕이 태조 이성계처럼 뭇 시선을 집중시키며 과시할 수 있었을 때 가장 강력하였을 것이다. 그렇게까지는 못하더라도 국왕이 종친과 주요 신하들을 모아 활쏘기를 하며 즐길 때 그에 버금갈 수 있었을 것이고, 주요 중앙군 군사들의 활쏘기 시합을 친히 나아가 볼 수 있다면 그나마 힘이 있었을 것이다. 왕권이 약해졌던 시기에는 국왕이 군사들의 활쏘기 시합을 친히 나아가 보는 기회조차 드물었을 수 있다." 이와 같은 생각을 갖고 조선왕조실록과 『승정원일기』를 중심으로 자료를 조사하여 분석한 결과, 앞의 선입관이 크게 잘못된 것이 아니었음을 확인할 수 있었다.

조선의 국왕들은 유교 국가를 이끌 수 있는 덕목을 갖추고자 경연을 열심히 한 경우가 많았다. 그러나 그 한편으로 대표적 학자 군주인 세종이나 정조도 자신과 핵심 관료, 그리고 군사들의 사예에 큰 관심을 기울였다. 그리고 정통성에 약점이 있거나 약해진 국왕의 권위를 강화시키고자 하는 군주일수록 사예 능력을 과시하고자 하였음을 기록에서 볼 수 있었다. 그러나 이 책에서 그러한 것들을 하나하나 다 짚어서 설명할 수는 없었다. 지면과 시간의 제약에 따라, 국왕의 사예를 중심으로 한 조선 왕실의 무 문화가 어떤 의례나 제도를 갖추며 어떻게 바

꿰어 왔는가의 대강을 조선시대 역사의 변천 속에서 살피는 것으로 만족하였다. 더 구체적인 설명을 담은 책은 뒷날을 기약하고자 한다.

이 책은 조선 왕실의 문화가 제도화하는 양상을 7개 부문으로 나누어 살피고자 기획한 공동연구의 한 부문이다. 국왕의 종친, 후궁, 공주와 부마 등 혈연과 혼인으로 형성되는 인간관계의 제도화 양상을 앞에 배치하고, 왕실의 불교와 민간신앙 등 종교문화의 제도화 양상을 그 뒤에 두고, 놀이문화와 무(武) 문화의 제도화 양상을 마지막에 배치하였다. 계획대로 진행되었다면 2017년 말이나 2018년 초에는 나와야 했으나, 중간에 일이 틀어져서 이제야 나오게 되었다. 그리고 이 책이 이 시리즈의 제7권이어야 하나, 그 사이에 불교를 담당한 연구자가 건강에 이상이 생겨 책을 내지 못하여서, 이 책이 제6권으로 바뀌었다. 경위가 어떠하든 본래의 출판 기일을 지키지 못한 점에 대하여 연구를 지원해 준 여러 기관과 관계자 등 여러분께 미안한 마음을 전한다.

이 책을 내는 데에 여러 사람의 도움을 받았다. 2018년 봄 처음 출판을 위한 작업을 할 때 전세영 선생이 원고의 교정과 색인 작업을 맡아 큰 도움을 주었다. 2021년 가을에 새로 출판을 위한 작업을 하면서는 초교에 필자의 아내인 최노아 님이 노안을 무릅쓰고 고생을 하였다. 그리고 이 책을 출간해 준 국학자료원의 정진이 사장, 편집을 맡아 수고한 우정민 과장 등 여러분께 감사드린다.

끝으로 이 책이 조선 왕실의 문화를 좀 더 사실에 가깝게 이해하는 데에 도움이 되기를 바라면서 글을 맺는다.

2021년 12월 중순
노량진 집에서 저자 씀

차 례

1장

머리말

이 연구는 조선왕조의 왕실 문화를 유교적 제도화와 비유교적 제도화 두 방면으로 연구하여 각각의 양상을 구명함과 아울러, 왕실문화 전반을 종합적으로 고찰하는 데에 큰 목적을 둔 7개 주제의 하나로 구상되었다. 유교적 제도화가 종친제도, 후궁제도, 부마제도 등 왕실의 인적 구성 부문에 초점이 맞추어지고, 비유교적 제도화가 불교와 무속에 초점이 맞추어졌다고 한다면, 무(武) 문화는 놀이문화와 아울러 유교적 제도화와 비유교적 제도화 두 방면에 함께 걸칠 수 있다고 전제하였다. 여기서 '제도'는 영어에서 institution이 뜻하는 내용과 system이 뜻하는 내용을 포괄한다고 할 수 있다. 즉 무를 내용으로 하는 문화 현상으로서 반복적으로 이루어진 것이라면 법률이나 의례 규정에 의해 어느 정도 행위의 내용이 규정되어 있는 것(system)과 막연히 전통이나 관습에 따라 행위가 이루어지는 것(institution) 모두를 대상으로 한다.

과연 조선 왕실에는 무 문화가 존재하였는가? 조선 왕실에 무 문화가 존재하였다면 그 비중은 어느 정도였으며, 어떠한 것들이 중심을 이루었는가? 혹 궁술(弓術) 즉 활쏘기가 조선 왕실 무 문화의 중심 요소는 아니었을까? 필자는 이러한 의문을 해명하는 데에 목적을 두고 이 연구를 계획하였다. '과거에 실재한 사실'로서의 역사로 보자면, "조선 왕실에 무 문화가 존재하였는가?"라는 것은 어리석은 질문에 지나지 않는다. 당연히 조선 왕실에도 무 문화가 존재하였다. 그러나 '역사서술의 결과'로서의 역사로서 살펴보면 이 질문은 상당한 존재 이유를 지니고 있다. 뒤에 제시한 기왕의 연구 성과에 대한 검토 결과에서 알 수 있듯이, 이제까지 조선 왕실의 무 문화에 대한 연구는 거의 이루어진 바가 없다. 그 결과 조선 왕실의 무 문화가 실제 어떠하였는가를 파악하기는 매우 어렵다. 그렇기 때문에 조선 왕실의 무 문화가 실제 어떠하였는가를 알리는 것 자체가 중요한 의미를 가질 수 있는 상황이며, 이에 따라 이것을 기본적인 연구 목적으로 삼게 되었다.

이 연구의 세부적 목적은 조선시대의 역사상을 규정하는 구체적인 조건 속에서 왕실의 무 문화가 실제 어떠한 내용으로 존재하고 변화하였는가를 파악, 정리하는 데에 있다. 우선 필자는 조선왕실의 무 문화가 유지 존속되어야 하는 까닭 내지는 조선왕실의 문화에서 무 문화가 갖는 고유한 가치는 조선왕조의 시조 이성계의 권위로부터 비롯됐다고 생각한다. 동양 전근대사회에서 왕권은 천명사상(天命思想) 위에서 인식되었으며, 유교 국가를 표방한 조선에서는 그러한 인식이 대단히 강하였다. 조선 국왕의 자리도 중국 황제인 천자(天子)와 차별되기는 하나 역시 하늘이 백성을 대신 기르도록 임무를 부여하여 맡고 있는 것이었고,[1] 그 출발점은 고려 말엽에 태조 이성계가 하늘에게서 부여받

---

1) 尹絲淳, 2000, 「16세기 天命思想과 儒教政治」, 『歷史上의 國家權力과 宗教』, 歷史學會(編), 一潮閣

은 무예로 도탄에 빠진 백성들을 구한 여러 전공을 바탕으로 1392년에 이르러 조선을 개국한 것이었다. 그러므로 세종은『태조실록』의 총서와『고려사』와『고려사절요』를 편찬하는 과정에서 고려말 태조의 활약상이 상세하지 못한 것에 불만을 표하고, 함경도와 지리산 일대 지역에 전해지는 이야기들까지 채록하도록 하여『용비어천가』를 편찬함으로써 태조의 활약상이 노래로 전해지도록 하였던 것이었다.[2]

하늘이 내린 무장으로서의 태조 이성계의 권위는 무예 재능으로 보면 말타기인 기(騎) 또는 어(御)와 활쏘기인 사(射)로 표현되었다. 어와 사는 중국 고대사회 때부터 사(士) 이상의 신분 지위를 갖춘 이들이 익혀야 할 육예(六藝)에 포함된 기예여서, 유교 문화의 구성 요소로 인식되고 있었다. 조선 태조의 어진은 현재는 전주 경기전(慶基殿)에서 보존해온 좌상(坐像)을 그린 것만을 볼 수 있으나, 본래 창덕궁 선원전(璿源殿)에는 전신상과 반신상 그리고 말을 타고 앉아 있는 초상 등 20종이 넘는 태조 어진이 있었고, 다른 국왕들도 복수의 어진을 보존하고 있었다.[3] 조선 태조에게도 중국의 당 태종처럼 팔준마(八駿馬) 곧 준마 여덟 필이 있었다고 하므로, 말을 타고 앉아 있는 태조의 초상은 8장 이상이었을 것이며, 이 준마를 타고 있는 태조의 모습이 조선 국왕이 계승한 기상(氣象)으로서의 모범이었을 것이다.

조선시대에는 말을 타고 달리면서 활을 쏘는 행위를 기사(騎射)라 하였는데,[4] 기사는 말타기와 활쏘기 두 가지가 결합된 무예이므로, 태조

---

2) 김승우, 2012,『용비어천가의 성립과 수용』, 보고사
3)『중종실록』권 55, 중종 20년 8월 24일 辛亥(1번째 기사) 2장 조선초기 講武와 국왕의 騎射 射藝
4) 대표적인 예로 武科 시험 종목에서의 騎射를 들 수 있다(『經國大典』「兵典」, 武科). 시험 과목으로서 騎射의 내용과 그 변화는 최형국, 2013,『조선후기 기병전술과 마

의 후손으로서 그 왕위를 계승한 역대 조선의 국왕들은 신하와 백성들 앞에서 태조로부터 물려받은 기사 사예를 과시하고 싶어 하였을 것으로 생각된다. 국왕이 신하와 백성들의 눈앞에서 기사를 할 수 있는 공식적인 기회는 조선의 특유한 군례(軍禮) 의례로 정착한 강무(講武)였다.[5] 국왕이 기사를 할 수 있는 사사로운 수단으로 사냥을 생각할 수 있으나, 개인적으로 하는 사냥은 비공식적인 방법이어서 국왕의 권위를 과시하는 데에는 큰 약점이 있었다. 따라서 왕실 무 문화의 중요한 부분으로서 국왕의 기사 사예는 공식적으로는 강무를 통하여 제도화되어 실연(實演)되고, 비공식적으로는 사냥을 통해 존속될 수 있었다.

두 번째로, 조선왕조의 역대 국왕 가운데에는 태조의 경우와 완전히 일치하는 것은 아니더라도 무의 측면에서 권위의 강화를 추구한 사례가 있었으리라는 것이 이 연구의 주요 전제이다. 즉 이 연구는 태조의 후손으로서 왕위에 올랐으므로 수성지주(守成之主)임이 분명하나, 왕조 개창에 버금가는 일을 해낸다는 생각을 가졌을 만한 군주들이 존재하였고, 그 결과 조선 왕실에서 무 문화가 면면히 이어질 수 있었다는 것을 전제하고 출발한다. 자신이 조선 왕실을 부흥시킨다는 자부심을 가졌을 것으로 판단되는 군주로는 세조(世祖), 인조(仁祖), 숙종(肅宗)과 영조(英祖), 정조(正祖) 등을 생각할 수 있다. 이들은 조선이 유교 국가인 조건 아래에서 당연히 문(文)의 측면에서 권위를 갖추려 하였을 것인데, 그 한편으로는 무의 측면에서도 태조의 후손임을 드러내고자 하였을 수 있다는 생각인 것이다. 그리고 그것을 확인할 수 있는 것으로

상무예』, 혜안에 자세하다.
5) 오종록, 2015, 「군왕이 일어서니 세상이 바로 서다 ―조선의 군례―」, 『조선의 국가 의례, 오례』, 국립고궁박물관 ; 이 책 2장 조선초기 講武와 국왕의 騎射 射藝 참조

서 국왕의 사예, 국왕의 활쏘기 능력 과시를 생각하게 되었다.

이 밖에도 조선 왕실의 무 문화에 규정적인 영향을 줄 수 있는 요인은 여러 가지일 것인데, 그 가운데서 조선 건국 때부터 유교 국가이고자 표방하였고 또 줄곧 유교가 다른 종교나 사상들에 비해 압도적인 우위에서 지배 이념으로 작동하였다는 사실이 중요하다고 판단된다. 유교를 무 문화에 적대적인 가치규범인 것으로 단순화할 수는 없다. 특히 사예의 경우는 서서 쏘는 방식 즉 보사(步射)의 형태로 유교 의례에 일찍부터 규정되어 있었다. 바로 대사례(大射禮)와 향사례(鄕射禮)로, 왕실 차원의 의례와 대부(大夫) 및 사들의 의례가 규정되어 있었던 것이다. 여기에서 알 수 있듯이, 사예는 유교에서도 매우 중요시하는 무예였다. 그렇지만 유교가 무보다는 문에 우호적인 것만은 분명하므로, 왕실의 무 문화를 제약하는 쪽으로 유교 이념이 영향을 끼쳤을 개연성이 크다. 그리고 사림정치가 활발하였던 시기일수록 유교 이념의 영향력이 컸을 것으로 추정된다. 즉 태조가 조선을 건국한 이후 국왕과 훈구세력, 사림세력 등의 정치세력의 역학관계가 변화함에 따라 왕실의 무 문화가 얼마나 활성화될 수 있었는가 아니면 침체되었는가를 확인하고자 한다. 이것이 세 번째 세부 목적이다.

네 번째로는 사예를 국왕이나 세자 등 왕실의 주요 구성원이 실연하는 형식이 아니라, 종친이나 문무 관원, 군사들의 활쏘기를 국왕이 관람하는 형식의 왕실 무 문화 또한 구명(究明) 대상에 넣고자 한다. 전근대사회에서 지배층과 피지배층은 말이나 나귀 또는 수레나 가마 따위의 탈것을 타고 다닐 수 있는 계층과 그것이 금지된 계층으로 길을 다닐 때의 외형이 구현되는 한편, 사용하는 무기로 보면 활과 화살을 사용할 수 있는 계층과 그렇지 못한 계층으로 구현되었다.[6] 그리고 국왕이 활쏘기를 관람한 뒤에는 의례 상사(賞賜)가 뒤따랐다. 따라서 국왕이 활쏘기를 관람한다는 것은 어떤 사람들에게 활을 쏘도록 하는가에 따라 종친과 공신 수준의 최고위 지배층에서부터 상류층 군사들 수준의 하급 지배층에 이르는 사람들에 이르기까지 사람들과 친목을 도모하는 수단일 수도 있었고, 군사력 강화를 위해 매우 효과가 큰 독려 행위일 수도 있었다. 이와 아울러 국왕이 군사훈련을 직접 지휘하며 진행하는 군사 의례인 대열(大閱), 그리고 대열에 버금가는 규모로 이루어지기도 하였던 열무(閱武)도 이 책의 구명 대상에 포함시켜 다루고자 한다. 덧붙여 말하자면, 사극이나 심지어는 다큐멘터리라는 이름으로 제작 방송된 작품에서조차도 가끔 조선의 국왕이나 세자가 칼이나 창 따위를 사용하는 무예 단련에 열중하였던 것이 사실인 것처럼 묘사하고 있는 것을 볼 수 있는데, 이는 사실이었을 가능성이 매우 희박하다. 열무에서 국왕이 사예 외에 칼을 쓰거나 하는 다른 무예를 관람하는 일도 있었는데, 국왕이 무예를 관람하면 당연히 상사가 뒤따르기 때문에, 이러한 경우는 국왕이 중하급 신분층의 군사들에 대해서도 사기를 북돋우려 하였다라는 추정이 가능하다.

마지막 다섯 번째로는 이상의 조선 왕실 무 문화와 관련되어 제도화한 것들 가운데서 건국 초엽에 시작되어 가장 꾸준하게 지속된 것은 무엇이며, 처음에는 활발하다가 중간에 약해진 것은 무엇이고, 뒷 시기에 새롭게 시작되거나 중간에 내용이 바뀐 것으로는 어떤 것이 있는지도 확인하고자 한다. 그리고 이를 통해서 조선 왕실의 무 문화가 유교적인

---

6) 이러한 점은 武科 및 중앙군 兵種別 試取에서의 시험 과목 차이에서 알 수 있다(千寬宇, 1964, 「朝鮮初期 ‘五衛’의 兵種」, 『史學硏究』 18(痴庵申奭鎬博士華甲紀念論文集), 韓國史學會).

성격으로 제도화하는 과정을 겪은 것들로는 어떤 것이 있었고, 국왕과 왕실은 그것을 얼마나 중요시하면서 어떤 태도로 대하였는지도 살피고자 한다. 이러한 생각을 하게 된 까닭은 조선시대 군례에 속한 의례들 사이에서 실제로 시행되었는가, 시행되었다면 얼마나 자주 시행되었는가에 큰 차이가 있다는 사실이 이미 파악되어 있다는 데에 있다.[7] 국왕의 기사 사예가 중심을 이루던 부분, 국왕의 보사 사예가 중심을 이루던 부분, 그리고 종친 이하의 사람들에게 사예나 그 밖의 무예를 겨루도록 하고 국왕이 관람하던 부분 각각이 조선시대 역사의 흐름 속에서 언제 어떻게 제도화가 이루어지고 어느 정도 활발하게 행사를 거행하였는지를 종합하면 조선 왕실의 무 문화가 어느 정도 밝혀질 수 있을 것으로 기대한다.

앞에서 서술한 바와 같이, 조선 왕실의 무 문화를 전문적으로 연구 서술한 성과는 아직 출간된 바 없다. 여기에는 크게 보아 두 가지 이유가 작용하였다고 판단된다. 그 하나는 한국사를 대상으로 하여 근대 역사학이 출범한 이래 오랜 동안 사건사와 제도사 중심의 정치사나 성리학 중심의 사상사가 연구의 주류를 이루었고 문화사 연구는 외면되었다는 것이다. 그리고 다른 하나는 1945년 해방 직후 한때 한국문화사 연구 성과가 다수 출간된 일이 있으나, 아직은 왕실문화 특히 조선시대의 왕실문화 자체가 연구 주제로 선정되기에는 어려운 분위기여서 왕실문화를 대상으로 삼은 성과가 전무하였다는 것이다.[8] 여기에는 망국

---

7) 오종록, 앞의 「군왕이 일어서니 세상이 바로 서다 ─조선의 군례─」, 『조선의 국가 의례, 오례』, 국립고궁박물관

8) 趙東杰, 1998, 『現代韓國史學史』, 나남출판 ; 오종록, 2005, 「조선전기사 연구 50년」, 『한국사연구 50년』(이화여대 한국문화연구원 편), 혜안

(亡國)의 역사로서 조선시대사를 인식하는 경향이 잔존하였던 것에 더하여, 조선 왕실로부터 이어진 대한제국 황실에 대한 실망감이 중요하게 작용하였다고 생각된다.

1960년대에 접어들자 조선시대의 역사와 문화에 대해 전보다 긍정적인 인식이 성장하였으나, 양반관료제사회 내지 근세사회론이 강력하게 힘을 발휘하는 사정 위에서 여전히 왕실 문화를 연구하기는 어려웠다.[9] 이로부터 벗어나 1990년대 이후 조선의 국왕, 왕권, 국가와 왕실의 의례 등에 대한 연구 성과가 차츰 축적되기 시작하자[10] 왕실 문화에 대한 서술도 이루어질 수 있었다. 대표적인 예로 2000년을 전후하여 간행된 신명호의 두 저작을 들 수 있다.[11] 이 가운데『조선의 왕』에서는 왕실의 무 문화 내지 군사 관련 내용은 '군사권'이라는 항목으로 2쪽 남짓 서술된 것에 지나지 않았으나,『조선 왕실의 의례와 생활』에서는 '무의 상징, 왕의 활쏘기'라는 장이 설정되어 대략적이기는 하나 6쪽에 걸쳐 그 내용이 서술되어 있다. 이 밖에도 조선의 왕실 문화를 다룬 성과가 적지 않게 출간되었으나, 무 문화에 초점을 맞추어 다룬 업적은 확인되지 않는다. 바꿔 말하면, 현재까지 조선 왕실문화에 대한 연구와 서술에서 '무 문화'가 차지하고 있는 비중은 매우 미약한 상황이다.

이제 이 연구에서 가설을 세우는 데에 참조한 기왕의 연구 성과를 소

---

9) 오종록, 앞의 「조선전기사 연구 50년」

10) 이 시기에 다음과 같이 왕권을 다룬 편저서가 집중적으로 출간된 것에서 당시 역사학의 분위기를 짐작할 수 있다.
東洋史學會(編), 1993,『東亞史上의 王權』, 한울아카데미 ; 조선시대사학회(편), 1999,『東洋 3國의 王權과 官僚制』, 國學資料院 ; 歷史學會(編), 2000,『歷史上의 國家權力과 宗敎』, 一潮閣

11) 신명호, 1998,『조선의 왕 −조선시대 왕과 왕실문화−』, 가람기획 ; 2002,『조선 왕실의 의례와 생활 −궁중문화−』, 돌베개

개하면 다음과 같다. 우선 태조 이후의 여러 조선 국왕들 가운데 사예에 자신이 있는 경우에는 스스로 활을 쏘는 모습을 신하들 앞에 드러냄으로써 자연스럽게 신궁(神弓)의 후예임을 과시하였을 것이라는 생각이 이 연구를 관통하는 주요 가설이다.[12] 태조 이성계의 경우 땅 위에서서 과녁을 설정하고 활을 쏘는 보사 능력을 과시한 사례도 적지 않으나, 사람들의 눈을 특히 놀라게 한 것은 말을 달리며 활을 쏘아 맞추는 기사 능력이었다.[13] 태조의 기사 능력은 전쟁 중에 군사들의 사기를 진작시키기 위해 과시된 것이 주류를 이루나, 조선 국왕이 기사 능력을 과시할 수 있는 경우는 사실상 사냥 때에 국한될 수밖에 없었다. 따라서 이 책에서는 먼저 국왕의 사냥은 평범한 개인의 사냥과 다를 것이라는 전제 위에, 과연 조선의 국왕이 사냥을 할 수 있었는가 아닌가에 대해서부터 관심을 두고자 하였다.

국왕의 사냥이 개인의 사냥과 다르다는 전제는 고구려와 백제, 신라의 국왕들이 전렵(畋獵)과 순수(巡狩)를 통해 군대를 훈련하고 통솔하였음을 구명한 연구[14]에서 시사받았다. 조선시대 국왕의 사냥이 삼국시대 국왕의 사냥과 같을 수는 없으나, 국왕의 궁궐 밖 행차와 행위에는 그것이 미복(微服)으로 이루어지는 경우가 아닌 한 국왕을 상징하는 의장(儀仗)과 호위 병력이 기본적인 구성을 갖추고 수행하여야 한다.

---

12) 조선 태조의 활 솜씨와 역대 국왕이 활쏘기를 중시한 것에 대해서는 간략하게나마 박재광, 2007, 「부국강병의 토대, 조선전기의 무기와 무예」, 『한국문화사 14 −나라를 지켜낸 우리 무기와 무예−』, 국사편찬위원회에 소개되어 있는데, '활쏘기는 사대부의 기본 덕목'이라는 제목 아래 서술되어 있다. 제목과 달리 실상 사대부의 활쏘기에 대한 내용은 별로 없다.

13) 『太祖實錄』 總書 ; 『龍飛御天歌』

14) 金瑛河, 2002, 『韓國古代社會의 軍事와 政治』, 高麗大 民族文化研究院

조선의 국왕이 어느 정도나 사냥을 할 수 있었는가에 대한 판단이 필요한 까닭이 여기에 있다. 이와 관련하여 조선초기에 강무가 군례 의례의 하나로 제도화하는 과정에서 국왕 특히 태종의 사냥을 하고픈 욕망이 크게 작용하였다는 이범직(李範稷)의 견해가 매우 주목되었다.[15] 강무에 대한 심승구의 연구와 정리 또한 국왕의 사냥과 관련하여 비교적 구체적인 정보를 담고 있는 데다가 특히 중종 때의 답렵(踏獵)에 대해서도 소략하나마 설명이 되어 있어서 크게 참고가 되었다.[16] 강무에 대해서는 이 밖에도 여러 연구자의 성과들이 있으나, 대체로 군사적인 성격에 초점을 맞춘 것들이며,[17] 이와 달리 강무가 '국왕의 의례'라는 점에 초점을 맞추고자 한 정재훈의 연구가 있다.[18] 이들 강무에 대한 연구가 왕실 문화에 대한 연구 성과로 간주되지 못하는 이유는 정작 군사 훈련으로서든 군례 의례로서든 강무를 시행하는 동안 국왕이 무엇을 어떻게 하는지에 대한 서술이 거의 없는 데에 있다. 강무 때 국왕이 무엇을 어떻게 하는지는 정재훈의 연구에서조차 인용 사료 안에 그 내용이 있을 뿐, 저자의 서술에는 들어 있지 않다. 어쨌든 이상의 연구들에 힘입어 국왕의 기사 사예는 사냥을 통해 구현되었고, 그 국왕의 사냥은 강무

---

15) 李範稷, 1991, 『韓國中世禮思想硏究 -五禮를 中心으로-』, 一潮閣
16) 심승구, 2007, 「조선시대 사냥의 추이와 특성 -講武와 捉虎를 중심으로-」, 『역사민속학』 24 ; 2011, 「권력과 사냥」, 『한국문화사 40 -사냥으로 본 삶과 문화』, 국사편찬위원회
17) 제도로서의 講武에 대해서는 일찍이 朴道植, 1987, 「朝鮮初期 講武制에 관한 一考察」, 『朴性鳳敎授回甲紀念論叢』, 경희대사학논총간행위원회에 정리된 바 있다. 그 뒤 군사적 측면에 초점이 맞추어진 연구 성과로 李玡秀, 2002, 「조선초기 講武 施行事例와 軍事的 기능」, 『軍史』 45 ; 金東珍, 2007, 「朝鮮前期 講武의 施行과 捕虎政策」, 『朝鮮時代史學報』 40, 朝鮮時代史學會 등이 있다.
18) 정재훈, 2009, 「조선시대 국왕의례에 대한 연구 -강무(講武)를 중심으로-」, 『한국사상과 문화』, 한국사상문화연구원

와 답렵으로 제도화하여 실행되었다는 가설을 설정할 수 있었다. 이 연구의 최종 보고서를 제출한 뒤 이왕무가 조선시대의 군례를 총정리한 연구서를 간행하여 큰 도움을 주고 있는데,[19] 군례를 '왕실의 군사의례'로 간주하는 관점을 강조한 결과 국왕이 의례의 주체라는 더 중요한 사실이 퇴색되는 아쉬움을 남겼다.

16세기에 접어든 이후 농업의 발달과 인구 증가에 따라 자연환경이 바뀌고, 정치사상과 정치세력에서의 변화가 더해진 결과, 조선의 국왕이 사냥을 하기는 갈수록 어려워지고 나아가서는 사실상 불가능해지게 되었다. 이러한 조건의 변화에 따라 차츰 조선의 국왕은 기사 사예를 포기하고 보사 사예를 보이는 것에서 만족하게 되었으리라는 추정이 가능하다. 현재까지 조선 국왕의 보사에 대한 연구는 대사례에 대한 연구들만 있을 뿐이다.[20] 현재 대사례에 대한 연구가 이루어진 결과 의례로서의 대사례의 절차와 내용, 그 가운데서 국왕이 활을 쏘는 절차 등과 아울러 성종 때 1회, 연산군 때 2회, 중종 때 1회 거행된 뒤 200여 년이 지나서야 영조 때 다시 대사례가 거행되었고 이때 대사례의주(大射禮儀註)가 새롭게 갖추어졌으며, 뒷날 정조는 그것이 대사례가 아니라 연사례(燕射禮)라고 보고 새로이 대사례의 의주를 갖추었다는 사실 등이 확인되어 있다. 그러나 대사례가 중단된 200여 년 동안 조선의 국

19) 이왕무, 2019, 『조선왕실의 군사의례』, 세창출판사
20) 姜信曄, 2001, 「朝鮮時代 大射禮의 施行과 그 運營 ─『大射禮儀軌』를 중심으로」, 『朝鮮時代史學報』16 ; 申炳周, 2001, 「『大射禮儀軌』 解題」, 『大射禮儀軌』, 서울대학교 奎章閣 ; 申炳周, 2002, 「英祖代 大射禮의 실시 ─大射禮儀軌」, 『韓國學報』 106, 一志社 ; 박종배, 2003, 「조선시대 成均館 大射禮의 시행과 그 의의」, 『교육사학연구』13, 교육사학회 ; 심승구, 2009, 「朝鮮時代 大射禮의 設行과 政治·社會的 意味 ─1743년(영조 19) 大射禮를 중심으로」, 『한국학논총』32, 국민대 한국학연구소

왕은 과연 전혀 활을 쏘지 않았던 것인지, 그렇다면 어떻게 사예를 과시하고자 하였는지는 밝혀진 바가 없다. 또한 영조 때의 대사례의주가 무엇을 근거로 제작되었는가도 명확하게 설명되어 있지 않다. 필자는 대사례가 중단된 동안에도 조선의 국왕이 활을 쏘았을 수 있고, 영조 때의 대사례의주 제작에는 기초가 된 기왕의 의례가 있었을 가능성이 높다고 보고, 이를 사료에서 증거를 찾아서 설명하고자 한다.

그 한편, 조선의 국왕이라고 모두가 활을 잘 쏘았을 수는 없었을 수도 있고, 때로는 활쏘기를 기피하였을 수도 있을 것이라는 점도 고려해야 할 필요가 있다고 생각된다. 그럼에도 국왕인 까닭에 특정 범주의 문무 관원이나 군사들을 대상으로 활쏘기 시합을 시키고 그것을 친히 관람하는 일은 피할 수 없었을 것이라는 가설이 가능할 것이다. 조선시대 동안 국왕을 중심으로 거행되는 무예 관람 내지는 군사적 행사로서 가장 중요한 것은 강무와 대열이었다. 이 가운데 조선초에 국한되어 시행되었던 강무를 국왕의 기사와 관련하여 살펴보게 된 터이므로, 대열도 함께 살펴보아야 할 것이다. 대열은 최근 10년 사이에 본격적인 연구가 진행되어 중요한 성과들이 산출되어 진법(陣法) 훈련을 기초로 하여 이루어지는 가상 전투 훈련이자 의례임을 알게 되었는데,[21] 그 이전에는 대열을 막연히 대규모 열병이나 국왕의 군대 사열 정도로 생각하였었다. 대열의 경우는 16세기 이후 한동안 중지되었다가 그 내용에 상당한 변화를 겪으면서 18세기에 부활한 것으로 추정되므로,[22] 조선후

21) 盧永九, 2008, 「조선후기 漢城에서의 閱武 시행과 그 의미 – 大閱 사례를 중심으로 –」, 『서울학연구』 32, 서울학연구소 ; 김동경, 2010, 「조선 초기의 군사전통 변화와 진법훈련」, 『군사』 74, 국방부 군사편찬연구소 ; 소순규, 2012, 「조선초 大閱儀의 의례 구조와 정치적 의미」, 『史叢』 75, 고려대 역사연구소
22) 盧永九, 앞의 「조선후기 漢城에서의 閱武 시행과 그 의미 – 大閱 사례를 중심으로 –」

기 내지 말엽의 대열 또한 간략하게나마 검토 대상에 포함시켰다.[23]

조선의 국왕이 종친 이하 신료와 군사들에게 활쏘기를 시키고 관람하는 관사(觀射)와 시사(試射)는 기왕의 연구 성과를 통해 가설을 가다듬은 것이 아니라, 사료에 대한 기초 조사 과정에서 얻은 정보를 통해 구상한 것이다. 이 연구에 착수할 때까지 관사와 시사를 다룬 연구 성과는 2편에 지나지 않았고,[24] 최근에야 조선초기의 관사에 대한 본격적 고찰이 포함된 연구가 제출된 바 있다.[25] 관사는 15세기를 거치는 동안에, 시사는 16세기 이후에 제도화가 진행된 것으로 보고 연구를 진행하였다.

이 밖에 조선 국왕의 말타기, 사냥, 활쏘기 등과 관련하여 정보를 얻을 수 있었던 여러 연구 성과들이 있다. 국왕과 왕실 구성원들이 탈 말을 기르고 훈련하는 것 등에 대한 정보를 얻을 수 있는 것으로는 남도영(南都泳)의 여러 연구가 있는데, 뒤에 이용하기 쉽게 책으로 묶여 간행되었다.[26] 이 연구의 부분적 주제와 관련되는 활과 화살, 궁술에 대해서는 몇 권의 연구서가 출간되어 있으며,[27] 사예를 내용의 일부로 다루거나 전문적인 도록의 형태로 간행된 것도 있다.[28] 그러나 국왕 및

·   에서 가리키는 大閱은 엄밀한 의미로는 대규모 閱武이다. 이 연구에서는 閱武와 구별되는 大閱이 거행되었을 것이라는 가설을 세우고 이를 확인하고자 한다.

23) 심승구, 2005, 「조선전기의 觀武才 연구」, 『향토서울』 65

24) 崔永禧, 1963, 「瑞蔥臺에 對하여」, 『향토서울』 18호, 서울특별시사편찬위원회 ; 심승구, 앞의 「조선전기의 觀武才 연구」

25) 金雄鎬, 2017, 「조선초기 중앙군 운용 연구」, 서울대 국사학과 박사논문

26) 南都泳, 1997, 『韓國馬政史〈개정판〉』, 한국마사회마사박물관

27) 정진명, 1996, 『우리 활 이야기』, 학민사 ; 김일환·정수미, 2002, 『궁시장』(국립문화재연구소 중요무형문화재 기록 도서), 화산문화 ; 박윤서, 1987, 「조선시대 궁시의 발달」, 『학예지』 1, 육군사관학교 육군박물관

28) 박재광, 2007, 「부국강병의 토대, 조선전기의 무기와 무예」, 『한국문화사 14 ─ 나

왕실의 활쏘기를 다룬 연구서는 현재까지 간행된 바 없다. 그리고 국왕의 행차를 주제로 한 연구 또한 이 연구에 참조하였음을 밝혀 둔다.[29]

이 연구에서 가장 중요하게 이용한 자료는 『태조실록(太祖實錄)』에서 『철종실록(哲宗實錄)』에 이르는 조선왕조실록과 『승정원일기(承政院日記)』의 연대가(年代記) 기록이다. 그리고 조선왕실의 무 문화를 구성한 요소들을 파악하는 데에는 조선왕조의 예서(禮書)와 법전, 규정집에 해당하는 자료들을 이용하였다. 『세종실록(世宗實錄)』「오례(五禮)」 군례(軍禮)에 의례의 하나로 규정되어 있던 대열의 경우 조선의 대표적 국가의례서인 『국조오례의(國朝五禮儀)』 군례에는 항목만이 있을 뿐 내용은 생략되어 있어서 조선왕조실록의 관련 기록과 『경국대전(經國大典)』, 『병정(兵政)』 등의 내용을 참조하여야 했다. 조선왕조실록에서 확인할 수 있는 조선초기 국왕의 관사 기록은 이 시기 동안 『세종실록』「오례」나 『국조오례의』 군례에 규정되어 있는 관사우사단의(觀射于射壇儀)와 전혀 무관하게 관사가 거행되었음을 알려주나, 예상치 못하였던 『악학궤범(樂學軌範)』의 내용으로부터 각각의 관사마다 등급이 정해져 있었음을 알 수 있었다. 또한 『속오례의(續五禮儀)』, 『춘관통고(春官通考)』와 『은대조례(銀臺條例)』, 『은대편고(銀臺便攷)』의 내용으로부터 조선후기에 조선왕실의 무 문화 구성 요소들로 대두하여 제도

라를 지켜낸 우리 무기와 무예-』, 국사편찬위원회 ; 육군사관학교 육군박물관, 1994, 『한국의 활과 화살』(한국대학박물관협회 제29회 연합전시회 도록). 무기로서의 활과 화살을 알기 쉽게 설명한 것으로는 민승기, 2004, 『조선의 무기와 갑옷』, 가람기획이 있다.

29) 김지영, 2009, 「조선후기 경험된 권력」, 『국왕, 의례, 정치』, 이태진 교수 정년기념 논총 간행위원회 편, 태학사 ; 이왕무, 2002, 「조선후기 국왕의 扈衛와 行幸」, 『藏書閣』 7, 韓國精神文化研究院

화한 것들을 파악하고자 하였다. 이 가운데 시사를 국왕이 나아가 관람할 경우 친림시사(親臨試射)라 하여 각각의 세부 규정이 갖추어져 있었음을 확인하게 되었다.

어떤 문화적 현상이 일회성의 우연한 일에 그치지 않고 제도화하였음을 확인할 수 있는 유력한 증거는 법제로 규정되거나 의례로 정비된 경우일 터이다. 이 관점에서 본다면, 『세종실록』 「오례」, 『국조오례의』와 『국조오례서례(國朝五禮序例)』, 『속오례의』, 『춘관통고』 등의 군례, 그리고 『악학궤범』 등에 들어 있는 여러 의례가 조선왕실의 무 문화를 대표할 수 있을 것으로 가정할 수 있다. 그러나 『국조오례의』 군례에 규정된 국왕의 의례들 가운데서 정례적으로 시행된 것은 사실상 강무뿐이었고, 그나마 세종 때를 지난 뒤에는 그 정례성마저 약화되고 만다는 것이 이미 확인되어 있다.[30) 따라서 『국조오례의』 등 조선시대 국가 의례서에 실려 있는 국왕의 의례들은 먼저 조선시대 동안 시행된 일이 있는가의 여부, 그리고 시행되었다면 얼마나 자주 시행되었는가를 조선왕조실록과 『승정원일기』의 기록을 통해서 확인하는 작업이 필요하였다. 그 확인 방법은 국사편찬위원회 사이트에 온라인으로 이용할 수 있도록 제공되고 있는 '조선왕조실록'과 '승정원일기'의 검색 기능을 활용하였다. 이 연구에서 핵심 내용에 해당하는 조선 국왕의 사예는 '上射(상사)', '親射(친사)', '御射(어사)'를 검색어로 검색하여 자료를 찾아 이용하였고, '弓(궁)'과 '射(사)'를 검색어로 검색하여 얻은 목록을 검토하여 혹 주요 자료가 누락되지 않았는지 교차 검토하여 확인하였다.

---

30) 오종록, 앞의 「군왕이 일어서니 세상이 바로 서다 —조선의 군례—」

조선왕조실록에서 국왕이 직접 활을 쏘는 것을 기록한 한자(漢字) 용어로는 어사와 친사 그리고 상사가 눈에 띈다. 의례 규정이나 의례를 거행하는 과정에서 국왕이 활을 쏜 것에 대한 기록인 경우는 대체로 '어사'라 하고, 의례와 무관한 일반 기록에서는 '친사' 또는 '상사'라 하였다.[31] '친사'는 '상(上)친사'에서 '상'을 생략한 형태로 볼 수 있으므로, '상사'에 '친'을 추가하여 국왕이 친히 활을 쏘았음을 강조한 것으로 해석할 수 있다. 이에 비해 세자가 친히 활을 쏘았을 것임을 추정할 수 있는 기록은 여럿 있으나, 그것을 직접 표시한 기록은 거의 발견되지 않는다. 대군(大君)이나 왕자군(王子君) 등의 여타 왕실 구성원들이 활을 쏘았음도 의례(儀禮)나 관사 기록 등을 통해서 확인하거나 추정할 수 있으나, 역시 기록이 매우 드물다. 이러한 까닭에 조선 왕실의 무 문화에 대한 추적은 국왕 중심으로 진행할 수밖에 없었다.

본격적인 연구에 들어가기에 앞서 검색 결과를 일별하여 조선의 국왕이 활을 쏜 기록을 확인해본 결과, 16세기 중반 중종 때까지와 인조 이후의 사이에서 급격하게 빈도가 줄어들어 사실상 국왕의 활쏘기가 중단된다는 것을 확인할 수 있었다. 그리고 조선왕조실록과 『승정원일기』의 기록에서 국왕이 전보다 자주 활을 쏘게 되는 것이 영조 때부터라는 것노 확인되었다. 이에 따라 조선 왕실의 무 문화가 전반적으로 사림세력이 강성하여 사림정치가 왕성하게 전개되었던 시기 동안 침체되었으리라는 가설이 대체로 옳다고 보고 연구를 진행하였다. 그러나 중종연간까지를 조선초기에 연결하여 내용을 구성하면 장별 분량

---

31) 이러한 구분은 『正祖實錄』에 이르러 무너져서, 의례와 무관하게 국왕이 활을 쏜 것에도 '御射'라 한 경우가 많다. 『正祖實錄』은 純祖 즉위 후 편찬되었으므로, 세도 정치기에 이르러 '御射'를 구분하는 원칙이 훼손되었다고 할 수 있다.

의 편차가 지나치게 심해져서, 일반적으로 성종 때까지를 조선초기로 규정하는 것에 따라 성종 때까지와 연산군 때부터로 나누어 내용을 구성하였다. 그리고 본론의 마지막 장의 내용은 영조 때부터 철종 때까지로 구성하였다.

그 한편 이 연구는 '무 문화의 제도화'가 가장 높은 수준의 주제인 까닭에, 국왕이 얼마나 활을 자주 쏘았는가, 또는 얼마나 자주 활쏘기를 관람하였는가가 구명해야 할 핵심에 해당한다. 이에 따라 시기별로 주요 구명 대상에 대해 표를 만들고 통계를 작성하여 국왕이 얼마나 활을 자주 쏘았는가, 또는 얼마나 자주 활쏘기를 관람하였는가를 알 수 있도록 하고자 노력하였다. 그런데 국왕이 친히 활을 쏜 행위, 그것도 종친과 많은 신하들 앞에서 거행한 행위라 할지라도 조선왕조실록의 기록에는 나타나지 않는 경우가 있다. 가장 대표적인 것이 강무에 대한 기록이다. 강무에 참여한 종친들과 정승, 장수, 군사들이 사냥감인 사슴이나 노루 따위에 말을 달리며 활을 쏘는 것은 국왕이 말을 달리며 활을 쏜 뒤에야 가능한데, 대개 강무가 거행되었다는 것만이 기록되어 있는 것이다. 그 구체적인 내용은 본론에서 다시 설명할 것인데, 이러한 까닭에 강무를 거행하였다는 것이 곧 국왕이 기사 사예를 많은 사람의 눈길 앞에 드러내는 행위였다. 이것은 또한 기록에서 확인 가능한 수효보다 조선의 국왕이 실제 활을 쏜 일이 훨씬 더 많았을 수도 있음을 시사한다.

2장

조선초기 강무(講武)와
국왕의 기사(騎射) 사예

1. 조선초기 국왕의 무사(武事)와 강무

1) 국왕의 무사

동아시아 한자 문화권의 전근대 사회에서 문과 무는 서로 상대되는 덕목이자, 국가 차원에서나 개인 차원에서나 아울러 갖추어야 할 가치였다. 그러나 동아시아 내의 지역에 따라 그리고 시대에 따라 문이 중심을 이루기도 하고 무가 중심을 이루기도 하였으며, 상대적으로 문과 무가 균형을 갖추어 존재하였던 경우는 별로 없었다. 조선시대를 보자면, 건국 초기를 제외하고는 대부분의 시기 동안 숭문적 지향 즉 무보다는 문을 숭상하고자 하는 양상이 줄곧 큰 힘을 발휘한 것으로 알려져 있다. 그러나 무신정권이 들어서기 이전의 고려시대에 비하면 조선시대에는 국가의 제도로 보나, 고위 관원들에게 요구된 자질로 보나 문과 무를 아울러 갖추는 것이 보다 이상적인 것으로 인식되고 있었음이 분명하였다.

국가 제도에서 중요성이 매우 높은 관원 선발제도를 통해 보면, 고려시대에는 과거 시험에서 문과와 무과 중 문신을 뽑는 문과만 시행하였으나, 조선시대에는 문과와 아울러 무과도 또한 시행하였다는 사실이 잘 알려져 있다. 이로써 조선시대에는 고려시대에 비해 무신이 고위 관직에 진출할 수 있는 길이 더 넓어졌던 것이다. 그리고 고려시대에는 문관과 무관 모두의 지위를 문산계(文散階) 하나만으로 규정하였던 것과 달리, 조선시대에는 문관은 문산계로, 무관은 무산계(武散階)로 그 지위를 규정하였다. 다만 조선시대에도 2품 이상의 관원들은 문산계와 무산계의 구별을 두지 않았는데, 실상 이 통합 산계의 명칭에는 문산계적 성격만이 보일 뿐 무산계적 성격이 전혀 없었다.[1] 그러므로 2품 이상의 고위 관원은 모두 문산계에 의해 서열이 구분되었다고 할 수 있다. 이처럼 조선시대에도 재상의 품계에 해당하는 2품 이상의 관원들의 지위를 문산계만으로 규정하였던 것은, 여전히 재상에 오르는 인물들이 대개 문신이었다는 사실과 관계가 없을 수 없었다. 즉 조선 사회가 무반보다 문반이 우위를 차지한 사회였음은 엄연한 사실이었다.

그럼에도 조선시대에는 고위 관원 특히 의정(議政)이 되려면 문과 무두 방면의 능력을 아울러 갖추고 있어야 유리하였던 것 또한 눈여겨보아아 할 측면이나. 실제 의정이 된 인물들은 극히 일부를 제외하고는 모두 문신이었으므로, 문신으로서의 능력을 기본으로 한 위에 무장으로서의 능력 또한 갖춘 경우라면 의정이 될 가능성이 더 컸던 것이다. 그 까닭은 의정 가운데 두 명 정도는 도체찰사(都體察使) 등의 직책을 맡아 평시에는 국방 정책을 관할하고 유사시에는 총사령관으로서의

---

1) 한충희, 1994, 「II. 중앙 정치구조」, 『한국사』 23<조선 초기의 정치구조>, 국사편찬위원회

임무를 수행할 수 있어야 했던 데에 있었다.[2] 즉 의정이 될 만한 인물에게 요구된 무장으로서의 능력은 전투력이 아니라 전략 수립과 지휘 능력 쪽이었다. 따라서 문과 시험에서 무예를 시험보아야 할 이유는 없었다. 이와 달리, 무과 시험에는 4서 5경 중 하나, 무경 7서 중 하나, 『자치통감(資治通鑑)』과 『역대병요(歷代兵要)』, 『장감박의(將鑑博議)』 등에서 하나를 골라서 시험을 보는 절차가 있었다.[3] 즉 무장이 될 사람들에게는 전투 능력을 기본으로 하여 전략을 세우고 지휘하는 능력, 나아가서는 문신으로서의 능력도 어느 정도 갖출 것을 요구하였던 것이다.

이처럼 조선은 비록 무보다는 문이 주축을 이루는 사회임이 분명한 가운데서도 국가 제도 차원에서나 개별 관원에 대해서나 문무 능력을 겸비하는 것을 이상적인 모습으로 여기고 있었고, 그 이상적인 모습은 고위 관원들에게 더 강력히 요구되었다. 이러한 사정은 국왕과 왕세자 및 여타 왕실 구성원 등에서도 대체로 비슷하였다고 보아야 할 것이다. 그런데 조선 왕실에 대한 가장 중요한 역사 기록이라 할 조선왕조실록에는 국왕과 왕세자 외에는 여타 왕실 구성원의 활동 모습을 찾아보기 어렵고, 국왕과 왕세자의 활동 모습 또한 문에 해당하는 것이 위주이고 무에 해당하는 것은 매우 드물다. 아마도 국가 제도의 운영 주체도 일반적으로 문신이었고, 기록의 주체 또한 일반적으로 문신이었던 까닭에, 실제로도 여러 왕실 구성원들에게 문무 능력의 겸비가 아니라 주로 문의 능력을 갖추도록 요구하였고, 또 그러한 요구를 담은 주장 중심으

---

2) 오종록, 2014, 『조선초기 양계의 군사제도와 국방』, 국학자료원

3) 『經國大典』 「兵典」, 武科. 무경 7서는 『六韜』와 『孫子』, 『吳子』, 『司馬法』 등 7종의 兵書를 말하며, 『歷代兵要』는 조선 초엽 李石亨(1415~1477)이 편찬한 군사 관련 이야기책이고, 『將鑑博議』는 중국 역대 名將에 대한 평전집이다.

로 기록에 남았을 개연성이 큰 때문으로 판단된다.

그러한 가운데 국왕과 왕세자의 무에 대한 일, 곧 '무사(武事)'로 표현 되는 것들이 조선왕조실록의 기록에서 드문드문 발견된다. 조선초기 의 경우 가장 중요하게 '무사'로 표현된 것은 강무였고, 그 다음은 대열 이었으며, 그 나머지의 대부분은 국왕이나 왕세자가 직접 활을 쏘거나 활을 쏘는 것을 관람하는 것에 대한 것들이었다. 1411년(태종 11년)에 태종이 세자(양녕대군)에게 강무장에 함께 가도록 한 조치에 대해 사간 원에서 반대하자 태종이 "세자는 마땅히 학문을 삼가야 하고 일이 없을 때 게을리 놀아서는 안 되며, 무사도 또한 폐할 수 없기 때문이다."라 하였다. 세자가 강무에 따라가도록 한 이유를 이처럼 말한 것에서 태종 이 강무를 무사의 대표로 인식하였음을 볼 수 있는 것이다.4) 이와 같은 인식은 세종이 세자(문종)에게 강무를 대신 맡아 시행하도록 하였을 때 이에 반대하는 신하들에게 한 세종의 말에서 다시 확인할 수 있다. 이 때 세종은 강무와 함께 대열 또한 국가의 중요한 무사라고 지적하였 다.5) 이 밖에 태종은 세자에게 활쏘기를 익히도록 명하고서 이에 대해 우빈객(右賓客) 이래(李來)와 간관들이 반대하자, 황희(黃喜)에게 "임금 은 굳세고 과감해야 아랫사람들을 장악할 수 있다"면서 "지금 세자에 게 무사를 익히도록 한 것이 의(義)에 어떠한가?"라 물었다.6) 태종의 생 각에 활쏘기를 익히는 것이 세자의 무사 중 하나였던 것이다. 그리고 문종은 즉위한 뒤 세종에 대한 국상(國喪)을 치르는 와중에도 자주 관 사를 하였는데, 당시 사헌부 집의였던 신숙주(申叔舟)는 이를 "성상이

---

4)『太宗實錄』권 22, 태종 11년 10월 4일(壬辰) 2번째 기사
5)『世宗實錄』권 97, 세종 24년 9월 6일(癸亥) 2번째 기사
6)『太宗實錄』권 17, 태종 9년 3월 16일(己未) 4번째 기사

숭상하는 것이 무사에 있는 까닭에 조사(朝士)들이 바람 따라 쏠리듯이 무용(武勇)을 숭상할 우려가 있다"고 비판하였다.[7] 국왕이 관사를 하는 것 역시 국왕의 주요 무사 가운데 하나였던 것이다. 이와 같이 국왕의 무사 또는 세자의 무사로 표현된 것들이 현재 사용하는 언어로 말하자면 왕실의 무 문화일 터인데, 때로는 신료들의 입에서 그 중요성이 언급되기도 하지만, 대체로 국왕이 그 중요성을 주장하는 데 반하여 신료들은 그것에 뒤따를 폐해를 짚는 것이 보통이었다. 그나마 국왕의 무사 또는 세자의 무사로 기록에 나타나는 일조차 16세기 이후의 기록에서는 거의 찾아볼 수 없게 된다.

그렇다면 강무가 조선초기 동안 국왕의 무사 가운데서 가장 중요시된 이유는 어디에 있는 것일까? 말을 타고 사냥하는 일은 우리의 유목 민족적 전통과 깊은 관련이 있는 것인 한편으로, 중국 주(周) 시대부터 사(士)가 익혀야 할 여섯 가지 기예를 뜻하는 육예 중 두 가지인 어(御= 騎)와 사(射)가 결합된 것이기도 하다. 그리고 조선 초기에 강무에서 사냥한 동물은 종묘에 천신(薦新)하였던 것에서 그 무의 속성과 함께 유교 문화의 성격 또한 강력하게 포함하고 있었음을 볼 수 있다. 그렇지만 강무가 국왕의 무사 가운데서 가장 중요시된 이유는 무엇보다도 조선 태조 이성계가 혁명 군주로서 하늘로부터 명령을 받아 새 왕조를 개창할 수 있었던 근거가 그의 무예 능력에 있었다는 믿음에 있었다고 판단된다.

조선시대에는 활쏘기가 지배층의 대표적 무예였다. 여기에는 특히 활을 쏘는 기예 즉 사예가 여러 무예 중 가장 중요시되었던 전통이 작

---

7) 『文宗實錄』 권 8, 문종 원년 6월 9일(丙子) 2번째 기사

용하였을 것이다. 그런데 그 한편으로는 조선초기의 여러 국왕이 우수한 활과 화살, 활쏘기 훈련의 중요성을 누누이 강조한 결과가 그 전통과 직결되어 있었다.[8] 우리 역사에서 영웅적인 활동을 통해 새 왕조를 개창한 인물에게는 예외 없이 활을 잘 쏘는 능력이 가장 중요한 요건이었다. 영웅적인 면모나 활약상을 바탕으로 새 왕조를 개창하였다는 설화가 전하는 우리 역사의 개국시조로 주몽(朱蒙)과 왕건(王建) 그리고 이성계(李成桂)를 꼽게 되는데, 그 누구에게도 칼이나 창을 잘 다루었다는 이야기는 보이지 않는다. 그 반면에 주몽에서 이성계에 이르기까지 '신궁'으로서의 면모와 활약상 이야기는 잘 알려져 있다. 이러한 사실은 이성계가 보여준 신궁으로서의 활약상이 당시 사회의 사람들에게는 하늘의 뜻을 받든 영웅으로서의 면모로 인식되었음을 알려 준다. 그러므로 조선의 국왕이 자신의 사예를 과시하는 것은 곧 자신이 신궁의 후예임을 드러내는 수단이었다고 할 수 있다.

조선시대에는 특히 왕실을 대표하는 국왕에게 더욱더 문 일변도로 그 능력을 갖출 것이 요구되었다는 사실이 잘 알려져 있다. 우선 왕위를 승계할 자격을 확보한 세자에게는 그 아래에 문반(文班) 기구인 세자시강원(世子侍講院)과 무반(武班) 기구인 세자익위사(世子翊衛司)가 실치되는데, 그 소속 관원들은 세자와 낮 동안의 일상생활 대부분을 함께 하였다. 그런데 세자시강원의 구성원들은 서연(書筵)에서 세자에 대한 교육을 담당한 반면에, 세자익위사의 무신들이 세자에게 무에 해당하는 재예를 교육하는 제도는 존재하지 않았다. 즉 세자익위사는 세자를 보호하는 임무만 수행할 따름이었다.

---

8) 박재광, 앞의 「부국강병의 토대, 조선전기의 무기와 무예」

이러한 양상은 국왕의 경우에도 비슷하였다. 국왕에게는 국가를 경영하기에 필요한 여러 기구가 편성되어 있었고, 종친(宗親)과 의빈(儀賓) 등을 제외한 일반 관원들이 문반과 무반으로 구분되어 관직에 나아가 임무를 수행하였다. 『경국대전』의 규정을 보면, 문반 경관직(京官職)은 약 1천 개 가까이 되었으나, 겸직을 제외하면 그 수는 체아직(遞兒職)과 무록직(無祿職)까지 포함하여 817개였다. 그리고 무반 경관직은 3,835개였으나, 3,005개가 체아직이어서 정직(正職)의 수는 문반보다 113개가 많을 뿐인 830개였다. 어쨌든 1,547개에 이르는 문무 경관직 정직을 맡은 관원이 있었다.[9] 그러나 국왕과 낮 동안의 일상생활 대부분을 함께 하는 관원은 문반으로는 승정원과 홍문관의 관원들, 무반으로는 장교들로 구성되어 있는 금군(禁軍)이라 부르는 친위군 중 당번인 자들로 국한되었다. 그리고 다시 이 가운데서 주로 홍문관 관원들이 경연(經筵)을 담당하며 국왕이 문치(文治) 능력을 키우도록 도왔고, 금군들은 국왕을 시위하는 임무를 넘어서는 행위를 할 수 없었다.

조선의 국왕 대부분이 열심히 경연을 해야 했던 사실도 이미 잘 알려져 있다. 경연을 문신들이 국왕을 교육하는 수단으로 보거나, 왕권을 견제하기 위한 장치하는 관점에서 본 견해들이 많다. 그러나 국왕을 중심으로 하여 본다면, 경연은 문(文)의 측면에서 국왕이 갖추어야 할 권위를 확보하는 데에 매우 효과적인 수단이었으리라는 것을 생각하지 않을 수 없다. 조선 최고의 성리학 권위자들이 번갈아 홍문관 관직을 맡아 국왕을 위한 학술 세미나를 진행한 것이 바로 경연이었고, 그 결과 여러 해에 걸쳐 경연을 거듭한 국왕은 웬만한 학자 관료보다 우월한

---

9) 한충희, 1994, 「II. 중앙 정치구조」, 『한국사』 23<조선 초기의 정치구조>, 국사편찬위원회

권위를 갖출 수 있었다.

그러나 조선의 국왕 모두가 열심히 경연을 한 것은 아니었다. 가장 대표적인 인물이 태조이다. 태조가 경연을 한 기록은 재위 7년 동안 총 6회 확인된다.[10] 그런데 태조의 경연은 그 모두가 소위 '제1차 왕자의 난'이라 부르는, 이방원이 주도한 쿠데타에 의해 실권을 상실한 뒤에 이루어졌다는 점이 주목된다.[11] 이로써 짐작하건대, 태조는 자신의 권위를 강화하는 것에 경연이 필요하다는 생각은 전혀 없었다. 이미 무장으로서 혁혁한 공을 세우고 새 왕조를 창립한 그로서는 무 측면의 권위만으로도 충분하다고 생각하였을 것으로 판단된다. 조선을 건국할 수 있었던 권위의 근원이 태조 이성계 자신의 무공(武功)이었기 때문이다. 태조로부터 왕통(王統)을 계승하여 조선의 국왕이 된다는 것은 어느 정도는 태조의 무예 능력을 계승한다는 것을 의미하였을 것이고, 따라서 조선사회 전반에 문(文) 중심의 분위기가 강화되어가는 사정 속에서도 왕실의 무 문화는 완전히 멸실되지 않고 이어지는 측면이 있었으리라고 전제할 수 있을 것이다.

2) 강무와 대열

여기서의 강무는, 머리말에서 간단히 언급한 바와 같이, 조선초기에 군례 의례의 하나로서 시행된 바 있는, 사냥을 통하여 군사들을 훈련시키고 아울러 국왕에 대한 존경을 나타내는 조선 특유의 행사를 말한다.

---

10)『太祖實錄』권 15, 태조 7년 10월 5일 丁未 ; 11월 11일 癸未 ; 12월 9일 辛亥 ; 12월 14일 丙辰 ; 12월 16일 戊午 ; 12월 17일 己未.

11) 제1차 왕자의 난은 이해 8월 26일에 일어났다(『太祖實錄』권 15, 태조 7년 8월 26일 己巳).

다시 말하면, 사냥을 통하여 군사들을 훈련시키는 군사 의례는 중국에도 있었으나, 그것을 일러 강무라 하지는 않았다. 조선의 강무에 해당되는 것을 중국의 역사에서는 대열이라고도 하였고, 전수(田狩)라고도 하였다. 이때의 대열은 대체로 조선의 대열과 같은 맥락의 군사 의례이면서 그 안에 사냥을 통한 군사 훈련이 포함되어 있었다.12) 한편 중국 당(唐) 시대『개원례(開元禮)』의 군례에는 '황제강무' 항목과 '황제전수' 항목이 있는데, 여기서의 강무는 조선의 대열에, 전수가 조선의 강무에 해당하였다. 즉 사냥을 통하여 군사들을 훈련시키는 군사 의례를 강무라 하는 것은 조선왕조만의 고유한 용어 사용법이었던 셈이다.

고려시대의 기록에서 대열은 확인할 수 있으나, 조선시대와 같은 방식의 강무를 시행했던 사례는 찾아볼 수 없다. 다만 1385년(우왕 3년) 우왕이 마암(馬巖)에서 강무를 보다가 전투 훈련을 잘 시키지 못하였다는 이유로 무예도감사(武藝都監使)인 성중용(成仲庸)과 이윤(李贇)을 채찍으로 매질하였다는 기록이『고려사』열전에 있는데,13) 이는 고려 때에도 중국과 마찬가지로 대열과 강무가 같은 종류의 군례였을 가능성이 있음을 뜻한다. 같은 내용이『고려사』병지(兵志)에는 마암에서 '講武藝(강무예)' 즉 무예를 가르친 것으로 기록되어 있는 한편, 성중용과 이윤을 채찍으로 매질하였다는 것은 빠지고 대신 여러 종류의 장인(匠人)들에게 갑옷을 입혀서는 한 대(隊)는 방패를 들도록 하여 구성하고 또 한 대는 창(槍)과 기(旗)를 들도록 하여 구성하고서 궁수군(弓手軍)이 뒤따르도록 하여 두 진(陣)을 갖추어서 북을 치고 소리를 지르며 서로 공격하도록 하여 상처를 입은 자가 꽤 많았다고 기록되어 있는 것

---

12) 杨志刚(楊志剛), 2000,『中國禮儀制度研究』, 華東師範大學出版社(上海)
13)『高麗史』권 135, 列傳 48, 辛禑 3, 11년 1월

이 그 근거이다.[14] 여기서의 마암은 개성부(開城府) 동쪽 5리에 있는 곳으로서 성균관 남쪽에 해당하며, 공민왕이 이곳에 자신보다 먼저 죽은 노국대장공주를 위하여 영전(影殿)을 지은 곳으로 잘 알려져 있는 한편, 고려 말엽에 여러 임금이 군사들에게 수박희(手搏戲)를 시키거나 관사 또는 습사(習射)를 행한 곳임을 기록에서 볼 수 있다.[15] 따라서 이상의 정보들을 종합하여 판단해 볼 때, 1385년 이제 막 20살을 넘긴 우왕이 군사들 대신 장인들을 동원하여 선왕(先王)들이 자주 군사적 행사를 벌였던 마암에서 대열에 해당하는 의례를 행하도록 시켰던 것임을 알 수 있다. 어쨌든 이것은 고려가 멸망할 무렵까지도 대열의 전통이 이어지고 있었음을 알게 해 준다.

조선초기에도 강무가 군례 의례로서 정례적으로 시행되기 전까지는 그 의미가 고정되어 있지 않았다. 즉 조선 건국 초엽의 기록에 나타나는 강무는 사냥을 통하여 군사들을 훈련시키는 군사 의례를 의미한다는 보장이 없었다. 사료에 보이는 '講武(강무)'의 한문적 의미를 따지면서 폭을 넓혀 해석하려는 시도가 있는데,[16] 그러한 시도가 가능한 까닭은 여기에 있다. 실제로 무사(武事)를 강구한다는 의미로 '講武'라고 사용한 사례들이 없지 않은 것이다. 그러나 이러한 경우는 구체적이고 특성한 사건으로서의 강무와 뚜렷이 구별되는 동시에 대부분 조선 건국 초기에 국한되어 나타나기 때문에, 이를 이유로 강무의 의미를 확대하여 해석할 필요는 없다. 그러므로 이 책에서는 '국왕이 정점을 이루어

---

14) 『高麗史』 권 81, 志 35, 兵志 1, 兵制, 辛禑 11년 1월
15) 이기백·김용선, 2011, 『고려사 병지 역주』, 일조각, 171쪽 주) 478
16) 심승구, 「조선시대 사냥의 추이와 특성 —講武와 捉虎를 중심으로—」, 『역사민속학』 24, 2007. 174~175쪽, 주 37)

군사들을 동원하여서 사냥을 중심 내용으로 하여 훈련하는 제도이자 의식'인 경우에 국한하여 강무라는 말을 사용하고자 한다.

강무 제도는 태조 때 처음 마련되었고 또한 시행되었다. 이때 갖추어진 제도의 내용은 언제 강무를 하는가, 그 의미는 무엇인가에 대해 규정한 개괄적인 것이었다. 시행한 강무의 구체적인 내용도 기록되어 있지 않다. 그러나 뒤에 자세히 살펴보겠지만, 태조 때의 강무는 한편으로는 부국강병의 기치 아래 기병 중심으로 편성되어 있는 중앙군의 효과적 훈련 방법이자, 국왕의 사냥 욕구 또한 아울러 채울 수 있는 장치로서 고안되었음이 분명하였다. 정종은 뒤에 설명한 바와 같이 여러 조건 때문에 강무를 할 수 없었다. 정종이 강무를 하였다는 연구가 있으나, 사료를 제대로 파악하지 않고 내린 결론이다.[17]

강무제도는 태종 즉위 후 구체적으로 갖추어졌고, 이어서 세부적인 규정도 갖추어져 강무의(講武儀)로 규정되었다. 태종은 자신의 사냥을 정당화하기 위해 즉위 2년 만에 강무의 의식 규정을 갖추도록 하였다. 그 내용은 다음과 같다.

〈사료 2-A〉
예조에서 수수(蒐狩)의 법을 올렸다. 그 아뢴 글은 이러하였다.
"삼가 고전을 살펴보건대, '천자와 제후는 일이 없으면 한 해에 세 번씩 사냥한다. 일이 없어도 사냥하지 아니함은 불경(不敬)이라 하고, 사냥을 예로써 하지 않는 것을 하늘이 기르는 동물을 함부로 죽이는

---

17) 定宗 때 강무를 했다는 연구로는 심승구, 앞의 글 173쪽 주 29)를 들 수 있는데, 근거가 된『定宗實錄』권 6, 2년 10월 甲午의 기사는 정종이 평주 온천에 거둥하려 하니 낭사에서 '강무를 해서는 안된다'며 폐단을 극력 진달하였으나 윤허하지 않았다는 내용이며, 이 뒤에 온천에 갔다는 기사만 있고 강무를 하였다는 기사는 없다.(『定宗實錄』권 6, 2년 10월 11일 壬寅)

것이라 한다.'고 하였고, … 저희들이 역대의 수수 의식을 참고하여 아래에 갖추어 아뢰오니, 전하께서 해마다 세 번씩 친히 근교에서 사냥하시어 종묘를 받드시고, 무사(武事)를 강구하소서."

기일보다 7일 전에 병조가 여러 사람을 모아 수수의 법을 지키게 하고, 승추부(承樞府)가 사냥할 곳에 표지를 붙인다.

그날 날이 밝기 전에 사냥할 곳의 뒤, 근교에 적당한 곳에 기(旗)를 세우고, 여러 장수는 각각 병졸을 거느리고 기 아래로 모인다. 먼동이 트면 기를 거두고 뒤늦게 온 자는 벌을 준다. 병조에서 나누어 수수의 명령을 선포하고, 마침내 빙 둘러싼다. 좌우 두 익(翼)의 장수는 모두 기를 세우고 빙 둘러선다. 대궐 앞에 전하가 나와 출발하고 인도하며 쉬는 것은 규정되어 있는 의식과 같이 한다. 사냥하는 곳에 이를 무렵이 되면 대가가 싣고 있는 북을 치며 둘러싼 안으로 들어간다. 유사(有司)가 대가(大駕) 앞에서 북을 울리면, 동남쪽에 있는 사람들은 서쪽을 향하고, 서남쪽에 있는 사람들은 동쪽을 향하여 모두 말을 탄다. 여러 장수는 모두 북을 치며 포위해 나간다. 그리고 반대쪽에서 몰이하는 기군(騎軍)을 설치한다.

임금이 말을 타고 남쪽을 향하면, 유사가 따르고, 여러 군(君) 이하가 모두 말을 타고 활과 화살을 가지고 임금의 앞뒤로 벌여 서고, 유사가 또 따른다. 이어서 짐승을 임금 앞으로 몰아간다. 첫 번째 몰이가 지나가면, 유사가 활과 화살을 정돈하여 나아가 (병조에) 올린다. 두 번째 몰이가 지나가면, 병조가 활과 화살을 받들어 올린다. 세 번째 몰이가 지나간다.

임금이 짐승의 왼쪽으로부터 쏜다. 몰이마다 반드시 세 마리 이상이다. 임금이 화살을 쏜 뒤에야 여러 군들이 쏘고, 이어서 여러 장수들도 차례로 이를 쏜다. 이를 마치면 반대쪽에서 몰던 기군도 멈춘다. 이런 연후에야 백성들의 사냥을 허용한다.

무릇 짐승을 쏠 때 왼쪽 허리를 쏘아 오른쪽 어깻죽지에 이른 것을 상급으로 삼아, 건두(乾豆)로 종묘에 올린다. 왼쪽 귀 밑에 이른 것은 그 다음 등급으로 삼아 빈객(賓客)에게 올린다. 왼쪽 넓적다리에서 오른쪽 갈비에 이른 것은 하급으로 삼아 부엌에 채운다. 여러 짐승이 서로 따라다니면 다 죽이지 아니하며, 이미 화살에 맞은 것은 다시 쏘지 아니하며, 또 그 얼굴을 쏘지 아니하며, 그 털도 깎지 아니하며, 표지 밖으로 나간 것은 쫓지 아니한다.

수수를 그치려 할 때 승추부에서 사냥터 안에 기를 세우고, 우레와 같이 전하의 북과 여러 장수의 북을 치며, 군졸들은 급하게 소리쳐 부른다. 여러 장수로서 짐승을 잡은 사람은 기 아래에 바치되, 그 왼쪽 귀를 바친다. 큰 짐승은 공물(公物)로 삼고, 작은 짐승은 사사로 가진 다. 사자(使者)를 보내 잡은 짐승을 가지고 달려가서 종묘에 올리게 하고, 다음에 악전(幄殿)에서 연회를 한다. 따라간 관원에게 술 세 순배를 돌린다."

그대로 따랐다.18)

이 예조에서 올려 정해진 수수법은 사냥이 그 내용의 중심을 이루고 있으나, 단순히 사냥하는 법을 정한 것이 아니라, 강무의 의식에 대한 규정으로, 정도전이 정하였던 수수법에 비해 훨씬 상세하게 내용을 갖추었다.19) 다만 이때까지도 그 의례의 이름은 강무가 아니라 수수법이 었다.

이 규정에서 강무의 중심은 사냥이며, 국왕 중심의 의식이라는 점, 국가의 제사 의식과 연결되는 것으로 설정되어 있다는 점 등을 명확히 하였다는 데에 중요한 의미가 있다. 또한 사냥은 몰이꾼들을 따로 두어 짐승들을 몰고 나서는 빙 둘러싸서 활을 쏘는 타위(打圍)의 방식으로

---

18)『太宗實錄』권 3, 태종 2년 6월 11일(癸亥)

19) 이제까지 講武에 대한 여러 연구에서『國朝五禮儀』軍禮의 講武 儀式으로 이어지 는 규정은 世宗 때 처음 마련된 것으로 설명되어 왔는데, 이는『太宗實錄』의 이 기 록을 파악하지 못한 결과이다. 아마도 제목이 '蒐狩法'으로 되어 있기 때문에 일어 난 일인 듯하다.『太宗實錄』의 이 기록이 강무에 대한 것임을 밝힌 것은 윤훈표, 2012,「군사 훈련」,『한국군사사 6』이 처음인데, 1412년에 제정된 田狩儀와 묶여 講武儀로 규정되었음은 밝히지 못하였다.

진행한다는 점도 명시하였다.

태종 때에는 이 규정에 이어 '전수의(田狩儀)'라는 이름으로 국왕 중심의 사냥에 대한 부칙(附則)이라 할 수 있는 규정도 마련하였다. 그 내용을 보면 아래와 같다.

〈사료 2-B〉
예조에서 상정(詳定)한 전수의를 올렸다.
1. 여러 장수들은 사졸로 하여금 서로 섞이지 못하게 할 것.
1. 대가(大駕) 앞에 반드시 기(旗)를 세우고, 대가가 움직이면 반드시 뒤따라서, 우러러볼 대상이 어디인지를 구별할 수 있도록 할 것.
1. 근시(近侍)와 내시위(內侍衛), 별사금(別司禁) 외에 대소 잡인을 일절 금지하게 할 것.
1. 임금이 화살을 쏘기 전에는 가까이에서 모시는 자들이 화살을 쏘지 못하게 할 것.
1. 날짐승과 뭍짐승을 모두 대가 앞으로 몰아들이되, 모여드는 것은 쏘지 못하게 하고 도망하는 것만 쏘게 할 것.
1. 대소 잡인과 매와 개는 포위한 안에 들어가지 못하게 할 것.
1. 높고 낮은 지위에 있는 누구도 포위한 앞으로 먼저 가지 못하게 할 것.
무릇 명령을 어기는 자는 의흥삼군부(義興三軍府)에서 고찰하며, 가벼운 자는 태(笞) 50대를 때리고, 무거운 자는 장(杖) 80대를 때리고, 2품 이상은 근수(根隨)를 처벌토록 하소서.[20]

1412년(태종 12)에 제정한 이 규정은 강무에서의 사냥이 여러 사냥 방법 가운데 타위 방식으로 진행되는 까닭에 그 관련 하급 규정을 상세

---

20) 『太宗實錄』 권 23, 태종 12년 2월 11일(丙寅)

히 한 것이다.21) 일정한 지역을 포위하여 짐승들을 몰아서 말을 타고 쫓으며 사냥하는 것을 타위라 부르는데, 이 용어는『태종실록』에서는 명(明)에서 보낸 황제의 칙서(勅書)나 조서(詔書), 또는 명 정부의 문서 안에서만 사용되었을 따름이고,22) 조선의 국왕이 사냥할 때에는 사용한 적이 없었다. 그러다가『세종실록』에서부터 국왕의 사냥에 대해 타위라는 말을 자주 사용하는 것을 볼 수 있다.23)

그 국왕을 위한 타위에서 장수와 사졸들이 지켜야 할 규정들을 통해 다음의 사실들을 알 수 있다. 첫째 국왕의 앞에는 항상 국왕을 상징하는 깃발을 세워 두었다는 것, 둘째 승지(承旨)와 내시위, 별사금 등이 국왕 측근에서 국왕의 사냥을 돕는다는 것, 셋째 국왕이 화살을 쏘고 난 다음에야 다른 사람들도 화살을 쏠 수 있었다는 것, 넷째 짐승들을 국왕이 있는 쪽으로 몰고 이어서 다시 특정한 방향으로 달아나게 만든 다음에 그 뒤를 쫓으면서 화살을 쏘아 사냥을 하였다는 것, 다섯째로 타위를 할 때에는 사냥개와 매를 부리는 것이 금지되어 있었다는 것 등이다. 강무를 할 때 사냥하는 주된 방식이 이 타위였다. 그러나 뒤에 보듯이 강무장에 사냥개를 기르고 있었다는 사실로부터 사냥개를 사용하지 않는 타위 외에도 매 사냥 등의 방식으로 사냥개를 부려 사냥을 하

---

21) 사냥을 가리키는 여러 漢字語의 어원과 개념에 대해서는 심승구, 앞의 글, 168~171쪽 참조.

22)『太宗實錄』권 5, 태종 3년 1월 13일(辛卯) ; 권 7, 태종 4년 4월 4일(甲戌) ; 권 8, 태종 4년 7월 14일(癸丑) ; 권 9, 태종 5년 3월 11일(丙午) ; 권 9, 태종 5년 4월 25일(庚寅)

23) 다음이 조선왕조실록에서 국왕의 사냥에 '打圍'라는 말을 처음 사용한 기록이다. 晝停于松溪院平 誠妃 大妃 恭妃 各遣宦官 獻豊呈于三殿 日暮駕還宮 是行也 上奉承兩上謹甚 每日打圍還 必與宗戚大臣進爵歡宴(『世宗實錄』권 3, 세종 1년 3월 20일(甲子).

는 경우도 있었다는 것을 알 수 있다.

앞의 타위에 대한 규정은 10년 전인 1402년(태종 2)에 정한 '수수의 법' 뒤에 덧붙여져 『세종실록』「오례」의 군례에 '강무의'라는 이름으로 수록되었고, 뒤에 『국조오례의』에도 역시 같은 이름으로 수록되었다. 즉 타위에 대한 하급 규정이 제정됨으로써 '강무의'가 완성되었던 것이다. 다만 『세종실록』「오례」의 '강무' 내용은 태종 때의 규정에서 약간의 변화가 있었는데, 관제의 변화 예컨대 승추부가 폐지됨으로써 승추부가 담당하던 일을 병조가 맡도록 된 것과 같은 정도에 지나지 않는다. 또한 전에 전수의로 규정된 부분은 작은 글자로 되어 있어서, 부칙에 해당함을 분명히 하고 있다.

이와 같이 태종이 즉위한 직후에 강무에 대한 규정이 마련되기 시작하여 세종 때를 거치는 동안 정비되었던 것과 달리, 대열은 태조 때에 빠른 속도로 정비되어가는 양상을 보이다가 태종이 즉위한 뒤로는 사실상 제도화 과정이 중단되었다. 대열은 대규모 진법 훈련을 하면서 모의 전투 훈련을 시행하는 것이 핵심 내용이어서, 군사 지휘권, 다른 말로 하면 국왕의 군 통솔권을 확립하는 데에 매우 중요한 수단이었다. 태조 때에 대열의 제도화를 강력히 추진하였던 인물은 정도전(鄭道傳)이 있다. 그러나 이방원(李芳遠)이 주도한 쿠데타 즉 제1차 왕자의 난이라 부르는 사건으로 정도전이 사망할 때까지도 '진도(陣圖)' 훈련의 수준에 머물러서, 대열이 의례로 확립되지는 못하였던 것으로 추정된다. 그렇지만 이 시기 조선 중앙군의 주력이 태조의 친병(親兵)이라 부르는 병력이었다는 점으로 보면, 실상 정도전 등은 대열로의 제도화보다 진법 훈련 자체가 더 중요하였을 것으로 생각할 수 있다.

2. 태조~태종연간 국왕의 사냥을 위한 강무

태종은 국왕으로 재위하는 동안에는 국왕의 무사(武事) 가운데 사냥과 강무에 주로 관심을 기울였다. 습진(習陣) 즉 진법 훈련에 대해서도 관심을 가지고 철저한 훈련을 지시하였으나, 태조와 마찬가지로 직접 습진을 관람한 적은 없다. 또한 대열에 대해서는 별다른 관심을 보이지 않다가 세종에게 선위(禪位)한 다음에 비로소 관심을 보이기 시작하여, 대열 제도를 갖추도록 하고 또한 대열을 시행하였다.

조선의 여러 국왕 가운데 국왕으로서 사냥한 기록이 가장 많은 것이 태종이다. 그는 고려말에 문과에 급제하여 문신으로 활동하였고, 이것은 그가 재위하는 동안 고려말의 정치제도로부터 탈피하여 조선왕조 적인 정치제도를 갖추는데 큰 자산으로 작용하였다. 그 한편 태종은 아버지 이성계의 무장으로서의 자질도 상당 부분 이어받았다고 알려져 있는데, 무장으로 활동한 일이 없는 까닭에 그 면모는 주로 사냥을 즐기는 모습으로 드러났다. 우선 태종의 사냥에 대한 기록에서 국왕의 사냥이 일반인의 사냥과 무엇이 어떻게 다른지 생각해 보기로 한다. 다음은 1403년(태종 3년)의 매 사냥에 대한 기록이다.

〈사료 2-C〉
동교에서 매를 놓았다. 임금이 단기(單騎)로 이숙번(李叔蕃)과 민무질(閔無疾), 한규(韓珪), 조연(趙涓)과 갑사(甲士) 30여 기(騎)를 거느리고 동교로 나갔다. 갑사로 하여금 문을 지켜 뒤쫓는 자를 내보내지 말게 하였다.

조영무(趙英茂)가 탄식하며 말하였다. "주상께서 비록 금하셨다 하더라도 단기로 나가셨으니, 감히 호종하지 않을 수 있는가?" 이저(李佇)도 듣고 또한 쫓아 이르렀다.

임금이 매를 놓아 새를 잡는 것을 자랑하자 이저가 말하였다. "저는 벼슬이 신하로서는 지극한 자리에 이르렀으므로 더 구해야 할 것이 없으나, 말을 달리어 사냥하지 않는 것은 말을 잘 타지 못하기 때문입니다."

임금이 말하였다. "경은 나보다 젊은데 어찌 말을 잘 타지 못하겠는가?"

이어서 말하였다. "즐겁다. 매가 새를 채는 것이여!"

이저가 말하였다. "저는 매가 새를 잘 채는 것을 좋아하지 않습니다."

임금이 "어째서 그러한가?"라 묻자, 이저가 대답하였다. "매가 새를 채는 것이 유쾌하지 않다면 주상께서 다시 매 사냥을 나오시지 않을 것입니다."

임금이 말하였다. "경이 말을 잘 타지 못한다고 말한 것은 나를 풍자한 것이다." 조영무 또한 간하였다.

날이 저물어서 돌아왔다.[24]

이것은 태종이 단기로 이숙번 등 측근 무장들과 갑사 30여 명을 데리고 새벽에 널리 알리지 않고서 동교에 나가 매 사냥을 한 기록이다. 그 소식을 듣고 뒤따라간 이저와 태종 사이에 오간 대화에서 태종이 매 사냥에 심취해 있었음을 알 수 있다. 이저는 태종의 부마인 까닭에 태종에게 비교적 쉽게 속에 품은 말을 전할 수 있었을 것인데, 곧바로 말하지는 못하고 돌려 말하는 사정이었다. 이저와 태종 사이에 오간 대화로부터 태종의 매 사냥에 대해 걱정하는 것이 대간만은 아니었다는 것도 드러난다. 그리고 매 사냥에서도 대체로 말을 타고 달리는 일이 수반되었음도 알 수 있다.

태종이 단기로 슬그머니 동교에 나가 매 사냥을 하였다는 것은 거의

---

24) 『太宗實錄』 권 6, 태종 3년 9월 25일(庚子)

미복(微服)으로 도성 밖으로 나간 것과 같다. 이숙번 등 측근 무장들과 갑사 30여 명을 데리고 가기는 하였으나, 국왕의 행차임을 나타내는 의장은 거의 모두 생략된 상태였을 것이고, 시위 규모도 30여 명에 지나지 않았으므로, 이 정보를 미리 입수하고 공격하려 한 세력이 있었다면 큰 위험에 봉착할 수 있는 위험한 행위였다. 즉 임금이 매 사냥을 나가더라도 일정한 규모의 의장과 시위를 갖추어야 정상이었다. 조영무는 조선 건국 이전부터 태종을 따른 무장으로, 조선 건국 직전에 일어난 정몽주(鄭夢周) 살해 사건 때 태종 이방원의 명령을 받들어 그 사건을 지휘한 바 있는 인물이다. 또한 그는 이 전해인 1402년 11월에 도통사(都統使)로 임명되어 동북면(東北面)에서 일어난 조사의(趙思義)의 반란을 진압하고 돌아와 이해에 중군(中軍) 도총제(都摠制)로 임명되어서 중앙군 병력을 지휘하고 있었던,[25] 태종의 최측근 무장이자 공신이었다. 조영무만이 아니라, 앞에 이름이 명시된 인물들은 모두 태종의 측근이자 공신들이었고, 무언가 중앙군 장수의 직책을 맡고 있었다. 문제는 태종이 도성 밖으로 행차하면 당연히 호위를 위해 뒤따라야 하는 것이 이들만이 아니었다는 데에 있었다. 그런데 신료들에게 널리 알리지 않고 그것도 새벽에 사냥을 나감으로써 당연히 수행해야 할 주요 인물 상당수가 그 주군(主君)에 대한 호종 의무를 다하지 못하도록 만들었던 것이었다.

이때의 태종의 행위는 당연히 곧 대간의 반발을 초래하였다.[26] 태종은 신료들에게 널리 알리지 않고 새벽에 사냥을 나간 것에 대해서 일단은 순순히 잘못을 시인하고 간언을 수용하였다. 그러나 1406년(태종 6)

---

25)『太宗實錄』권 4, 태종 2년 12월 27일(丙子)
26)『太宗實錄』권 6, 태종 3년 9월 26일(辛丑)

에도 신료들이 알기 전에 새벽에 매 사냥을 구경하려 한 일이 기록되어 있다.27)

1402년 태종이 새벽에 갑자기 매 사냥을 하였다가 사헌부와 사간원으로부터 간쟁을 받는 일이 벌어진 것은 강무에 대한 구체적 의식 규정이 마련된 뒤 얼마 지나지 않았을 때였다. 이에 태종은 사냥하여 종묘에 천신하는 의례를 상세히 정하게 하였는데, 이때에 다시 대간과 논란이 벌어지게 되었다. 양이 좀 많으나, 이를 소개하면 다음과 같다.

〈사료 2-D〉
김첨(金瞻)에게 명하여 사냥하여 종묘에 천신하는 의례를 상세히 정하게 하였다.

임금이 장령 이관(李灌)을 불러 말하였다. "전일에 너희들이 사냥하는 것을 불가하다 하였으니, 그러면 임금은 사냥을 못하는 것이냐?"

이관이 대답하였다. "저희가 불가하다고 한 것은 장차 고묘(告廟)하려 하면서 사냥을 하였기 때문이지, 임금이 사냥을 못한다는 것은 아니었습니다."

임금이 말하였다. "그러면 종묘를 위하여 사냥하는 것은 예문(禮文)에 실려 있는 것이 아닌가? '천자가 사냥할 때에는 큰 기[大綏]를 내리고, 제후가 사냥할 때에는 작은 기[小綏]를 내린다.'는 것과, '상급으로 잡은 것은 변두(籩豆)에 담아 (세사하는 데에 사용하고), 하급으로 잡은 것은 빈객을 대접하는 그릇에 채운다.' 한 것은 어째서 한 말인가? 또 나는 구중궁궐에서 태어나 자란 사람이 아니다. 비록 대강 시경, 서경을 익혀서 우연히 유자(儒者)의 이름은 얻었으나, 실상 무가(武家)의 자손이다. 어려서부터 오로지 말을 달리고 사냥하는 것을 일삼았는데, 지금 왕위에 있으면서 할 수 있는 일이 없어 경사(經史)를 보았더니, 참으로 재미가 있어서 하루도 책을 놓지 못하였다. 이것은 근신들

---

27) 『太宗實錄』 권 11, 태종 6년 3월 13일(癸卯)

이 다 함께 아는 바이다. 다만 조용하고 편안한 여가에 어찌 놀며 구경하고 싶은 뜻이 없겠는가? 요새 교외에 기러기 떼가 많이 온다는 말을 들었고, 또 때가 매를 놓기에 좋은 철이다. 내 생각에 '이것은 의장을 갖추어 행할 수도 없고, 또 몇 명이 말을 타고 낮에 행할 수도 없다.'고 여겨, 새벽에 나가서 매를 놓고 돌아온 것이었다. 너희들과 사간원이 서로 잇달아 상소하므로, 곧 아뢴 대로 따랐다. 대저 내가 사냥을 하는 것은 심심하고 적적한 것을 달래기 위함이다. 너희들은 예전 사람의 글을 읽어서 강구하기를 반드시 익히 하였을 것인데, 어찌 서경에 있는 무일편(無逸篇)의 글을 알지 못하겠는가?"

드디어 친히 『대학연의(大學衍義)』를 잡고 이관에게 보이며 읽게 하니, 이관이 토를 떼지 못하였다. 임금이 말하였다. "본 지가 오래면 참으로 읽기가 쉽지 않다. 그러나 대강의 뜻은 알 수 있을 것이다." 이어서 '유관(遊觀)은 기(氣)와 체(體)를 기르는 것'이라는 구절을 뽑아내어 스스로 읽으며, "이것이 사냥을 금하는 말인가? 예전 사람도 또한 금하지 않았고, 다만 지나치게 즐기지 말라는 것일 뿐이다. 내가 지나치게 즐긴 바가 있는가? 있거든 말하여 보라." 하니, 이관이 대답하지 못하였다.

임금이 말하였다. "오늘 말하는 것은 너를 힐난하는 것이 아니라, 내 뜻을 말하는 것이다."

이관이 말하였다. "저희도 역시 전하께서 사냥하는 것을 말리는 것이 아니라, 장차 고묘하려 하고, 또 언덕과 웅덩이가 험한 것을 두려워하였기 때문이었습니다."

임금이 "그렇다면, 이관은 물러가도 좋다." 하고, 이어 "이관은 참으로 겁이 없는 자이다."라 하였다.

김첨과 김과(金科) 등에게 명하였다. "『문헌통고(文獻通考)』에서 제왕(帝王)이 사냥하는 예(禮)를 잘 상고하여 아뢰라."

김과가 대답하였다. "전하께서 종묘에 일이 있는데도 마침내 행하지 않은 것은 대간들이 간한 잘못 때문이오나, 바깥 사람들은 모두 '전하께서 반드시 사냥을 좋아하는 마음이 있다.'고 합니다. 지금 저희를 시켜 사냥하는 예를 찾아 밝히게 하시니, 저는 불가하다고 생각합니다."

임금이 말하였다. "전일에 한양에 갈 때에, 내가 만일 재계하는 7일 안에 매를 놓았다면 대간의 말이 옳지마는, 내 마음을 알지 못하고 간하였다. 그러나 임금의 과실을 말하는 것이 바로 그들의 직책이고, 또 그 마음이 어찌 함부로 간한 것이겠는가? 그러므로 내가 내버려두고 논하지 않았다. 지금 너희들을 시켜 사냥하는 예를 찾아 상고하게 하는 것은, 전일에 대간이 나더러 그르다고 하였기 때문에 내가 그 예를 알고자 하는 것뿐이다. 네가 어째서 거슬러 탐지하여 말하는가."

이어서 김첨에게 물었다. "너희들은 예제를 상정하는 일을 맡았는데, 사냥하여 종묘에 천신하는 의례는 어째서 상정하지 않는가?"

김첨이 대답하였다. "사시제(四時祭)에는 모두 마땅히 미리 사냥하여 제사에 쓰지만, 어찌 바야흐로 제사지내려 하면서 사냥할 수 있습니까?"

임금이 말하였다. "네가 상정하거라."[28]

당시는 정종이 즉위하여 도읍을 개경으로 다시 옮긴 뒤 태종이 즉위하고 나서도 아직 한양으로 환도하기 전이었다. 그러나 조선의 종묘는 개경으로 옮기지 않고 계속 한양에 있었다. 태종이 '전일에 한양에 갈 때 … '라 한 것은 '한양에 있는 종묘에 고묘하고자 갈 때 … '를 줄여 말한 것이고, 자신은 재계 기간 전에 사냥을 하였음에도 대간이 간쟁을 하였다고 하여 사헌부 장령 이관을 불러 힐난하였던 것이다. 이어서 태종이 예관들에게 요구한 것은 중국의 역대 기록으로부터 근거를 찾아 철마다 국왕이 직접 사냥하여 잡은 짐승을 종묘에 천신하는 것을 핵심 내용으로 하는 의례를 상정하라는 것이었다. 이에 대해 예관들은 국왕이 지나치게 사냥하는 것을 좋아한다는 것이 공론이라는 것을 들어 철마다 국왕이 직접 사냥하는 명분을 제공하기를 거부하였고, 그것이 다

---

28) 『太宗實錄』 권 6, 태종 3년 10월 1일(乙巳)

시 이유로 작용하여 예관들과 논란을 벌였음을 알 수 있다. 어쨌든 태종은 예관 김첨에게 사시제의 의례를 국왕이 직접 잡은 짐승을 천신하는 내용을 포함시켜 상정할 것을 분명히 명령하였다. 태조 때 1년에 세 번 세 철에 강무를 한다는 규정은 태종 때 봄과 가을 두 차례 강무를 하는 것으로 바뀌었고, 가을 강무는 추수를 마친 뒤에야 가능하여서 대개 9월 하순에야 시작하여 10월 초순까지 행하였으며 때로는 10월이나 11월에 한 경우도 있었다. 태종이 사시제에 직접 잡은 짐승을 천신하겠다는 것은 초여름과 늦가을에 매 사냥을 하겠으니 그 명분을 세우라는 의사를 나타낸 것이었다. 태종이 그 뜻을 분명히 하였으나, 예관들은 국왕이 직접 사냥하여 잡은 짐승을 천신하는 내용을 포함한 사시제의 의례를 제정하지 않고 버텼다. 그러다가 몇 년이 지난 뒤 사시제의 천신이 아니라 납일(臘日)에 천향(薦享)하는 의례를 정하여 올렸다.

〈사료 2-E〉
예조에서 상언(上言)하였다.

"삼가『문헌통고』를 상고하건대, 송(宋) 태종 옹희(雍熙) 2년 11월에 명령하기를, '사냥하여 친히 잡은 금수는 유사(攸司)에게 주어 태묘(太廟)에 천향하라.' 하였고, 진종(眞宗) 함평(咸平) 3년 12월에 사냥하여 잡은 여우·토끼를 태묘에 천향하고, 그 나머지를 중서성과 추밀원에 주었습니다. 고제(古制)에 의거하여 종묘에 납일에 천향하는 날짐승과 물짐승을 본조에서 기일(期日)에 앞서 의정부에 보고하면 의정부가 의흥삼군부에 공문을 보내 아뢰게 하여, 임금이 사냥해서 잡은 짐승을 전사시(典祀寺)에 주어 천향하게 하고, 이를 항식(恒式)으로 삼으십시오."[29]

---

29)『太宗實錄』권 18, 태종 9년 12월 17일(甲寅). 현재 국사편찬위원회 사이트의 번역에는 의흥삼군부가 사냥하여 잡은 날짐승과 물짐승을 천향하는 것으로 되어 있으

태종이 희망한 것은 사철에 천신할 짐승을 국왕이 직접 사냥하여 잡는다는 내용을 국가의 예제로 규정하는 것이었다. 그러나 예관이 제정한 것은 국왕이 직접 사냥하여 잡은 짐승을 종묘에 납일에 천향하는 의례였다. 그런데 이미 봄과 가을에 강무를 한다는 규정이 제정되어 시행되고 있는 조건 아래에서 볼 때, 이 의례는 가을 강무에서 국왕이 잡은 짐승을 납일에 종묘에 천향한다고 규정한 것과 크게 다르지 않았다. 또 그 천향 대상에 날짐승이 포함되어 있으므로 납일의 천향에 임박하여 임금이 매 사냥을 할 수 있도록 한 것이어서, 이 점은 결국 국왕이 강무기간 이외에 매 사냥을 하는 것을 정당화하는 새로운 명분이 제한적으로 제공된 것이라 할 수 있다.

이로부터 5년이 지난 1414년(태종 14)에 이르러 강무 때 사냥한 짐승으로 교(郊)에서 사방 방위의 신에게 제사하는 제도[30], 강무에서 잡은 짐승은 날을 가리지 않고 즉시 종묘에 천신하고, 만약 삭일(朔日)이나 망일(望日)을 만나면 겸하여 천신하는 규정도 정하였다.[31] 이보다 앞서 태종은 봄 강무 때 잡은 짐승은 맛이 없다는 이유로 종묘에 올리지 말도록 지시한 일이 있는데,[32] 이때 그 지시는 없었던 일이 된 것으로 보인다.

나, 문맥 상 의흥삼군부가 국왕에게 아뢰도록 하여서 국왕이 친히 사냥하여 잡은 날짐승과 뭍짐승을 천향하는 것으로 보아야 한다.

30) 『太宗實錄』 권 28, 태종 14년 9월 22일(壬辰).

31) 『太宗實錄』 권 28, 태종 14년 윤9월 3일(癸卯). 국사편찬위원회 사이트의 번역에는 蒐狩를 '사냥[蒐狩]'이라 하였으나, 태종이 이 직후 講武를 한 것과 관련하여 볼 때 전에 蒐狩儀를 제정할 때의 蒐狩와 마찬가지로 이는 講武를 뜻한다. 또 禽을 '짐승'이라 번역하였으나, '날짐승' 또는 '새'라 볼 수도 있는데, 다른 기록에도 짐승 전체를 '禽'으로 기록한 사례가 있어서 여기서도 짐승 일반으로 보기로 한다.

32) 『太宗實錄』 권 25, 태종 13년 2월 12일(辛酉)

이상이 태종 때에 사냥과 관련하여 새로 제정되거나 정비된 규정들이다. 강무 의식을 포함하여 세종 때 이후의 사냥과 관련된 여러 규정은 그것이 의식 규정이든 금령이든 태종 때의 것에서 새로 마련되거나 근본적으로 바뀐 것은 존재하지 않는다. 즉 사냥과 관련된 주요 규정은 모두 태종 때에 확립되었다.

태종 때의 강무의 특징은 소규모 병력을 동원하여 사냥감이 많은 곳을 찾아 여러 곳을 돌아가며 때로는 장기간에 걸쳐 시행되었다는 데에 있다. 여기에는 군사 훈련이라는 명분 아래 국왕의 사냥 욕구를 채우려는 의도가 중요하게 작용하였다. 태종의 경우 그의 휘하사(麾下士)에 해당하는 이들이 상당수 장수로 활동하고, 다시 이들 장수의 휘하사에 해당하는 이들이 구전(口傳)에 의해 군관(軍官)으로 임명되어 활동하거나 반당(伴倘)으로 활동하는 상황이었으므로, 이 강무는 태종의 군 장악력을 유지하는 수단이기도 하였다. 태종의 강무를 뒷받침한 주요 인물은 대부분의 기간 동안 이숙번이었으며, 재위 말엽에 이르러서는 이숙번 개인에 의존하기보다는 의정부와 병조를 통해 강무와 관련된 일들을 처리하였다.

태종이 사냥할 짐승이 많은 곳을 물색하여 황해도, 강원도, 충청도 등으로 장소를 바꿔가며 강무를 하는 것에 대해 신료들은 비판적이었다. 이에 따라 1414년 봄에 병조에서 강무와 관련된 사의(事宜)를 올리면서 강무장을 일정한 곳에 두자는 내용을 포함시켰는데, 이때에는 별달리 논의가 진척되지 못하였다.[33] 그러다가 이해 8월 가을 강무를 앞두고 태종이 6조 판서 및 대간과 의정부 참찬 이숙번을 불러 강무장이

---

33) 『太宗實錄』권 27, 태종 14년 2월 25일(己巳)

일정한 곳에 있는 것이 고제라며 의논을 시켰고, 이때의 의논 결과는 강무장을 굳이 특정 장소에 둘 필요는 없다는 쪽으로 모아졌다.[34) 이에 사간원에서 상소하여 강무장을 일정한 곳에 정하자고 하자 의정부에 다시 의논토록 하였는데, 그 내용을 보면 태종에게 강무의 중심적 목적은 짐승을 많이 잡는 것이었음이 드러난다.

〈사료 2-F〉
　사간원에서 상소하여 강무에 일정한 장소를 정하도록 청하니, 의정부에 내려서 헤아려 의논토록 하였다. 이숙번이 아뢰었다. "강무를 하는 것은 본래 군사를 다스리기 위한 것이나, 그러나 금수를 바치는 예도 또한 폐지하지 못하는 것입니다. 만약 옛 제도를 모방하여 경기의 관방(關防) 안에 정한다면 금수가 적을 것이고, 먼 지방이면 옛 제도가 아닙니다. 신은 생각건대, 일정한 장소를 정하지 말고 농사의 풍흉을 살펴 적절한 곳에서 강무를 하고, 성모(聖謨)를 후사(後嗣)에게 남기신다면, '나는 어려서부터 말 달리고 사냥하는 데 익숙하여 오늘에 이르기까지 또한 스스로 그만 두지 못한다. 이것은 임금의 아름다운 일이 아니니, 마땅히 본받지 않는 것이 가하다.'고 하소서. 만약 신 등으로 하여금 반드시 일정한 장소를 정하라고 하면 고제를 모방하여 경기 안에 정하는 것은 실로 어렵지 않습니다."[35)

　태종의 사냥에 대한 욕망을 잘 아는 이숙번으로서는 일정한 장소에 강무장을 설치하는 일은 해서는 안 되는 일로 판단하였을 것이다. 매번은 아니더라도 지속적으로 강무를 하면 짐승의 수가 곧 줄어들 것이 분명하기에, 이는 결국은 태종의 노여움을 피하기 어려웠기 때문이다. 그

---

34) 『太宗實錄』 권 28, 태종 14년 8월 26일(丙寅)
35) 『太宗實錄』 권 28, 태종 14년 8월 30일(庚午)

럼에도 이듬해 봄에 그 동안 강무를 하였던 지역들 가운데 평강 등 14개 지역을 강무장으로 정하였다. 그런데 이 규정을 정한 이듬해인 1416년의 봄 강무는 강무장에서 제외되었던 순성(蓴城) 즉 지금의 태안 지역에서 시행되어, 실상 태종에게 강무장을 정하는 것은 별 의미가 없었음을 알 수 있다.[36]

이러한 태종의 강무에 대한 욕망은 신료들로부터 광범위한 비난을 사고 있었다. 다만 태종의 위세가 두려워 잘 드러나지 않을 뿐이었는데, 이에 대해 태종도 어느 정도 사정을 파악하고 있었고, 그에 대한 자신의 논리를 장황할 정도로 길게 말한 일이 있다. 그 내용을 보면 다음과 같다.

⟨사료 2-G⟩

의정부 좌의정 박은(朴訔)과 우의정 한상경(韓尙敬)이 강무할 곳을 올렸다. 의정부 사인(舍人) 심도원(沈道源)을 시켜 아뢰기를 "충청도 순성을 봄 강무장으로 하고, 강원도 횡성을 가을 강무장으로 하기를 청합니다." 하니, 임금이 노하여 말하였다. "횡성은 곧 전일에 의정부와 대간에서 의논하여 결정한 곳인데, 그때에는 어찌 한 마디 말도 언급하지 않았느냐? 또한 지금은 강무한다는 명령도 없었는데 어찌하여 이런 말을 내느냐? 나더러 각림사(覺林寺)에 간다고 핑계하여 강무하라는 말이냐? 내 어찌 강무하고자 했겠느냐? 그러나, 강무는 옛 제도인 것이다. 만일 강무하는 것을 그르다고 한다면, 이 앞서 강무하였을 때에 여러 재상과 대간이 어찌하여 저지하지 않았느냐? 이것이 곧 임금의 악을 조장하는 것이다. 원주의 각림사는 내가 나이 어렸을 적에 유학한 곳이므로, 절집과 산천이 매양 꿈속에 들어오는 까닭에 한 번 가서 보고 싶었을 뿐 애초부터 부처를 위함은 아니었다. 만약에 눈이

---

36) 李玙秀, 2002, 「조선초기 講武 施行事例와 軍事的 기능」, 『軍史』 45, 241~242쪽

녹기를 기다려서 간다면, 반드시 '이를 핑계 삼아 강무한다.' 할 것이니, 모름지기 눈이 쌓였을 적에 가야겠다." …

박은과 한상경 등이 궐에 나아가 아뢰었다. "어제 심도원이 저희 뜻을 잘못 아뢰었습니다. 저희 생각으로는, … "

임금이 그 말을 옳게 여기고, 조금 있다가 대언 등을 불러 보고 말하였다.

"전일에 서선과 최한을 가둔 것은 정승의 말을 꺼려서가 아니다. … 옛사람이 말하기를, '여름철은 싹을 위하여 해가 되는 것을 제거하고, 나머지 세 철에도 모두 뜻이 있다.' 하였고, 또 말하기를, '무사하다고 사냥하지 아니함은 불경한 것이다.'하였다. 이 말을 해석하는 자가 말하기를, '일[事]은 군례·빈례(賓禮)·상례(喪禮)·흉례(凶禮)에 출입하는 일이다.'라 하였으니, 무사하다고 해도 사냥함이 옛 제도인 것이다. 지금 대소 신민들이 모두 강무하는 일을 하고자 하지 않는데, 나 혼자만 옛 법을 말하니 특히 하나의 버릇이 되고 말았다. 또 근자에 구언(求言)했을 때, 재상 남관(南實)이 강무의 폐단을 극언하였는데, 그 말이 임금을 업신여겼을 뿐만 아니라, 온 나라에 사람이 없는 것으로 여겼기에 내가 그 이유를 묻고자 하다가, 구언하고서 도리어 그 말이 적중하지 못함을 책망할 수 없는 까닭에 그대로 내버려두었다. 고려왕조 말년에 구언하였더니, 어떤 사람이 부처를 헐뜯어 말하므로 조정의 의논이 그를 국문하려 하였다가 시중 정몽주가 '구언하고서 그에게 죄줄 수는 없습니다.' 하여, 곧 죄를 면한 일이 있었기에, 사실은 비록 다르다 하더라도 그를 내버려두고 묻지 않은 것은 또한 이런 뜻에서였다. 어떤 사람이 '네 철에 전렵함은 옛 법이다.' 하였는데, 이제 봄·가을 두 철만으로 정한 것은 바로 그것을 반으로 꺾은 것이다. 누구는 이를 가지고 '임금의 뜻을 떠받드는 것이다.'고 말한다니, 이것은 무슨 마음에서인가? 근일에 조원(趙源)이란 자도 강무에 참여하고 싶지 아니하여 사사로이 서로 비방하는 서신을 왕래한 일이 있었고, 또 예조에서 전에 고제를 모아서 아뢰었을 때, '천자도 친히 궁시(弓矢)를 잡는다.'는 구절을 삭제하였으니, 그 뜻을 따진다면 이 역시 강무를 싫어하는 것이었다. 비록 그 일을 그대로 썼다 하더라도 느닷없이 활과 화살을 차고 말을 달리는 것을 달게 여겼겠느냐? 그 의롭지 못함이 대체로 이와 같다. 하지만 그 뜻만은 실지로 나를 사랑함인데 단지 그 대체를 알지 못했을 뿐이다. 사람들은 모두 나더러, '무가이어서 무사를 좋아한다.'고 하나, 태조께서 나에게 학문을 권장하셨고, 내가 궁시를 잡기 시작한 것은 어렸을 때가 아닌 장년 시절이므로, 무사를 좋아한다고 할 수도 없고, 또한 무사를 좋아하지 않는다고도 할 수 없다. 건문제 (建文帝) 때 사장(詞章)만을 일삼자 육옹(陸顒) 등이 매양 성스러운 천자라고 일컬었지만 결국은 패망에 이르렀으니, 어찌 이를 거울삼지 않겠느냐? 옛사람이 이르기를, '문무를 아울러 씀이 장구한 계책이라'고 하였으니, 내 문무를 아울러 써서 한 쪽으로 치우치지 않을 뿐이다. 내가 순성을 강무할 곳으로 삼지 않는 것은 후세에 국정을 등한시하여 멀리 사냥 나가 유일을 일삼을까 두려워함에서이다. 백성들이 나무를 베고 밭갈이하는 것을 들어 주어, 고라니, 사슴이 번식하지 못하게 한다면 비록 가서 놀고자 하더라도 할 수 없을 것이다."[37]

태종이 사냥하려는 욕망만으로 강무에 적극적이었다고 할 수는 없다. 태종 때에 이루어진 여러 군사제도의 정비를 생각하면, 강무에는 군사 훈련의 목적도 중요하게 작용하였다고 보아야 한다. 그러나 태종이 각림사에 가겠다고 하자 의정들이 횡성 쪽에서 강무를 하려는 뜻으로 해석하였다는 것은 그가 강무 특히 사냥에 대해 욕심이 많았던 데서 온 일종의 학습효과였을 것이다. 그러한 가운데 태종은 네 철에 모두 강무를 하는 것이 고제이나, 자신은 두 철만 강무를 한다는 것을 강조하였는데, 이것은 신하들의 입을 막으려는 의도에서 나온 발언이라고 생각된다.

---

37) 『太宗實錄』 권 33, 태종 17년 2월 2일(己未)

년도	춘/추	기간	일수	장소	비고
태종 3년(1403)	춘	3. 13 - 17	5	황해도 송림	
	추	10. 11 - 18	8	황해도 해주	
4년(1404)	춘	2. 6 - 18	13	황해도 해주	
5년(1405)	춘	2. 15 - 28	14	경기 양주, 마전	
6년(1406)	춘	2. 28 - 3. 3	5	경기 광주	
	추	9. 11 - 20	10	강원도 철원, 평강	
7년(1407)	춘	2. 13 -18	6	경기 광주	
	춘	2. 28 - 3.1	3	경기 양주	
	추	10. 12-16	5	경기 금천	
10년(1410)	추	10. 1 - 5	5	황해도 해주	뇌전우박으로 중단
11년(1411)	춘	2. 27 - 3. 2	5	경기 광주	
	추	10. 6-11	6	경기 광주	
12년(1412)	춘	2. 18 - 3. 3	9	철원	
	추	9. 24 - 30	7	경기 부평, 이천	
13년(1413)	춘	2. 4 - 28	25	황해 평주	온천 탕목 겸행
14년(1414)	춘	2. 27 - 3.6	9	강원도 감화 평강	
	추	9. 3 - 19	17	강원도 횡성	
15년(1415)	춘	2. 6 - 29	24	황해도 해주	
	추	9. 25 - 10. 12	18	강원도 강릉, 횡성	
16년(1416)	춘	2. 4 - 22	19	충청도 태안	
	추	10. 15 - 20	6	강원도 평강	
17년(1417)	춘	2. 27 - 3. 9	12	강원도 원주	각림사 방문 병행
	추	9. 28 - 10. 3	6	경기 이천, 미원	

태종 때의 강무 시행 사례를 살피면, 태조의 사망으로 국상이 발생한 1408년(태종 8년)과 1409년을 제외하고는 해마다 대체로 봄과 가을 두 차례로 나누어 시행하였음을 볼 수 있다. 강무를 1회만 한 때는 농사가 흉년이 든 해에 해당하며, 그 경우 주로 봄 강무만 시행하였다. 강무에 동원한 병력 규모는 4000~7000명 정도로, 태종은 강무하는 현지의 군

사들을 주로 몰이꾼으로 동원하였다.[38]

조선의 강무는 태종이 왕위에서 물러나 상왕이 된 뒤 대열을 시작함으로써 중대한 변환의 계기를 맞이하였다. 그러나 이 변환은 세종 당대가 아니라, 그 후대에 세조에 의해 본격화하였다. 그러는 동안 강무와 대열은 국왕 무사의 커다란 두 축을 형성하여 운영되었다.

1418년 태종이 선위함으로써 세종이 즉위한 뒤 태종은 상왕으로서 생존하는 동안 군사권을 장악하고 관련 업무를 지휘하였다. 특히 1419년(세종 1) 태종이 풍양(豊壤)에 이궁(離宮)을 짓도록 하여 이듬해 완공되자 그곳에 주로 거처하였는데, 그전까지는 세종이 아침마다 태종을 문안하는 자리에서 주요 국정이 결정되어, 사실상 국정 전반을 태종이 통치하였었다. 이러한 가운데 태종은 자신이 재위하는 동안에는 한 번도 시행한 일이 없는 대열을 상왕이 된 뒤에 실시하였다.

대열의 시행은 1419년 10월 병조의 건의에서 비롯되었다. 연이은 흉년 때문에 3년 동안 강무를 시행하지 못하였으므로 대열을 하자는 것이 건의의 골자였다.[39] 그런데 태종이 상왕일 당시의 병조는 국가의 군사 행정업무를 총괄하는 부서이자, 한편으로는 상왕 태종의 승정원과 같은 기능을 하고 있었다. 따라서 형식상으로는 병조가 건의한 것이나, 실제로는 태종의 뜻을 받들어 세종에게 아뢴 것이라 생각된다. 더구나 1419년에는 봄과 가을에 각각 11일에 걸쳐 강무를 거행한 바 있으므로,[40] '3년 동안 강무를 시행하지 못하였으므로'라는 말은 허울 좋은 명분에 지나지 않았고, 태종이 세종 즉위 후 대열을 시행하도록 한 실제

---

38) 李玕秀, 앞의 글, 251~252쪽
39) 『世宗實錄』 권 5, 세종 1년 10월 29일(庚子)
40) 이글 <표 2-2> 참조

의도는 다른 데 있었다고 생각된다.

조선 건국 후 대열에 대한 논의가 없지 않았으나 시행한 적이 없었으므로, 대열을 거행하려면 여러 준비가 필요하였다. 이 때문에 대열은 1421년(세종 3)이 되어서야 비로소 시행될 수 있었다. 1421년 4월에 대열을 위한 백관의 반차를 정하고[41] 5월에 세종과 태종이 낙천정(樂天亭)에 행차하여서 대열을 거행하였다. 상왕이 의정부 참찬 변계량(卞季良)에게 명령하여 고제를 참고하여 진법을 만들도록 하고는 다시 궁중에서 보관하고 있던 그림으로 된 진법 한 축을 내어주어 이를 참고하여 '오진법(五陣法)'을 만들어서 올렸고, 이에 따라 훈련관(訓鍊觀)이 군사들을 훈련시킨 뒤 대열 때 삼군(三軍)을 오위(五衛)로 바꾸는 것을 차질 없이 수행하였다고 하는 것으로 보아, 이때의 대열은 대규모 진법 훈련이었으며, '오진법'은 '오위진법(五衛陣法)'의 오식(誤植)으로 생각된다.[42]

그러나 조선 건국 후 처음 시행하는 대열이 만족스러울 수는 없었다. 그 까닭에 상왕은 대열을 한 지 이틀 만에 박은에게 대열 제도를 다시 마련하도록 명령하였고,[43] 이해 7월에 병조에서 새로운 대열 제도를 갖추어서 아뢰었다.[44] 새로 마련된 대열 제도에서 주목해야 할 것은 군사들을 두 부대로 나누어 서로 적이 되어 전투를 벌이는 내용이 강화되어 이 의식의 절정을 이루도록 하였다는 점이다. 이로써 대열은 군사들이 북 소리에 맞추어 천천히 또는 빨리 이동하는 행진(行陣), 오위 각각

---

41) 『世宗實錄』권 11, 세종 3년 4월 14일(丙午)
42) 『世宗實錄』권 11, 세종 3년 5월 18일(己卯)
43) 『世宗實錄』권 11, 세종 3년 5월 20일(辛巳)
44) 『世宗實錄』권 12, 세종 3년 7월 9일(己巳)

이 원진(圓陣), 직진(直陣), 예진(銳陣), 방진(方陣), 곡진(曲陣)을 이루는 결진(結陣), 그리고 앞에서 설명한 응적(應敵) 등 셋을 주요 내용으로 하여 구성되었고, 이 밖에 대열하는 장소, 형명(形名)에 따른 동작 내용 등도 아울러 규정되었다. 3군으로 편성된 중앙군을 진법에서는 5위로 바꿔 재편하는 체제는 이미 정도전의 '진도법'에 확정되어 있었던 것인데, '진도법'에서는 '결진'에 뭉뚱그려져 간략히 규정되어 있던 내용을 이제 행진, 결진, 응적으로 세분하여 자세한 규정을 마련하였던 것이다.[45] 새 진법을 마련하자 상왕은 곧 다시 대열을 실시하고자 훈도관(訓導官)들을 각도에 보내 진법을 훈련시키도록 하였고, 각도의 군사를 오위에 나누어 분속시키고 오방색(五方色)에 맞춰 복장의 색도 정하였다.[46] 이처럼 준비를 마쳤으나 명(明)의 사신이 예상보다 오래 머물게 되어 결국 상왕 태종의 두 번째 대열은 거행되지 못하였다.

그러나 이로써 좀 더 체계를 갖추게 된 대열 제도는 태종이 사망한 뒤 세종 때를 거치는 동안 대열과 진법으로 나뉘어 정리되었다. 이 가운데 대열은 1424년(세종 6) 그 의주(儀註)를 새로 정하였는데, 행진과 결진 부분을 빼버리고 응적을 골자로 하여 구체적으로 정리하였다.[47] 그리고 1421년에 규정되었던 대열제도의 전체적인 내용이 오히려 진법으로 계승되었다.[48] 즉 대열은 진법 훈련의 결과를 응적 중심으로 국

---

45) 金東慶, 2008, 「조선초기 진법의 발전과 군사기능」, 국방대학교 안전보장대학원 석사논문 참조. 다만 이 논문에서 鄭道傳의 '陣圖法'과 비교하여 분석한 대상은 이 때의 大閱 규정이 아니라, 뒤에 河敬復이 다시 수정하여 마련한 癸丑陣法(癸丑陣說)이다.
46) 『世宗實錄』 권 12, 세종 3년 7월 28일(戊子) ; 8월 12일(壬寅)
47) 『世宗實錄』 권 25, 세종 6년 9월 24일(丙申)
48) 癸丑陣法의 내용은 「癸丑陣說」, 『兵將說·陣法』, 1983, 國防部戰史編纂委員會 참조

왕 앞에서 시연하는 형태로 정리된 것이다. 이 대열 의식의 내용은 뒤에 부분적인 변화가 이루어지기는 하였으나 큰 골격을 그대로 유지한 채『세종실록』오례의 군례에 수록되었고, 또한 세조 즉위 후 약간의 수정을 거쳐『병정(兵政)』에 수록되었다. 이 과정에서 국왕 의례로서의 성격은 약화되었으나, 두개의 상(廂)으로 나누어 전투하는 내용인 응적을 핵심으로 하는 점이 지속되었다는 데에서 이 변화는 세종 때 변화하고 있던 맥락의 연장으로 간주할 수 있다. 그러나 세종은 이렇게 새로 마련한 내용에 맞추어 재위하는 동안 두 차례 대열을 했을 뿐이었다.[49] 이것은 세종이 강무를 행한 횟수의 1/10에도 미치지 못하는 수치여서, 세종이 여러 무사 가운데 강무를 매우 중요시하였고, 대열은 규정 마련에 만족하는 수준에서 크게 넘지 않았음을 알 수 있다.

앞서 살핀 바와 같이 세종은 태종의 주도 아래 새롭게 마련된 내용 가운데 강조된 부분만 추려서 대열 제도를 갖추었는데, 그 요점은 국왕이 직접 군사들이 그 동안 익힌 습진 내용을 형명을 사용한 지휘에 의해 전투 장면을 시연하도록 함으로써 확인하는 데에 있었다. 이 내용은 실전적 군사훈련을 목적으로 한다는 점에서 강무와 유사한 측면이 많으면서도, 국왕이 멀리 갈 필요도 또 말을 직접 몰 필요도 없다는 데에 시는 차이가 있나. 태종은 실제 말을 타고 적에 해당하는 짐승들을 몰아 사냥하는 방식의 훈련인 강무를 세종이 오래 지속할 수 없을지도 모른다는 우려에서 이러한 방식의 대열을 구상하였던 듯하다. 그 한편 진법은 왕명(王命)이 지휘계통에 따라 전달되어 형명의 동작에 따라 각급 부대의 구체적 동작 내용으로 귀결되는 것이어서, 국왕의 군사

---

49)『世宗實錄』권 25, 세종 6년 9월 24일(丙申) ; 같은 책 권 33, 세종 8년 9월 24일 (甲寅)

통솔권을 확인하는 중요한 의식이라는 의미를 내포하고 있었다. 태종의 경우 왕이 되기 이전부터 사병을 거느리면서 여러 장수와 장교들을 수하로 둔 바 있으나, 세종은 그러한 군사적 바탕이 전혀 없다는 차이가 있었다. 이것이 태종이 대열 제도를 새롭게 마련토록 한 더 중요한 이유였다.

문종과 단종은 대열을 시행한 바 없다. 특히 단종은 대열을 실시할 수 없었다고 보아야 옳다. 앞의 두 국왕과 달리 왕권을 강력하게 휘둘렀던 세조는 강무와 대열보다 오히려 진법 훈련을 더 중요시하였다. 세조는 문종이 중앙군의 조직 자체를 진법의 내용에 맞추어 오사(五司)로 개편한 것을 계승하여 오위로 재편하면서 가다듬는 한편, 해마다 몇 차례씩 진법 훈련을 직접 지휘하며 시행하였다. 이에 비해 대열은 재위기간 동안 한 차례만 시행하였을 뿐이다.[50] 이름만으로는 대열이 더 규모가 큰 행사인 것처럼 보이나, 앞에서 설명한 바와 같이 실상은 진법 훈련이 더 큰 규모의 군사 훈련이었으며, 특히 세조는 진법 훈련 때마다 좌상(左廂)과 우상(右廂)으로 나누어 각각 대장(大將)을 임명하여서 응적까지 시행하도록 하였다. 이로써 세조 때에 이르러 국왕 무사의 중심은 강무나 대열이 아니라 진법 훈련이 차지하게 되었다.

그러나 이 변화는 그 후대의 국왕에게는 계승되지 못하였다. 중앙군을 대거 동원하여 진법 훈련을 하며 이를 국왕이 직접 지휘하는 일은 세조 때만의 특별한 경험으로 끝났던 것이다. 재위 1년 2개월만에 사망한 예종에게는 그럴 기회가 없었고, 뒤이어 즉위한 성종 때부터 중앙군의 진법 훈련은 오위제도 안에서 장수들이 규정에 따라 알아서 수행하

---

50) 『世祖實錄』 권 14, 세조 4년 9월 26일(庚戌)

는 일이 되었다. 성종이 25년 재위하는 동안 6회에 걸쳐 대열을 하였는데,[51] 이 숫자는 성종이 재위기간 동안 강무를 시행한 횟수와 같다.[52] 이러한 변화는 문신 중심 정치 운영이 확고해지는 성종 때에 이르러 국왕의 무사가 전반적으로 쇠퇴하고 있었음을 나타낸다.

3. 세종의 정례적 강무와 의례화

세종연간을 지나는 동안 강무와 관련된 여러 조건이 바뀌고 있었다. 고려 말에 발생한 대규모 인구이동으로 말미암아 황무지로 바뀌었던 땅들은 다시 개간되어 농경지가 되어갔다. 이에 따라 목장이 줄어들어 말의 값이 치솟고, 좋은 말이 명으로 대거 빠져나간 까닭에 좋은 말 또한 구하기 어렵게 되었다. 이는 한편으로 기병(騎兵)이 약화되는 원인으로 작용하였다. 기병이 군장 점검 때 다른 사람의 말을 빌리는 사태가 생겨난 원인도 여기에 있었다. 기병의 약화는 전술의 변화를 요구하였다. 군사훈련에서도 강무의 중요성은 차츰 약해지고, 대신 습진의 중요성이 커졌다.

세종 때에는 가뭄으로 흉년을 겪은 경우가 많았다. 그러나 세종은 웬만한 흉년에는 강무를 강행하였다. 강무를 강행하다가 가뭄이 너무 심하다는 이유로 결국 중지한 때도 있기는 하였다. 처음부터 강무를 계

---

51) 『成宗實錄』 권 59, 성종 6년 9월 26일(壬申) ; 같은 책 권 76, 성종 8년 2월 18일(丁亥) ; 같은 책 권 85, 성종 8년 10월 3일(丁酉) ; 같은 책 권 108, 성종 10년 9월 29일(壬午) ; 같은 책 권 220, 성종 19년 9월 24일(甲申) ; 같은 책 권 232, 성종 20년 9월 28일(癸未)
52) 이글 <표 2-3> 참조

획하지 않은 해가 몇 차례 있는데, 여기에는 흉년보다는 태종비와 태종의 사망에 따른 국상, 세종의 건강 악화 따위가 주된 원인으로 작용하였다.

세종은 1435년(세종 17)이후 여러 차례 종친이나 부마 등을 대동하여 강무를 하였다. 이 일은 뒤에 세조와 성종이 종친과 부마 등을 거느리고 가서 강무를 하는 전례가 되었다. 세종 때 강무를 하는 데 소요된 기간은 10일 안팎이었고, 몇 차례 구체적인 병력 동원 내용이 드러나는 사례로 보면 수천에서 1만 정도의 군사와 몰이꾼이 동원되었음을 알 수 있다. 동원된 병력 규모는 뒷 시기에 더 커졌으나, 여러 가지 측면을 종합할 때 조선시대 강무의 전성기는 세종 때였다.

〈표 2-2〉 세종 때의 강무 시행

년도	춘/추	기간	일수	장소	비고
세종 원년(1419)	춘	3. 10-20	11	강원도 철원, 평강	태종, 정종 동행
	추	11. 3-13	11	강원도 철원, 평강	태종을 비롯 대군, 왕자, 종친, 대신 동행
2년(1420)	춘	2. 1-22	22	황해도 해주	태종 동행
3년(1421)	춘	2. 25-3. 11	17	강원도 진부	태종 동행
6년(1424)	추	9. 27-10. 5	8	강원도 철원	
7년(1425)	춘	3. 9-19	11	강원도 평강, 철원	
	추	9. 28-10. 2	4	경기 광주	
8년(1426)	춘	2. 13-19	7	강원도 횡성	
	추	10. 4-12	9	강원도 평강	
9년(1427)	추	10. 1-5	6	경기 광주	
10년(1428)	춘	3. 9-12	4	경기 양주	가뭄이 심하여 중단
	추	10. 4-12	9	강원도 철원	
11년(1429)	춘	2. 26-3. 6	11	강원도 평강	
12년(1430)	춘	3. 9-3. 17	9	강원도 평강	
13년(1431)	춘	2. 12-21	10	강원도 평강	세자 대동

14년(1432)	춘	2. 19 – 3. 2	14	강원도 평강	
	추	9. 27 – 10. 2	6	경기 양주	
15년(1433)	추	9. 27 – 10. 5	9	강원도 평강	
16년(1434)	춘	2. 6 – 19	14	강원도 평강, 철원	세자 대동
	추	9. 28 – 10. 6	8	강원도 평강, 철원	세자 대동
17년(1435)	춘	2. 13 – 22	10	강원도 철원	철원을 강원도에 편입
	추	10. 10 – 14	5	경기 수원	세자, 종친 대동
18년(1436)	춘	3. 8 – 19	12	강원도 철원	종친 부마 대동
19년(1437)	추	10. 2 – 12	11	강원도 철원, 평강	세자 대동
21년(1439)	춘	윤2, 19 – 29	11	강원도 철원, 평강	
22년(1440)	추	10. 1 – 10	10	강원도 평강, 철원	
24년(1442)	춘	3. 3 – 5. 1	57	강원도 철원, 이천(伊川)	중궁, 세자 대동, 온천 목욕 겸함
	추	10. 7 – 10	4	경기 양주	세자 대행
27년(1445)	추	9.28-10. 6	8	강원도 평강	세자 대행
31년(1449)	춘	2. 28 – 3. 4	6	경기 풍양	세자가 대행

세종 때에도 강무는 거의 해마다 정례적으로 시행되었다. 다만 원경 왕후(元敬王后: 태종비이자 세종의 모후), 정종, 태종의 사망으로 국상 이 발생한 때와 세종 말엽 세종의 건강이 악화된 때에는 강무를 시행하 지 못하였다. 또한 세종 때에도 흉년이 든 때가 많았는데, 이러한 시기 에는 대개 태종 때와 마찬가지로 봄 강무만 시행하고 가을 강무는 시행 하지 못하였다. 세종 때의 강무에는 대개 중앙군 가운데 일부를 뽑아 시행하였고, 1000명 이내의 병력을 동원하여 강무의 규모가 태종 때에 비해 크게 줄어들었다.[53] 강무하는 장소는 특정 강무장으로 한정되었 고, 철원과 평강을 가장 애용하였음을 볼 수 있다. 한편 강무 기간도 태 종 때에 비해 평균 2일 정도 줄어들어서, 사냥을 좋아하지 않았던 세종

---

53) 李玱秀, 앞의 글 252쪽

에게 강무는 사냥 자체의 즐거움보다는 중앙군의 일부를 훈련하는 겸 평소의 훈련 상태를 점검하는 수단이자 국왕을 중심으로 거행되는 군사적 의례로서의 의미에 더 비중을 두었음을 알 수 있다.

세종 때의 강무에서 일어난 이러한 변화는 강무에 대한 인식이 강무를 한편으로는 국왕의 사냥 욕망을 충족시키는 수단으로 보았던 태종의 인식에서 크게 달라졌음을 나타낸다. 즉 세종은 강무가 조선 왕실의 초월적 권위의 출발점인 태조의 '하늘이 내린 무예 능력'을 후대의 국왕과 신료들로 하여금 계속 기억하도록 하는 중요한 수단의 하나일 수 있다고 인식한 것으로 판단된다. 세종이『태조실록』을 보완하면서 그 총서에 태조와 관련하여 전해지는 이야기들을 민간에서 채록하게 한 점, 또 세종이 심혈을 기울여 편찬토록 한『용비어천가』에 태조의 말을 타는 재능, 활을 쏘는 재능, 사냥 재능이 상세하게 묘사된 점 등과 사냥을 별로 좋아하지 않은 세종이 변화하는 조건에 맞추어 강무를 해마다 두 차례씩 꾸준히 거행하였던 점을 연결지어 볼 때, 그러한 판단이 가능한 것이다.

이와 같은 강무에 대한 인식의 변화는 1439년(세종 21) 세종이 세자인 문종에게 강무를 맡기려고 할 때 이에 대한 반대론 속에서도 확인할 수 있다.

〈사료 2-H〉
사헌부에서 상소하였다.
"저희는 근일에 여러 번 상소하여 첨사원의 설치를 그만둘 것을 주청하였으나, 전하께서는 신 등에게 하명하시기를, '첨사원을 설치하는 것은 상례와 다른 일이 있을 것을 기도하는 것이 아닌데, 너희들이 억측하여 즉시 세자로 하여금 대군(大軍)을 통솔하게 한다고 하여 번거

롭게 논청한다.'고 하면서 두 번 세 번 전유(傳諭)하여 전하의 말씀이
분명하시기에, 저희들은 전하가 정성껏 믿음성을 보이려 하시는 뜻을
알고 반드시 이상한 처사는 없을 것이라고 생각하였습니다. 그런데
엎드려 들으니, 동궁으로 하여금 친히 병사들을 거느리고 강무를 대
행하게 한다고 하오니, 이것이 대군을 통솔하는 이상한 일의 일종이
아니겠습니까. … 대체로 군사에 대한 업무는 국가의 중대한 일이므
로 옛날의 성인은 수수의 법을 제정하여 존비의 구분을 보였고 장유
의 순서를 밝혔으며, 군사들을 열병하고 여러 동작을 익히는 데에 이
르기까지 온갖 직책이 구비하고 온갖 예절이 갖추어졌습니다. 이것은
제왕(帝王)의 성대한 행사인데 어찌 신자(臣子)가 대행할 도리가 있겠
습니까. … 54)

이 사헌부의 상소에 나타나는 강무에 대한 인식은 그것이 국왕의 군
사 통솔권을 드러내는 중요한 제도라는 점, 또한 상하 존비의 서열을
확인하는 의식이라는 점의 강조에서 확인할 수 있다. 물론 사헌부가 세
자의 강무 대행을 반대하면서 그것이 국왕의 사냥 욕망을 분출하는 장
치이기도 하였었다는 사실은 입에 올릴 수 없었을 것이다. 그런데 사헌
부의 인식은 한편으로는 당시 국왕인 세종의 인식이기도 하였으리라
는 점이 중요하다. 이 상소 뒤에도 대간은 연이어 세자가 강무를 대행
하는 상소를 올렸으나, 결국 세자가 강무를 대행할 때의 사목(事目)이
정해졌다. 그런데 이 사목의 내용은 강무와 관련된 다른 어떤 규정에
비해 가장 상세하다는 점에서 주목해야 할 가치가 있다.

〈사료 2-1〉
병조에서 세자가 강무를 대행하는 사목을 아뢰었다.

---

54) 『世宗實錄』 권 97, 세종 24년 9월 6일(癸亥)

"1. 앞에서 인도하는 청양산(靑陽繖)은 빼고 뒤에 따라가는 의장에 무늬가 없고 흰 깃술이 달린 붉은 기를 세워서 바라다보아 임금의 행차와 차별이 있음을 알 수 있게 한다.

1. 별시위 안에서 건장하고 용감한 자 50인을 선택하여 나누어 2대(隊)를 만들고 길에서 1대가 앞에서 인도하고, 1대는 뒤에 서서 둘러싸 호위한다. 사장(射場)에 이르러서는 지형에 따라 좌우에 나누어 서며, 만약 악한 짐승이 나타나면 <세자의> 말 앞에 늘어서서 즉시 포획한다.

1. 오장(烏杖)을 가진 자 5명을 빼고, 건장한 별시위 10인으로 그 임무를 대행하게 한다.

1. 사복시의 녹관(祿官)과 겸관(兼官)은 반을 나누어서 수종한다.

1. 서연관 3인, 익위사 8인이 수종한다. 익위사는 다 활과 화살을 휴대한다.

1. 삼군의 장수 각각 2인과 낭청 및 진무(鎭撫) 15인이 수종한다.

1. 이보다 앞서 사장에 푸른 빛·붉은 빛·흰 빛의 삼색으로 된 큰 기를 세우기 위하여 가지고 간다.

1. 사위(四衛)의 군사 안에서 각기 수위(首位)에 있는 자를 패두(牌頭)로 정하고 절제사(節制使) 1인이 길에서 통솔하며, 수종을 제외하고는 매번 숙소에 먼저 도착하며, 또 사장에 먼저 도착하여 좌우로 나누어 서게 한다.

1. 숙소에서는 진법에 의거하여 내사문(內四門)과 외팔문(外八門)을 설치하고 한 문마다 방패(防牌) 4인이 지킨다.

1. 숙소에서는 창간사(槍間射)를 제외시키고 다만 활과 화살을 휴대하게 하며, 별시위와 갑사가 주변을 둘러싸고 숙직한다.

1. 숙소의 순작(巡綽)은 위(衛)가 호군(護軍) 5인을 거느리고 관패(關牌)를 빼고 밤 시간을 나누어 행순(行巡)한다. 그 중에 호군이 사정이 있어 오지 못하면 별시위 안에서 참상(參上)인 사람으로 보충 임명한다.

1. 숙소와 주정소(晝停所)에서는 취각(吹角)을 하지 않는다. 다만 숙소 내에서 군사가 거동할 때와 사장에서 사냥을 독촉할 때에만

취각한다.

1. 모든 강무에 관한 일과 금령은 이미 시행한 격식과 규례에 의거하여 시행한다. 명령을 어긴 자는 통정대부 이하인 자는 그전 관례에 따라 본조에서 직단(直斷)하고, 2품 이상인 자는 돌아와서 아뢰어 처벌한다.

1. 수종과 군사 중에 어버이가 병들었다는 진성(陳省)이 오면 오는 즉시로 휴가를 주고 돌아와서 아뢴다.

1. 군기감의 관원 1인이 화약의 수량을 계산하여 가지고 간다.

1. 서운관 관원 2인, 전후 찰방 각각 1인, 사복시의 마료고찰찰방(馬料考察察訪) 1인이 수행한다.

1. 본조의 모든 왕복 문서에는 분병조(分兵曹)라고 일컫고, 봉사인(奉使印) 1개, 분조인(分曹印) 1개, 마패 10개를 가지고 간다. 만약 계달할 일이 있으면 편의에 따라 말을 내어준다.

1. 동궁이 사람을 보내어 문안드리는 일과, 계달하지 않을 수 없는 일이 있을 때에는, 첨사원에서 수종한 승지에게 보고하여 분병조에 말을 전한 뒤에 말을 내어준다.

1. 그 도의 감사와 각 고을의 수령이 교영(郊迎)할 때와 배례(拜禮)를 행할 때에는 다 공복(公服)을 입는다.

1. 군사가 행동할 시각과 행순 때의 언적(言的: 암호)은 다만 동궁에게만 아뢴다. 그 밖의 공사(公事)는 분조와 수종한 승지 일동이 결정하여 시행한다. 만약 특별한 사례가 있으면 수시로 즉시 계문한다."

그대로 따랐다.55)

여기서 보듯이 강무의 의식(儀式)이나 행정 실무와 관련된 가장 구체적인 내용은 위의 사목에 실려 있다. 그 반면 사냥과 관련된 내용은 전혀 포함되어 있지 않다. 국왕의 강무 때에 이루어지는 일들은 호위하고

55)『世宗實錄』권 97, 세종 24년 9월 12일(己巳)

의장에 동원되는 인원 등의 규모만 일부 다를 뿐, 전반적인 내용은 이 사목을 통해 파악할 수 있는 것이다. 이제 이 사목과 이 글의 앞 부분에서 확인된 내용들로부터 국왕이 강무할 때의 내용을 재구성해 보면 다음과 같다.

1. 대가의 앞과 뒤에 청양산이 포함된 의장이 배치되어 행차한다.
1. 별시위 50인 이상이 두 대로 편성되어 길에서는 앞과 뒤로 나뉘어, 사장에서는 대가의 좌우로 나뉘어 호위한다. 호랑이 등 악한 짐승이 나타나면 <임금의> 말 앞에 늘어서서 즉시 포획한다.
1. 오장을 가진 자 5명이 국왕 호위에 일정한 임무를 수행한다.
1. 사복시의 녹관과 겸관은 반을 나누어서 수종한다. 사옹과 사복, 충호위 등 각사 관원도 수종한다.
1. 경연관 3인 이상, 내금위와 겸사복 등 금군 8인 이상이 수종한다. 금군은 모두 활과 화살을 휴대한다.
1. 삼군의 장수 각각 2인 이상과 낭청 및 진무 15인 이상이 수종한다.
1. 이보다 앞서 사장에 푸른 빛·붉은 빛·흰 빛의 삼색으로 된 큰 기를 세우기 위하여 가지고 간다.
1. 사위의 군사 안에서 각기 수위에 있는 자를 패두로 정하고 절제사 1인이 길에서 통솔하며, 수종을 제외하고는 매번 숙소에 먼저 도착하며, 또 사장에 먼저 도착하여 좌우로 나누어 서게 한다.
1. 숙소에서는 진법에 의거하여 내사문과 외팔문을 설치하고 한 문마다에 방패 4인 이상이 지킨다.
1. 국왕의 숙소에는 창간사 즉 창을 들고 지키는 군사 사이에 활을 가진 군사를 배치한 형태의 방어태세를 갖추며, 별시위와 갑사가 주변을 둘러싸고 숙직한다.
1. 숙소의 순작은 위가 호군 5인 이상을 거느리고 관패를 빼고 밤 시간을 나누어 행순한다. 그 중에 호군이 사정이 있어 오지 못하면 별시위 안에서 참상인 사람으로 보충 임명한다.

1. 숙소와 주정소에서도 취각을 한다. 숙소 내에서 군사가 거동할 때와 사장에서 사냥을 독촉할 때에도 취각을 한다.
1. 모든 강무에 관한 일과 금령은 이미 시행한 격식과 규례에 의거하여 시행한다. 명령을 어긴 자는 통정대부 이하인 자는 그전 관례에 따라 본조에서 직단하고, 2품 이상인 자는 돌아와서 아뢰어 과죄한다.
1. 수종과 군사 중에 어버이가 병들었다는 진성이 오면 오는 즉시로 휴가를 주고 돌아와서 아뢴다.
1. 군기감의 관원 1인 이상이 화약의 수량을 계산하여 가지고 간다.
1. 서운관 관원 2인 이상, 전후 찰방 각각 1인 이상, 사복시의 마료 고찰찰방 1인 이상이 수행한다.
1. 병조의 모든 왕복 문서에는 분병조라고 일컫고, 봉사인 1개, 분조인 1개, 마패 10개 이상을 가지고 간다. 만약 도성에 알릴 일이 있으면 편의에 따라 말을 내어준다.
1. 그 도의 감사와 각 고을의 수령이 교영할 때와 배례를 행할 때에는 다 공복을 입는다.
1. 군사가 행동할 시각과 행순 때의 언적은 다만 대가에만 아뢴다. 그 밖의 공사는 분조와 수종한 승지 일동이 결정하여 시행한다. 만약 특별한 사례가 있으면 수시로 즉시 계문한다."

강무 때 국왕의 숙소에 진법에 의거하여 내사문과 외팔문을 설치하였다는 것, 또 창간사 즉 창을 들고 지키는 군사 사이에 활을 가진 군사를 배치한 형태의 방어태세를 갖추었다는 것, 숙소의 순작을 대궐에서의 순작과 유사한 방식으로 실시하였다는 것, 강무장에서 화약을 사용하였다는 것 등은 매우 주목되는 내용들이다. 이처럼 철저히 준비하였으나, 세자가 세종 대신 강무를 대행하는 것은 이 해와 1445년, 1449년 세 번으로 그쳤다. 1449년에 세자가 강무할 때 세종은 강무를 대행하는 데 편리하도록 경기에 강무장을 세우는 일을 의논시켰다.[56]

4. 세조의 군사훈련을 위한 강무

세종연간을 거치는 동안 이미 강무에서 사냥이 차지하는 비중은 줄어들고 있었다. 이러한 변화상은 조선에서 사냥을 가능하게 하였던 조건이 변화한 데에 따른 결과였다. 세종의 뒤를 이은 문종과 단종 때에는 강무가 시행되지 못하였다. 조선의 역대 국왕 가운데 군사 부문에 관심이 매우 컸던 군주로 알려져 있는 세조 때에는 앞서 설명하였듯이 관심의 중심 대상이 차츰 강무로부터 습진과 대열로 옮겨가고 있었다. 이에 따라 강무의 시행 횟수가 줄고, 강무하는 기간도 줄어들었다. 그 반면 강무에 동원되는 병력의 규모는 세종 때의 추세와는 거꾸로 크게 늘어 1만을 넘겼으며,[57] 많은 왕자와 종친, 부마, 고위 관료이자 공신인 사람들이 대거 참여하여 왕실 일가와 그 옹위 세력의 휴식 겸 놀이와 같은 성격이 생겨났다. 먼저 세조 때의 강무 시행 사례를 보면 아래의 표와 같다.

〈표 2-3〉 세조 때의 강무 시행

년도	춘/추	기간	일수	장소	비고
2년(1456)	추	9. 28 – 10. 12	15	강원도 평강, 철원	제릉 제사 겸행
7년(1461)	춘	2. 28 – 3. 3	5	경기 포천	
	추	10. 10 – 12	3	경기 풍양	세자 대동
8년(1462)	추	9. 27 – 10. 6	10	강원도 평강, 철원	
	추	11. 4 – 5	2	경기 풍양	
9년(1463)	춘	2. 18 – 19	2	경기 청계산	
	추	10. 3 – 7	5	경기 풍양	중궁 동행

---

56) 『世宗實錄』 권 123, 세종 31년 3월 6일(丙戌)
57) 李玒秀, 앞의 글 253~254쪽

| 10년(1464) | 추 | 10. 2−4 | 3 | 경기 풍양, 아차산 | 중궁, 세자 대동 |
| 14년(1468) | 춘 | 27−3. 12 | 44 | 충청도 온양 | 중궁, 세자 대동, 탕목 겸행 |

〈사료 2−J〉

어가(御駕)가 거둥하니 양녕대군(讓寧大君) 이제(李禔)·임영대군(臨瀛大君) 이구(李璆)·영응대군(永膺大君) 이염(李琰)·계양군(桂陽君) 이증(李璔)·익현군(翼峴君) 이곤(李璭)·순성군(順城君) 이개(李𧪿)·오산군(烏山君) 이주(李澍)·영순군(永順君) 이부(李溥)·보성경(寶城卿) 이합(李㝓)·귀성군(龜城君) 이준(李浚)·옥산군(玉山君) 이제(李蹄)·은천군(銀川君) 이찬(李穳)·율원부령(栗元副令) 이종(李倧)·은산부령(銀山副令) 이철(李徹)·부윤부령(富潤副令) 이효숙(李孝叔)·제천부령(堤川副令) 이온(李蒀)·계천감(溪川監) 이계(李誡)·가림감(嘉林監) 이추(李秋)·봉산감(逢山監) 이순(李淳)·운성부원군(雲城府院君) 박종우(朴從愚)·하성위(河城尉) 정현조(鄭顯祖)·영의정부사(領議政府事) 강맹경(姜孟卿)·좌의정 신숙주(申叔舟)·좌찬성 황수신(黃守身), 행상호군(行上護軍) 유수(柳洙)·유하(柳河), 이조 참판 이극감(李克堪)·인순부윤(仁順府尹) 윤사흔(尹士昕), 행상호군 이징규(李澄珪)·홍일동(洪逸童)·이사평(李士平), 도승지 성임(成任)·우승지 한계회(韓繼禧)·동부승지 홍응(洪應)·병조참의 권개(權愷), 첨지중추원사(僉知中樞院事) 이맹손(李孟孫)·홍순손(洪順孫)·조득림(趙得琳), 행상호군 구문로(具文老)·유흥무(柳興茂)가 어가를 수종하였다. 어가가 미사리(彌沙里) 들에 이르니 경기 관찰사 이극배(李克培)와 양주부사(楊州府使) 경유근(慶由謹)이 와서 맞이하였다. 이극배가 매[鷹]와 개[狗]를 바치니, 종친(宗親)과 재추(宰樞)에게 나누어 주었다. 어가가 돌아와 녹양평(綠楊平)에 이르러 사냥하는 것을 구경하니, 영의정 강맹경이 아뢰었다. … 이날 좌우로 나누어 잡은 것이 무릇 33마리였다. 그후로부터는 매일 <잡은 것의> 다소를 비교하여 승부로 삼았다.

임금이 군사의 규율이 엄하지 않고 부오(部伍)가 정연하지 못함을 보고 여러 장수를 불러 "강무는 편안히 노는 것이 아니고, 병법을 교열하려는 것인데, 이제 여러 도에서 훈련되지 않은 군사를 징집하고, 장

수가 병졸을 교련하는 데 모두 율을 어기니 저들은 필시 병법이란 본
시 이와 같은 것이라고 이를 것이다. 만일 변고라도 있게 되면, 장차
어찌 이를 쓰겠는가? 장수가 모두 훈신이니 내가 힐책은 가하지 않겠
으나, 대체에 어떠하겠는가?"라 하였다.

저녁에 포천에서 머물렀는데, … 58)

〈사료 2-K〉

풍양에 거둥하여 강무를 하였는데 세자가 따랐다. 병조판서 김사우
(金師禹)를 주장(主將)으로 삼고, 서원군(西原君) 한계미(韓繼美)를 좌
상 대장으로, 문성군(文城君) 유수(柳洙)를 우상 대장으로 삼았는데,
상은 각각 4위이고 위는 각각 4부였다. 행상호군 권언(權躽)·첨지중추
원사 권경(權擎) 및 유포(柳哺)·김계원(金繼元), 행호군 이사평(李士平)·
이수유(李守柔)·김활(金活)·구치홍(具致洪)을 위장(衛將)으로, 익현군
이곤을 대장으로, 인순부윤 윤사흔(尹士昕)을 사대장(射隊將)으로, 행
상호군 유하(柳河)를 사자위장(獅子衛將)으로, 행호군 이준생(李俊生)
을 장용대장(壯勇隊將)으로, 행상호군 김한(金澣)을 잡류장(雜類將)으
로, 행상호군 이맹손(李孟孫)을 착호장(捉虎將)으로, 행상호군 유사(柳
泗)·홍순손(洪順孫)을 파적위장(破敵衛將)으로 삼아서 백관을 좌우에
분속시켰다. 또 남양부원군 홍달손(洪達孫)·예조판서 홍윤성(洪允成)·
광릉군(廣陵君) 이극배(李克培)·예조참판 조효문(曹孝門)·호조참판 이
극감(李克堪)은 선전관(宣傳官)을 겸하게 하였다. 선원(鐥院)에 도착하
자, 경기도관찰사 이석형(李石亨)이 와서 영접하였다. 종친과 재추에
게 술을 내려 주고, 드디어 사냥하는 것을 구경하였다. 대사헌 이효장
(李孝長)·지사간(知司諫) 권지(權摯)에게 명하여 백관 중에 따라오지
않은 자를 고찰하게 하고, 날이 저물어 풍양의 이궁에서 머물렀다.59)

---

58) 『世祖實錄』 권 23, 세조 7년 2월 29일(庚子)
59) 『世祖實錄』 권 26, 세조 7년 10월 10일(丙子)

위의 두 자료에서 볼 수 있듯이, 세조의 강무에는 여러 종친과 부마, 고위 관료들이 수행하였고, 세조는 일반적인 사냥을 할 때와는 달리 처음부터 술자리를 열지는 않았으나, 결국은 술을 내리고 잔치를 하여 일종의 놀이처럼 강무를 진행하였다. 강무에서 좌상과 우상의 좌우로 나누어 사냥을 하는 내용은 『세종실록』「오례」 군례의 강무나 『국조오례의』 군례의 강무의 어디에도 없다. 즉 세조는 강무에서도 일반적인 사냥 때 그렇게 하였던 것과 마찬가지로 습진과 대열에서 응적에 시행하는 방식을 적용한 경우가 많았다. 세조 때의 강무는 임금이 종친과 재상들을 모아 군사 훈련 모습을 보며 즐기는 잔치와 같았다.

5. 성종의 대규모 군사훈련으로서의 강무

성종 때인 15세기 말엽에 이르러서는 자연환경과 사회적 환경 모두에서 사냥을 위한 조건이 악화되어 있었다. 사림세력의 대두는 사냥 특히 임금의 사냥을 전보다 더욱 어렵게 만드는 요인이었다. 인구의 증가는 조선 사회의 발전을 뜻하는 한편으로 사냥이 가능한 자연환경을 갖춘 곳이 더욱 줄어듦을 뜻하였다. 이제는 사냥을 하여 국가의 제사에 사용하는 제포(祭脯)를 마련하는 일도 매우 어려워졌다. 그리하여 각 도에서 올리는 제포를 각 고을별로 할당하던 제도를 없애서 병마절도사와 수군절도사가 군사들을 동원하여 사냥하여서 마련하는 제도로 바꾸었으나, 이 또한 폐단을 일으키고 있었다. 그 때문에 다시 고을별로 사냥을 하여 제포를 마련하는 제도로 돌아가자는 논의도 나오게 되었다.

〈사료 2-ㄴ〉

이극배(李克培), 김겸광(金謙光), 이극균(李克均), 정문형(鄭文炯), 박성손(朴星孫)이 의논을 올렸다.

"제포는 처음에 여러 고을로 하여금 준비해 들이도록 하였었는데, 수령들이 이로 인하여 비록 농사철을 맞아서도 백성들을 뽑아 사냥을 하면서 만약 더러 부족하게 되면 백성에게서 값을 거두므로, 백성들이 매우 괴로워하였습니다. 그래서 국가에서는 그 폐단을 없애려고 하여 절도사로 하여금 농한기에 부근의 군졸을 모아 2, 3일 동안 사냥하게 하여 겨우 제포만 채우고서 바로 그치도록 하였으니, 어찌 폐단이 있겠습니까? 만약 여러 고을로 되돌려 정한다면 폐단이 다시 전과 같을 것입니다. 다만 절도사로서 법을 어긴다거나 폐단을 만드는 자는 무겁게 논하여 징계한다는 뜻을 유시(諭示)를 내려 계칙(戒勅)하는 것이 어떻겠습니까?"

그대로 따랐다.

사신(史臣)이 논평하였다. "정난종(鄭蘭宗)이 평안도 절도사가 되었을 때에 사냥해서 얻은 것이 무려 수천 마리나 되었는데도 군졸들에게 나누어 주지 않고 다 여러 고을에다 주어서 포를 만들도록 하였는데, 모두 정해진 수가 있었다. 수령들이 그 수를 채우려고 염소나 돼지의 포로 채워 넣자, 온 도에서 이를 비웃었다."[60]

성종 때 국왕의 사냥이 보여주는 양상은 조선초기 왕실의 사냥문화가 저물어가는 모습이라 해도 과언이 아닐 것이다. 국왕의 사냥 빈도는 태종이나 세종 때에 비하면 거의 1/20 정도로 줄어들었다. 국왕이 사냥을 하여 잡은 짐승을 종묘에 올리는 일도 태종이나 세종 때에는 해마다 몇 차례 있었던 것과 달리, 성종 때에는 당연히 드물었다. 이러한 사정 속에서 세자에게 사냥을 가르치고 강무를 계승하도록 하려는 논의가

---

60) 『成宗實錄』 권 190, 성종 17년 4월 1일(丙子)

성종 때에는 발견되지 않는다는 점이 매우 중요하다고 생각된다. 비록 연산군은 사냥을 좋아하였으나, 결국 강무는 한 차례도 하지 않았는데, 이것은 국왕이 욕망에 충실한 사냥을 하였을 뿐 유교 의식이나 군사제도는 관심이 없었던 고려말의 상황과 별반 다를 것이 없었다.

성종 때에 이르러 강무는 국왕의 사냥이라는 속성이 위축되었다. 아래의 표에서 보듯이 즉위할 때의 성종이 나이가 어리다 보니 재위 25년 동안 6회 강무를 시행한 가운데 13세~17세 때에 시행한 앞의 세 차례 강무는 시행한 기간이 3일~6일에 지나지 않았고, 강무장에 가고 돌아오는 일정을 헤아리면 1일~4일 정도만 사냥을 할 수 있었다. 그러나 성종이 19세가 된 해인 1479년의 강무부터는 기간이 길어졌음을 볼 수 있다. 강무에 동원한 병력 규모는 처음에는 세조 때와 비슷하게 1만 명 정도였으나, 점차 규모가 더 커져 1489년의 강무 때에는 2만 5천을 동원하였다.[61]

⟨표 2-4⟩ 성종 때의 강무 시행

년도	춘/추	기간	일수	장소
성종 4년(1473)	추	10. 18 − 20	3	경기 풍양
6년(1475)	추	9. 27 − 10. 1	4	경기 용인
8년(1477)	추	10. 3 − 8	6	경기 풍양
10년(1479)	추	10. 2 − 17	16	경기 양주, 포천
20년(1489)	추	10. 2 − 13	12	강원 김화, 평강, 철원
23년(1492)	추	10. 12 − 16	5	경기 풍양

1489년의 강무는 강무를 시행하기 3달 전인 7월 1일에 병력 동원 규모와 기간을 병조가 문의하자 이에 대해 성종이 '군졸 2만 5천을 쓰고

61) 李玹秀, 앞의 글 254~256쪽

15일 간으로 기한하라'로 지시함으로써 정해졌다.[62] 그리고 다음 달에는 양계(兩界)를 제외한 각도 병마절도사 등 군사 징발 책임자에게 명령하여 9월 28일까지 모이도록 하였다. 그 지시 내용을 보면 아래와 같다.

〈사료 2-M〉

개성부 유수 김양경(金良璥)과 경기 겸병마절도사(兼兵馬節度使) 박중선(朴仲善), 충청도 병마절도사 안인후(安仁厚), 황해도 겸병마절도사 정괄(鄭佸), 전라도 병마절도사 이숙기(李淑琦), 강원도 겸병마절도사 안관후(安寬厚), 경상좌도 병마절도사 신주(辛鑄), 경상우도병마절도사 권경(權擎)에게 전교하였다.

"열병(閱兵)과 강무는 국가의 대사여서 아울러 폐할 수 없다. 오는 10월 초3일에 교외에서 친열(親閱)하고, 이어서 광주(廣州)에서 강무하려고 하니, 이제 보내는 발병부(發兵符)를 부합(符合)해서 맞추어 보고, 도내에서 유방(留防)하고 있는 군사 이외에, 번을 쉬고 있는 모든 고을의 군사는 모두 조발(調發)해서, 왕복을 따지지 말고 12일간의 양미(糧米)를 싸 가지고 오는 9월 28일에 정금원평(定金院坪)에서 모여 기다리게 하라. 이달 8월에 교대한 군사는 내려간 지가 오래되지 않았고, 오는 11월에 당번할 충순위와 정병 등은 번상할 시기가 박두하여 왕래하는 데 폐단이 있으므로, 재해를 입은 여러 고을의 군사와 함께 모두 징집해 모으지 말라."[63]

이처럼 이때의 강무에는 동원 병력의 규모, 병종들과 아울러 강무 전에 모인 뒤 강무를 마치고 돌아오는 과정이 자세히 기록되어 있다. 이를 살피면, 하번(下番) 정병(正兵)을 중심으로 징발된 각도 군사들은 9

---

62) 『成宗實錄』 권 230, 성종 20년 7월 1일(丁巳)
63) 『成宗實錄』 권 231, 성종 20년 8월 20일(甲寅)

월 24일까지 살곶이에 집결하여 진을 치고 있다가 9월 28일에 대열을 하였고, 그 뒤 10월 2일 출발하여 10일 정도 강무를 한 뒤 해산하여 귀향하였다. 이들이 고향에서 출발하여 다시 고향으로 돌아가는 일정을 모두 계산하면, 먼 지방 군인은 한 달 이상이 소요되었을 것으로 추정된다. 한편 강무에는 치중을 운반하는 사람들이 별도로 징발되었고, 이들은 강무에 소집된 정군의 보인이었을 것으로 추정된다. 이 해의 강무에 동원된 총인원은 이들까지 헤아리면 약 10만에 이른다.[64] 성종 때의 강무는 이처럼 대규모 인구이동에 해당하였다.

이렇게 규모가 커짐에 따라 사냥에서 포획하는 짐승의 수도 크게 늘었으나, 그 폐해가 만만치 않아 강무를 자주 시행할 수 없는 또 하나의 원인으로 작용하였다. 강무가 국왕의 의식으로서 의미를 지니려면 해마다 정례적으로 거행되어야만 한다. 의식은 행동을 통해서 질서를 내면화시키는 수단인데, 해마다 정례적으로 거행되지 못한다면 의식으로서의 가치가 감퇴할 수밖에 없다. 세조에 이어 성종 또한 강무를 거행하기 위한 여러 조건이 열악해진 가운데 오히려 대규모 병력을 동원하는 방식을 고수하였다는 점은 세종이 강무를 해마다 정례적으로 할 수 있도록 하기 위해서 동원 병력 규모를 줄였던 것과 정면으로 상반되어 있다. 이 때문에 세조 때에 이어 성종 때에는 강무를 정례적으로 시행하는 것이 더욱 어려워졌다.

한편 성종 때 이후로 강무는 상당 기간 동안 단절되었다. 그 반면 이미 성종 때에는 서서히 유교식의 사례(射禮)를 중시하는 움직임이 강화되고 있었다. 이로써 조선 초기 동안 사냥과 강무를 중심으로 이어져

---

64) 李玒秀, 앞의 글 254~256쪽

오던 조선 왕실 무 문화의 전통은 커다란 전환을 맞게 되었다.

6. 조선초기의 관사(觀射)

일반적으로 관사라 하면 활쏘기를 관람하는 것을 생각할 수 있다. 그
러나 국왕 중심의 역사 기록인 조선왕조실록에서는 처음에는 여러 활
쏘기 가운데서 국왕이 관람한 활쏘기, 정확하게는 신하들에게 활쏘기
를 겨루도록 하고 국왕이 그것을 관람하는 것만을 가리켜 관사라 기록
하였다. 이때 관사의 내용은 앞에서 본 조선시대 대사례 가운데 신사례
(臣射禮)의 내용과 대체로 비슷하였다. 세종 때 제정된『세종실록』「오
례」 군례의 항목 그리고 15세기 말엽에 편찬된 국가의례 규정집인『국
조오례의』에는 군례 가운데 '관사우사단의(觀射于射壇儀)'가 들어 있어
서 조선초기의 관사가 어떻게 시행되었는지 추측할 수 있다.65)

조선왕조실록이나『승정원일기』등에 기록된 관사는 '활을 쏘는 것
을 국왕이 관람한다'는 것을 뜻하였다. 국왕이 군사들의 훈련이나 우수
한 군사를 선발하기 위한 시험을 치르는 것을 관람하는 경우도 없지 않
지만,66) 대개는 종친과 부마 등 왕실 구성원과 공신 및 대신 등 고위 관
원들과의 친목을 위해 시행하였다. 관사가 성행하기 시작한 것은 태종
때부터였다. 태종은 종친들과 함께 관사를 하고 잔치를 열거나67) 공신

---

65) 관사우사단의는 국왕이 성균관 앞에 설치된 射壇에서 관사하는 의례에 대한 규정
   이나, 조선시대 동안 관사우사단의를 규정 그대로 거행한 사례는 전혀 발견할 수
   없다. 그 이유는 관사 장소가 주로 궁궐 안이었던 데서 발생하였다.
66) 국왕이 과거 시험 등을 관람하는 제도로서의 觀射를 주목한 연구도 있으나(심승구,
   「조선전기의 觀武才 연구」,『향토서울』65, 2005.), 16세기 이후로는 대체로 국왕
   이 과거 시험 등을 관람하는 제도는 試射라 하였다.

들과 함께 관사를 하고 잔치를 하는 일이 잦았고[68], 먼저 종친들을 위해 잔치를 열고는 뒤에 관사를 하기도 하고[69], 관사와 아울러 격구(擊毬)를 구경하기도 하였다.[70]

국왕 관사의 전통은 고려왕조에부터 계승되었을 가능성이 큰데, 고려 문종이 군사들에게 활쏘기를 익히도록 한 것이나 현종이 60살이 되지 않았으면 4품 이상의 고위 문신이라도 활쏘기를 하도록 명한 것이나, 선종이 사장(射場)을 설치해 군인과 백성들에게도 활쏘기를 장려하였고 특히 개경과 서경의 무관들을 모아 활쏘기 대회를 열고 이를 관람하였던 것 등에서[71] 그 가능성을 짐작할 수 있다.

조선 국왕의 활쏘기를 대표하는 존재는 역시 태조 이성계였다. 따라서 조선 국왕의 관사 전통은 그 출발점을 태조로부터 시작되었다고 상정할 수 있으나, 태조가 1395년(태조 4년) 반송정(盤松亭)에서 활 쏘는 것을 보았다는 기록[72] 이후로는 그가 관사하였음을 알려주는 기록을 발견할 수 없다.

조선 국왕의 관사가 본격화한 것은 태종 때였다. 국왕이 종친 이하 신하나 군사들에게 활쏘기를 시키고 관람하는 것은 일견 무예의 하나로서 활쏘기를 권장한 것으로 해석할 수 있으나, 태종 때의 관사는 대부분 종친과 대신, 장수들을 불러서 근신들과 함께 잔치를 열며 행한

---

67) 『太宗實錄』 권 4, 태종 2년 9월 8일(戊子)
68) 『太宗實錄』 권 9, 태종 5년 4월 4일(己巳)
69) 『太宗實錄』 권 12, 태종 7년 2월 24일(己酉)
70) 『太宗實錄』 권 21, 태종 11년 3월 18일(戊寅)
71) 『高麗史』 卷 81, 志 35, 兵志 1, 兵制, 文宗 4년 10월 ; 顯宗 23년 10월 ; 宣宗 3년 9월 및 8년 8월
72) 『太祖實錄』 권 7, 태조 4년 4월 22일(乙酉)

것들이어서 대체로 정치적인 목적이 더 컸다고 생각된다.[73] 태종은 1402년부터 재위기간 동안 청화정(淸和亭), 양청(涼廳), 광연루(廣延樓), 해온정(解慍亭), 창덕궁(昌德宮) 등지에서 16회에 걸쳐 관사를 거행하였는데, 민무구(閔無咎) 민무질(閔無疾) 형제에 대한 처벌이 이루어지는 1410년(태종 10년)까지 12회 거행한 것에 비해, 그 뒤로 선위할 때까지는 4회에 지나지 않는다. 따라서 태종의 관사는 왕권 강화를 위해 정치적 숙청을 진행하는 과정에서 생겨난 파동을 추스르기 위한 목적으로 진행되었다고 추측되는 것이다. 이와 함께 태종 때에 금군(禁軍)을 비롯한 중앙군의 습사(習射)와 그것에 대한 관사 규정도 정해져서,[74] 활쏘기 무예의 권장도 함께 진행되었음을 알 수 있다.

태종이 관사를 통해 조성한 활쏘기를 권장하는 분위기는 세자인 양녕대군과 다른 왕자들에게까지 파급되었던 것으로 보인다. 양녕대군은 대궐 안에서 동생인 효령대군, 충녕대군과 같이 활쏘기를 익혔고, 이에 태종은 서연(書筵)에서 강론을 마친 뒤에는 세자의 곁에서 무신들이 시사(侍射)하도록 하여 양녕대군의 활쏘기를 돕도록 한 결과 200여 보(약 360m) 거리까지 쏠 수 있었고, 세 발 중에 두 발을 맞힐 정도에 이르렀다고 한다.[75]

태종에 이어 세종 또한 관사를 자주 시행하였다. 그러나 세종 때의

---

73) 정치적 목적 아래 거행된 觀射에 대해서는 崔承熙, 앞의 『朝鮮初期 政治史 硏究』 참조. 다만 이 연구에서는 세조와 성종 때의 관사에 대해서만 정치사와 관련지어 설명하고 있는데, 실제 그러한 양상의 출발점은 태종 때였다고 판단된다.

74) 金雄鎬, 앞의 「조선초기 중앙군 운용 연구」 176~179쪽

75) 『太宗實錄』 권 21, 태종 11년 3월 18일(戊寅). 기록에 세자와 함께 활을 쏜 두 대군이 누구인지는 명시되어 있지 않으나, 막내인 성녕대군은 이때 우리 나이로 7살에 지나지 않았으므로 효령대군과 뒤에 세종이 된 충녕대군이었을 것이다.

관사는 태종 때와 달리 주로 금군과 중앙군 군사들을 대상으로 관사를 거행한 뒤 잔치를 열어서 이들을 격려한 것들이어서, 분위기가 크게 달랐다. 관사를 거행한 장소는 주로 궁궐 안이었다. 1424년(세종 6년) 겨울에 경복궁 경회루에서 중앙군 군사들과 귀화인들을 불러 활을 쏘게 하고 연회를 베풀었던 것이 그 한 예이다.[76] 특히 1433년(세종 15년) 4군과 6진 개척이 시작된 뒤로는 군사들을 후원에 불러들여 관사를 하는 일이 잦아졌고, 1436년 8월에도 후원에서 군사들을 대상으로 관사를 하였는데, 『세종실록』은 이를 기록한 뒤 '이날부터 일상이 되었다'라고 하여 매우 빈번하게 후원 관사가 거행되었음을 알려주고 있다.[77] 이 기록은 이 뒤로 『세종실록』에 세종의 후원관사(後苑觀射)가 특별한 일이 생기지 않은 한 기록되지 않았다는 것을 의미하여서, 기록으로 알 수 있는 것보다 세종 때에는 대단히 많은 국왕의 관사가 거행되었음을 뜻한다.

태종 때의 잔치와 결합되는 관사의 양상은 세종 때에도 지속되었다. 다만 세종은 금군 등 장교층의 군사들이나 귀화한 여진인 등을 불러 활을 쏘도록 하여 그것을 관람한 뒤 잔치를 열어주기도 하고,[78] 새로 만든 철촉 화살을 시험하기 위해 활을 쏘도록 시키고 그것을 관람하기도 하여[79] 새로운 양상도 만들어 내었다. 태조와 정종, 태종이 모두 왕이 되기 이전에 관계를 맺어온 사람들이 주요 장수로서 조정에 포진해 있었던 것과 달리, 세자로 책봉된 뒤 한 달 만에 즉위하였던 세종은 왕위

---

76) 『世宗實錄』권 26, 세종 6년 12월 13일(甲寅)
77) 金雄鎬, 앞의「조선초기 중앙군 운용 연구」179쪽
78) 『世宗實錄』권 26, 세종 6년 12월 13일(甲寅)
79) 『世宗實錄』권 93, 세종 23년 7월 15일(己酉)

에 오르기 전에는 장수들과 관계를 맺을 수 없었다. 왕위 계승권자도 아닌 상황에서 장수나 장교들과 친밀한 인간관계를 맺는다면 반역을 도모하는 것으로 인식될 수밖에 없었을 것이기 때문이었다. 따라서 세종에게는 장수나 장교들과 관계를 돈독하게 할 수 있는 제도적 장치가 필요하였는데, 관사를 이에 활용하였다고 생각된다. 또 4군과 6진을 개척하면서 국방과 군사력의 강화 필요성이 커진 상황에서 우리 민족의 장기인 활과 화살의 성능을 높이는 데에도 관사를 이용하였던 것이다.

이러한 사정 속에서 특히 세종은 1436년(세종 18) 육조 직계제(直啓制)를 중단하고 의정부 서사제(署事制)를 시행할 무렵부터 경복궁 후원에서 활을 쏘도록 시키고 그것을 구경하는 것을 일상의 일로 삼았다고 기록되어 있다.80) 그러나 『세종실록』에서 후원관사 기록은 별로 발견되지 않는다. 세종의 일상처럼 되다 보니, 특별한 일이 생기지 않는 한 후원관사는 기록에서 제외되었던 것이다. 따라서 기록에 전하는 것보다 세종이 훨씬 자주 후원관사를 하였을 것임을 짐작할 수 있다.

세종은 건강이 악화되자 뒷날 문종이 된 세자에게 그 대신 강무를 주관하게 하였을 뿐 아니라, 관사도 대신하도록 하였었다.81) 이 또한 세자에게 장수들과 관계를 맺을 기회를 부여하려 한 세종의 배려였다고 생각된다. 그러한 것을 잘 이해하였던 까닭인지 문종은 조선의 여러 국왕 가운데 재위 기간에 비추어 가장 자주 관사를 한 임금이었다. 즉위한 해 11월에는 10회, 12월에는 14회나 관사를 하여서, 집현전 교리

---

80) 『世宗實錄』 권 74, 세종 18년 8월 21일(甲申)
81) 『世宗實錄』 권 102, 세종 25년 10월 7일(戊子) ; 같은 책 권 108, 세종 27년 5월 7일 (庚辰) ; 같은 책 권 111, 세종 28년 2월 20일(戊午) ; 같은 책 권 121, 세종 30년 8월 29일(壬午)

이예(李芮)가 임금이 관사를 너무 좋아한다고 간언한 일도 있었다.[82]
그러나 기록되어 있는 절대 수치로 볼 때 관사를 가장 많이 한 조선의
임금은 세조였다.[83]

세조 때의 관사는 대체로 세종 때의 관사의 연장선 위에 있었다. 세
조는 실전적인 성격을 강화한 삼갑사(三甲射)를 도입하여 관사의 주요
종목으로 삼았는데, 한편으로는 이를 여흥을 북돋우는 수단으로 사용
한 적도 있었다.

〈사료 2-N〉
봉석주(奉石柱)와 권지(權摯)를 좌상 대장과 우상 대장으로 삼고,
거평정(居平正) 이복(李復)과 동지중추원사 양성지(梁誠之), 행상호군
송처관(宋處寬)을 위장(衛將)으로 삼았으나, 양성지와 송처관이 모두
나약하고 느려서 무재(武才)가 없는 까닭에 그 부하 장수들이 그들을
조롱하였다. 임영대군 이구와 영의정 신숙주, 인산군(仁山君) 홍윤성
도 어가를 따라 왔다.
좌상과 우상이 먼저 남산에서 사냥감을 몰아 왔다. 임금이 사장(射
場)에 도착하여 월산군(月山君) 이정(李婷)과 잘산군[者乙山君; 성종]
에게 여우를 쏘게 하고, 권지와 봉석주를 불러서 잘 몰지 못한 것을 힐
책하였다.

---

82)『文宗實錄』권 13, 문종 2년 4월 18일(壬午)
83) 기록에 나타나는 世宗이나 文宗의 觀射는 거의 모두 서현정이나 모화관 등 궁 밖에
서 거행한 것인 데 비해, 世祖의 관사는 경복궁 후원에서 거행한 것이 가장 큰 비중
을 차지한다.『世宗實錄』을 보면 세종이 1436년 후원에서 관사하였다는 것을 기록
하면서 '이 뒤로 후원에서의 관사가 매일처럼 이루어졌'고 기록하고는 실제 세종
이 그 뒤 언제 후원에서 관사를 하였는지는 기록에 남기지 않은 것이다(주 282)).
따라서 32년 동안 재위한 세종이 14년 동안 재위한 세조에 비해 기록에 남아 있는
수치와 달리 실제 관사를 한 횟수는 몇 배에 달할 것이라 추정된다. 즉 世宗의 觀射
와 世祖의 觀射 사이에서 어느 쪽이 더 많을까에 대한 기록과 실제는 일치하지 않
는다고 보아야 한다.

드디어 칠덕정(七德亭)에 이르러 한종손(韓終孫)을 중상(中廂) 대장
으로 삼아서 삼갑전(三甲戰)을 하였다. 중상이 좌상을 쫓고, 좌상이 우
상을 쫓아서 우전(羽箭)과 목창(木槍)으로 서로 쏘거나 찔렀는데, 세
상이 모두 군률을 잘 세우지 못하였다. 임금이 친히 지휘하였으나, 또
잘하지 못하자, 모두 벌칙으로 갓을 벗게 하였다.

임금이 전지(傳旨)하였다. "너희들이 모두 공신이어서 내가 등용
하고자 하였는데, 지금 전투를 하는 것을 보니, 모두 쓸 수 없는 사람
이다."

김질(金礩)을 좌상 대장, 정식(鄭軾)을 우상 대장, 홍윤성을 중상 대
장으로 삼아 서로 쫓게 하였다. 홍윤성이 김질을 찌르려고 몰래 선봉
장 어유소(魚有沼) 등을 보내 좌상의 진(陣)을 뒤지자, 김질이 이를 알
고 대장기(大將旗)를 벗어나서 변복(變服)하여 졸병의 대오 가운데 숨
었고, 어유소 등이 깨닫고 뒤쫓았다. 홍윤성 등이 즉시 말을 달려서 쫓
자, 김질이 진을 떠나 도망하였다. 홍윤성이 뒤쫓아 언덕 아래에 이르
러 주창(朱槍)으로 그 등을 맞혔다. 임금이 바라보고 크게 웃으면서 홍
윤성과 김질을 불러 홍윤성으로 하여금 술을 올리게 하고, 안장을 갖
춘 말을 내려 주었다. 임금이 여러 장수를 불러서 말하였다. "이것이
바로 전투다. 저 봉석주 등이 한 것은 어린아이 장난 같았다."[84]

위의 기록에서 세 번째 단락에 나오는 삼갑전은 삽갑사와 삼갑창(三
甲槍)의 형태로 모의 전투를 벌이는 것을 말한다. 삽갑사는 말을 잘 타
는 군사를 뽑아서 그 수가 많고 적음에 따라 갑, 을, 병 셋으로 대를 나
누어 그 표지를 달리 하고, 사람마다 촉을 가죽으로 감싼 화살을 가지
고 공격하는 것이다. 가죽으로 감싼 화살촉 부분에 붉은 물을 들여 상
대가 맞으면 표시가 나도록 하였고, 깃을 화살 끝에 꽂아 화살이 천천
히 날아가도록 하여서 사람이 상처 입지 않게 하였다. 북을 치면 갑, 을,

---

84) 『世祖實錄』 권 34, 세조 10년 8월 8일(己丑)

병이 각각 2인씩 빙 돌아 말을 달리면서 그 등을 쏘는데, 갑은 을을 쏘고, 을은 병을 쏘고, 병은 갑을 쏘며, 목표가 아닌 사람을 함부로 쏘지 못하게 하였다. 징을 울리면 말을 달려서 그전 자리로 돌아간다. 삼갑창도 끝을 가죽으로 감싸며, 대를 나누고 찌르는 방식은 위의 삼갑사와 같았다.[85] 위의 기록에 나오는 주창은 자루가 붉은 색이어서 그렇게 부르는 것이 아니고, 삼갑사에 사용하는 화살과 마찬가지로 창날 부분을 감싸는 가죽에 붉은 물을 들인 때문에 주창이라 하였다. 세조는 정예 군사들에게 삼갑전을 시키기도 하였지만, 위의 기록에서처럼 즐거움을 얻거나 흥을 돋우기 위해 문신이나 나이가 든 무장들에게 삼갑전을 시키기도 하였다.

일반적으로 관사는 서서 쏘는 것을 관람하는 것이 보통이었다. 그런데 세조 때 시작된 삼갑사는 앞에서 보았듯이 말을 타고 달리면서 활을 쏘는 기사(騎射)의 형태인 데다가, 쏘아 맞추어야 할 상대가 정해져 있고, 두 사람씩 한 편이 되어 세 팀이 한꺼번에 겨루는 방식이었다. 그 까닭에 실전적인 성격과 오락적인 성격이 다 나타날 수 있는 특성이 있어서, 삼갑사가 등장한 뒤로 관사에 주요 종목으로 대두할 수 있었다.

실제 전투에서 기사에 가장 알맞은 것은 편전(片箭)이었다. 왼쪽의 <그림 1>은 『세종실록』 오례 군례 서례(序例) 에 있는 것으로, 여기에서 가장 왼쪽에 있는 것이 편전을 쏘는 통(筒)이고, 그 오른쪽에 있는 것이 편전이다. 편전이 화살 가운데 가장 짧은 것을 알 수 있는데, 그러한 까닭에 '아기살'이라고도 불렀다. '아기살'이라는 이름이 주는 어감과 달리 편전의 살상력은 매우 강력하였고, 고려 때부터 우리 군대의 전투

---

85) 『世祖實錄』 권 20, 세조 6년 6월 6일(辛亥)

력을 대표하는 무기였다. 편전의 오른쪽에 있는 대전(大箭)과 가장 오른쪽에 있는 철전(鐵箭) 또한 실전용 화살이며, 대전과 철전 사이에 있는 박두(樸頭)는 촉 부분이 뭉툭한 화살로, 관사에서 사용하는 화살은 대개 이 박두이다. 무과(武科)를 비롯한 여러 시험이나 훈련에서도 상처를 입힐 위험을 줄이기 위해 이 박두를 사용한다. 그림에서 축 부분이 아래, 깃 부분은 위를 향하고 있다. 간단한 그림이지만 그림에서도

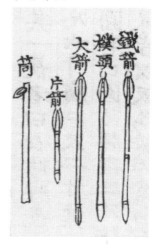

〈그림 1〉 矢

편전과 철전은 화살촉이 총알 끝부분처럼 되어 있고, 대전은 화살촉이 우리가 익숙하게 보아온 납작한 모양이다. 편전의 촉이 총알처럼 끝이 뾰족한 원통 모양인 까닭은 그 통을 통과해야 하는 때문이며, 철전은 화약무기인 총통(銃筒)에 넣어서 쏠 수도 있는 화살이어서 역시 그 촉이 총알 모양으로 되어 있다. 화살 가운데 촉이 버드나무 잎처럼 생겼다고 하여 유엽전(柳葉箭)이라 부르는 것이 있는데, 유엽전은 이 그림에는 들어가 있지 않다. 유엽전도 중요한 실전용 화살 가운데 하나였다.

말을 타고 달리면서 활로 화살을 쏘는 기사는 당연히 활이 작아야 편리하다. 편전은 훈련을 많이 받지 않아도 명중률이 높은 장점이 있었고, 또 힘이 부족한 사람도 치명적인 살상력을 발휘할 수 있었다. 편전이 아니면 기사에서 사용할 수 있는 활은 각궁(角弓)에 국한되었다. 복합활로 구분되는 각궁은 크기가 작아도 강력한 탄성을 낼 수 있었고, 그 까닭에 우리 민족은 삼국시대 때부터 각궁을 사용하여 왔다. 그런데

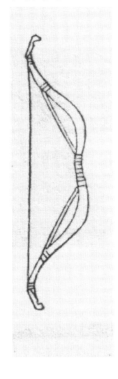
〈그림 2〉 弓

각궁은 활의 중앙부에 위치하여 탄성을 좌우하는 줌피의 핵심 부품의 재료로 사용되는 물소 뿔을 구하기 어려워 값이 매우 비쌌고, 그래서 부유하지 않으면 갖출 수 없다는 약점이 있었다.[86)

세종 재위 말엽에 의정부 우찬성으로 재직하고 있던 김종서(金宗瑞)가 상서한 내용에서 당시의 사정을 짐작할 수 있다. 그는 하삼도(下三道) 즉 경상도와 전라도 충청도는 "땅이 넓고 사람이 많으므로 당연히 군사와 말이 정예하고 튼튼해야 할 것임에도 건장한 말이 항상 적고, 갑옷과 투구가 견고하지 못하고, 활과 화살이 튼튼하고 편리하지 못하여, 목궁(木弓)을 가진 자가 10에 여덟, 아홉이나 되는 것을 제가 눈으로 직접 보았습니다."[87)라 하였다. 각궁은 값이 비싼 까닭에 부유하지 못한 일반 군사는 대나무 따위로 만든 목궁 즉 나무 활을 사용하여야만 했고, 이러한 군사는 당연히 기사를 할 수 없었다. 이와 같은 사정 속에서 국가가 기사를 할 때 권장한 것이 값도 싸고 훈련도 쉬운 편전이었다. 그러나 국왕이 관사를 할 때 편전은 사용 대상이 되는 경우가 거의 없었다. 삼갑사에서도 살상력이 더 높은 편전은 당연히 사용할 수 없었다.

세조 때 시작된 삼갑사를 가장 즐겨 관람하였던 임금은 성종이었다.

---

86) 158쪽에 있는 <사진 1>의 太祖가 사용하던 활은 시위를 풀어 놓아 뒤집혀 말려 있는 모양의 角弓이고, <그림 2>의 弓은 시위를 얹은 角弓이다.
87) 『世宗實錄』 권 117, 세종 29년 7월 27일(丁巳)

성종은 재위 원년 봄에 당시 정치를 주도하고 있던 한명회(韓明澮) 등 원상(院相)들이 관사를 요청하자[88] 매달 무신들의 활쏘기를 구경하겠다고 답변하고는[89] 곧바로 실천에 옮겼다. 경복궁 후원에 나아가 무사들에게 활을 쏘도록 하여 구경하고는 많이 맞힌 자에게 각궁을 하사하였던 것이다.[90] 이어서 성종은 그 2년 뒤부터는 살곶이나 낙천정에 거둥하여 열무(閱武)를 하고 이어서 관사를 하기 시작하였다.[91] 이렇게 야외에 나가 관사를 하게 되면서 성종은 삼갑사를 즐겨 시키고 관람하였던 것이다. 성종의 관사에도 유흥적인 속성의 것, 군사 훈련을 목적으로 한 것, 장수 및 장교와 관계를 돈독하게 하기 위한 것 등이 혼재되어 있었다. 이 가운데 유흥적인 속성의 관사는 당연히 간쟁의 대상이 되었다. 사헌부 장령 김제신(金悌臣)이 관사는 유희에 가깝다고 하면서 "전일 경회루 밑에서 관사할 때에 주상께서 종친과 짝을 이루어 활을 쏘았습니다. 옛말에 '태양은 만물과 함께 할 수 없고, 임금은 신하와 그 장단을 겨룰 수 없다.'고 하였는데, 그 짝지어 활을 쏠 때와 술이 취한 사이에 종친들이 어찌 엄숙하고 공경하는 예를 다하겠습니까?"라 한 것이 대표적인 예이다. 그런데 이에 대해 성종은 '왕실 구성원 사이의 예이므로 화(和)를 위주로 한 때문'이라 답변하였고, 영의정 정창손(鄭昌孫)이 『사기(史記)』에 한(漢) 문제(文帝)의 덕을 칭찬한 것을 인용하여 답변하였다. 이에 대하여 사관(史官)은 "정창손의 대답은 잘못이다. 사예는 진실로 폐할 수 없다. 그러나 어찌 반드시 임금이 친히 활을 쏜

---

88) 『成宗實錄』 권 3, 성종 1년 2월 30일(己卯)
89) 『成宗實錄』 권 4, 성종 1년 3월 12일(辛卯)
90) 『成宗實錄』 권 4, 성종 1년 3월 15일(庚午)
91) 『成宗實錄』 권 15, 성종 3년 2월 2일(己巳) ; 같은 책 권 16, 성종 3년 3월 2일(戊戌)

뒤에야 사예를 폐하지 아니함이 되겠는가? 한 문제가 상림에서 활을 쏘았다는 것은 본래 신하들과 짝지어 쏜 것을 말한 것이 아닌데, 정창손이 끌어대어서 미담으로 삼은 것은 무엇 때문인가?"라 논평하였다.[92] 이제 시대적 분위기는 국왕이 친히 활을 쏘는 것에 대해서도 비판적으로 보는 쪽으로 흘러가고 있었던 것이다.

연산군도 관사를 즐긴 것으로 보이나, 『연산군일기』에서 실제 그가 관사를 하였음을 확인할 수 있는 기록은 4건에 지나지 않는다. 문제가 되는 것은 연산군의 관사에 대해 반대하는 기록이 27건이나 된다는 점이다. 따라서 연산군의 관사가 유흥을 중심으로 이루어졌을 개연성이 크고, 실제는 기록에 남은 것보다 자주 관사를 하였을 수 있음을 추측할 수 있다. 연산군이 삼갑사를 즐겼다는 기록은 확인되지 않는다.

중종이 즉위한 뒤에도 관사는 꾸준히 진행되었다. 중종연간에 관사와 관련하여 중요한 변화가 일어나기 시작하였는데, 그 하나는 기사의 비중이 현저히 약화되고 제 자리에 서서 활을 쏘는 보사가 절대적으로 큰 비중을 차지하기 시작하였다는 것이고, 다른 하나는 시사(試射)가 국왕이 활쏘기를 관람하는 일에서 서서히 큰 비중을 차지하기 시작하였다는 사실이다.

중종연간에도 삼갑사가 시행되고 있었던 것은 분명한데, 중종이 관사 때 삼갑사를 본 기록은 한 번뿐이다.[93] 다만 중종이 삼갑사와 삼갑창을 군사들이 시험을 치르는 종목으로 하겠다는 뜻을 명확하게 밝힌 바 있으므로, 삼갑사의 명맥은 유지될 수 있었던 것으로 판단된다. 이후 삼갑사는 인조가 두 번 직접 관람하였음이 확인될 뿐이어서[94], 주로

---

92) 『成宗實錄』 권 91, 성종 9년 4월 21일(壬子)
93) 『中宗實錄』 권 50, 중종 19년 3월 19일(甲申)

시험 종목으로 명맥이 유지되었던 듯하다. 그러나 18세기 초엽인 숙종 말엽에 이르러 시험 과목에서 삼갑사가 제외되었고,[95] 이 뒤로 삼갑사는 기록에 나타나지 않는다.

중종의 관사는 한 해에 평균 3~4회 정도 시행되었다. 중종도 왕자와 부마, 종친들에게 활을 쏘도록 하여 관람하고 이어서 잔치를 여는 일이 자주 있었다. 그러나 관사의 중심은 차츰 시사라 부르기도 하는 문신이나 무신, 유생과 군사들을 시험을 보도록 하고 그것을 관람하는 것이 주축을 이루게 되었다. 『중종실록』에는 활쏘기 시험을 하는 행사를 국왕이 관람할 때 '관사'로 기록한 경우도 있으나, '시사'로 기록한 경우가 많다.[96] 이제 활쏘기 시험을 국왕이 관람한 것은 대체로 '시사'로 기록하는 추세로 바뀌기 시작한 것이다.[97]

---

94) 『仁祖實錄』 권 9, 인조 3년 4월 20일(丁酉) ; 같은 책 권 19, 인조 6년 10월 10일(丁酉)
95) 『肅宗實錄』 권 43, 숙종 32년 3월 21일(己卯)
96) ○ 上御春塘臺觀射 先試京外驍健人等 六兩片箭 貫革射訖 命彎强弓 弓有天地玄黃四等 黃字弓則皆得彎引 他弓則皆不能彎 獨鄭壽彭僅彎玄字弓 次試武臣堂上堂下官各十人【堂下官則試六兩片箭貫革, 堂上則只試貫革】(『中宗實錄』 권 60, 중종 23년 2월 24일(丙寅)).

　　○ 上御(春堂臺) 〔春塘臺〕 觀射試 片箭貫革優等者 賜物有 〔差〕 書下禁苑秋晚 五言律 令左右入侍人製之(『中宗實錄』 권 59, 중종 22년 9월 16일(庚寅)).

　　○ 壬戌/上御慶會樓下 試射文臣 優等李芑許寬李芄 各賜馬 使自牽出(『中宗實錄』 권 46, 중종 17년 9월 19일(壬戌)).

　　첫 번째는 시험을 '觀射'로 표기한 예이고, 두 번째는 '觀射試'라 표기한 것이며, 세 번째는 '試射'로 표기한 경우이다.
97) 시사와 시재는 주로 중일(中日)에 거행하여, 중일시재(中日試才) 또는 중일시사(中日試射)라 한 기록이 많다. 한 달 중에서 인, 신, 사, 해(寅申巳亥)에 해당되는 날을 초일(初日), 자, 오, 묘, 유(子午卯酉)에 해당되는 날을 중일(中日), 진, 술, 축, 미(辰戌丑未)에 해당되는 날을 종일(終日)이라 하였는데, 그 까닭은 알려져 있지 않다. 관아에 따라 부르는 명칭에도 차이가 있어서, 훈련도감에서는 중순시재(中旬試才), 어영청과 금위영에서는 중일시재와 중일시사라고 하였다. 활쏘기 연습을 벌여, 입격(入格)한 자에게는 상품을 주고 전 과목에 합격한 자는 별단(別單)으로 적어 올렸

태조로부터 시작되어 태종 때 본격화한 관사는 세종 때에는 국가의 군사력 강화라는 매우 실용적인 목적 아래 전성기를 이루었고, 그 양상은 대체로 문종 때에도 지속되었다. 그러나 세조 때에 이르러서는 다시금 종친과 대신, 장수, 군사들을 국왕의 편으로 만들기 위한 목적 아래 술잔치 성격의 관사가 자주 거행되었다. 특히 1458년(세조 4년)에는 한 해 동안에만 56건에 달하는 관사 기록이 검출되는데, 16세기 이후 역대 국왕들의 경우 많아야 재위기간 전체를 통틀어도 12회 정도에 그치는 것과 대비하면 얼마나 자주 세조가 관사를 거행하였던 것인지를 알 수 있다. 그리고 성종 때에도 한명회 등의 권유에 의해 세조 때 방식의 국왕의 관사가 지속되었다. 다만 1년에 평균 10회 정도 관사를 거행하여 빈도가 꽤 줄어든 것과 술잔치의 성격이 다소 약화된 것이 중요한 변화였다. 이러한 국왕 관사의 전통은 연산군 때를 거쳐서 중종 때까지 지속되었다고 할 수 있다.

　　이제까지 정리한 것에서 알 수 있듯이, 조선 초엽의 국왕들은 관사우사단의의 규정에 얽매이지 않고 잔치를 열면서 신하들에게 활쏘기를 겨루게 하고 상을 내리는 일이 잦았다. 후원관사의 경우 대궐의 후원에서 군사들에게 활쏘기를 겨루도록 하고 국왕이 이를 보는 방식으로 세종 때 일상처럼 시행되었으나, 세조 때 이후로는 주로 종친이나 주요 문무 관료들을 대상으로 거행하게 되었다. 말하자면 세종 때의 정신은 사라지고, 세조 때의 방식으로 정착하였던 것이다. 그 가운데 종친들을 대상으로 한 것이 후원종친관사(後苑宗親觀射), 주요 문신 및 무신들을 대상으로 한 것이 후원문무신관사(後苑文武臣觀射)로 규정되어, 가장

다. 초일과 종일에 치르는 시험을 따로 초일시재, 종일시재라고는 하지 않은 것은 국왕이 친람하거나 그에 따른 상을 주지 않았기 때문인 듯하다.

많은 수의 악공과 무용수들이 동원되는 큰 잔치 행사로 정착되었다. 경회루 아래에서 종친들에게 활쏘기를 겨루도록 하고 이를 보는 경회루하종친관사(慶會樓下宗親觀射), 모화관(慕華館)에서 단오 때 종친 및 문무 관원들에게 활솜씨를 겨루도록 하고 이를 관람하는 관사 등등이 그 다음 규모의 잔치가 수반되는 관사들이었다. 이 행사들은 모두 임시로 사단을 설치하여 거행하였다. 이뿐만이 아니라 왕이 도성 밖으로 나갈 때에도 상례적으로 관사가 거행되었다.『악학궤범』에는 이들 각각의 관사에 대하여 모두 기녀(妓女)와 악공(樂工)이 동원되는 숫자를 규정해 놓았다.[98] 그러므로 조선초기 국왕의 관사는 대개 연회로 이어졌었다는 것을 미루어 알 수 있다.

조선 국왕의 관사는 세조 때부터 장교와 장수들의 활쏘기 시합의 관람이 큰 비중을 차지하기 시작하였다. 이와 아울러 활쏘기 시합의 중심을 보사가 차지하게 되고, 말을 몰며 활을 쏘는 기사는 대부분 삼갑사를 하도록 시켜, 관람하는 재미를 더하는 수단으로 전락하고 말았다. 그런데 15세기 말엽 성종연간에 이르러서는 이미『경국대전』의 반포와『국조오례의』의 편찬 등을 통해 조선의 여러 법률과 제도가 정착하고 나아가 성리학적 분위기가 강화되는 조건 아래에서 오락의 속성이 강해진 국왕의 관사에 대한 비판도 커지게 되었다. 이에 따라 결국 16~17세기 동안 국왕이 관사를 거행하기는 차츰 어려워지게 되었다.

---

98)『樂學軌範』卷 2, 俗樂陳設圖說, 五禮儀殿庭軒架

3장

조선중기 국왕
사예의 쇠퇴

1. 연산군의 폭정과 사냥

연산군은 조선왕조를 대표하는 폭군일 뿐 아니라, 한국 전근대사 전체를 놓고 보아도 버금가라면 서러워할 만한 학정을 펼친 군주이다. 연산군의 학정을 알려주는 일들은 여러 가지가 있다. 뒷날 정치 주도권을 쥐게 된 사림세력의 관점에서 보자면 무오사화(戊午士禍)와 갑자사화(甲子士禍)가 가장 중요한 사건들일 것이다. 이와 달리 유교 윤리를 중요시하는 일반적인 관점에서는 부왕에 대한 불효를 비롯한 패륜 사건들을 꼽을 수 있을 것인데, 이것을 상징하는 것이 연산군이 왕위에 오른 직후 부왕인 성종이 아끼던 사슴을 죽인 사건이었다. 그러나 연산군의 여러 학정 가운데서도 백성들에게 직접적으로 큰 피해를 끼친 대표적인 예는 무엇보다도 거주하던 사람들을 내쫓고 그들이 살던 민가를 허물고 넓게 금표(禁標)를 세워 사냥터를 만들어서 마음대로 사냥을 하였던 것이라 생각된다. 어떻게든 연산군의 사냥은 그의 학정과 연결될

공산이 큰데, 실제 기록을 통해 그의 사냥이 어떤 양상으로 전개되었는지 확인해 보기로 한다.

연산군의 악행은 1506년(중종 원년) 중종반정으로 중종이 즉위하고 연산군이 폐위된 뒤 사신(史臣)의 논평 형태로 『중종실록』에 자세히 기록되어 있다. 이 가운데 사냥과 관련이 있는 것들을 중심으로 주요 대목을 소개하면 다음과 같다.

〈사료 3-1-A〉
사신은 논한다. 연산은 성품이 포악하고 살피기를 좋아하여 정치를 가혹하게 하였다. 술과 여자 빠져 제사하여 섬기는 것을 폐지하고 쫓겨난 어미를 소급하여 높이면서 대신을 많이 죽였으며, 규제하고 간쟁하는 것을 듣기 싫어하여 언관(言官)을 형벌로 죽이고 귀양 보내었으며, 서모(庶母)를 장(杖)을 때려죽이고 여러 아우들을 귀양 보내고 죽였다. 날마다 기녀들과 음탕한 놀이를 하여 법도가 없었고, 남의 처첩을 거리낌 없이 간통하였다. ……

성종의 시신이 빈전(殯殿)에 있을 때 성종이 길들여 기른 사슴들을 손수 쏘아 삶거나 구워서 먹었다. 인수왕대비(仁粹王大妃)가 돌아갔을 때는 상례 기간의 월(月)을 일(日)로 바꾸어 치르도록 하고, 신하와 백성이 입는 참최(斬衰) 27개월도 모두 27일 만에 벗으라 하였다. 또 기일(忌日) 및 재계(齋戒)를 폐지하고, 국기일에 평상시와 같이 풍악을 울리고 고기를 먹었으며, 각 능을 지키며 제사를 지내는 것도 다 폐지하여 거행하지 않았다. 정성근(鄭誠謹)과 이백화(李自華)가 성종을 위하여 3년 동안 상을 행하였다 하여 죽이기까지 하였으며 무릇 정표(旌表)와 문려(門閭)도 모두 철거시켰다.

대궐 후원에 응준방(鷹隼坊)을 두고, 팔도의 매와 개 및 진귀한 새와 기괴한 짐승을 샅샅이 찾아 모두 가져오게 하였으며, 사나운 짐승을 생포하여 압송해 와서 우리에 길렀다. 선릉(宣陵), 광릉(光陵), 창릉(昌陵)에 무시로 가서 사냥하였다. …… 도성 사방 1백 리 이내에는 금표를 세워서 사냥하는 장소를 만들고, 금표 안에 들어오는 자는 기훼제서율(棄毀制書律)로 논죄했다. 항상 혼자 말을 타고 새벽과 밤을 가리지 않고 치달리고 왕래하였으며 따로 응사군(鷹師軍) 1만여 명을 설치하여 사냥할 때는 항상 따라 다니게 하였다. 저자도, 두모포, 제천정(濟川亭), 장단의 석벽(石壁), 장의사(莊義寺)의 수각(水閣), 연서정(延曙亭), 망원정(望遠亭), 경회루, 후원 등의 곳에서 항상 흥청을 거느리고 밤낮으로 노닐며 잔치를 하였다. 당시 이를 일컬어 작은 거둥, 큰 거둥이라 하였다. 사직 북동(사직 북동)에서 홍인문(興仁門)까지 인가를 모두 철거하여 표를 세우고, 인왕점(仁王岾)에서 동쪽으로 타락산(駝駱山)까지 크게 장정들을 징발하여 높직이 돌성[石城]을 쌓았다. 광주, 양주, 고양, 양천, 파주 등의 고을을 없애고 백성들을 모두 쫓아내어 내수사(內需司)의 노비가 살게 하고, 혜화문, 홍인문, 광희문, 창의문을 막아 버렸다. 또 나루터를 없애고 다만 육로와 다리로만 다니게 하였으므로, 나그네들이 몹시 괴로워하였고 땔나무를 하기도 어려웠다. 창경궁 후원에 높이가 1백여 척이나 되는 누대를 쌓고, 이름을 서총대(瑞蔥臺)라 하였다. 그 위에는 1천여 인을 앉힐 만하였으며 그 아래에는 못을 파고 그 곁에 정자를 지었다. ……

예로부터 난폭한 임금이 비록 많았으나, 연산과 같이 심한 자는 아직 없었다.[1]

연산군이 사냥을 좋아한 것은 사실이다. 그런데 위의 사신이 남긴 기록을 보면, "항상 혼자 말을 타고 새벽과 밤을 가리지 않고 치달리고 왕래하였으며," 또 "따로 응사군 1만여 명을 설치하여 사냥할 때는 항상 따라 다니게 하였다."라 하여 서로 모순된 내용을 담고 있다. 정확하게 따져서 말하자면, 연산군이 '응사군'을 둔 적은 없다. 연산군이 사냥을 위해 별도로 병력을 배치한 기구의 명칭은 '응사군'이 아니라 조준방

---

1) 『中宗實錄』 권 1, 중종 원년 9월 2일(戊寅)

(調隼坊)이었다. 여기에 소속된 병력 가운데 일부가 매를 조련하는 응사(鷹師)로 구실을 하고, 대부분의 병력은 정규 군사조직에서 옮겨 배치된 군사들이었으므로 '응사군'이라는 말은 정확한 서술이 아니다.

또한 국왕이 혼자 즐기는 사냥과 대규모 병력을 동원하여 거행하는 사냥은 그 방식 자체가 전혀 달랐다. 조선 건국 후 국왕이 혼자 또는 비밀리에 소수의 인원을 데리고 사냥을 즐기는 일은 세조 때에 본격적으로 시작된 것으로 생각된다. 궁궐의 후원에서 사냥을 즐기는 일은 태조 이래로 문종 때까지는 기록에서 그 자취를 찾아볼 수 없다. 이와 달리 세조는 간간이 궁궐 안에서 사냥을 즐겼음을 알려주는 기록이 있으며, 아마도 궁궐 후원에서 사슴과 노루 따위를 기르기 시작한 것도 이때부터일 것으로 추측된다. 다만 세조 이후 예종과 성종은 후원에서 사냥한 것을 알려주는 기록이 없다. 그러나 연산군이 궁궐 후원에 있던 사슴을 잡아서는 여러 가지 방식으로 요리를 해 먹었다는 것으로 보아 사슴이 여러 마리였음도 알 수 있다.

한편 연산군이 이목을 꺼리지 않고 마음대로 사냥을 한 것은 1504년에 갑자사화가 일어난 이후의 일로, 그 2년 뒤인 1506년에는 중종반정이 일어나 왕위에서 쫓겨났다. 앞의 사신이 기록한 연산군의 폭정은 실상 대부분 1504년~1506년 동안의 일이다. 연산군이 넓은 땅에 금표를 설치하고서 사람들의 이목을 두려워하지 않고 사냥을 한 것도 이때의 일이다. 그것을 '항상'이라고 하여 재위하는 동안 언제나 그러했던 것으로 착각하도록 기록해 놓았다. 이제 연산군이 사냥을 하였던 실상을 자세히 살펴보기로 한다.

1) 즉위 후 무오사화 이전까지의 사냥

연산군이 사냥을 한 기록은 즉위한 뒤 3년이 지나서야 처음 나타난
다. 바꿔 말하면 부왕인 성종에 대한 3년상을 치르는 동안에는 사냥을
하였다는 기록이 없다. 부왕에 대한 복상 기간이 지난 뒤 그 이듬해가
되어서야 연산군이 사냥을 하였음을 볼 수 있는 것이다. 그것도 그가
궁궐의 후원에서 사냥을 한 것이어서, 언제 어떤 사람들과 사냥을 하였
는지는 명확히 기록되어 있지 않다. 다만 그가 궁궐 후원에서 사냥을
하였다는 사실만을 알 수 있을 따름이다. 다음이 연산군이 그 재위 3년
에 궁궐 후원에서 사냥을 하였음을 보여주는 기록이다.

> 〈사료 3-1-B〉
> 전교하였다. "광지문(廣智門) 밖의 경비하는 곳이 후원을 내려다보
> 고 너무 문에 가까워서 파수 숙직하는 군사가 들여다보는 폐단이 있
> 으니, 영(營)을 낮은 곳으로 물려서 문을 바라다볼 수 있게만 하라."
> 왕이 후원에 짐승을 놓아두고 말을 달리면서 사냥하였는데, 문 지
> 키는 군졸들이 엿보는 것을 싫어하였기 때문에 이 명령을 내렸다.[2]

연산군이 복상 기간 동안 사냥을 전혀 한 적이 없었는지는 쉽게 판단
할 수 없다. 그러나 적어도 소문이 날 정도로 사냥을 즐기지는 않았던
것으로 보인다. 그러다가 상기를 끝낸 이듬해인 1497년(연산군 3)에는
드디어 사냥을 즐기기 시작한 것으로 판단되는데, 그래도 그 처음에는
이처럼 남들의 이목을 피해 궁궐의 후원에서 사냥을 하는 정도였다. 그
러나 이해 9월 군사들을 동원한 사냥을 하겠다고 명령한 데 이어 그 이

---

2) 『燕山君日記』권 23, 연산군 3년 5월 23일(甲子)

듬해부터 계획을 실행에 옮기기 시작하면서 많은 사람의 이목이 집중되는 형태의 사냥을 하기 시작하였다.

〈사료 3−1−C〉

전교하였다. "옛날에는 봄에 수(蒐)하고, 여름에 묘(苗)하고, 가을에 선(獮)하고, 겨울에 수(狩)를 했다고 하므로, 나도 또한 이러한 사냥을 하고 싶다."

승정원이 아뢰었다. "그러시다면 9월에 한 번 하시고, 10월 이후에 한 번 하시는 것이 어떻습니까?"

전교하였다. "9월 이후에 4번을 하겠다."[3]

수와 묘, 선, 수는 기원전 10세기~기원전 3세기까지 존속한 중국 주(周)의 왕이 봄과 여름, 가을, 겨울에 행한 사냥을 그 철에 따라 구별하여 부른 이름이다. 그러나 이 사냥은 첫째로 왕이 주체가 되어 거행하는 사냥이지 일반적인 사냥을 뜻하지는 않는다는 것, 둘째로 군사들을 동원하여 이루어지는 군사 훈련의 하나라는 것, 셋째로 왕실의 제사에 사용하는 희생을 잡는 행위여서 국가적 공식 의례의 하나였다는 것에 주의할 필요가 있다. 조선시대에 들어와 이러한 성격을 모두 충족하는 국왕의 사냥이자 군사 훈련이며 국가의 의례인 제도는 바로 강무였다. 특히 세종 때에 이르러 강무는 농경지가 늘어나 강무장이 감소하는 추세 속에서도 국상이 발생하지 않는 한 1년에 2회 정기적으로 시행할 수 있도록 동원 병력을 감축하여 제도화되었었다. 그러나 세조 즉위 이후 강무에 대열의 성격이 가미되고 동원 병력의 규모가 수만 명에 달하는 거대한 행사로 변함으로써 1년에 2회 정기적으로 시행하는 의식으로

---

3) 『燕山君日記』 권 27, 연산군 3년 9월 2일(庚子)

서의 의미가 소멸되고 말았다.[4] 연산군과 그의 조정을 구성한 신료들
도 세조 때 이후 성종 때까지의 수만 병력이 동원되는 강무를 전형적인
강무로 인식한 까닭에 세종 때의 강무에 비해 더 많은 병력이 동원됨에
도, 나아가 국왕이 군사들을 동원하여 사슴이나 노루 따위의 짐승을 잡
고 또 그것을 국가 제사에 사용하였음에도 불구하고 이를 '강무'라 하
지 않고 '타위'라 부르고 있었다. 연산군이 하고 싶었던 사냥은 세조~
성종 때 수준의 강무였을 수도 있으나, 연산군이 재위하는 동안 공식적
으로 '강무'로 이름이 붙은 사냥은 한 번밖에 시행하지 못하였다. 이제
연산군 재위 기간에 궁궐 밖에서 연산군이 군사들을 동원하여 시행한
사냥을 정리하면 다음과 같다.

〈표 3-1〉 연산군의 궁궐 밖 사냥

번호	연 월 일	장소	사냥 내용	비고
1	1498년(연산군 4년) 8월 18일(신사)	연희궁(衍禧宮) 뒷산	시위하는 군사를 시켜 여우와 토끼를 사냥	농사를 살핀 후 거행
2	1498년(연산군 4년) 8월 21일(갑신)	살곶이, 미륵동	군사들에게 학익진을 치도록 하여 사냥	농사를 살핀 후 거행
3	1498년(연산군 4년) 9월 11일(병오)	아차산	—	—
4	1498년(연산군 4년) 10월 2일(갑자)	대자산 (大慈山)	—	—
5	1498년(연산군 4년) 10월 5일(정묘)	정토산 (淨土山)	—	—
6	1498년(연산군 4년) 10월 20일(임오)	서산(西山): 고양 지역임	—	—
7	1499년(연산군 5년) 9월 26일(계미)	서산	강무를 하고, 사슴 두 마리를 종묘에 올림	벽제역에서 유숙
8	1499년(연산군 5년) 10월 16일(임인)	아차산	—	—

---

4) 이 책 제 1장 참조.

9	1499년(연산군 5년) 10월 28일(갑인)	창릉(昌陵), 경릉(敬陵) 주산(主山)	내금위, 겸사복, 우림위에게 짐승을 몰게 하고, 종친들에게 쏘게 함.	—
10	1500년(연산군 6년) 9월 16일(정묘)	살곶이	—	—
11	1500년(연산군 6년) 10월 15일(병신)	대자산	타위	밤이 깊어 환궁
12	1500년(연산군 6년) 10월 22일(계묘)	양주의 천참(泉站)	타위	밤이 깊어 환궁
13	1503년(연산군 9년) 9월 18일(신사)	황구(黃丘)	좌사대(左射隊)의 대열이 끊어져 짐승들이 달아남	위장(衛將)과 부장(部將)을 처벌
14	1503년(연산군 9년) 10월 3일(병신)	서산	잡은 새를 종묘와 두 대비전에 올림	두 위장이 처벌됨
15	1503년(연산군 9년) 10월 10일(계묘)	도봉산	—	—
16	1503년(연산군 9년) 10월 11일(갑진)	도봉산?	몰이가 끊김	고절구관(考絶驅官)을 처벌
17	1503년(연산군 9년) 10월 16일(기유)	고양군 봉현(蜂峴)	—	—
18	1503년(연산군 9년) 10월 20일(무오)	청계산	백관을 잡류들과 함께 몰이꾼으로 부림	—
19	1504년(연산군 10년) 10월 4일(신유)	청계산	강무의 일부로 기록되어 있음	강형(姜詗)을 능지처참함
20	1504년(연산군 10년) 10월 10일(정묘)	천참	좌상(左廂)이 짐승 몰이를 하지 않아 그 종사관을 처벌함	
21	1504년(연산군 10년) 10월 19일(병자)	아차산	타위	—
22	1505년(연산군 11년) 9월 22일(계묘)	들	남들 모르는 길로 나감	—
23	1505년(연산군 11년) 10월 13일(갑자)	교외	내도(內道)로 나감	—
24	1505년(연산군 11년) 10월 27일(무인)	주엽산 (注葉山)	강을 건너지 못한 군사들이 있었음	—
25	1505년(연산군 11년) 11월 18일(기해)	대자산	박원종(朴元宗)과 황형(黃衡)을 좌상, 좌상의 대장으로 삼음	—
26	1505년(연산군 11년) 12월 24일(갑술)	들	—	성종의 기일(忌日)

27	1506년(연산군 12년) 2월 30일(경진)	광릉산	경기, 황해도의 하번(下番) 군사를 동원	–
28	1506년(연산군 12년) 3월 6일(병술)	광릉산	생포한 멧돼지와 사슴이 죽어 응사 등을 국문함	–
29	1506년(연산군 12년) 3월 20일(경자)	서산	밤중에 환관을 거느리고 미행으로 나가 사냥함	–
30	1506년(연산군 12년) 4월 12일(신유)	선릉 산	습진 대신 사냥을 함	능에 배알한 후 거행
31	1506년(연산군 12년) 4월 16일(을축)	천점	–	–
32	1506년(연산군 12년) 7월 25일(임인)	정토사	조준방 군인들을 거느리고 사냥	–

* 기록에 자세한 내용이 없으면 '－'로 표시하였음(다른 표들도 이와 같음).

1497년(연산군 3)에 연산군이 "9월 이후에 4번을 하겠다."고 호언을 하였던 군사들을 동원한 사냥 계획은 곧바로 대간의 지속적인 반대에 부닥쳤다. 그 가운데 내용이 가장 상세한 것이 대사간 정석견(鄭錫堅) 등이 올린 서계(書啓)인데, 이를 제시해 보면 다음과 같다.

⟨사료 3-1-D⟩

대사간 정석견 등이 서계하였다. 알성(謁聖)은 옛날부터 제왕(帝王)이 먼저 거행해온 중요한 일이오나, 전하께서는 삼년상을 마치고, 담당 관원이 아뢰어 올 봄에 날을 점쳐 정하였으나 거행하지 않으셨고, 가을에도 또 날을 점쳐 정하였으나 거행하지 않으시고 다시 기일을 내년 봄으로 늦추셨습니다. 제왕들은 경연을 조금도 멈춘 적이 없습니다. 하루 안에 조강(朝講)을 하거나 주강(晝講)을 하거나 석강(夕講)을 하거나 야대(夜對)를 한 것은, 태어나면서부터 잘 아는 상성(上聖)의 자질일지라도 반드시 스승이 밝게 설명해 주는 것을 바탕으로 덕과 품성을 함양하여 옛날부터 오늘날에 이르기까지의 잘 다스려졌던 시대와 혼란했던 시대의 잘잘못을 깨우쳐서 권장하거나 경계하려 한 때문입니다. …… 이달 초6일에는 후원에 무신들을 모아 하루 종일 관사를 하셨습니다. 14일에는 문신들을 모아 관사를 하시고, 16일에는 친열을 하시고, 24일에는 내금위와 겸사복을 모아 관사를 하시고, 29일에는 타위를 하시고, 10월 초7일에도 타위를 하시고, 15일에도 타위를 하시고, 24일에도 타위를 하신다는데, 이러한 것이 무슨 일인지 알지 못하겠습니다. 이로써 보자면 가을과 겨울이 다 끝나도록 반드시 모두 전하께서 이리저리 다니며 사냥하시는 날이 될 것입니다. 어느 겨를에 경연에 납시고, 어느 겨를에 조계(朝啓)를 들으시겠습니까? ……

전지하였다. "만약 나라일을 폐기하고 100일이 되도록 돌아오지 않았다면 이리저리 다니며 사냥한다고 할 수 있을 것이다. 지금은 백성들을 위해 해악을 제거하는 것이고, 아침에 나갔다가 저녁에 돌아오는데 왜 해서는 안 되는가? ……."

정석견이 다시 아뢰었다. "비록 '백성들을 위해 해악을 제거하는 것'이라 하교(下敎)하셨으나, 옛날에 임금이 군사들을 거느리고 사냥하던 일과는 다릅니다. 전하는 3년상을 마치고 모든 교화를 새롭게 하셔야만 하므로, 날마다 경연에 나오셔야 합니다. ……." 그때 밤 2고(鼓)였다.

전지하였다. "…… 18일부터 당연히 경연에 나가겠다."[5]

연산군이 9월 이후 군사들을 동원한 사냥을 4번 하겠다는 계획은 대사간 정석견 등이 아뢴 내용으로 보면 9월 29일, 10월 7일, 10월 15일, 10월 24일로 날이 잡혀 있었다.[6] 그런데 이날 연산군이 '9월 18일부터

---

5) 『燕山君日記』 권 27, 연산군 3년 9월 11일(己酉)
6) 2014년 12월말 현재로 국사편찬위원회 사이트에서 제공하는 조선왕조실록 번역문에는 이상의 사냥을 이미 연산군이 실행한 것으로 이해하도록 되어 있다. 그러나 연산군이 이미 실행한 것은 9월 6일의 관사 하나뿐이고, 나머지는 모두 미래의 계획에 해당한다.

경연에 나가겠다'고 함으로써 이해의 사냥 계획은 모두 무산되었다. 연산군은 9월 29일, 10월 7일, 10월 15일, 10월 24일 그 어느 날도 사냥을 하지 못하였음을 기록을 통해 확인할 수 있다.

물론 연산군이 순순히 사냥 계획을 포기한 것은 아니었다. 다시금 사냥할 계획을 승정원에게 물은 일도 있고, 경연 석상에서 대신들에게 의견을 물은 적도 있었다. 사냥을 하고 싶은 연산군은 국왕의 사냥이 국가 제례에 쓸 짐승을 잡는 행위라는 것을 들어 자신의 의지를 합리화시키는 논리를 동원하였다. 그럼에도 대간의 반대 의지 또한 분명하였다.

〈사료 3-1-E〉

장령 조형(趙珩)과 정언 권달수(權達手)가 한충인(韓忠仁)의 일과 대비(大妃)가 능에 배알하는 일을 논하여 아뢰었다. 또 아뢰었다.

"전교에 이르시기를 '사냥을 하는 것은 장차 종묘에 헌금(獻禽)을 하려는 것이므로, 진실로 정성과 공경만 다한다면 비록 한 마리를 나누어 올릴지라도 할 수 있다. 왜 반드시 온 마리를 올려야 하느냐?' 하셨는데, 저희들은 그렇지 않다고 여기옵니다. 무릇 천금(薦禽)을 하는 데에는 반드시 온 마리를 올려야 합니다. 그런데 하루 사이에 어떻게 많은 수의 짐승을 잡아 모두 온 마리로 올릴 수 있겠습니까? 옛말에 이르기를 '완전하지 못한 짐승은 올리지 못한다. 털이 손상되어 짧아졌어도 올리지 못한다.' 하였습니다. 그러므로 잡았다고 해도 토끼와 같은 작은 종류의 짐승은 올릴 수가 없는 것입니다. 저희들이 가만히 생각하옵건대 전하는 천금을 하시려는 것이 아니오라 사냥놀이를 하시려는 것입니다."

전교하기를 "만약 말한 바와 같이 털이 손상된 것도 올리지 못한다면 반드시 줄로 짐승의 목을 매어 올리란 말이냐?"라 하며 들어주지 않았다.

조형 등이 다시 세 가지 일을 아뢰었으나, 역시 들어주지 않았다.[7]

연산군이 국가 제례에 쓸 짐승을 잡겠다며 사냥을 하고자 하자 대간을 대표하여 장령 조형과 정언 권달수가 제시한 반론은 연산군이 계획한 사냥은 제대로 규모를 갖추어 거행하는 국왕의 사냥이 아니므로, 천금에 필요한 짐승의 수량을 채울 수 없다는 것이었다. 그것이 천금이 아니라 '사냥놀이를 하시려는 것'이라는 말로 표현되었다. 이와 함께 중요하게 파악되는 점이 연산군이 사냥을 하려는 의지가 강하였음에도 재위 3년까지는 그 의지를 관철하기 힘들었다는 사실이다. 물론 이 때의 사냥은 궁궐 안에서 남들 눈에 띄지 않게 하는 사냥이 아니라, 궁궐 밖에서 많은 군사들을 거느리고 시행하는 국가적 차원의 사냥이었다. 앞서 보았듯이 궁궐 안에서 비밀리에 거행하는 연산군의 사냥은 자주 이루어졌으나, 기록에는 제대로 전하지 않는다. 이러한 정말로 '놀이'에서 크게 벗어나지 않는 사냥이 아니라 강무 형식을 갖춘 사냥은 아무리 연산군이라 하더라도 재위 초반에는 자기 마음대로 거행할 수 없었던 것이다.

2) 무오사화 이후 갑자사화 이전까지의 사냥

연산군의 궁궐 밖 사냥은 1498년(연산군 4년)에 비로소 시작되있다. 그런데 1498년은 바로 조선에서 처음으로 발생한 사화인 무오사화가 일어난 해이다. 연산군의 첫 궁 밖 사냥은 8월에 이루어졌는데, 무오사화가 일어난 것은 그 직전인 7월이었다. 즉 연산군의 첫 궁궐 밖 사냥은 무오사화가 일어난 뒤 그 다음 달에 이루어졌던 것이다.

사화라는 말은 사림세력이 화를 당하였다는 의미의 말이나, 실제 사

---

7) 『燕山君日記』권 27, 연산군 3년 9월 23일(辛酉)

화에서 화를 입은 것이 꼭 사림세력에 국한되었던 것은 아니었다. 무오사화 또한 그러하였다. 무오사화는 김종직(金宗直)의 조의제문(弔義帝文)이 실려 있는 김일손(金馹孫)의 사초(史草)로부터 비롯하였다는 이유로 사화(史禍)라고도 하며, 이 사초와 관련된 이들은 사림세력에 속하는가의 여부와 관계없이 처벌당하였다. 또 한편으로는 사림세력에 속하지는 않았다 하더라도 언론 기능을 수행하고 있던 삼사(三司) 곧 사헌부, 사간원, 홍문관의 관원들이 대거 화를 당하였었다.[8] 따라서 무오사화는 연산군의 말과 행동에 대한 신료들의 통제력이 약화되는 중요한 원인으로 작용하였고, 그 결과 가운데 하나가 사화 직후부터 그의 사냥 행각이 본격화하는 변화였다.

그러나 연산군의 궁궐 밖 사냥은 매우 조심스럽게 시작되었다. 그의 첫 번째와 두 번째 사냥은 모두 농사를 살핀 후 행하였다는 특징이 있다. 농사가 산업 생산의 거의 전부였던 당시의 사정 속에서 보자면, 8월 이후 농사를 살핀다는 것은 곧 추수의 상황을 살피는 것이었다. 연산군의 본심이 어떠하였는지는 알 수 없으나, 국왕이 현지에 나가 추수 상황을 살핀다는 것은 적어도 겉으로는 민생을 걱정하는 태도를 보인 것이었다. 이와 같이 조심스러운 태도를 보임에 따라서 사냥 과정이 자기의 마음에 들지 않는다는 등의 이유로 관원이나 군사를 처벌하는 일도 이때에는 없었다.

그런데 연산군의 두 번째 궁궐 밖 사냥은 첫 번째 궁궐 밖 사냥과 차이를 드러내고 있었다. 첫 번째 궁궐 밖 사냥은 연산군이 서교(西郊)에 나가서 농사 작황을 살핀 뒤 연희궁(衍禧宮) 뒷산에서 시위하던 군사들

---

8) 김 범,『사화와 반정의 시대』, 역사비평사, 2007

에게 여우와 토끼를 사냥하도록 시킨 수준이었다.[9] 그러나 두 번째 궁궐 밖 사냥은 연산군이 동교(東郊)에 농사 작황을 살핀 뒤 사냥을 시킨 점에서는 천 번째 사냥과 별반 다르지 않으나, 살곶이[箭串]에 도착하여 학익진을 쳐 짐승을 사냥하도록 하고, 화양정(華陽亭)으로 가서는 승지와 사관 등에게 각기 절구(絶句)로 시를 지어 올리게 한 뒤, 또 미륵동(彌勒洞)으로 가서 학익진을 치고 짐승을 사냥하도록 했던 것이다. 연산군은 마지막으로 환궁하는 길에 길가의 농민들에게 음식을 나누어 주어서 먹도록 하였다.[10] 이러한 연산군의 모습은 매 사냥이든 또는 그 밖의 방식의 사냥이든 스스로 말을 타고 활을 쏘며 사냥하는 것을 즐기던 태조나 태종의 모습과는 달랐다. 연산군은 스스로가 사냥하는 것을 즐기는 것이 아니라, 남들에게 사냥하도록 하고 그것을 보는 것 즐긴 것이어서, 처음부터 가학적인 측면이 적지 않았다. 그럼에도 사냥을 한 지역은 모두 경기를 벗어나지 않았고 여러 날 사냥한 것은 강무 때에만 국한되었기 때문에 이 시기에는 민폐를 끼친 것이 그다지 크지는 않았다. 사냥하러 나간 지역이 가까웠던 까닭에 이 시기의 연산군은 강무를 제외하고는 모두 밤 늦게라도 당일로 일정을 끝내고 궁궐로 돌아왔다는 사실도 확인된다.

연산군이 군사들을 시켜 사냥을 하는 방식은 대체로 타위라 하여 군사들이 사냥할 짐승을 포위하여 몰고 이를 종친 이하 신료들이 활로 쏘는 방식이었다. 짐승을 포위하여 모는 방법이나, 몰아 온 짐승들을 활로 쏘는 서열, 국왕이 처음 활을 쏘고 나서 종친과 신료들이 활을 쏘아 짐승을 잡는 장면을 관람하기 위한 자리의 배치 따위는 모두 강무 때와

---

9) 『燕山君日記』 권 31, 연산군 4년 8월 18일(辛巳)
10) 『燕山君日記』 권 31, 연산군 4년 8월 21일(甲申)

같았을 것으로 추정된다.[11] 연산군도 매 사냥을 시키기는 하였으나, 뒤에서 보듯이 타위 방식의 사냥을 더 좋아하였다. 1499년 8월에는 연산군이 병조판서 이계동(李季仝)에게 "오는 12일에 살곶이에서 농사 상황을 보고 이어서 직접 호랑이 사냥을 보고자 한다."고 하자, 이계동이 "호랑이는 험한 곳에 있으므로 친히 보시는 것은 매우 위험합니다."라 아뢰어 말린 일이 있었다.[12] 이때 연산군이 생각한 호랑이 사냥은 타위 방식이었을 것이다. 연산군은 또 망패(網牌)의 사냥도 보고 싶어 한 일이 있었다. 그런데 망패가 사냥하는 것을 보려 한 생각은 도리어 망패 폐지론으로 이어졌다. 망패는 말 그대로 그물로 사냥하는 무리를 뜻하며, 사복시 소속으로 좌패(左牌)와 우패(右牌)로 나뉘어 제원(諸員)과 겸관(兼官)이 소속되어 있었고, 이들이 타는 말 외에 그물을 싣는 말을 끌고 다니며 사냥을 하였다.[13]

〈사료 3-1-F〉

　　의정부가 아뢰었다. "사복시 망패의 사냥은 물건을 생생하게 진상하기 위한 것입니다. 그러나 선왕들의 시대에는 모두 살곶이와 경기 근방에서 잡기 때문에 그 물건들도 신선하고 폐단도 없었습니다. 지금은 가까운 지방에 새와 짐승이 없고 강원장에서는 모두 사냥을 금하기 때문에 부득이 강원도와 황해도 등지로 깊이 들어가게 됩니다. 겸사복이 제원 30여 명과 말 30여 필을 데리고 가고 또 본도의 군사를 동원하여 여러 날을 쫓아다니며 사냥하는데, 일체의 말 먹이는 꼴과 사람들이 먹는 양식을 모두 백성들에게서 징발하므로 그 폐단이 적지 않고, 한 달 잡는 것이 5~6마리에 지나지 못하며, 머나먼 길을 실어오

---

11) 강무 때의 내용은 이 책 1장 참조.
12) 『燕山君日記』 권 35, 연산군 5년 8월 9일(丙申)
13) 『燕山君日記』 권 36, 연산군 6년 2월 13일(丁酉)

고 보면 벌써 맛이 변해버립니다. 제사에 쓰는 고기를 얻는 대로 더 드리게 하고, 망패 사냥을 폐지하십시오. 또 제육으로 쓸 노루와 사슴을 잡는 사람들에게는 날짜를 계산하여 삭료(朔料)를 주기 때문에 매번 상호군이나 대호군의 녹봉에 해당하는 양을 받으며 오랜 동안 머무르나 잡는 것은 얼마 안 되고 녹만 많이 받습니다. 금후로는 잡은 것의 다소를 계산하여 삭료를 주게 하소서. ……"

전교하였다. "도둑 없애는 것은 전에 이미 법을 세웠는데, 무엇 때문에 다시 거듭 세워야 하는가? 감사와 수령들이 각자 거행하여야 할 것이다. 나머지는 아뢴 대로 하라."[14]

앞의 기록에서 망패의 제원 등을 거느리고 사냥을 지휘하는 것은 겸사복임을 알 수 있다. 겸사복은 국왕을 호위하는 금군 가운데 하나일 뿐 아니라, 신분적 지위가 더 높은 내금위를 제치고 가장 가까운 곳에서 국왕 보호 임무를 수행하는 존재여서 당연히 국왕과 쉽게 친분이 형성되는 존재였다. 망패가 위세를 부릴 수 있었던 바탕에는 국가 제사에 쓸 짐승을 잡는 존재라는 것과 아울러 국왕의 금군인 겸사복이 지휘한다는 것도 한몫하였을 것이다. 그러나 의정부에서 거듭하여 망패의 사냥을 폐지하고 각 고을에서 제사에 쓸 짐승을 잡아 올리도록 하라고 요구하여, 연산군도 결국 그 요구를 받아들였던 것이다.

한편 이 해의 네 번째 궁궐 밖 사냥은 그 날짜가 추향 대제(秋享 大祭)를 위해 재계를 해야 하는 날에 해당되었다. 그 때문에 주변에 능이 있는 대자산에 가서 사냥을 하면서 먼저 능에 배알할 계획이 없다는 것과 아울러 추향 대제를 위해 재계하여야 하므로 사냥을 하지 말아야 한다는 내용의 간쟁이 발생하였다. 이에 연산군은 먼저 능에 배알할지의 여

---

14) 『燕山君日記』 권 37, 연산군 6년 3월 1일(乙卯)

부에 대해서는 답하지 않고, 다만 추향 대제는 섭행하도록 시키면 된다고 답하였다.[15] 이 답변 내용은 연산군이 조선 왕실의 조상신을 비롯한 국사(國社)와 국직(國稷)의 신(神) 등에 대한 제사보다 명목은 군사 훈련을 위한 것이라 하였을 것이나 실제는 자신의 사냥 놀이를 더 중요시하였음을 나타낸다. 이러한 연산군의 태도는 이 해의 네 번째 궁궐 밖 사냥이 끝난 뒤 승정원에서 "대자산은 서울과 가깝고 또 짐승이 많으므로, 벌채를 금하고 사냥도 금하여 지정 사냥터로 만드소서."라 아뢰는 이유로 작용하였고, 연산군은 당연히 이를 재가하였다.[16]

1498년 6회이던 연산군의 궁궐 밖 사냥은 1499년에 3회, 1500년에도 3회에 그쳤다. 이렇게 궁궐 밖 사냥 횟수를 줄인 이유는 흉년이 든 때문이었다. 그럼에도 사냥을 하다가 흉년이 더욱 심해져서 어쩔 수 없이 궁궐 밖에서 사냥을 보는 일을 할 수 없게 되었던 것이다. 그러나 이에 앞서 연산군이 사냥과 관련하여 장수나 군사들을 처벌하는 일이 시작되었고, 여러 관원들에게도 짐승 몰이를 시켰다는 사실이 주목된다.

궁궐 밖에서 하는 사냥 구경에 맛을 들인 연산군이 1499년에 그 횟수를 줄인 이유는 이 해에 흉년이 든 데에 있었다. 바꿔서 말하면, 흉년이 든 까닭에 신료들이 사냥을 하지 말아야 한다고 간언을 올리는 상황인데도 연산군은 이를 무릅쓰고 3회나 궁궐 밖에 나가서 군사들을 시켜 사냥하도록 하고 그것을 관람하였던 것이다. 그런데 이 해에 세 번

---

15) 『燕山君日記』 권 31, 연산군 4년 10월 1일(癸亥). 대자산은 경기도 고양에 있는 산으로, 현재는 대자동이라는 이름에만 그 자취가 남아 있다. 주변에 睿宗과 그 왕비 安順王后의 합장릉인 昌陵과 성종의 생부로서 국왕에 추존된 德宗의 능인 敬陵이 있다.

16) 『燕山君日記』 권 31, 연산군 4년 10월 3일(乙丑). 현재 경기도 고양시 대자동에 연산군 때의 금표비가 남아 있다.

째 사냥을 앞두고 내린 연산군의 전교와 이에 대한 승정원의 대답에서 연산군의 사냥이 본격적으로 규범을 벗어날 조짐을 드러내었다.

〈사료 3-1-G〉

　전교하였다. "이달 29일에 창릉과 경릉 주산에서 사냥을 구경하려 한다. 근일에 여러 번 사냥을 하였지만 한 번도 통쾌한 느낌을 받지 못 하였으므로 이번에 다시 사냥을 하려 한다. 전일에 '금년은 흉년이 들 었으니 사냥하는 것이 부당하다.'고 말하는 자가 있었으나 명년에는 또 흉년이 들지 않을 줄을 어찌 알 것이냐? 또 사람들이 내가 '놀며 사 냥하기를 좋아한다.'고 할 자가 없겠느냐?"

　승정원이 아뢰었다. "매달 진법을 익혀야 할 군사들로 사냥을 하는 것이오니, '사냥을 좋아한다.'고 말할 수는 없을 것입니다."[17]

　진법을 익히는 훈련은 보통 습진(習陣)이라 하였으며, 중앙군의 경우 는 매달 초2일과 16일에 시행하도록 『경국대전』에 규정되어 있다.[18] 진법 훈련은 각 병종(兵種)의 중앙군 병력을 좌상과 우상 두 부대로 오 위 즉 다섯 위로부터 부 - 여(旅: 125명) - 대(隊: 25명) - 오(伍: 5명) 로 이어지며 나누어 편성하여서[19] 번갈아 여러 형태의 진(陣)을 갖추어 가며 전투 훈련을 하는 방식으로 시행되었다. 이 좌상과 우상으로 구성 되는 부대 편성 방식은 기본적으로 대열 때에 적용되었고, 그것이 또한 강무에도 적용되고, 타위라 부르는 사냥에도 적용되었다. 한편 진법 훈

---

17) 『燕山君日記』권 35, 연산군 5년 10월 25일(辛亥)
18) 『經國大典』兵典 敎閱
19) 오위(五衛) 체제에서 오(伍)부터 여(旅)까지는 5배수로 인원이 증가하나, 부(部)를 몇 여로 구성하는가는 각 병종의 병력 규모에 따라 융통성을 두어 편성하도록 되어 있다. 다시 부에서 위(衛), 상(廂)에 이르기까지는 5배수로 편성된다. 즉 상은 5위, 위는 5부로 편성된다(『兵政』大閱).

련은 국왕이 직접 사열하는 것이 원칙이었고, 진법 훈련을 하는 장소는 교외 즉 도성 밖이었다.[20] 승정원이 '매달 진법을 익혀야 할 군사들로 사냥을 하는 것'이라 말한 것은 군사들이 교외에 나가서 진법 훈련을 하는 것을 국왕이 친열하는 것이 원칙이었던 까닭에 나온 말이었다. 어쨌든 이 말은 연산군이 도성 밖 교외에서 군사들을 거느리고 한 달에 2번씩 사냥을 해도 무방하다는 말과 같았고, 이를 빌미로 연산군은 당연히 자주 교외에서 사냥을 하게 되었다.

1499년 10월 29일로 예정되었던 창릉과 경릉 주산에서의 사냥은 하루 당겨져 28일에 시행되었다. 이때 짐승을 몰도록 한 것은 군사들이기는 하였으나 금군이었다는 점에서 상궤(常軌)를 벗어난 일이었다.[21] 금군들은 모두 품계를 받은 장교들인 데다가 특히 내금위는 의관자제(衣冠子弟)라 부르는 가문이 좋은 양반 출신이었다. 이들에게 짐승을 몰도록 시키게 된 것은 계획을 수정하여 날짜를 앞당긴 결과 몰이꾼으로 쓸 병력을 동원하기 어려웠던 때문으로 추정된다. 이렇게 규범에서 벗어나 사냥을 하기 시작하자, 국왕이 군사들을 거느리고 시행하는 사냥의 원칙은 사실상 연산군의 뜻대로 바뀔 수 있게 되었다.

연산군은 또한 이미 이 무렵부터 서울에서 가까운 여러 산에서 백성들이 사사로이 사냥하는 것을 금하였던 것으로 나타난다.[22] 조선 건국

---

20) 『經國大典』兵典 教閱
21) 『燕山君日記』권 35, 연산군 5년 10월 28일(甲寅)
22) 『燕山君日記』권 35, 연산군 5년 12월 10일(甲午). 이때의 기록은 연산군이 병조 판서 李季仝에게 병조 廊廳 1具을 東郊에서 2息쯤 되는 곳에 보내어, 겉으로 사사로이 다니는 체하고 넌지시 사냥 금지 조치가 지켜지고 있는지 살피도록 하라는 명령을 내린 것인데, 서울에서 가까운 산들에 대한 사사로운 사냥 금지 명령이 언제 내려졌는지는 분명하지 않다.

후 국왕이 공식적으로 군사들을 거느리고 국가 의례의 하나로서 또 군사 훈련의 일부로서 사냥을 하는 공간은 강무장이라는 이름으로 설정되어 백성들의 사냥이 금지되어 왔었다. 인구가 증가하고 농경지가 지속적으로 확대되어야 하는 조건 아래에서 세종은 강무에 동원하는 병력 규모를 축소함으로써 해마다 2회씩 정례적으로 강무를 시행할 수 있도록 제도화하였다. 이로써 15세기 전반기까지는 강무가 중요한 국가 의례로서의 성격을 유지하면서 정례적으로 거행되고, 그에 따라 강무장도 유지될 수 있었다. 그러나 세조 즉위 이후 강무에 동원하는 병력 규모가 커진 결과 인구 증가가 계속되고 농경지가 더욱 확대되어야 하는 조건 아래에서 강무를 정례적으로 시행할 수 없게 되었고, 연산군의 부왕인 성종 때에 이르러 강무장에서도 농사를 지을 수 있도록 허용되었다.[23] 결국 연산군 때에는 황해도와 강원도 지역에 주로 설치되어 있던 강무장이 사실상 폐쇄되는 상황에 놓여 있었다. 연산군의 궁궐 밖 사냥이 경기 일대에 국한하여 이루어졌던 데에는 이러한 이유가 작용하였다. 연산군은 종래의 강무장에 대해서는 별 관심이 없었으나, 그가 궁궐 밖 사냥을 시작한지 얼마 되지 않은 시점에서 이미 민간의 강무장에서의 사냥은 금지되었던 것으로 나타난다.[24] 그러나 연산군은 궁궐에서 가까운 경기 지역의 사냥터에 관심이 많았다. 그것이 경기의 여러 지역을 자신의 사냥터로 만들게 되는 원인이 되었다.

그런데 1500년 7월 이후부터 1503년 8월까지는 연산군이 궁궐 밖으로 나가서 사냥을 한 일에 대한 기록이 발견되지 않는다. 이에 앞서 연산군이 궁궐 밖에서 사냥을 보고자 한 시도가 마지막으로 이루어진 것

---

23) 이 책 제1장 참조.
24) 『燕山君日記』 권 37, 연산군 6년 3월 1일(乙卯)

이 1500년 10월 초였는데, 그 내용을 보면 다음과 같다.

<사료 3-1-H>

승정원에 전교하였다. "지금 10월인데 우레 소리가 났다. 혹시 사냥하기 위하여 군사를 모아 놓아서 그런 것은 아닌가?"

승지 권주(權柱) 등이 아뢰었다. "하늘의 도(道)가 오묘하며 깊고 멀어서 진실로 쉽사리 헤아릴 수 없는 것이기는 하나, 8월이 되면 우레 소리가 걷히는 것이 순리입니다. 『시경(詩經)』에도 '10월에 철이 바뀔 때에 뻔쩍뻔쩍 번개가 치고 우레 소리가 나는 것은 좋지 않으며 편안하지 않아서이다.'라 하였으니, 지금 이 우레 소리는 과연 정상이 아닙니다. 그러나 어느 일을 잘못한 것에 대한 징조로 나타난 것이라고 단정할 수는 없습니다. 이번 일 또한 군사를 모아 사냥하는 일 때문에 그렇게 된 것이라고 단정할 수는 없습니다. 옛날부터 임금이 재변을 만나게 되면 반드시 하늘의 뜻을 두려워하며 몸과 마음을 수양하고 반성하여 재앙을 해소시켰습니다."

전교하기였다. "알았다."

승지 안윤덕(安潤德)과 홍형(洪泂)이 아뢰었다. "선왕 때에는 겨울에 우레 소리가 나면 반드시 명령을 내려 신하들의 곧은 말을 구하고, 대신들을 소집하여 해야 할 일인데 잊어버리고 하지 않은 일이나 잘못된 일을 자문하였습니다. 내일 대신들을 불러 잘못된 정치를 자문하시되, 전지를 내려 각기 밀봉하여 올리게 하시고, 또 청계산에서 사냥하시려는 일을 정지하여 몸과 마음을 수양하고 반성하시는 뜻을 보이는 것이 어떠하겠습니까?"

전교하였다. "사냥하는 일을 정지토록 하고, 바른 말을 구하는 전지를 의정부에 내려라."[25]

연산군은 조선의 역대 국왕들 가운데 미신에 대한 신앙이 가장 깊었

---

25) 『燕山君日記』 권 39, 연산군 6년 10월 3일(甲申)

던 것이 아닌가 추측된다. 1499년에는 연산군이 '굿에 사용할 산 여우를 사복시가 들이지 않았다'는 이유로 국문하도록 지시한 일이 있고,[26] 1500년에는 의정부의 반대에도 불구하고 감악산의 신당과 마니산의 재궁(齋宮)을 짓는 일을 '성신(星辰)에 제사하고 신에게 제사하는 곳'을 짓는 일이라 하여 관철시키고자 한 일이 있다.[27] 바꿔 말해서 연산군은 신비스러운 힘에 대한 믿음이 컸던 것으로 생각된다. 한밤중에 돌아올 수밖에 없는 일정인데도 굳이 사냥하러 나가려고 하여 신하들이 만류한 일이 여러 번 있는 연산군인데,[28] 이때에 철에 맞지 않게 우레 소리가 났다는 것을 이유로 사냥 계획을 접은 것은 다른 관점에서는 이해하기 어렵다.

〈사료 3−1−Ⅰ〉
영의정 한치형(韓致亨)과 좌의정 성준(成俊), 우의정 이극균이 아뢰었다. "옛말에 '백성은 나라의 근본이며 근본이 튼튼해야만 나라가 편안하다'고 하였습니다. 백성이란 지극히 어리석지만 신령스러운 존재입니다. 백성의 원망을 조심하지 않을 수 없사온데, 백성의 원망이 지금보다 심한 적은 없었습니다."[29]

위의 기록은 의정부의 새 정승이 백성에게 폐해를 끼치는 것들을 조목조목 들어 고쳐줄 것을 요구하면서 그 앞에 제시한 내용이다. 그 가운데 주목되는 부분이 '백성은 지극히 어리석지만 신령스럽다'라 한 대

---

26) 『燕山君日記』 권 35, 연산군 5년 12월 3일(丁亥)
27) 『燕山君日記』 권 36, 연산군 6년 2월 13일(丁酉)
28) 『燕山君日記』 권 31, 연산군 4년 10월 16일(戊寅) ; 같은 책 같은 권, 연산군 4년 11월 16일(戊申) 등
29) 『燕山君日記』 권 40, 연산군 7년 5월 6일(癸丑)

목이다. 이것은 연산군이 신비스러운 힘을 신앙하고 있다는 것을 알고 있던 까닭에 세 정승이 전술적으로 요구사항 앞에 제시한 것이 아닌가 추측된다. 실제로 이때 3정승이 요구한 것 가운데 해주의 어전(漁箭)을 내수사에 소속시키지 말라는 요구를 제외한 나머지 요구는 연산군이 모두 들어주었다. 이렇게 흉년이 연달아 들고 민심이 흉흉한 상황에서 연산군이 궁궐 밖에 군사들을 거느리고 나가서 사냥을 시키고 그것을 관람하며 즐기기는 어려웠다. 이때의 궁궐 밖 사냥 중지는 1503년 8월까지 3년 넘게 이어졌다. 그런 가운데서도 연산군의 궁궐 안에서의 사냥은 이어졌던 듯하다. 그것을 시사하는 기록으로 다음의 것을 들 수 있다.

〈사료 3-1-J〉
어떤 사람이 정병 정종말(鄭終末) 등이 난언(亂言)을 했다고 고발하였다. 영의정 한치형과 우의정 이극균 등 의금부 당상과 승지들에게 국문하게 했다.

유학산(兪鶴山)이 진술하였다. "제가 정종말에게 '오늘 짙은 구름이 끼어 비 올 징조가 있다.'고 하니, 정종말이 '설령 빗발이 주룩주룩 새 끼줄처럼 온다고 해도 주상께서 사냥을 멈출 리는 만무하다. 어찌 그리 황당하냐. 주상은 군졸들을 아끼는 마음이 없다.'고 답하였습니다."

정종말에게 난언절해율(亂言切害律)을 적용하여 처벌하도록 명령하였다.[30]

이 사건이 일어난 때는 음력 정월 17일이어서 대보름을 지난 직후이므로 아마 이른 봄비가 왔던 듯하다. 그런데 이해 정월의 기록 어디에

---

30) 『燕山君日記』 권 40, 연산군 7년 1월 17일(丙寅)

서도 연산군이 사냥을 하였다는 자취를 볼 수 없다. 따라서 정병인 유학산과 정종말이 관련된 사냥은 연산군이 궁궐 안에서 병사들에게 지시한 사냥이었을 공산이 크다. 말하자면 연산군은 남들의 눈을 피한 사냥 놀이는 계속하였던 것으로 추정된다. 다음 기록 또한 연산군이 궁궐 안에서 사냥을 하였으리라는 추측을 뒷받침해 준다.

〈사료 3-1-K〉
(영의정) 한치형 등이 또 아뢰었다. "궁궐 안에 사냥개를 많이 길러서 때로는 조회 때에 함부로 드나들어, 보기에 좋지 않습니다. …"
전교하였다. "모두 아뢴 대로 시행하고, 사냥개는 그 수효를 줄여야 한다."31)

〈사료 3-1-L〉
의정부가 아뢰었다. "오늘 아침 백관이 반열을 지어 늘어섰을 때에 사냥개가 이리저리 뛰어다녔는데, 객인(客人)들 보기에 온당치가 못했습니다. 지금 이후로는 사냥개를 내놓지 못하도록 하십시오."
전교하였다. "사냥개를 맡아 지킨 자를 국문하게 하라."32)

앞의 <사료 3-L>에 나오는 객인은 일본의 실력자들이 무역을 목적으로 조선에 피건한 사람들을 말하며, 그 까닭에 조선에서도 이들에게 조회에 참여할 기회를 주는 등 특별한 대우를 하였다. 어쨌든 이상의 기록은 연산군이 궁궐 안에서 외부의 시선을 피하여 사냥 놀이를 하였을 것임을 드러내 준다. 그런 가운데 연산군이 궁궐 밖에서의 사냥을 중단한 데에는 이 시기에 국제정세가 긴박하게 돌아간 것도 작용하였

31) 『燕山君日記』권 40, 연산군 7년 5월 6일(癸丑)
32) 『燕山君日記』권 42, 연산군 8년 2월 5일(戊申)

을 것으로 추측된다. 1500년에는 몽골의 타타르족이 명의 산서(山西) 대동(大同)에 침입하였고, 1501년 봄에는 타타르족이 명의 영하(寧夏)를 함락하는 사태가 벌어졌으며, 이해 가을에도 이들의 침입이 격화되어 명이 어려움을 겪고 있었다. 또 그 사이에 명에서는 묘족(苗族)의 반란, 귀주(貴州) 지역의 반란 등이 일어났고, 일본에서는 도잇기[都一揆]가 발생해 동아시아 국제정세 전반이 차츰 혼돈 상태로 접어들고 있었다.[33] 그렇지만 이러한 변화는 1504년 이후에도 지속된 것이어서, 이것만으로는 연산군이 궁궐 밖에서의 사냥을 중단한 까닭이 설명되지 않는다. 무엇보다도 중요한 이유는 조선에 심각한 흉년이 연이어 든 때문이었고, 이에 따라 민심이 흉흉해진 사정 때문에 연산군이 갑자기 훌륭한 군주가 된 것처럼 행동하였다고 생각된다. 다음 기록도 그가 '훌륭한 군주가 된 것처럼' 행동한 사례의 하나이다.

〈사료 3-1-M〉

일본국(日本國)에서 암원숭이를 바쳤다. 어서(御書)를 내렸는데, 그 내용은 다음과 같았다. "서려(西旅)에서 오(獒)라는 개를 바치자, 소공(召公)은 받지 말아야 할 물건이라고 생각하여, 글을 지어 무왕(武王)에게 경계하였다. '개나 말도 그 지방의 산물이 아니면 기르지 않고, 진귀한 새나 기이한 짐승을 나라에 기르지 않으며, 먼 곳의 물건을 소중하게 여기지 않으면 먼 지방의 사람이 오게 될 것입니다.' 내가 듣건대, (일본국이) 앵무새를 선왕 때에 바쳤으나 값만 비싸고 나라에 이익이 없다고 하였었다. 지금 또 암원숭이를 바친 것은 반드시 이전 일을 따라 하였을 것이다. 그러나 근자에 구리와 쇠와 같은 필요한 물건도 그 값을 대기가 어려워서 공무역과 사무역을 모두 정지했는데, 더구

---

33) 朴元熇, 『明初朝鮮關係史研究』, 2002. 一潮閣 참조

나 이와 같은 무익한 짐승이겠는가? 도로 돌려주고 받지 않겠다는 뜻
으로 타이르라."

이어서 전교하였다. "이보다 앞서 대마도주가 말을 바치는 것이 예
로 되어 있었으나 이것도 또한 쓸 데 없는 물건이니, 이제부터는 받지
말라. 후추는 만약 전 수량을 물리치면 먼 지방 사람들이 실망할 것이
니 수량을 반으로 줄여서 무역하라. 이 뜻을 예조에 알려라."

예조판서 이세좌(李世佐)와 참의 안호(安瑚)가 아뢰었다. "후추를
무역하는 일은 주상의 하교가 진실로 마땅합니다. 또 저희들이 지금
어서를 보건대, 가르침이 지극하니 먼 지방의 사람들이 듣고서 누가
기꺼이 복종하지 않겠습니까? 어서의 뜻을 대마도주에게 전해 알리십
시오."

전교하였다. "가하다."

왕이 비록 이와 같이 전교하였지만, 몰래 내관 무리들을 시켜 나
가서 멧돼지를 사냥하여 그것을 견여(肩輿)에 싣고 보자기로 덮어
후원의 담을 넘어 대궐로 들이게 하여, 이를 궁궐 밖 사람들이 모르게
하였다.[34]

이 일은 1502년 11월에 일어났으므로, 연산군이 궁궐 밖에서 사냥하
는 것을 보지 않기 시작한 지 2년이 넘은 때에 해당한다. 서려에서 사냥
개의 한 종류인 오를 바치자 소공이 글을 지어 무왕에게 경계하도록 하
였다는 고사는 왕의 사냥을 경계할 때면 흔히 인용되는 고사이다. 즉
연산군은 2년 넘도록 사냥과는 거리가 멀어진 군주인 것처럼 행동하며
말하고 있었다. 그러나 사관이 남긴 기록은 연산군이 환관들을 시켜 몰
래 멧돼지를 사냥해 잡아오도록 하였다는 것을 알려 준다. 그렇지만 이
것은 연산군이 멧돼지를 사냥하는 장면을 직접 관람한 것과는 커다란

---

34) 『燕山君日記』 권 47, 연산군 8년 11월 14일(癸未)

차이가 있는 것이 분명하다.

그러나 이러한 연산군의 모습은 1503년 가을 어느 정도 풍년이 들자 곧바로 사라지고 다시 궁궐 밖에서 사냥을 하도록 하고 그것을 보는 것을 즐기는 모습으로 바뀌었다. 이때의 양상은 1500년 10월 궁궐 밖에서의 사냥을 중시키기 이전까지의 양상이 연장된 것이라 할 수 있다. 이어서 이듬해에는 다시 그 연장선에서 또 사화가 발생하였고, 그것이 갑자사화였다.

연산군은 1503년 늦가을인 음력 9월과 초겨울인 음력 10월 두 달 동안 적어도 6일 이상 궁궐 밖에서 군사들을 동원하여 사냥을 하도록 하고 그것을 관람하였다.35) 그런데 이 해에 어느 정도 농사가 되었다고는 하나 앞서 연이어 흉년이 들었던 탓에 군사들이 군량을 비롯해 여러 가지로 준비를 잘 갖추기도 어려웠고, 사냥할 짐승들도 전보다 적었으며, 2년 동안 사냥을 하지 않은 탓에 훈련 상태도 좋을 리 없었다. 이러한 까닭에 전보다 문제가 많았을 수도 있지만, 어쨌든 사냥 기록이 남은 6

---

35) 이와 같이 서술한 이유는 『燕山君日記』의 기록이 연산군 9년 무렵에서부터 체제에 혼란이 발생하여 그날 연산군이 궁궐 밖 어느 곳에서 군사들을 동원하여 사냥을 하도록 하고 그것을 직접 관람하였는지를 체계적으로 서술하지 않은 경우가 많기 때문이다. 조선왕조에서 국왕으로 재위하였다가 쫓겨난 두 군주인 연산군과 광해군 각각의 재위연간에 대한 편년체 기록인 『燕山君日記』와 『光海君日記』 사이에는 그 체제에서 다소간의 차이가 있다. 『燕山君日記』는 대체로 다른 實錄의 기록과 비슷하게 강목체의 양상을 띠고 있어서 주요 내용이 제목에 반영되어 있고 하나의 사건은 그 규모가 크더라도 대체로 하나의 기사로 정리되어 있다. 이와 달리 『光海君日記』는 그 체제가 『승정원일기』와 유사하여, 제목이 제시되어 있다 하더라도 하나의 사건을 시간의 흐름에 따라 여러 개의 기사로 나누어 서술한 경우가 많다. 그런데 연산군 9년 무렵의 기록부터는 『燕山君日記』 또한 그 서술 체제가 『光海君日記』와 비슷한 양상을 띠고 있다. 『燕山君日記』의 신뢰도에 대한 논란이 발생하게 된 원인도 여기에 있다고 생각된다. 『燕山君日記』의 신뢰도에 대한 논란에 대해서는 김범, 『연산군 그 인간과 시대의 내면』, 글항아리, 2010, 343~346쪽 참조.

일 가운데 3일의 기록에서 위장, 부장, 고절구관(考絶驅官) 등이 처벌받은 것을 확인할 수 있다.36) 이들에 대한 처벌은 모두 장(杖)을 때리는 것으로 판결이 났고, 이 장은 형장(刑杖)이 아니라 군률을 어긴 것에 대한 처벌이었으므로 당연히 곤장(棍杖)이었다. 그 사례 하나를 들어 보면 다음과 같다.

〈사료 3-1-N〉
왕이 서산에서 사냥하였다. 사냥할 곳에 당도하자 좌위장 이성달(李成達)과 전위장 이열(李烈)이 形名에 응하지 않았다 하여 장 100에 처하였다. 선전관 신엄(申儼)을 보내 새를 종묘에 올리고, 심정(沈貞)을 보내 새를 두 대비전에 올렸다. 3경에 대궐로 돌아와 전교하였다. "선전관 김양보(金良輔)가 형명을 지휘하면서 빨리 발을 움직여 물러앉지 않고 매우 천천히 하였다. 의금부에 가두고 국문하게 하라."37)

형명이란 각 단위부대를 상징하는 깃발과 북, 징, 나팔 등의 악기를 통해 부대의 행동을 지시하는 것을 말한다. 군사들의 진법 훈련에서 기본을 이루는 것의 하나가 형명의 지시에 따라 행동하는 것을 익히는 일이었다. 이 시기에 연산군이 사냥을 위해 동원한 병력의 규모는 어느 정도였는지 드러나 있지 않다. 다만 연산군 재위 뒷 시기의 사냥에 3만~5만 명의 병력을 동원한 것이 보이므로, 1만 안팎 정도의 병력을 동원했을 가능성은 충분히 있다고 생각된다. 이러한 정도 규모의 군 병력을 지휘하기 위해서는 형명이 필수적이었고, 이를 위반한 장수들이

---

36) 『燕山君日記』卷 50, 연산군 9년 9월 18일(辛巳) ; 같은 책 같은 권 연산군 9년 10월 3일(丙申) ; 같은 책 같은 권 연산군 9년 10월 11일(甲辰)
37) 『燕山君日記』권 50, 연산군 9년 10월 3일(丙申)

처벌받는 내용은 17~18세기 조선왕조실록이나 『승정원일기』 등에서도 확인할 수 있다. 그러나 장수들이 장을 맞는다는 것은 찾아보기 힘들다. 장 100은 매를 맞는 처벌 가운데 가장 무거운 벌로, 잘못 맞으면 죽을 수도 있는 형벌이다. 더구나 부하들 앞에서 장을 맞는다는 것은 장수로서는 견디기 어려운 수모이다. 연산군은 그러한 것을 알면서도 자신의 즐거움을 극대화하고 권위를 높이기 위해 이처럼 무겁게 처벌한 것으로 생각된다.

이 시기에 이르러 연산군은 강무장에서의 사냥 금지를 더욱 강화시키는 조치를 취하였다. 응패(鷹牌)를 가지고 강무장에서 사냥하는 것을 금지시킨 것이다. 응패는 국왕에 의해 매 사냥을 할 수 있는 특권이 부여되었음을 나타내는 패로, 종친이나 부마 등 왕실 관련 인물들과 재상급 고위 관원들에게 수여되었다. 연산군은 강무장이 있는 고을의 수령이 응패를 가진 자들이 마음대로 사냥할 수 없도록 금지하지 않아서 짐승들이 드물어졌다면서 원유사(園囿使)와 병조가 언제든지 왕에게 아뢰고 나서 적발하라고 명령하였다.[38] 이 조치는 사냥과 관련된 특권을 국왕 혼자만이 누려야 한다는 연산군의 생각을 담고 있었다.

3) 갑자사화 이후의 사냥

1498년에 일어난 무오사화와 1504년에 일어난 갑자사화는 여러 측면에서 서로 달랐다. 무오사화가 우발적인 측면이 어느 정도 있는 것과 달리, 갑자사화는 연산군과 임사홍 등에 의해 계획된 사건으로서의 성격이 짙다. 이에 따라 화를 당한 사람들의 구성도 다르고, 사건이 전개

---

38) 『燕山君日記』 권 51, 연산군 9년 11월 3일(丙寅)

된 기간에도 차이가 있다. 무오사화가 20일 남짓 만에 결말에 이르렀던 것과 달리, 갑자사화는 여러 달에 걸쳐 진행되었다.

갑자사화는 짧게 보아도 1504년 3월 경기 관찰사 홍귀달이 왕명을 어기고 손녀를 입궁시키지 않은 데서 발화되어 이해 6월 홍귀달이 죽음을 당하기까지 4개월 이상이 걸렸다.[39) 따라서 갑자사화라 부르는 사건 안에는 다시 구체적인 개별 사건 여럿이 자리를 잡고 있는 셈인데, 사냥과 관련된 사건 또한 포함되어 있었다. 이미 성종의 후궁 엄씨와 정씨가 장을 맞아 죽고, 이세좌, 이극균, 윤필상 등이 죽음을 당하고, 한명회와 한치형이 부관참시(剖棺斬屍)된 뒤의 일이기는 하나, 4년 전인 1500년(연산군 6년)에 '밤까지 사냥하는 것은 온당하지 않다'고 아뢴 관원을 색출하도록 하여 결국 박은(朴誾)을 군기시(軍器寺) 앞의 거리에서 목을 베어 죽이도록 한 것이 이에 해당한다.[40)

갑자사화를 거친 뒤 연산군이 갖은 만행을 저질렀다는 사실은 잘 알려져 있다. 그 만행의 두 가지 큰 축 가운데 하나가 사냥이었다는 사실 역시 잘 알려져 있다. 그럼에도 그 구체적 사실은 별로 체계적으로 정리되어 있지 않다. 연산군을 '사냥에 미친 군주'처럼 묘사하는 경우도 있으나, 앞에서도 설명하였듯이 갑자사화 이전의 연산군은 궁궐 밖에서 스스로 말을 타고 달리며 활을 쏘는 모습을 드러낸 일이 없다. 다만 남들에게 사냥하도록 시키고 그것을 보는 것을 즐겼을 뿐이었다. 그런

---

39) 이해에는 윤4월이 들어서 홍귀달의 손녀를 입궁시키도록 한 3월 11일부터 홍귀달이 賜死당한 6월 16일까지는 4개월이 넘는다.

40) 『燕山君日記』 권 54, 연산군 10년 6월 4일(癸亥) ; 같은 책 같은 권 연산군 10년 6월 6일(乙丑) ; 같은 책 같은 권 연산군 10년 6월 14일(癸酉) ; 같은 책 같은 권 연산군 10년 6월 15일(甲戌)

데 갑자사화 이후에는 직접 사냥을 하는 일도 생겨났다. 다만 이때에도 연산군이 남들이 잘 볼 수 있도록 말을 타고 달리면서 사냥을 한 것은 아니었다.

갑자사화 이후 연산군이 처음으로 궁궐 밖에서 사냥을 하도록 시키고 그것을 관람한 것은 1504년 10월이었다. 기록에 따르면 이때의 사냥은 9월 27일부터 10월 22일까지 26일 일정으로 계획된 강무의 일부로 진행된 것이었다.[41] 이 강무는 갑자사화가 일어나는 데에 중요한 역할을 한 임사홍(任士洪)이 병조판서가 되어 관할하였다. 또 몰이를 맡는 두 부대는 박원종과 황형이 주로 대장 직책을 맡아 지휘하였다. 그런 가운데 몰이를 맡은 부대 중 좌상이 몰이를 하러 나오지 않아 그 종사관이 장 80대를 맞는 처벌을 당하는 일도 있었다.[42] 이 뒤 연산군이 중종반정에 의해 왕위에서 쫓겨나는 1506년 8월까지 만2년이 채 되지 않는 사이에 총 14회의 궁궐 밖 사냥 기록이 확인되어서, 이 시기에 사냥 구경이 가장 활발하였음을 알 수 있다. 그런데 이 시기에 연산군은 한편으로는 외부인 몰래 궁궐 밖으로 나가서 사냥을 한 것으로 기록은 전한다.

〈사료 3-1-ㅇ〉
왕이 몰래 낸 길로 들에서 사냥하였다. 그때 왕이 몹시 사냥하기를 좋아하여 거의 하루도 거르지 않았다. 궁궐 담에 구멍을 뚫고 드나들었는데, 바깥 사람들은 다 몰랐다. 궐 안이 조용한 것으로 왕이 나간 줄을 알았다.[43]

---

41) 『燕山君日記』 권 56, 연산군 10년 10월 19일(丙子)
42) 『燕山君日記』 권 56, 연산군 10년 10월 10일(丁卯)
43) 『燕山君日記』 권 59, 연산군 11년 9월 22일(癸卯)

〈사료 3-1-P〉

왕이 내도로 교외에 나가 사냥하였다. 왕의 거둥이 때가 일정하지
않아 오전에 돌아오기도 하고, 날이 저물어 돌아오기도 하고 밤중에
비로소 돌아오기도 하였으며, 바깥 사람들은 간 곳을 알지 못하였다.
그리하여 모든 공사(公事)가 5, 6개월이 되어도 내리지 않았으며, 배사
(拜辭)해야 하는 자들도 또한 모두 제때에 숙배(肅拜)하지 못하였고,
혹 문을 닫은 후에 문밖에서 배사하기도 하였다.[44]

이 두 기록은 이 시기에 연산군이 궁궐 밖에서 사냥을 하였음에도 어
디서 어떻게 하였는지를 알 수 없었음을 전하고 있다. 또 기록이 구체
적으로 내용을 전하고 있지 않기 때문에 연산군이 직접 사냥을 하였
는지 아니면 다른 기록들과 마찬가지로 구경만 한 것인지도 알 수 없
다. 그러나 전반적인 정황으로 미루어 보건대 전처럼 연산군은 대개
는 직접 사냥을 하기보다는 사냥을 시키고 구경을 하였지만 때로는 직
접 사냥을 하였던 것으로 추정된다. 이 판단에는 다음 기록이 참고할
만하다.

〈사료 3-1-Q〉

왕은 사냥터 나무 위에 시렁을 매고 몸소 거기에 올라가 나뭇가지
로 몸을 가리고서 짐승이 지나는 것을 엿보아 쏘았다. 또 곰과 호랑이
를 사로잡아 금원(禁園)에 풀어놓게 하고서 친히 쏘는 것을 즐거움으
로 삼았다. 또 고을들로 하여금 잡아 바치게 하고, 조관(朝官)에게 군
사를 거느리고 잡게 하였으며, 비록 향교의 유생(儒生)이나 사찰의 중
들일지라도 모두 몰이꾼으로 채워서, 혹 부인이 남자 복색을 하고서
몰이꾼이 된 경우도 있었다. 이리하여 어깨에 산 곰이나 호랑이를 메

---

44) 『燕山君日記』 권 60, 연산군 11년 10월 13일(甲子)

고 오는 자가 길에 잇달았다. 경기와 충청, 황해, 강원 4도가 어수선하였고, 백성들이 고달파 거의 다 흩어져 달아났다.[45]

〈사료 3-1-R〉
선전관과 군기시의 관원을 시켜 화포와 기계 장치를 가지고 겸사복 이담손(李聃孫)과 함께 금표 안에 들어가서 곰과 호랑이를 사로잡아 오도록 하였다.

이어 전교하였다. "옛사람이 '동물을 아끼고 좋아하면 뜻을 손상시킨다.'고 하였는데, 이 말은 그르다. 이 일은 삼가서 밖에 퍼뜨리지 말라."

또 선전관 최수천(崔守川)에게 명령하여 강원도 군사를 거느리고 (곰과 호랑이를 사로잡아 오게) 하였는데, 큰 호랑이 15마리를 사로잡았고, 곰과 멧돼지, 노루, 사슴도 매우 많았다. 우리 속에 넣어 군인들을 시켜 대궐로 메고 들어오매 왕이 크게 칭찬하였다. 이로부터 최수천에게는 총애와 하사하는 것이 자못 많았다.[46]

위의 기록 중에서 곰과 호랑이를 금원에 풀어놓게 하였다는 것, 어깨에 산 곰이나 호랑이를 메고 서울 궁궐로 오는 자가 길에 잇달았다는 내용은 얼마나 실제 사실에 부합되는지 알 수 없다. 새끼 곰이나 호랑이라면 가능하겠으나, 다 자란 곰과 호랑이라면 금원에 풀어놓거나 어깨에 메고 온다는 것은 있을 수 없는 일이다. 따라서 기록의 신빙성에 의문이 없지 않으나, 연산군이 사냥감을 활로 쏘았을 수는 있다고 생각된다. 그렇지만 그것은 잡아다가 금원에 가져다 놓은 짐승을 쏘는 것이거나 나무 위에서 몸을 숨기고 쏘는 것이어서, 많은 사람들이 지켜보는

45) 『燕山君日記』 권 57, 연산군 11년 3월 17일(壬寅)
46) 『燕山君日記』 권 57, 연산군 11년 2월 8일(甲子)

앞에서 말을 타고 달리며 사냥감을 활로 쏘는 것과는 전혀 다른 일이다. 심지어는 호랑이를 성균관 대성전(大成殿) 안에 가둬 놓고 활로 쏜 적도 있었다.[47] 이러한 것들은 연산군이 유리한 위치 또는 우월한 위치에서 자기 이외의 존재들에 대해 고통을 주는 것을 즐긴 것이 아닌가 추측하게 만든다.

『연산군일기』의 기록에 따르면, 연산군은 활도 잘 쏘고 말도 잘 탔다. 연산군은 조선의 역대 군주 가운데 유일하게 대사례를 두 차례 거행한 임금이었다.[48] 대사례가 활 솜씨를 과시하는 데 적합한 의식은 아니겠지만, 연산군이 활 솜씨가 좋지 않다면 나서서 대사례를 두 번씩이나 하려 들지는 않았을 것이다. 또 그의 말 타는 솜씨는 말 위에서 처용무를 추기도 하고 거꾸로 타기도 하는 등 못하는 재주가 없었다고 기록되어 있다.[49] 또 사관(史官)이 남긴 기록 가운데에는 "무사들을 파견하여 호랑이와 표범, 여러 종류의 곰들을 산채로 잡아오도록 하여 후원에 가두어 놓고는, 고기를 먹이며 구경하거나 직접 활을 쏘는 것을 낙으로 삼았으며, 멧돼지나 노루 따위는 산속에 놓아두고 준마를 타고 달리며 쫓아 비탈과 골짜기의 빽빽한 숲 속을 조금도 차질이 없이 드나들어, 사냥으로 늙은 자라 할지라도 이보다 더 나을 수 없었다."는 것도 있어서,[50] 연산군이 남들이 보지 않는 곳에서는 말을 타고 달리며 사냥을 하였을 가능성이 적지 않아 보인다. 어쨌든 이 시기에 연산군은 짐승을 사냥하는 것을 구경만 하던 것을 벗어나서 직접 활로 쏘는 행위를 하고

---

47) 『燕山君日記』 권 61, 연산군 12년 2월 13일(癸亥)
48) 大射禮에 대해서는 姜信曄, 「朝鮮時代 大射禮의 施行과 그 運營 －『大射禮儀軌』를 중심으로」, 『朝鮮時代史學報』 16, 2001. 참조.
49) 『燕山君日記』 권 57, 연산군 11년 3월 20일(乙巳)
50) 『燕山君日記』 권 56, 연산군 10년 11월 11일(丁酉)

있었던 것이 사실인 듯하다.

　나무 위에서 또는 벽 뒤에서 몸을 숨기고 활로 쏘는 것이기는 하였으나 때로는 직접 활을 쏘기도 하면서 사냥을 하거나 사냥 구경을 하는 재미에 더 깊이 빠진 연산군은 사냥터를 확대하고 몰이꾼을 늘리는 데 혈안이 되었다.

　〈사료 3−1−S〉
　병조가 강무장 산 아래 민가를 철거하는 일을 아뢰니, 전교하였다. "강무장을 설치한 것은 새와 짐승을 사냥하기 위한 것이 아니라 열무(閱武)를 중히 여긴 까닭이다. 그곳 산 아래 민가 중 철거해야 할 것은 철거하라."51)

　〈사료 3−1−T〉
　전교하였다. "대저 백성들이 사는 땅은 임금의 땅 아닌 것이 없어 사사로이 할 수 없으므로, 그것을 주고 빼앗는 권한은 당연히 임금에게 있다. 지금 금한(禁限)을 세운 것은, 가까운 지역에서 군사를 훈련시키고 사냥을 하려는 때문이다. 그 안에 농경지나 집을 가진 소민들이 혹 원망할 터이나, 지금 풍속을 크게 개혁하고자 바야흐로 금령을 시행하려 한다. 근일에 누군가가 투서하여 사사로운 붓으로 임금에 저촉되는 말까지 하니, 이는 실로 임금을 능멸하여 그런 것이다. … 옛날에는 삼족을 멸하는 법이 있었다. 만약 이런 법을 쓴다면 한 집안의 형제나 숙질이 서로 경계하여 형이 착하지 못하면 아우가 책하고, 아저씨가 착하지 못하면 조카가 경계하여, 이렇게 서로가 힘쓰게 되면 풍속이 거의 바로잡아지게 되리라. 이런 뜻으로 글을 지어 대중을 타이르도록 하라."

---

51) 『燕山君日記』 권 53, 연산군 10년 5월 16일(乙巳)

또 주서 윤구수(尹龜壽)를 시켜 삼공에게 수의하도록 하고, 또 홍문관으로 하여금 옛 글 중에 삼족을 멸하는 법을 상고하여 아뢰도록 하였다.

유순(柳洵) 등이 의논을 올렸다. "성상의 하교가 지당하십니다. 다만 삼족을 멸하는 법은 진(秦) 때에 비롯되었다 하나, 이사(李斯)에게만 삼족을 멸하였다는 글이 있을 뿐, 이 밖에는 듣지 못하였습니다. 그리고 후세에는 어떠어떠한 종족이 삼족을 이룬다는 것을 분명히 말한 것이 없어서, 한(漢) 이후 천백 세가 되도록 쓰지 않은 법이니, 지금 성스러운 세상에서 거행할 수 없는 듯합니다."

전교하였다. "금한 안에 전택(田宅)을 가진 자들이 원한을 품고 '금한이 왜 그렇게도 광대하고, 황전(荒田)은 왜 그렇게도 많은가?'라 말한다. 또 못난 서생들이 입을 모아 서로 의논을 하여 대간을 사주하거나 남들을 사주하여 소장을 지어 어지럽게 진소(陳訴)하는데, 이는 너무도 불가한 짓이다. 그러므로 삼족을 멸하는 법을 세워 풍속을 고치는 특별한 법을 만들려는 것이다. 이것이 비록 진나라의 법이라 할지라도 풍속을 고칠 때에는 특별히 딴 법을 만드는 것도 또한 옳지 않겠는가?"[52]

〈사료 3-1-U〉
전교하였다. "옛글에 이르기를 '온 하늘 아래 왕의 땅 아닌 것이 없고, 온 나라 사람으로 왕의 신하가 아닌 자가 없다.' 하였다. 만약 다른 나라 토지를 침범하여 차지한다면 잘못이지마는, 내 나라 땅을 내 하고 싶은 대로 하는 것이 무슨 잘못이겠는가? 서쪽은 홍복산(弘福山) 혜음현(惠陰峴)으로부터 공릉(恭陵)과 순릉(順陵)에 이르기까지, 동쪽은 수락산으로부터 녹양평(綠楊坪)에 이르기까지 모두 금표 안에 넣고, 큰 길을 아차산 등처로 내도록 하라. 이와 같이 하여 수목이 무성해지기를 기다리면 날짐승과 들짐승들도 살게 되어 군사들을 훈련시키고

---

52) 『燕山君日記』권 55, 연산군 10년 8월 7일(甲子)

사냥을 할 수 있을 것이다. 경기 관찰사 안윤덕(安潤德)이 이계동과 함께 가서 금표를 세우되, 화원(畫員) 2인을 데리고 가 지형을 그려서 아뢰도록 하라."[53]

『연산군일기』에서 강무장과 관련된 기록은 자료 <사료 3-S>가 유일하다. 따라서 이 강무장이 어느 곳에 위치한 것인지 명확하게 알 수는 없다. 그러나 연산군이 경기 이외의 지역에서 사냥을 한 일이 없으므로 일단 강무장이 위치한 곳은 경기 내부임이 분명하다. 또 연산군이 주로 사냥한 지역 가운데에는 <사료 3-U>에 보이는 수락산으로부터 녹양평에 이르는 양주 소속의 동교 지역과 서교에 해당하는 공릉과 순릉이 있는 고양군 지역이 포함되어 있는데,[54] 이 두 지역이 강무장이었을 가능성이 크다. 이 밖에 청계산 지역 또한 연산군이 자주 사냥한 곳이어서 이 지역도 강무장이 존재하였을 가능성이 있는 유력한 후보지이다. 이 명령이 내려진 때는 아직 갑자사화가 진행되고 있던 시점이다. 즉 연산군은 갑자사화가 진행되는 와중에 경기 안에 강무장을 설치하고는 그 안에서 농사를 짓거나 거주하던 이들을 '열무가 중요하다'는 명분 아래 강제로 축출하였던 것이다.[55]

갑자사화가 마무리된 이후 연산군은 경기에 강무장을 설치하면서 쫓아낸 소민(小民)들의 입에서 자기를 능멸하는 말이 나왔다고 보고, 이들을 가혹하게 처벌할 수 있도록 삼족을 멸하는 법을 특별히 만들 것을 의정부에 요구하였다. 의정부 대신들이 삼족을 멸하는 법을 진(秦)

---

53) 『燕山君日記』 권 55, 연산군 10년 8월 16일(癸酉)
54) 공릉은 예종비 章順王后 한씨의 능이고, 순릉은 성종비 恭惠王后 한씨의 능이다.
55) 열무에 대해서는 이 책 2장 2절 '왕권의 약화와 강무의 쇠퇴' 참조

때에 만들어 시행하였다고는 하나 이사(李斯)에게 한 번 적용하였다는 기록이 있을 뿐이고 후대에는 시행한 일이 없다는 것, 그리고 한나라 이후 적용한 일이 없어 삼족을 어떻게 규정해야 할지 막연하다는 것 등을 이유로 반대하였으나, 적극적인 반대라고는 할 수 없는 어중간한 태도를 취하였다. 이러한 모습은 갑자사화 이전에 한치형이 영의정으로 있을 당시 민심은 신령스러운 것이라며 민심이 '지금보다 나빴던 적이 없었다'며 연산군에게 제도 개혁을 요구할 때의 모습과는 천양지차라 할 수 있다. 연산군의 태도 또한 이 시점에 이르러서는 민심의 악화를 전혀 두려워하지 않고 오히려 억울한 사정에 처한 소민들의 불만을 '삼족을 멸하는' 악법을 세워서라도 누르려 하였음을 볼 수 있다.

국왕에게 집과 땅을 빼앗겨도 불만을 드러낼 수 없도록 삼족을 멸하는 법을 세우도록 한 이후에 연산군이 취한 후속 조치가 금표 설치 지역을 넓히는 것이었다. 금표는 궁궐 주변에 설치된 것과 강무장이라는 명목으로 사냥터에 설치한 것 두 종류가 있었다. 궁궐 가까이 있다가 철거당한 것은 민가에 국한되지 않았다. 성균관과 조지서(造紙署), 승정원 등의 관청도 이전되었다. 가장 대표적인 예가 성균관이다. 높은 지대에 있어서 궁궐을 내려다볼 수 있다는 이유로 성균관의 명륜당(明倫堂) 등 학문을 강의하는 공간과 제례의식을 거행하는 공간인 문묘(文廟)가 각각 원각사(圓覺寺) 자리와 도성 남쪽으로 쫓겨났다. 성균관 관원과 유생은 태평관(太平館)으로 옮겨가 근무하거나 공부하여야 했다.[56] 조선이 유교 국가임을 드러내는 상징성이 높은 국가 기구인 성균관조차 이러한 대접을 받는 상황이었으므로, 사냥터의 금표에 걸린 소

---

56) 『燕山君日記』 권 55, 연산군 10년 7월 10일(戊戌) 및 11일(己亥) ; 같은 책 권 56, 연산군 10년 10월 18일(乙亥)

민들이 쫓겨나는 것에 대해서는 두말 할 여지가 없었다.

연산군이 사냥을 즐기기 위한 공간은 갑자사화 이후 1504년에만도 6차례에 걸쳐 확대되었고, 최종적으로는 연산군이 폐위된 해인 1506년에 도성에서 사방 100리까지로 확대되었다. 그 경계는 동쪽으로는 용진(龍津), 서쪽으로는 임진(臨津), 남쪽으로는 용인(龍仁), 북쪽으로는 대탄(大灘)까지였으며, 동→ 북→ 서→ 남의 방향으로 볼 때, 광주(廣州), 양주, 포천, 영평, 파주, 고양, 김포, 통진, 양천, 금천, 과천 등 서울을 둘러싸고 있는 고을들은 물론 그 외곽에 있는 고을들의 땅까지 일부 포함되어서, 거의 경기의 절반이 왕의 사냥 놀이터로 바뀌었다.57)

사냥터를 크게 넓힌 연산군은 사냥의 규모도 크게 확대하였다. 1505년 10월 초에 연산군은 사냥에 동원할 타위군 병력 4만 명을 채우도록 명령하였는데, 이때 연산군이 동원한 논리는 "온 천하의 사람으로 왕의 신하 아닌 자가 없다."는 것이었다. 연산군은 현직 관원은 물론 전직 관원들까지도 품종(品從)을 내어 그 수를 채우도록 하였다.58) 품종이란 품관이 거느리는 겸종(傔從)으로, 관원이 행차할 때 말고삐를 잡는 따위의 일을 하는 노복을 말한다. 이때의 조치가 성공적이었는지, 이달 하순에 청계산에서 사냥하는 데에는 징발한 군사 3만 명에 전·현직 관원들이 품종 2만 명을 내어 5만 명을 채우도록 하였다. 이때에는 2품 이상은 품종 10인씩, 3품 이하는 5인씩 내도록 구체적으로 명령을 내렸다.59) 또 1506년 2월에는 광릉산(光陵山)에서 조준방의 군사 1만과 병조에서 징발한 경기와 황해도의 하번 군사 3만 등 4만 명을 동원하여

---

57) 김범, 『연산군 그 인간과 시대의 내면』, 글항아리, 2010, 274~275쪽.
58) 『燕山君日記』 권 60, 연산군 11년 10월 2일(癸丑)
59) 『燕山君日記』 권 60, 연산군 11년 10월 19일(庚午)

사냥하였다. 조준방은 매 사냥을 중심으로 하여 사로잡은 짐승을 관리하는 일 등을 맡도록 응방을 확대 개편하여 설치한 기구인데, 1506년에 처음 설치한 것으로 보인다. 이해에 연산군은 조준방 군사들만을 동원하여 사냥을 한 일도 있었다.[60]

조선 건국 후 성종 때까지 강무 때에도 군대를 3만 명이나 동원한 적은 없었다. 태종~세종 때의 강무에서 병력 동원 규모는 대개 수천 명이었으며, 세조 때에는 1만 명 안팎이었다. 그러다가 성종 때에는 강무에서 국가 의례의 성격은 더 약해지고 군사 훈련의 성격이 더 강해진 가운데 대개 1만 이상의 병력을 동원하였고, 그 가운데 1489년(성종 20년)의 강무에 2만 5천 명을 동원한 것이 병력 동원의 최대 규모였다.[61] 따라서 연산군은 국가의 주요 국왕 의례인 강무에 동원하는 규모보다 더 많은 병력을 개인적 즐거움을 얻기 위한 사냥에 동원하였음을 알 수 있다.

이 시기에 연산군이 대규모로 병력을 동원하는 방식의 사냥만 한 것은 아니었다. 환관 수십 명을 거느리고 강을 건너 청계산 쪽으로 가서 사냥하는 일이 많았다. 이를 위해 1505년 겨울에는 백성들의 배 800여 척을 빼앗아 배다리를 만들었다. 처음 배다리를 만들 때에는 한강에 얼음이 얼어 배를 사용할 수 없게 되었다는 것이 명분이었던 듯한데, 얼음이 녹더라도 배다리를 그대로 유지하도록 함으로써 대개 강에서 상업에 종사하였을 이 배들은 이듬해 가을에 연산군이 쫓겨날 때까지 그

---

60) 『燕山君日記』 권 61, 연산군 12년 2월 19일(己巳) ; 같은 책 권 63, 연산군 12년 7월 25일(壬寅). 한편 조준방에 속한 관원과 서리들은 일반 관청에 비해 우대받고 있었다(김 범, 앞의 책, 2010, 280쪽).

61) 이 책 제 1장 제3절 참조.

대로 발이 묶이게 되었다.[62]

이제 연산군은 사냥하는 날을 잡는 데에도 거리낌이 없었다. 9월 하순이 되어서 10월 초4일에 사냥하겠다고 날을 정하고는 그 사이에 들어 있는 사직과 여러 전(殿)에 대한 제사를 겨울이나 이듬해 봄에 하겠다고 한 것이나,[63] 성종의 기일(忌日)인데도 들에 나가 사냥을 한 것[64] 등이 그 예이다. 또 부왕 성종의 능인 선릉에 배알한 뒤 그 산에서 사냥을 하겠다며, 능에 배알할 때에 아헌관(亞獻官)과 종헌관(終獻官)을 별도로 차정하지 말고 3잔을 연달아 올리도록 하고, 거둥할 때엔 백관들이 행차를 따르고, 앞뒤에서 북치고 피리를 불도록 하였다.[65]

연산군의 사냥 놀이에 화를 당한 사람도 한둘이 아니었다. 연산군이 임금을 업신여긴 자를 아뢰게 한 것에 대해 정승들이 그런 사람을 찾지 못하였다고 하자 연산군은 "성준 같은 자가 무례한 자이다. 전일 모화관에서 전시(殿試)를 보일 때에 팔뚝을 반쯤 걷고 앉았으며, 또 사냥을 할 때에는 어전에서 쭈그리고 앉아 잡은 새와 짐승을 검사하였으니, 이 것이 어찌 삼공으로서 할 일이냐? 나이 늙고 병이 있어 그렇다면 그 직위를 사양하여 면하여야 할 것이다."라 하였다.[66] 왕이 환관들 몇을 거느리고 몰래 하는 사냥이야 정승들이 따라갈 일이 없겠지만, 공식적인 국가 행사의 하나로서 왕이 사냥을 나가면 정승들도 당연히 동행하여야 했다. 성준은 결국 폐비 윤씨가 죽음을 맞는 과정에 관여한 죄로 사형을 당하였는데, 그에 앞서 유배당하는 빌미가 된 것의 하나가 왕의

---

62) 『燕山君日記』권 60, 연산군 11년 11월 19일(庚子)
63) 『燕山君日記』권 55, 연산군 10년 9월 21일(戊申)
64) 『燕山君日記』권 61, 연산군 11년 12월 24일(甲戌)
65) 『燕山君日記』권 62, 연산군 12년 4월 12일(辛酉)
66) 『燕山君日記』권 53, 연산군 10년 윤4월 29일(己丑)

사냥에 동행해서는 정승의 품위에 맞지 않게 사냥해 잡은 새와 짐승을 검사하였다는 것이었다.

그러나 연산군의 사냥 놀이 때문에 가장 고생이 심했던 것은 군사들이었다. 군사들이 연산군의 사냥 놀이에 불만을 드러내었다가 가혹하게 처벌당한 사례는 앞서 이미 살핀 바 있다. 그 처벌 수위가 갑자사화 이후에는 더욱 잔혹해진 것을 다음 기록에서 확인할 수 있다.

〈사료 3-1-Ⅴ〉
　승지 권균(權鈞)과 이충순(李忠純)이 아뢰었다. "황의생(黃義生)이 고발한 자의 이름이 이동(李同)인데, 한 차례 고문을 받았으나 불복하고, 다만 '칠동(七同)이가 와서 말하기를, 묘적산 몰이는 하지 않고 다시 아차산에서 몰이를 한다고 하기에, 내가 말하기를 나는 눈병이 있어 밤에는 잘 보지 못하는데, 어떻게 옮겨 갈까라고 말하였을 뿐입니다.'라 하다가, 낙형(烙刑)을 하기에 이르러서야 자복하였습니다. 잡아온 자가 모두 19명인데, 칠동 등 4명은 난언한 줄 알면서도 고하지 아니하였고, 그 나머지 14명은 한창 잠이 들어 난언을 듣지 못한 자입니다. 어떻게 처치하리까?"
　전교하였다. "이동은 능지(凌遲)하여 좌상과 우상의 진중에 조리돌리고 깃대에 머리를 매달았다가 17일에 사방에 시체를 돌려 보이도록 하고, 가산을 몰수하라. 또 죄명을 '사냥을 싫어하여 난언을 한 죄'라고 크게 써서 달도록 하라. 승지 강혼(姜渾)이 처형을 감독하고, 그 죄명을 군사에게 일러 알리도록 하여 모두 이름을 받아 오도록 하라."
　강혼이 아뢰었다. "정군이 3만 명이고 승군(僧軍) 및 여러 가지 군사 또한 많습니다. 머물러 있으면서 명단을 받으오리까? 여러 장수를 시켜서 명단을 받도록 하고 저는 먼저 오리까?"
　전교하였다. "네가 받아서 가지고 오거라."[67]

---

67) 『燕山君日記』 권 56, 연산군 10년 10월 15일(壬申)

이동이라는 군사가 어떤 난언을 하였는지는 알 수 없다. 그런데 그가 '밤에 잘 보지 못한다'는 것은 영양 상태가 좋지 않아 비타민 A 결핍으로 나타나는 야맹증 현상으로 짐작된다. 당시는 이미 경제적 여유가 있는 군인들은 군포를 내고 다른 사람에게 근무하도록 하는 대립(代立)이 성행하였으므로, 사냥에 징발된 군사들은 대부분 대립을 시킬 수 없는 가난한 군사들이었다. 이동도 그러한 가난한 군사 가운데 한 사람으로, 고생을 견디지 못하고 '난언'에 해당하는 말을 하였을 것이다. 위의 기록에서 언급된 승군에 대해서는 그 실체를 자세하게 파악할 수 없다. 위의 사건이 일어난 이듬해인 1505년에 연산군이 다시 대규모 사냥을 계획하여 병조에서 관원들에게 품종을 내도록 한 것에 더하여 병조에서 승인(僧人)을 징발하였는데, "건장한 자는 다 환속하고, 늙고 병든 자들만 뽑히어 굶어 죽은 자가 많았다."고 하였다.[68] 아마도 주요 사찰별로 몰이꾼으로 쓸 승군을 내도록 배정하여 징발하지 않았을까 추측된다.

2. 여러 국왕의 강무 시도와 좌절

1) 중종의 사냥, 답렵(踏獵)

조선왕조실록에 실려 있는 연산군의 사냥에 대한 기록은 매우 정확한 것이라고 할 수 없는 경우도 있으나, 그가 얼마나 신료 및 백성들에게 피해를 입히며 사냥을 하였는지는 쉽게 알 수 있다. 또 앞서 본 바 있는 『중종실록』에 실려 있는 연산군의 사냥에 대한 사관의 인식은 연산

68) 『燕山君日記』 권 59, 연산군 11년 9월 24일(乙巳)

군의 사냥에 대한 당시 지배층의 일반적 인식을 대표하는 것일 개연성
이 크다. 이제 공신들이 연산군을 왕위에서 쫓아내고 중종을 추대하여
왕위에 올린 상황에서 중종의 왕권은 미약할 수밖에 없었다. 이러한 조
건 위에서 신료들이 금기시하는 사냥을 국왕이 즐기거나, 사냥을 시켜
서 그것을 보는 것을 즐기는 것 모두가 차츰 어려워지게 되었다. 그러
나 연산군이 직접 군사들을 거느리고 사냥을 한 마지막 국왕이라 한다
면, 군사들에게 사냥을 시켜서 그것을 보고 즐길 수 있었던 조선왕조의
마지막 국왕은 중종이었다.

중종 때 국왕이 군사들을 거느리고 나가서 시행한 사냥은 타위라고
도 하였지만 대개는 답렵이라고 하였다. 중종이 군사들에게 사냥하도
록 하여 관람한 사례는 총 8회가 확인된다. 먼저 이를 표로 정리하면 아
래의 <표 3-2>와 같다.

〈표 3-2〉 중종연간 국왕의 사냥

번호	연월일	장소	사냥 내용	비고
1	1510년(중종 5년) 10월 3일(병술)	살곶이(箭串) 목장	좌상과 우상에게 명령하여 천금할 짐승을 사냥	습진 뒤에 거행
2	1511년(중종 6년) 4월 7일(병술)	살곶이	–	친열을 한 뒤 거행
3	1513년(중종 8년) 8월 18일(계축)	살곶이	–	친열을 한 뒤 거행
4	1513년(중종 8년) 8월 18일(계축)	살곶이	친열을 한 뒤 계속하여 사냥을 하고 화포를 쏘도록 함	호종한 종친과 재상들에게 음식 접대
5	1521년(중종 16년) 9월 25일(계유)	살곶이	–	친열을 한 뒤 거행
6	1524년(중종 19년) 9월 16일(정축)	–	–	홍문관의 상소에 나타남
7	1525년(중종 20년) 11월 1일(병진)	사현(沙峴)에서 모화관 앞까지	좌상과 우상으로 나누어 몰이를 함	모화관에서 친열한 뒤 거행

| 8 | 1534년(중종 29년) 10월 10일(계묘) | 가현(柯峴) | 천금을 하려 타위를 함 | 천금에 실패 |
| 9 | 1534년(중종 29년) 10월 16일(기유) | 아차산 | 천금에 실패하여 다시 타위를 함 | 공신연(功臣宴)과 병행 |

이 표에서 확인할 수 있는 것은 첫째로 중종이 군사들에게 사냥을 하도록 하고 그것을 관람한 총 8회의 사례 가운데 절반에 해당하는 4회가 즉위 후 재위 10년까지의 사이에 이루어졌다는 사실이다. 둘째로는 연산군 때와 마찬가지로 사냥을 한 곳은 모두 경기 지역인데, 살곶이(箭串)에서 거행한 것이 5회로 가장 많았다는 점이다. 셋째로는 또한 대부분 습진을 친열한 뒤에 거행되었다는 점이다.

중종이 연산군만큼 사냥을 광적으로 좋아하였다고는 할 수 없으나, 그 또한 사냥을 관람하는 것을 즐겼던 듯하다. 그러나 왕권이 약해진 것에 더하여 흉년이 겹치는 등의 이유 때문에 차츰 사냥을 하기 어려워졌던 것으로 나타난다. 1520년(중종 15) 9월에는 중종이 '10월이면 타위를 하는 것이 옛 규정'이라 하여 10월 13일과 16일 두 차례 타위를 하겠다고 지시하였으나, 9월 19일 살곶이에서 답렵을 하는 것으로 마무리되었다.[69] 중종은 연산군이 규모를 확대하여 만들어 놓은 사냥터인 녹양장(綠楊場)에서 규모를 키워 사냥을 하고 싶었던 듯하나, 친열 때의 좌대장 심정 등이 녹양장의 형세를 살피고 돌아와 규모가 작고 길이 멀다고 보고하자 계획을 포기하였었다.[70]

중종이 대규모 사냥을 계획했던 1520년은 기묘사화(己卯士禍)가 일

---

[69] 『中宗實錄』 권 40, 중종 15년 9월 15일(己巳) ; 같은 책 같은 권 중종 15년 9월 19일 (癸酉)
[70] 『中宗實錄』 권 40, 중종 15년 9월 24일(戊寅)

어난 그 이듬해였다. 즉 중종은 조광조(趙光祖) 등 기묘사림들로부터 왕도정치를 요구받으면서 한 동안 사냥을 관람하지 못하다가 모처럼 규모를 늘려 사냥을 시키고 그것을 관람하고자 하였던 듯하다. 이러한 중종의 태도에 대해 당시 대사헌을 맡고 있던 홍숙(洪淑) 등은 상소하여 '타위와 열병은 나라에 상법(常法)이 있어서 유사(有司)가 그 제도에 의하여 청하면 전하께서 그 마땅함을 헤아려 행하여야 하는데, 근래에는 답렵하겠다는 분부가 혹 때 아닌 때에 내리기도 하고 친열하겠다는 명령이 유사를 거치지 않기도 하였다.'고 비판하였고, 이에 대하여 중종이 '친열은 선왕들 때부터 유사가 매월 초2일과 16일에 으레 시행하기를 청하나 일이 있을 경우엔 지정된 날이 아니더라도 할 수 있고, 답렵은 본디 유사가 아뢰어 요청하는 것이 아니고 친열한 뒤 임금이 명령을 내려 하는 것'이라며, '사냥은 내가 본디 좋아하지 않는 것이지만 많은 사람들의 의견이 열무(閱武)는 폐할 수 없다고 하므로 폐하고 싶지 않아서 하는 것'이라 답변한 것을 볼 수 있다.[71] 또 1528년(중종 23) 3월 하순에는 살곶이에서 국왕을 시위하는 군사들로 좌상과 우상으로 편성하여 방진(方陣)을 갖추어서 사냥하도록 하여 이를 보고자 하였으나, 날이 궂어 연일 비가 온 까닭에 결국 군사들을 동원하여 말을 위협하는 짐승들을 쫓아내도록 하는 것에 만족해야 했다.[72]

홍숙 등의 상소에서 언급된 '친열'은 앞서 서술한 바와 같이 습진 곧 진법 훈련을 국왕이 친히 나아가서 관람하는 것을 말한다.[73] 따라서

---

71)『中宗實錄』권 41, 중종 15년 12월 28일(壬子)
72)『中宗實錄』권 60, 중종 23년 3월 19일(庚寅) ; 같은 책 같은 권 중종 23년 3월 20일 (辛卯) ; 같은 책 같은 권 중종 23년 3월 21일(壬辰) ; 같은 책 같은 권 중종 23년 3월 22일(癸巳)
73) 이글 제1절 참조.

<표 3-2>에서 1번의 '습진 뒤 거행'하였다는 것과 2번의 '친열을 한 뒤 거행'하였다는 것은 실상 모두 '습진하는 것을 중종이 친열한 뒤 거행'하였음을 나타낸다. 또한 이 시기 조선 중앙군의 습진은 대체로 살곶이에서 시행하였음도 알 수 있다. 중앙군이 습진하는 것을 중종이 친열할 수 있는 기회는 매달 두 번씩 있었으나, 그 가운데 극히 일부에서 친열이 답렵 또는 타위로 이어질 수 있었던 것이다.

중종이 군사들에게 사냥하도록 한 것의 명칭이 답렵이었던 까닭을 <표 3-2> 2번 내용을 담은 기록은 그 세주(細註)에서 "(국왕을) 호위하는 장수와 군사들로만 타위를 하여 제사에 올릴 짐승을 잡는 것을 답렵이라 한다."고 설명하였다.[74] 『중종실록』의 다른 부분에서는 호위 대신 시위라는 말을 사용하였으나,[75] 의미는 서로 같다. 이 '답렵'이라는 말은 조선왕조실록 가운데 『중종실록』에서만 사용되었다. 말하자면 중종 때에만 '답렵'이라는 특수한 형태의 국왕 관련 사냥이 거행되었던 것이다.

그런데 국왕인 중종이 이해하는 '답렵'의 의미와 신료들이 이해한 '답렵'의 의미 사이에는 다소 차이가 있었다. 중종은 제사에 올릴 짐승을 잡는 사냥을 '답렵'이라 부르는 것이 미안하다는 이유로 '타위'로 고쳐 부르도록 하였는데,[76] 신료들은 답렵과 타위를 같은 것으로 보고 있었다.

---

74) 上親閱于箭郊 仍行踏獵【只以扈衛將士 打圍獲禽 謂之踏獵】(『中宗實錄』卷 13, 中宗 6년 4월 丙戌(7일)).
　　【 】안의 내용은 작은 글자로 주석을 단 細註임. 뒤의 내용에서도 이와 같음.
75) 『中宗實錄』권 66, 중종 24년 9월 25일(丁巳)
76) 『中宗實錄』권 59, 중종 22년 10월 3일(丁未)

〈사료 3-2-A〉

임금이 가현(柯峴)에서 타위를 보았다. 노루 한 마리를 잡았다. 우의정 김근사(金謹思), 병조판서 윤임(尹任), 원유사(苑囿司) 제조 심순경(沈順經) 등에게 전교하였다. "오늘의 타위는 오로지 천금을 위한 것이었는데 노루 한 마리밖에 못 잡았고 귀마저 베어졌으니 천금에 쓸 수 없다. 마음이 매우 편치 못하다. 황두등(黃豆等)에서 습진하기로 이미 정했으니, 그 군사들을 시켜 사냥해도 되겠는가? 서울에 있는 하번 군사들을 다시 동원할 수는 없을 터이니, 번을 든 군사들만으로 하는 것이 어떠한가?"

김근사 등이 회계(回啓)하였다. "오늘의 행사는 천금을 위한 것이었는데 잘 안 되었으니 신들의 뜻도 편치 못합니다. 16일에 황두등에서 사냥하셔도 괜찮겠습니다. 그러나 열무는 생략하고 답렵만 하는 것이 좋겠습니다."

전교하였다. "답렵이라고 이름을 붙였는데 그래도 천금을 할 수 있겠는가?"

김근사가 아뢰었다. "답렵과 타위는 한 가지입니다. 타위라 하고 천금을 하십시오."[77]

1534년 10월 11일에 중종은 가현에서 타위를 보았는데, 이때 군사들을 동원하여 사냥을 하고 이것을 '타위'라 한 것은 내용을 참고하여 판단하면 상번(上番) 군사들만을 동원한 것이 아니라 하번(下番) 군사들까지 동원한 때문이었다. 그런데 목적한 것과 달리 제사에 올릴 짐승을 잡지 못하자 타위를 한지 5일만에 '답렵'을 하고자 하였고, 이때는 번을 든 상번 군사들만을 동원하도록 하였다. 그 때문에 중종은 이를 '답렵'이라 하였으나, 우의정 김근사는 '답렵과 타위는 한 가지'라면서 상번

77) 『中宗實錄』 권 78, 중종 29년 10월 10일(癸卯)

군사들만 동원한 사냥도 '타위'라 할 수 있다고 하였던 것이다. 이상의 내용을 종합해서 보자면『중종실록』에만 '답렵'이라는 용어가 사용된 까닭은 국왕인 중종이 대범하게 사냥을 거행하지 못하고 습진을 친열하는 것을 기회로 삼아 소심하게 습진을 해야 하는 상번 군사들만 동원하여 사냥을 하도록 하면서 이를 '답렵'이라 구분하였던 데서 연유하였다고 판단된다. 어쨌든 그 5일 뒤에 아차산에서 거행된 타위는 결국 중종이 마지막으로 시행한 '국왕의 사냥'이 되었을 뿐 아니라, 조선왕조 전체를 통해서도 외부인의 시야에 노출되어 거행된 마지막 '국왕의 사냥'이 되고 말았다.

2) 중종의 강무 시도

중종은 '답렵'도 '타위'라 부를 수 있다는 것을 알게 된 뒤 1536년(중종 31년)에는 제대로 격식을 갖춘 국왕의 사냥인 강무를 대대적으로 시행하는 데에 초점을 맞추어 노력하기 시작하였다. 제사에 올릴 짐승을 잡는다는 명분을 갖춘 사냥을 시키면서도 소심하게 임하였던 중종이 강무를 시행하기 위해 노심초사하였던 것이다. 그런데『중종실록』에는 이보다 앞서 중종이 즉위한 이듬해인 1507년 9월에 강무를 했던 것처럼 기록되어 있는 것이 있다. 먼저 이 기록부터 살펴보기로 한다.

〈사료 3-2-B〉
임금이 살곶이에서 강무를 하였다. 군사의 수가 매우 적은 것에 대하여 좌의정 박원종(朴元宗)이 아뢰었다. "오늘의 습진은 연산군 때의 진서(陣書)를 사용하여서 소각(小角)으로 군사들을 지휘하였습니다. 그러므로 군사의 수가 적고 행동거지도 경박합니다. 부디 성종 때의 진서를 사용하십시오."

전지하였다. "아뢴 것이 매우 당연하다. 영의정과 우의정에게 묻도
록 하라."

회계하였다. "선왕들의 시대에는 모든 일에 격조를 높이고 확실히
하는 데에 힘썼던 까닭에 여유 있게 추진하면서 각박하게 하지 않았
습니다. 폐조 때에는 간편하고 쉽게 하는 것을 숭상한 까닭에 일마다
시한이 급박하였습니다. 박원종이 아뢴 것이 매우 옳습니다."[78]

연산군 때 개편한 진법과 그 내용을 담은 진서는 기록에 전하지 않는
다. 좌의정 박원종이 아뢴 것과 같이 이때의 행사는 중앙군의 진법 훈
련인 습진이었고, 이것을 국왕이 직접 현장에 나가서 관람하였으므로
또한 친열이었다. 그 날짜가 16일이라는 점도 그것이 습진의 친열이었
음을 알려준다. 만약 이 행사가 국왕이 주관하는 중요한 군례 의례인
강무였다면 영의정과 우의정이 의례를 거행하는 현장에 나오지 않는
일은 있을 수 없었다. 이렇게 '강무'라는 명칭이 군례의 하나인 강무가
아닌 다른 내용을 가리키는 명칭으로 사용되는 사례는 15세기의 조선
왕조실록에서는 찾아보기 어렵다. 그러나 16세기 중종연간부터는 '강
무'라는 용어를 사용하기는 하였으되 실제는 군례의 하나인 강무가 아
닌 '국가의 무사(武事)를 강구한다'는 일반 한문 용어로 사용되는 예가
자주 나타나게 된다.[79] 이처럼 강무는 국왕의 군사적 의례로서의 중요
성이 상실된 상태에 놓이게 되었는데, 중종은 이 문제점을 대규모 강무
를 실시함으로써 단번에 타개하고자 하였다.

---

78) 『中宗實錄』 권 4, 중종 2년 9월 16일(丙辰)
79) 이에 대해서는 심승구, 「조선시대 사냥의 추이와 특성 ―講武와 捉虎를 중심으로―」,
『역사민속학』 24, 2007. 174~175쪽의 주 37)과 38) 참조.

〈사료 3-2-C〉

석강에 나아갔다.

임금이 특진관 윤임(尹任)을 돌아보며 말하였다. "근래 군무(軍務)가 너무 해이해졌다. 이번의 답렵은 사냥을 하려는 것이 아니라 열무를 하려는 것이었다. 몰이가 끊어지는 일을 장수는 비록 가볍게 여기지만, 군령(軍令)에 크게 관계되는 것이니, 모름지기 군령을 엄하게 하여 몰이가 끊어지지 않게 해야 할 것이다."【윤임이 이 당시 병조 판서였다.】

윤임이 답하였다. "열무는 군령을 엄하게 해야 할 것입니다. 지난번 갈고개(葛古介)의 사냥 때에 짐승이 없었던 것이 아니라 몰이가 끊어진 곳이 많아서 잡지 못했습니다. 그래서 사냥이 끝난 다음에 짐승들이 몰이했던 산속에서 많이 나왔다고 합니다. 대장이 끊어진 곳을 보지 못하였기 때문에 징계하지 못하였던 것입니다. 군령을 엄하게 하지 못하여 늘 상의 분부를 번거롭게 하였는데 어떻게 해야 엄하게 될지 모르겠습니다. 이번 정토사(淨土寺) 근처에서 몰이할 때에는 단지 행군이 어떠한가만을 보았기 때문에 짐승은 못 보았습니다."

임금이 말하였다. "장수가 그 군령을 엄하게 하여 군졸들이 몰이를 끊을 때에 즉각 벌을 행하면 군령이 엄하게 될 것이다. 군령이 엄하지 않으므로 몰이가 많이 끊어졌던 것이다."

윤임이 아뢰었다. "전에 강무할 때는 상께서 벌을 즉각 시행한 일이 많았으므로 군령이 엄했습니다. 그러나 근래는 강무와 타위가 엄하지 않기 때문에 대장이 종사관(從事官) 같은 사람들에게 오히려 그 벌을 곧바로 단행하지 못하고 망설이면서 어떻게 할지를 모릅니다. 그래서 군령이 더욱 해이해졌습니다."[80]

이 기록은 이 시기에 중종이 사냥보다도 군령을 엄하게 유지하는 데에 관심을 기울이고 있었던 것을 보여준다. 그리고 병조판서 윤임은 군

---

80) 『中宗實錄』 권 81, 중종 31년 1월 12일(戊辰)

령을 엄하게 유지하는 것의 관건이 임금이 강무나 타위를 할 때 잘못한 벌을 그 즉시 그 때 그 때 집행하는 데서 찾고 있는 것이 주목된다. 『승정원일기』에서는 실제로 군사적 의식이 거행되는 과정에서 국왕의 명령에 의해 처벌이 즉각 시행되는 모습을 찾아볼 수 있다.[81] 따라서 강무와 대열, 친열 또는 그 밖의 열무라 부르는 여러 군사 활동이나 훈련 등을 국왕이 직접 관람하는 의식이 잦으면 잦을수록 군령이 강화되는 한편, 군사적 측면에서 왕권이 강화될 수 있었다는 판단이 가능하다. 그 한편 위의 기록에서 윤임은 중종 때 몇 차례 강무를 했던 것으로 인식하고 있었다. 오히려 이 시기에는 중종이 병조판서인 윤임보다 강무에 대해 정확히 인식하고 있었다.

〈사료 3-2-D〉
전교하였다. "용봉차일(龍鳳遮日)을 치고【이때 새로 만들었다.】여러 군(君), 부마들이 함께 구경해 보도록 하려 하였는데 마침 가물 징조가 있기 때문에 멈추게 하였다. 오늘은 후원에 용봉 차일을 설치하려 하니 군인 50명을 뽑아서 후원에 들어와 설치하게 하라. 그리고 내가 즉위한 이래로 한 번도 강무를 하지 못했으니 이 어찌 흠이 아니겠느냐? 세종과 성종 때에는 풍양과 평강 등지에서 강무하였다는데 그 규정을 상고하여 아뢰어라."[82]

병조판서인 윤임과 달리 중종은 자신이 즉위한 이후로 한 번도 강무

---

81) 조선왕조실록의 기록은 내용을 체계적으로 정리한 것이어서 군사적 의식이 거행되는 과정에서 국왕의 명령에 의해 처벌이 즉각 시행되는 모습을 찾아볼 수 없으나, 『承政院日記』에서는 그것을 확인할 수 있는데, 이는 뒤에 숙종연간의 열무 사례에서 서술하기로 한다.
82) 『中宗實錄』권 82, 중종 31년 6월 辛丑(18일)

를 하지 못하였다는 것을 정확하게 인식하고 있었다. 그가 세종과 성종을 언급한 것은 바꿔 말하면 그 자신도 재위하는 동안 한 번이라도 강무를 하여야 세종과 성종의 위업을 계승하는 군주로 평가받을 수 있다고 판단한 까닭이었을 것이다. 그리하여 중종은 과거의 강무에 대해 살펴보도록 한지 사흘 뒤에 삼정승과 병조 당상을 불러 강무에 대한 의논을 시키고 명령을 내리기에 이르렀다.

〈사료 3-2-E〉

임금이 삼공과 병조 당상을 불러 전교하였다. "병조는 으레 강무에 대한 것을 아뢰어 명령을 받들어야 하는데, 지금까지 50년 동안 폐지된 채 거행하지 않았다. 군졸들만 모르고 있는 것이 아니라, 장수와 장교들까지도 알지 못하니 군령이 요즘처럼 해이해진 때가 없었고, 사졸들의 게으름도 또한 너무 심하다. 사졸들이 하루의 타위도 싫어하는데 더구나 강무이겠는가. 반드시 시끄러운 논의가 있을 것이다. 그러나 옛말에 '백성을 가르치지 않고 전쟁을 한다면 이는 백성을 버리는 것이다.'라고 하였고, 또 '나라의 큰일은 제사와 군사에 있다.'고 하였으니, 군무의 일을 어찌 전혀 생각하지 않을 수 있겠는가. 위로는 천금하고 아래로는 열무하는 일이니 어찌 중한 일이 아닌가. 선왕들 때의 옛일을 상고해 보면 비록 4~5년을 쉬더라도 염려하였다. 기유년과 임자년의 사이는 겨우 4년이지만 성종께서는 '요즘 열무를 폐한지가 오래다.'라고 하셨다. 이로 보면 50년 동안이나 강무를 폐지하고 거행하지 않을 수 있겠는가? 요즘 사고가 잇따르고 흉년이 계속되어 형편상 강무를 정지하였던 것이다. 금년 농사가 꼭 풍년이 든다고 기약할 수는 없지만 조금의 수확은 있을 것이다. 전례에 강무하는 일은 6월에 의논하였기 때문에 논의하는 것이다. 하게 된다면 미리 조처해야 한다. 선왕들 때에 큰 강무는 강원도 등지에서 했고, 작은 강무는 양근(楊根)이나 풍양 등지에서 하였다. 오가는 것을 계산하면 큰 것이라야 10일에 불과하고 작은 것은 5일에 불과하다. 작은 강무라 하더라

도 징병 및 모든 일은 큰 강무와 다르지 않으니 장차 어떻게 하면 좋겠
는가? ….'' (중략)

"10월 초순으로 택일하여 강무할 일을 예조에 이르라. 그리고 강무
의 모든 일은 원래 전례가 있으나, 다만 징병하게 되면 정금원(鄭金院)
에서 대열한 뒤에 강무해야 할 것이니, 이 뜻을 병조에게 이르라."[83]

연산군 때에도 강무를 한 일이 있으므로 중종이 강무를 '50년 동안
폐지된 채 거행하지 않았다'라 한 것은 과장이다. 연산군 때의 강무를
제외하고 보면 1492년(성종 23)에 2만 5천 명의 병력을 동원하여 대대
적으로 거행한 것이 마지막 강무인데, 이 해가 앞의 기록에 나온 임자
년이며, 기유년은 1489년(성종 20)이다. 따라서 연산군 재위기간을 정
통(正統)에서 제외시키는 당시의 역사인식에 입각하여 보면 1492년부
터 1536년까지 44년 동안 강무가 중단되었다고 할 수 있는데, 중종은
이를 '50년'이라고 한 셈이다.

천금은 제사 특히 종묘에서의 제사에 새로 잡은 사슴이나 노루 따위
를 올리는 것을 말하며, 본래는 강무의 주요 목적 중 하나였다. 강무에
대해서 중종이 '위로는 천금하고 아래로는 열무하는 일'이라 한 것은
'위로는 종묘 제사에 새로 잡은 짐승을 올리기 위한 것으로, 아래로는
군사들의 훈련 상태를 살피는 일'이라 풀어서 설명할 수 있다. 이때의
'열무'는 국왕의 국가의 무사와 관련된 내용을 직접 보는 것 전반을 뜻
하는 의미로 사용되었다.

태종~세종 연간에 시행된 강무는 그 장소가 경기 외에도 해주 등 황
해도와 횡성이나 철원 등 강원도, 서산 등 충청도까지 망라하여, 도읍

---

83) 『中宗實錄』 권 82, 중종 31년 6월 21일(己巳)

을 둘러싸고 있는 지역 전반이 모두 해당되었었다. 이에 비해 성종연간에는 다섯 차례의 강무 중 경기에서 4차례 시행하였고 그 가운데 풍양에서 세 번 강무를 하였으며, 강원도에서 세 지역을 순회하며 한 차례 강무를 거행한 바 있다.[84] 이를 바탕으로 볼 때 중종이 '선왕들 때의 큰 강무와 작은 강무'로 파악한 것은 사실상 성종 때의 사례에 국한된 것으로 판단된다. 따라서 중종은 대개 수천 명의 병력을 동원하여 거행하였던 태종~세종 연간에 시행된 강무의 실상을 파악하지 못하고, 특히 2만 5천 명에 달하는 대규모 병력을 동원하여 거행된 1492년의 강무를 기준으로 계획을 세우게 되었던 듯하다. 1492년에 중종의 나이 5세여서 그 강무를 직접 보았을 수도 있고, 그 강무에 대한 이야기도 들었을 수 있는데, 이와 관련된 이야기는 전하지 않는다.

강무를 하기에 앞서 징발한 병력들을 대상으로 대열을 하는 것 역시 성종 때 시작되었다. 해마다 봄과 가을에 강무를 하던 태종~세종 연간과 달리 몇 년에 한 차례 강무를 하는 사정에서는 강무에 앞서서 현실적으로 먼저 형명에 따라 지휘를 받아 여러 진(陣)을 바꾸어가며 갖추고 진퇴를 하며 가상 전투를 하는 것이 필요하였기 때문이었다. 중종은 이러한 성종 때의 강무를 충실하게 따르고자 하였던 것으로 보인다.

강무에 앞서 거행하기로 한 대열도 중종이 즉위한 이후 처음 하는 것이어서 강무와 대열의 계획을 세우는 데 많은 시간이 들 수밖에 없었다. 6월 하순에 시작된 논의는 7월 중순에 이르러 본격화하여서, 강무를 하는 날은 10월 초로 결정되고, 7일 일정 안에 모일 수 있는 지역의 군사들을 대상으로 하여 3만 5백 33명을 동원하는 것으로 결정되었

---

84) 이 책 제2장의 <표 2-4> 참조

다.85) 그리고 몇 차례 논의 끝에 준비를 하기에 시일이 촉박하다는 의견에 따라 날짜를 조금 뒤로 물려, 대열은 10월 11일에 녹양장에서, 강무는 10월 13일부터 15일까지 사흘 동안 풍양에서 거행하는 것으로 정하고, 3만 명이 넘는 많은 병력이 녹양장에서 풍양으로 움직이는 방법에 대해서도 두 번에 걸쳐 나누어 가는 것으로 결정되었다.86) 그런데 논의가 거듭되면서 좌상과 우상 두 부대로 편성하려던 계획이 확대되어 4상에 이어 5상으로 편제가 커지고 그에 따라 동원 병력이 더 늘어나 더 먼 지역의 병력까지 징발하게 되고, 그 결과 8월 하순부터 강무에 대해 반대하는 여론이 강화되기 시작하였다.87) 그런 상황에서 서울에서 큰 화재가 발생하여 일부 관아 건물까지 불에 타자, '불이 난 것은 사람의 잘못이나 불이 크게 확산된 것은 하늘이 견책하는 뜻이 있다고 보아야 한다'는 주장이 제기되었고, 결국 이 강무와 대열을 함께 시행하려던 계획은 무산되고 말았다.88)

이렇게 대규모 강무를 추진하다가 결국 좌절된 뒤 중종 재위 동안 한 차례 더 강무에 대한 논의가 있었다. 1543년(중종 38) 7월 중순에 영의정 윤은보(尹殷輔)가 이 해에는 농사가 좀 잘 될 것 같다면서 강무를 계획할 것을 건의하였으나, 중종은 가을에 결실을 보아 다시 의논하자고 미루었다.89) 앞서 보았듯이 강무는 몇 달 전에 계획하여야 하여서 사실 7월 중순도 늦은 시기에 해당하였다. 따라서 중종이 '결실을 보아 다시

---

85) 『中宗實錄』 권 82, 중종 31년 6월 25일(戊申) ; 28일(辛亥)
86) 『中宗實錄』 권 82, 중종 31년 7월 16일(己巳) ; 17일(庚午) ; 18일(辛未)
87) 『中宗實錄』 권 82, 중종 31년 8월 26일(己酉) ; 같은 책, 같은 권, 중종 31년 9월 4일 (丙辰) ; 8일(辛酉) ; 11일(癸亥)
88) 『中宗實錄』 권 82, 중종 31년 9월 13일(乙丑)
89) 『中宗實錄』 권 101, 중종 38년 7월 14일(丁巳)

의논하자'고 한 것은 사실상 강무를 추진할 의사가 없다는 말과 같았다. 실제로 이 뒤 강무는 다시 추진되지 않았다.

3) 명종~숙종연간의 강무 시도

1536년(중종 31) 중종이 강무를 적극적으로 추진하다 좌절된 이후로부터 조선의 강무는 사실상 폐지된 상태에 놓이게 되었다. 조선왕조실록에는 이 뒤에도 선조 때나 정조 때에 강무가 시행된 것으로 기록에 나타난다. 그러나 이 후대의 '강무'의 경우 그 실제 내용은 진법을 훈련하는 것이었고, 군사들을 동원하여 사냥을 한 것은 아니었다.[90]

중종에 이어 왕위에 오른 인종은 강무를 추진할 겨를이 없이 사망하였다. 중종연간 이후 국왕이 강무를 추진한 첫 사례는 1556년(명종 11)에 발견된다. 인종의 뒤를 이은 명종은 천금을 위한 사냥을 장수들에게만 맡기고 직접 관할하지 못하는 것에 아쉬움을 표하면서 강무와 타위를 하고 싶다는 의사를 나타냈고, 이에 대해 강무는 먼 도의 군사들도 징발해야 하므로 어렵고 타위는 가능할 것이라는 의견을 얻었다.[91] 그러나 타위마저도 사헌부로부터 강력한 반대 의견이 거듭 올라오자 결국 그에 따르고 말았다.[92]

앞서 언급한 바와 같이 기록으로는 선조 때에 강무를 시행한 것으로 나온다. 1595년(선조 28) 9월 10일의 기록이어서 일단 습진을 친열한 것은 아니라고 판단되는데, '임금이 친히 서교에 가서 강무를 하였다'

---

90) 이에 대해서는 정재훈, 「조선시대 국왕의례에 대한 연구 ─강무(講武)를 중심으로─」, 『韓國思想과 文化』 50, 한국사상문화연구원, 2009. 참조.
91) 『明宗實錄』 권 21, 명종 11년 9월 6일(辛酉)
92) 『明宗實錄』 권 21, 명종 11년 9월 11일(丙寅)

는 간략한 기록뿐이어서 구체적인 내용을 알 수는 없다. 그러나 중종 때나 명종 때와 달리 이에 앞서 강무와 관련한 준비 조치가 전혀 기록에 나타나지 않고, 이에 세주의 형식으로 이어지는 사관의 사평(史評)은 훈련도감(訓鍊都監)에 대한 것이어서,[93] 훈련도감 군사들에 대한 훈련과 시재(試才)가 '강무'라 한 것의 실제 내용이었던 것으로 판단된다.

이와 달리 광해군은 실제 국왕이 군사를 동원하여 거행하는 사냥으로서 강무를 계획하였던 것으로 보인다. 1619년(광해군 11) 9월에 승정원이 '날씨가 추우므로 교외에서 거둥할 계획을 모두 중지하도록 명령할 것'을 요청하자 광해군은 '가을에 추수한 뒤 강무를 하는 것은 안전할 때 위태로워지는 것을 잊지 않으려는 뜻'이라며 강행할 의사를 피력하였다.[94] 그러나 『광해군일기(光海君日記)』에서 이 뒤에 강무를 실제로 거행하였다는 기록은 발견할 수 없다.

'강무'를 하였다는 기록은 선조 때에 이어 인조 때의 기록에서도 두 차례 발견된다. 그 하나는 1624년(인조 2) 9월의 '복일강무(卜日講武)'라 한 기록인데, 이것이 길일을 택하여 강무를 하였다는 것인지 아니면 강무를 하고자 길일을 잡았다는 것인지 확인할 수 없다.[95] 다른 하나는 1630년(인조 8)의 기록으로, 그 전 해 가을에 '자전이 초정(椒井)에서 목욕하기 위해 인경궁(仁慶宮)으로 행차하다가 모화관으로 강무하러 가는 임금의 행차와 우연히 마주쳤다'는 것이다.[96] 그런데 두 번의 강무

---

93) 上親臨講武於西郊 賞賚大將以下將官等有差 … 【史臣曰 昇平二百年 軍政不修 … 變亂之後 自上悶其不敎而棄之 募聚精壯 設局敎訓 以柳成龍李德馨主之 又請唐敎師以敎之 蓋其法 中朝名將戚繼光所著紀效新書也 …】(『宣祖實錄』 권 67, 선조 28년 9월 10일(己卯)).
94) 『光海君日記』 권 144, 광해군 11년 9월 19일(戊戌)
95) 『仁祖實錄』 권 7, 인조 2년 9월 17일(戊辰)

와 관련된 기록을 전후하여 어떻게 군사들을 징발하였는지 또 강무와 관련된 준비를 어떻게 하였는지를 알려주는 기록이 전혀 없다. 또 두 번째 기록은 강무를 한 장소가 모화관으로 되어 있어서, 습진을 친열한 것을 강무라 하였을 가능성이 커 보인다.

광해군에 이어 국왕이 군사를 동원하여 거행하는 사냥으로서 강무를 계획하였던 군주는 북벌(北伐)을 추진한 임금으로 잘 알려져 있는 효종이었다. 1658년(효종 9) 6월에 효종은 가을에 강무를 하겠다며 미리 절목(節目)을 마련하라고 지시하였다. 그 내용을 보면 다음과 같다.

〈사료 3-2-F〉
　　임금이 하교하였다. "요즘 대간들이 아뢴 말을 보니 '우리나라의 예문(禮文)에 실려 있지 않은 일은 감히 길을 열어 놓을 수 없다.'고 하였는데, 그 말이 옳다. 그러나 예문에 실려 있는 일이라면 무슨 일인들 못할 것이 있겠으며, 남들이 또한 어떻게 감히 말할 수 있겠는가? 근래에 강무를 하여 사냥하고 짐승을 모는 일들은 행하지 않은 지 오래되었으므로 선왕들 시대의 법이 없어질까 염려된다. 담당 관원들로 하여금 절목을 미리 강구하도록 해서 가을에 거행할 수 있도록 하라."[97]

이 지시가 내려가자 그 이튿날 홍문관에서 차자를 올려 반대하고 또 그 다음날에는 사간원 정언 남구만(南九萬)이 상소를 올려 반대하였으며, 결국은 사헌부·사간원·홍문관 삼사 관원 전체가 강무를 반대하며 사

---

96) 『仁祖實錄』 권 22, 인조 8년 3월 16일(丙申)
97) 『孝宗實錄』 권 20, 효종 9년 6월 1일(정묘). 2014년 11월 현재로 국사편찬위원회 사이트의 번역에는 講武가 '무예를 강마하며'로 되어 있는데, 명백한 오역이다. 講武를 '무예를 강마하며' 식으로 오역한 것은 주 268), 주 269)에 제시한 『孝宗實錄』 기록의 번역에서도 일관되게 반복되고 있다.

직서를 내고 근무하지 않는 상태로 들어갔다.[98] 그럼에도 효종은 '태종 때 강무하던 곳이 해주에서 화양정(華陽亭)으로 바뀌었는데 지금의 살 곳이 목장이다'라 하여 강무할 장소를 구체적으로 지정하고 또 절목은 『국조오례의』를 따르도록 하였다.[99] 그런데 정작 실제 강무를 한 기록 은 『효종실록』에서 확인되지 않는 것으로 보아, 효종이 삼사가 주도한 여론에 굴복하였던 것으로 짐작된다.

효종에 이어 현종도 군사를 동원하여 거행하는 사냥으로서 강무를 계획하였었다는 기록이 있다. 1664년(현종 5) 9월에 우부승지 김수홍 (金壽興)이 올린 상소를 간략히 소개한 기록 뒤에 사관이 사평으로 "당 시 임금이 능에 행차할 때 군용(軍容)을 갖추어 진설하도록 하였는데, 백성들 사이에 '임금이 장차 강무를 하려 한다'는 말이 전파되었고, 김 수홍의 상소에도 내용에 강무를 언급하였다."라 하였다.[100] 그러나 이때에도 실제 강무를 추진한 것을 알려주는 다른 기록은 존재하지 않 는다.

중종 이후 16~17세기 조선의 여러 국왕 가운데 군사를 동원하여 거 행하는 사냥으로서 강무가 거행될 뻔하였던 마지막 시기는 숙종 때이 다. 1688년(숙종 14)에 강무를 계획한 기록이 실록에 전하는데, 병조판 서 이사명(李師命)이 해마다 능에 배알하고 돌아오는 길에 하는 열무를 없애고 봄과 가을에 동무장(東武場), 서무장(西武場), 남무장(南武場)에 친히 임하여 강무하시라고 청하고, 영의정 남구만도 그 말을 옳다고 하 여 임금이 그대로 따랐다는 간단한 내용으로 되어 있다.[101] 그런데 『승

---

98) 『孝宗實錄』 권 20, 효종 9년 6월 2일(戊辰) ; 3일(己巳) ; 7일(癸酉)
99) 『孝宗實錄』 권 20, 효종 9년 6월 7일(癸酉)
100) 『顯宗實錄』 권 9, 현종 5년 9월 14일(壬寅)

정원일기』에는 그 이틀 뒤의 날짜로 위와 유사한 내용이 더 구체적으로 기록되어 있다.[102]

〈사료 3-2-G〉

대신과 비변사 당상들을 불러 보고자 하여 들어와서 임금을 모실 때에 병조판서 이사명이 아뢴 것이다. " … 전부터 능에 행차하였다가 궁궐로 돌아오실 때면 의례적으로 열무를 하는 규정이 있습니다. 그런데 4, 50리 또는 6, 70리를 왕래할 때에 사람과 말이 피곤하여서 부상을 당하는 걱정이 많을 뿐 아니라, 원(園)과 능에 배알하여서 서리가 내리고 이슬이 맺히면 그것을 느껴서 흠모하여 슬퍼지는데, 돌아오는 길에 관병(觀兵)을 하는 것이 도리 상 미안합니다. 옛날 농한기에는 천자도 강무를 하고 순수를 한 일이 있습니다. 현재 도성 안에 있는 군사의 수가 만 명에 가까우므로, 만약 해마다 2, 3월 사이와 8, 9월 사이에 한 차례나 두 차례 친히 열무를 보시고, 능에 행차하실 때의 열무는 시행하지 않으신다면, 일의 이치에도 마땅할 뿐더러 장수와 사졸들도 고생하는 걱정이 없을 것입니다. 대신들이 지금 들어와 있으니 물어 보시고 결정하시는 것이 어떻겠습니까?"

임금이 말했다. "대신들의 생각은 어떠한가?"

영의정 남구만이 말하였다. "원과 능에 배알하면 참으로 슬픈 생각이 많아지는 것은 한 명제(明帝)의 일에서 볼 수 있습니다. 열무를 거행하는 것이 꼭 훌륭하게 보이려는 것은 아니나, 서울의 모든 사람이 길을 가득 채우고 구경합니다. 이 때문에 능을 배알하고 돌아오는 길에 열무를 하는 것이기도 하지만, 신하들은 모두 마음에 편안하지 않아 합니다. 그런데 강무도 나라의 큰일이어서 폐지해서는 아니 됩니

---

101) 『肅宗實錄』 권 19, 숙종 14년 1월 10일(甲申)
102) 『承政院日記』에는 肅宗 14년 1월의 기록이 날짜별로 남아 있으나, 『肅宗實錄』은 肅宗 14년 1월 10일의 기록 다음이 1월 15일의 기록이어서, 11일부터 14일까지의 내용이 없다.

다. 옛날에는 네 철의 농한기에 모두 강무를 하였습니다. 네 철에 모두
강무를 하지는 못하더라도 봄과 가을에 따로 강무를 하는 것이 알맞
을 듯합니다. 오늘 이후로는 능에 배알한 뒤의 열무를 정지하고, 2월
과 8월에 병조가 규정에 따라 아뢰어 명령을 받아서 강우 의례를 거행
하는 것이 어떻겠습니까?"

　　이사명이 말했다. "노량(露梁)과 양철리(良鐵里), 사아리(沙阿里) 세
곳의 조련장은 모두 군사들이 들어갈 만합니다. 만약 매번 한곳에서
거행을 하게 되면 주변 골짜기의 형세가 군사들이 훈련받는 과정에서
다 훼손되어 살아나지 못할 듯합니다. 이 세 조련장 안에서 그때마다
낙점을 받아 거행하면 어떻겠습니까?"

　　임금이 말했다. "전부터 능에서 궁궐로 돌아올 때 의례적으로 열무
를 했었는데, 병조판서의 말이 이치에 진실로 맞도다. 이 뒤로는 봄과
가을에 따로 열무를 하고, 능에 행차할 때에는 시행하지 말도록 하라.
병조는 2, 3월과 8, 9월에 아뢰어서 명령을 받들어 거행하고, 세 조련
장 가운데서 낙점을 받는 일도 아뢴 대로 하라."[103]

　　이 기록을 보면 처음에 병조판서 이사명이 건의한 것은 능에 행차한
뒤 돌아오는 길에 시행하는 열무를 중지하고, 그 대신 봄과 가을에 국
왕이 친림하여 열무를 하자는 것이었다. 이에 대해 영의정 남구만은 열
무가 아닌 강무를 봄과 가을에 거행하자고 하였다. 남구만은 '강무의
예법'이라 하였으므로, 강무를 열무 내지는 대열과 혼동한 것이 아님이
분명하다. 그런데 숙종은 남구만이 말한 강무를 열무 또는 대열로 이해
하였고, 이에 따라 왕명으로 결정된 것은 능에 행차한 뒤 열무를 시행
하는 것을 중지하고, 봄과 가을에 별도로 왕이 친림하여 열무를 거행하
되 세 군데 있는 조련장 가운데 한 곳을 그때마다 낙점을 받아 정한다

<hr>

103) 『承政院日記』 327책(탈초본 17책) 肅宗 14년 1월 12일 丙戌

는 내용이었다. 숙종의 경우 조선초기에 거행되었던 강무에 대해서는 전혀 그 내용을 알지 못하고 있었고, 중국에서 대열을 강무라 하였던 것과 같은 맥락에서 강무를 인식하였음이 분명하다고 생각된다.

이제까지 살펴본 바와 같이, 흔히 조선중기라 부르는 중종~숙종 연간 동안에 강무는 몇 차례 계획되고 추진된 일이 있었다. 그러나 그 계획과 추진의 구체성은 시간의 흐름 속에서 더욱 옅어져 가고 있었다. 결국 숙종 때에는 영의정이 강무를 하자고 말해도 국왕은 그것이 대열이나 열무를 말하는 것으로 받아들이는 상황에 이르렀다. 이는 국왕의 가장 중요한 군사 의례이자 훈련 수단이었던 강무가 『국조오례의』 군례의 하나로 버젓이 살아있음에도 사실상 폐지된 상태에 놓여 있었음을 나타낸다. 이렇게 변화한 이유에는 사냥이 연산군의 포악한 정치에 주요 부분을 이루었다는 사실, 인구가 꾸준히 증가하고 농경지가 확대되어 감에 따라 강무장의 유지가 힘들어진 점에 더하여, 성리학을 받드는 사림세력이 정치를 주도하게 됨으로써 국왕의 사냥이 금기시된 풍조도 중요하게 작용하였다고 생각된다.

3. 국왕의 친사(親射)와 보사(步射) 사예

1) 조선 국왕의 어사(御射)와 친사

조선초기에는 국왕의 무(武)와 관련된 활동에서 사냥의 비중이 매우 컸다. 그 가운데서 국왕이 직접 사냥을 하는 사례는 주로 태종 때에 국한하여 이루어졌고, 대부분은 군사들을 동원하여 강무나 타위를 하면서 그것을 관람하는 형태로 이루어졌었다. 그나마 연산군의 통치를 거친 이후 16세기에는 중종 때에만 국왕이 군사들을 동원하여 사냥을 하도록 시키고 그것을 관람하였을 뿐이었다. 결국 16세기 중반 이후로는 국왕의 무와 관련된 활동에서 사냥이 자취를 감추게 되었다.

조선왕조실록에서 국왕이 활을 쏘는 것은 어사(御射) 또는 친사(親射)로 기록하였다. 정확하게 일치하는 것은 아니나, 어사는 대사례 등 주요 의식에서 국왕이 활을 쏘는 경우를 지칭하고, 친사는 사냥에서 왕이 직접 활을 쏘는 것을 지칭하였다. 그 수는 적지만 의례에서 국왕이 활을 쏜 것을 친사라 기록한 경우는 있으나, 사냥할 때 국왕이 활을 쏜 것을 어사라 기록한 것은 발견되지 않는다. 이러한 차이에 따라 친사를 기록한 경우는 국왕의 사냥이 성행하였던 조선초기 태조 때로부터 연산군 때까지에 집중되어 있고, 어사는 세종~연산군 때와 18세기 영조~정조 연간에 집중되어 있다.

〈사진 1〉 영흥 본궁의 태조 이성계가 썼던 활과 화살, 화살집 등
(국사편찬위원회 유리원판사진)

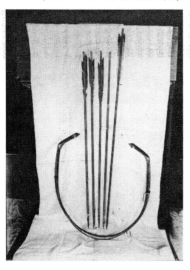 

그 반면 대체로 조선중기로 구분할 수 있는 인종 때부터 경종 때까지는 국왕이 어사이든 친사이든 직접 활을 쏘았음을 알려주는 기록이 없다. 앞에서 보았듯이 국왕이 직접 사냥감을 활로 쏘는 행위는 연산군 때를 끝으로 종말을 고하였으므로, 이 형태의 친사는 이후 소멸되었다고 할 수 있다. 그런데 대사례도 1534년(중종 29)에 거행된 이래 영조 때 다시 대사례를 시행할 때까지 장기간 공백기를 맞았기 때문에, 200년이 넘도록 어사 또한 기록에 나타나지 않게 되었던 것이다.

조선을 건국한 태조 이성계가 신궁(神弓)이라 부를 수 있을 정도로 활솜씨가 뛰어났다는 것은 잘 알려져 있는 사실이다. 활솜씨 또는 활을 쏘는 재주나 기술을 한자어로 표현한 것이 사예이다. 태조의 사예를 대표하는 기록으로는 황산대첩 때의 태조의 활약상에 대한 기록을 들 수 있다.[104] 황산대첩은 고려말 조선초의 민중들 사이에 이성계는 하늘이 내린 장수라는 관념, 나아가 조선은 하늘의 명을 받아 태어난 왕조라는 관념이 확산되도록 하는 가장 중요한 계기였다. 따라서 태조 이후 100여 년 동안 왕위를 계승한 조선의 국왕들이 태조의 후손이라는 사실을 증명이라도 해 보이려는 듯이 많은 사람 앞에서 직접 활을 쏘아 보였다는 것은 별로 이상한 일이 아니었다.

재위 기간이 짧았던 인종은 관사를 하였다는 기록이 전혀 없다. 이에 비해 명종은 수렴청정 기간만이 아니라 모후인 문정왕후(文定王后)가 사망하기 전까지 그 재위 기간의 대부분을 모후의 영향력 아래에 있었던 것으로 이해되고 있음에도 연평균 2회 이상, 총 37회의 관사 기록이 나타난다. 그런데 명종 때에는 종친이나 공신들을 불러 이들에게 활을

---

104) 太祖以大羽箭二十射之, 繼以柳葉箭射之, 五十餘發, 皆中其面, 莫不應弦而斃(『太祖實錄』總序 禑王 6년)

쏘게 하고 그것을 보는 형식의 관사가 전혀 없었다. 그 동안 약화되어 오기는 하였으나 종친과 왕실 구성원, 공신 및 고위 관원들과의 화목을 도모하는 관사가 중종 때까지도 이어져 왔었는데, 그 맥이 본격적 사림 정치가 시작되기 이전에 이미 끊겼던 것이다.[105)

관사 기록은 선조 때로 접어들면 41년의 재위기간 중 총 7회여서 명 종 때에 비해서도 현저하게 줄고, 그 대신 시사 기록이 급증하는 변화가 일어난다. 또한 관사로 기록되어 있어도 내용은 모두 시사에 해당한 다.[106) 이후 17세기 광해군~숙종연간에도 '관사'로 기록된 경우들이 드물지만 존재하나, 역시 모두 시사에 해당하는 기록들이다. 이로써 '활쏘기'를 매개로 국왕이 종친이나 부마 등의 왕실 구성원, 공신, 고위 관원들과 오락과 여흥을 즐기며 화목을 도모하는 행사는 중단되는 상 태에 놓이게 되었다.

2) 조선중기의 열무(閱武)

조선에서는 태종~세종연간(1400~1450년)의 약 50년 동안 국상이 일어났다거나 하는 특별한 이유가 발생한 해를 제외하고는 해마다 두

---

105) 다만 『明宗實錄』에는 그 성격을 알 수 없는 觀射 기록도 몇 건 있다. 上御慶會樓下 觀射(『明宗實錄』 卷 9, 明宗 4년 4월 11일(庚戌))라고 간단히 기록된 경우가 이에 해당한다. 그러나 경회루 아래에서의 관사는 대부분 試射였다. 다음 기록이 그 사 례이다. 上御慶會樓下 觀射 親試儒生 ⋯ 文科取幼學柳永吉等十二人 ⋯ 武科取兼 司僕李由義等四人(『明宗實錄』 卷 25, 명종 14년 9월 20일(戊子)).
106) 그 한 예를 보면 다음과 같다.
上殿坐于慶會樓下 親試與觀射 試官左相朴淳右相盧守愼 朴忠元成世章鄭宗榮李純 亨沈守慶尹鉉柳希春朴謹元入侍 ⋯ 東邊武科試官 姜士尙姜暹(『宣祖實錄』 권 7, 선 조 6년 9월 29일(丙午)).

차례씩 봄과 가을에 강무를 시행해 왔었다. 이 전통이 깨어진 것은 세조 때부터였고, 이때부터 기록에 나타나기 시작하는 것이 열무이다. 강무와 대열, 친열 등이 『국조오례의』나 『병정』, 『경국대전』에 규정되어 있는 구체적인 의식 내지는 제도인 것과 달리, 열무는 그 실체가 구체적인 것이라 할 수 없다. 국가의 무사(武事)에 해당하는 것을 국왕이 친히 본다면 그 어떤 것이든 '열무'라는 말로 표현할 수 있었다. 따라서 열무는 그 구체적인 내용이 강무일 수도 있고, 대열일 수도 있으며, 습진에 대한 친열일 수도 있었다. 이 밖에 장수나 군사들이 여러 가지 무예를 구현하는 것을 보는 관무재(觀武才) 또한 열무일 수 있었다. 그런데 17세기부터 관무재가 무과(武科)의 일부를 이루는 변화가 일어나면서 열무와는 명확하게 구분되어 갔다.[107] 이와 아울러 열무의 중심은 차츰 습진으로 정착되었다. 국왕이 군사들의 진법 훈련을 관람하고 때로는 그에 이어서 활쏘기를 겨루도록 하거나 격구를 시키거나 하였는데, 이 전체를 열무라 하는 경우가 많았다.

이러한 까닭에 조선왕조실록 기록에는 열무의 내용을 구체적으로 전하는 경우가 거의 없다. 다만 '조선왕조실록'에는 포함되어 있으나 그 체제에 대한 정확한 명칭은 '일기'인 『광해군일기』에는 1610년(광해군 2)에 열무를 어떻게 진행하였는지 비교적 구체적으로 보여주는 내용이 있다. 이 기록은 모두 11개의 기사로 구성되어 있는데, 이를 소개하면 다음과 같다.

---

107) 觀武才는 16세기 초엽 中宗 때부터 武科 시험을 치루는 과정을 국왕이 관람하는 내용으로 차츰 정착되어 17세기에는 명확히 무과의 일부를 이루게 되었다. 이에 대해서는 심승구, 「조선전기의 觀武才 연구」, 『향토서울』 65, 2005. 참조.

〈사료 3-3-A〉

1번째 기사

묘시(卯時: 오전 5시~7시)에 임금이 융복(戎服) 차림으로 말을 타고 서쪽 교외 활터에 도착해서 막차(幕次)에 들어갔다. 왕세자와 백관이 모두 융복 차림으로 대가를 호종하였다. 【왕이 서쪽 교외에서 열무하였는데, 왕세자가 따랐다.】

2번째 기사

송영구(宋英耉)가 아뢰었다. "습진이 끝나면 관무재를 행하는데, 지금 이 장전(帳殿)을 배설한 지역은 형세 상 시야가 좁아 말 달리며 무예를 시험할 때 상께서 두루 관람하시기가 어려운 형편입니다. 그런데 건너편에 있는 서쪽 언덕은 막힘없이 툭 터졌으니 그곳으로 이어(移御)하여 관람하신다면 매우 좋겠습니다. 어떻게 해야 할지 감히 여쭙니다."

전교하였다. "오늘 벌써 해가 저물고 있으니, 관무재는 훈련도감의 군사만 행하도록 하고 병조의 군병은 뒷날 하도록 하라."

송영구가 아뢰었다. "관무재는 오늘 하지 않는다 하더라도 짚으로 만든 인형을 공격하는 것과 말 위에 서서 하는 무예는 이미 낙점을 받은 것들입니다. 그런데 이어하는 일은 어떻게 할까요?"

전교하였다. "검수(劒手)가 (짚으로 만든 인형을) 공격하는 것과 마상(馬上) 무예 시험을 이곳에서 볼 수 있다면 이어할 필요가 없겠지만 방해되는 점이 있다면 이어하는 것이 좋겠다."

송영구가 아뢰었다. "이곳에서도 보실 수는 있겠습니다만, 시야가 트이기로는 서쪽 언덕보다 못합니다."

전교하였다. "그렇다면 습진한 뒤에 바로 이어할 테니 장전을 미리 진설해 두도록 하라."

3번째 기사

송영구가 아뢰었다. "대비전에서 문안하도록 보낸 승전색이 원문(轅門) 밖에 와 있는데, 어떻게 할까요?"

전교하였다. "표신(標信)을 내어주어서 문을 열어 들여보내도록 하라."

송영구가 아뢰었다. "습진하여 전투를 하기 시작한 뒤로는 문안 승전색이 군문을 출입할 수 없습니다. 진(陣)의 후문으로 출입하게 하는 것이 어떻겠습니까?"

윤허한다고 전교하였다.

4번째 기사

사시(巳時: 오전 9시~11시)에 임금이 막차에서 나와 활터의 장전에 나아갔다. 도승지 김시묵(金時獻), 좌승지 이형욱(李馨郁), 우승지 이덕형(李德泂), 좌부승지 송영구, 우부승지 이호신(李好臣), 동부승지 이지완(李志完), 주서 한여직(韓汝溭), 가주서 홍경찬(洪敬纘), 기사관 박로(朴簹)와 이숙(李熽), 그리고 홍문관·사헌부·사간원·병조·도총부 관원들과 각 차비(差備) 인원이 차례대로 들어와 모셨다.

5번째 기사

송영구가 나아가 아뢰었다. "재추(宰樞)가 지금 들어와 모시려 하니 선전관에게 북을 치게 하십시오."

임금이 알았다고 하였다.

6번째 기사

선전관이 북을 친 후 재추와 여러 신하들이 동서로 나뉘어 차례대로 들어와 임금을 모셨다.

7번째 기사

송영구가 나아가 아뢰었다. "중군(中軍)이 와서 외장포(外帳砲)를 쏘겠다고 아룁니다."

【이 아래에 중군이 아뢴 것은 모두 습진과 관련하여 전투, 전진과 후퇴, 훈계에 대한 지휘 조목들이다.】

임금이 알았다고 하였다.

8번째 기사

이호신이 나아가 아뢰었다. "장령 홍명원(洪命元)이 와서 계사(啓
辭)를 올렸습니다."【훈련도감의 낭청을 파직시키라는 일이었다.】

답하기를, "이미 추고했는데 어떻게 파직까지 시키겠는가? 윤허하
지 않는다." 하였다.

9번째 기사

송영구가 나아가 아뢰었다. "중군이 와서 '기(旗)를 올린 뒤 관기(官
旗)를 집결시키고, 포를 발사하는 소리가 들린 뒤 관기를 땅쪽으로 내
리고, 숙정포(肅靜砲)를 발사한 뒤 진영에 호령을 내리면 바야흐로 진
영의 행동이 개시되고, 그 뒤 공과 죄를 조사하고, 진영 조련이 끝나면
진영을 수습한 뒤 조련병을 해산하고 기를 내립니다.'라 하였습니다."

임금이 알았다고 하였다.

10번째 기사

미시(未時: 오후 1시~3시)에 습진을 끝내고 임금이 자기 막차로 들
어갔다.

신시(申時: 오후 3시~5시)에 임금이 서쪽 언덕의 막차로 이어하였
다가 잠시 뒤에 장전으로 나아갔다. 승지와 사관, 홍문관·사헌부·사간
원·병조·도총부의 관원과 차비 인원 및 종친과 재추, 그 밖의 여러 신
하가 전의 의례에 따라 차례대로 들어와 임금을 모셨다.

송영구가 나아가 아뢰었다. "훈련도감 군사의 무예를 이제 시험합
니다. 마상재(馬上才)와 검술 중에서 어떤 기예를 먼저 시험합니까?"

임금이 말하였다. "검술부터 먼저 하라."

송영구가 아뢰었다. "검수(劍手)의 숫자가 많고 또 내용이 다양한
데, 벌써 저녁때가 다 되었으므로 상황에서 마상재를 미처 하지 못하
게 되면 어떻게 할까요?"

임금이 말하였다. "날의 형편을 봐 가면서 짐작해서 조치해야 하겠
지만 검술을 속히 시행하도록 하라."

검술 시험이 끝난 뒤에 송영구가 나아가 아뢰었다. "검수의 기예를

모두 시험했으므로 마상재를 시험토록 하겠습니다."

임금이 알았다고 하였다.

마상재의 시험이 끝나고 나서 송영구가 나아가 아뢰었다. "말 위에서 하는 여러 기예의 시험을 모두 끝냈습니다."

임금이 다시 막차로 들어갔다.

송영구가 아뢰었다. "상감께서 환궁하실 때 이 아래 산비탈이 매우 가파르고 앞길에 또 작은 다리가 있으니, 우선 소여(小輿)를 타고 큰길까지 나간 뒤에 말을 타시는 것이 어떻겠습니까?"

임금이 말을 타고 산비탈을 내려와 유시(酉時: 오후 5시~7시)에 궁궐로 돌아왔다.

11번째 기사

병조가【정창연(鄭昌衍)은 척리(戚里)였고, 송순(宋諄), 윤경립(尹敬立), 유인길(柳寅吉)은 세상일에 어두웠다.】아뢰었다. "오늘 습진할 때 군사를 많이 배정하여 잡인을 멀리 물리치도록 재삼 신칙했었습니다. 그런데 행군할 때 오른쪽 고갯마루 위에서 구경하던 잡인들 다수가 외진(外陣) 안으로 들어와 군병과 섞여서 소란스럽게 하였는데 당해 부장(部將)은 이를 전연 금지시키지 않았으니, 놀랍기 그지없습니다. 추고하여 치죄하소서." 윤허한다고 전교하였다.

사신은 논한다. 군법보다 엄하고 중한 것은 없다. (이하 생략)[108]

위의 기록에서 광해군의 열무는 습진을 국왕이 친히 가서 보는 친열과 여러 무예 재주를 펼치도록 하여 시험을 보는 관무재가 이어져 구성되었음을 알 수 있다. 또 이 행사가 새벽 해 뜰 무렵부터 시작하여 저녁 해 질 무렵까지 진행되었다는 것도 알 수 있다. 이 행사에 국왕인 광해군과 세자, 주요 고위 관원들은 갑주(甲冑)를 착용한 것이 아니라 융복

---

108)『光海君日記』권 33, 광해군 2년 9월 25일(丁卯)

차림이었다. 대열의 경우 처음에는 국왕은 금갑(金甲)을 입고, 왕세자와 종친 및 문무 관원들은 모두 갑주 곧 갑옷과 투구를 착용하도록 규정되어 있었다.[109] 그런데『세종실록』오례에서는 국왕은 익선관(翼善冠)을 쓰고 곤룡포(袞龍袍)를 입고, 세자 이하 종친과 관원들은 평상복을 입는 것으로 바뀌었다.[110] 문종과 세조 때에 대열의 내용에 변화가 있었으나, 그 규정이 기록에 남아 있지 않아서 대열 때의 복색 규정이 어떻게 바뀌었는지 알 수 없는 상황이다.

당시 열무에 동원된 것은 대부분 훈련도감 소속 군인들인 것으로 파악된다. 이 시기는 조선전기의 중앙군 체제인 오위 체제가 허구화한 가운데 새 군영으로 훈련도감만이 설치되어 있었던 까닭에 이와 같은 현상이 벌어진 것으로 판단된다. 열무 진행과 관련된 일은 모두 좌부승지 송영구가 맡아 아뢰고 왕명을 받들었으므로, 송영구가 병방(兵房) 승지였음이 분명해 보인다. 그런데 정작 습진에 대해서는 구체적인 내용은 역시 기록되어 있지 않다. 오위체제에서의 대열이나 습진 그리고 강무 등은 대부분 두 개의 상(廂)으로 임시 부대를 편성하여서 시행하였는데, 그것은 두 부대가 전투하는 모습을 구현해야 했기 때문이었다. 이 시기는 아직 훈련도감 외에 다른 뚜렷한 군영이 없었으므로 기존의 방식대로 진법 훈련을 하였을 가능성이 커 보인다. 포를 쏘아서 신호를 하고 있었던 것도 과거의 대열이나 열무로부터 달라진 중요한 내용이었다.

이에 비해『승정원일기』에서 확인되는 1679년(숙종 5)의 열무에 대

---

109)『世宗實錄』卷 25, 세종 6년 9월 24일(丙申)의 大閲儀註
110)『世宗實錄』五禮 軍禮 閲武儀

한 기록은 행사 진행에 대해 한층 더 구체적인 내용을 담고 있다. 좀 길기는 하나, 이를 소개하면 아래와 같다.

〈사료 3-3-B〉
묘시에 임금이 노량의 단소(壇所)로 가서 대열을 하였다.

ⓐ 단소에 들어와서 왕을 모신 사람들은 다음과 같다. 동반(東班)은 행도승지(行都承旨) 경최(慶㝡), 좌승지 이단석(李端錫), 우승지 이정(李晶), 주서 이시만(李蓍晚), 기사관(記事官) 남치훈(南致熏)이고 동반의 종친과 재상 자리에는 영중추부사 허적(許積), 행판중추부사 권대운(權大運), 좌의정 민희(閔熙), 우의정 오시수(吳始壽), 영돈녕부사 김만기(金萬基), 우찬성 윤휴(尹鑴), 한성부판윤 정익(鄭楷), 이조참판 오시복(吳始復), 행병조판서 김석주(金錫胄), 행공조판서 유혁연(柳赫然), 병조참판 정유악(鄭維岳)이다. 서반(西班)은 좌부승지 안여석(安如石), 우부승지 구음(具崟), 동부승지 유명견(柳命堅), 가주서(假注書) 목임일(睦林一), 기사관 이만원(李萬元)이고, 서반의 종친과 재상 자리에는 숭선군(崇善君) 이징(李澂), 복선군(福善君) 이남(李柟), 낭선군(朗善君) 이우(李俁), 영창군(瀛昌君) 이침(李沈), 영풍군(靈豐君) 이식(李湜), 동원군(東原君) 이집(李潗), 금평위(錦平尉) 박필성(朴弼成), 금창부위(錦昌副尉) 박태정(朴泰定), 부제학 민종직(閔宗道), 대사헌 이원록(李元祿), 대사간 민취도(閔就道), 병조참의 정중징(鄭重徽)이다.

ⓑ 묘시 정삼각(正三刻)에 임금이 소교(小轎)를 타고 인정문(仁政門)을 나와 말로 바꿔 타고서 노량의 교련장으로 가서 막차(幕次)에 들어갔다. (글자 일부 결락)

임금: 시위하는 여러 신하는 모두 앉으시오.

안여석: 오늘 이 열무는 평상시의 의례와 전혀 달라서, 시위하는 여러 신하가 모두 앉아서는 아니 됩니다.

임금: 종일토록 서서 시위할 수는 없으니, 앉는 것이 옳다.

이정: 처음에 종친과 재상의 명단을 뽑아서 아뢸 때 종친은 동반, 재상은 서반으로 하는 전례가 있어서 이에 따라 시행하도록 하였었습

니다. 그런데 지금 보니, (중간 생략)

임금: 망단자(望旲子)를 시행토록 할 때 승지가 살피지 못하였다. 재상은 동쪽에 자리를 잡고, 종친은 서쪽에 자리를 잡는 것이 옳다.

ⓒ 후진(後陣)에서 총포 쏘는 소리가 났다.

김석주: 좌우 사대(射隊)와 어영청(御營廳) 정초군(精抄軍)이 총을 쏘는 뜻은 어제 미리 말씀드렸습니다. 지금 막 총을 쏘았습니다.

임금: 오냐.

임금: 권판부사는 앞으로 나오시오.

권대운이 나아가 엎드렸다.

(중간 생략)

유혁연: 중군청(中軍廳)이 총을 쏘았으므로 곧 상감의 명령을 전해야 합니다. 예전에는 단에 올라가 소리를 지르는 것이 규정이었으나, 이제는 이와 같이 한다는 것을 감히 아룁니다.

임금: 오냐.

(글자가 결락됨)

안여석: 선전관이 부르러 갔는데, 부르는 소리가 매우 작습니다. 추고(推考)하십시오.

임금: 그렇게 하라.

안여석: 중군이 총을 쏠 때 (세 글자가 빠져 있음) 부르지 않았습니다. 추고하십시오.

임금: 그렇게 하라.

중군이 와서 관기(官旗)를 내린다고 아뢰었다. 안여석이 이어받아 아뢰었다.

임금: 알았다.

유혁연: 이 일을 오래 맡아본 것은 아니오나, 전의 규정은 마병(馬兵)이 앞에서 곧바로 내려가도록 되어 있었는데, 이것은 바른 법도가 아닙니다. 군법에서는 좌우로 나누어 내려가서 앞에서 진을 쳐야 합니다.

임금: 지금도 앞에서 진을 쳤으므로 되었다.

ⓓ 중군이 숙정포(肅靜砲)를 쏜다고 아뢰었다. 안여석이 이어받아

아뢰었다.

임금: 알았다.

중군이 군호(軍號)를 관할하러 영(營)으로 간다고 아뢰었다. 안어석이 이어받아 아뢰었다.

임금: 알았다.

임금이 막차로 들어갔다.

ⓒ 조금 있다가 임금이 장전(帳殿)으로 나아갔다.

유혁연: 승장포(陞帳砲)를 쏜 것은 상감께서 장전에 오르신다는 뜻입니다. 진(陣)을 갖추어 행진하면서 좌우로 나누어 가는 것은 좁은 길을 지나서 넓은 곳을 만나면 길을 나누어 가고자 하는 때문입니다. 왜(倭)는 교활해서 이제 막 행군을 할 때에 때를 타서 공격을 해옵니다. 그 까닭에 먼저 마병을 앞세워서 왜적이 들어오는 길목을 지키게 하였다가 보군(步軍)이 진을 갖추고 나면 마군을 뒤로 물려서 기병(奇兵)으로 삼습니다.

임금: 오냐.

유혁연: 이 지역은 넓어서 빙 돌기가 쉽지 않습니다. 날아가듯이 걸어도 오래 걸립니다. 그리고 전투가 끝난 뒤에 아래 쪽 영이 앉아 쉬면서 밥을 지을 때에 왜군이 또 틈을 타서 마구 나오는 까닭에 반드시 상감의 면전에서 조련을 합니다. 상감의 앞에서 조련을 하므로, 상감께서 두루 보실 수 있습니다. 저 가지창은 낭선(狼筅)이라 부르는 무기입니다. 왜군은 막는 무기로는 장창(長創, 長槍의 誤記)과 낭선보다 좋은 것이 없습니다. 저 가운데 있는 삼지창(三枝槍)도 긴 무기와 짧은 무기가 서로 견제할 수 있도록 하려는 뜻으로 씁니다. 등패(等牌, 藤牌의 誤記)가 갖고 있는 방패도 왜군을 막는 물건입니다. 한 곳에서 육박전을 벌이면 상처를 입는 사람이 반드시 많이 생깁니다.

유혁연: 저기 군사들 속에 끌고 달리는 물건은 재화거(載火車)입니다. 저기 왜군이 오색 부채를 가지고 있는 까닭은 요술을 부리는 때문입니다. 저기 부채를 부쳐대고 있는데, 왜군은 호접진(蝴蝶陣) 안에 있는 까닭에 나비 모양으로 부쳐댑니다.

유혁연: 저기 불은 적을 향해 놓은 것인데, 사람들이 다칠까 걱정되

기 때문에 위를 향해서만 놓습니다.

유혁연: 총에 맞은 뒤에 아직 죽지 않은 왜군이 있는 까닭에 살수(殺手)를 내보내서 다 죽입니다. 살수는 정예 병사입니다. 군졸 한 명이라도 당해내기 어렵습니다.

김석주: 왜군이 쳐들어올 때 첫 번째에는 2층에 있는 살수를 내보내서 공격하고, 왜적이 다시 오면 아래층으로 진영에 있는 자들을 내보내서 공격을 합니다. 세 번째 쳐들어오면 앞뒤에 있는 살수와 좌우에 있는 마병을 다 내보내서 공격합니다.

김석주: 좌우에 숨어 있는 자들이 바로 복병입니다. 그리고 왜군의 부채에는 다 그 이름이 씌어 있습니다. 임진왜란 때에 간혹 왜군의 부채를 노획하였는데, 다 그 이름이 씌어 있었다고 합니다.

창두화(創頭火)가 나왔다.

유혁연: 이것이 바로 이화창(梨花槍)[111]입니다.

(글자가 결락됨)

오시수: 세종 선덕(宣德) 병오(丙午: 1426년, 세종 8년)에도 대열을 하였는데, 왕세자 이하 백관이 모두 갑옷과 투구를 착용하였고, (중략)

안여석: 장전 아주 가까운 곳에서 큰 소리로 발악하는 것을 중지시키지 못하고 있으니, 일이 몹시 해괴합니다. 해당 관원을 추고하는 것이 어떻겠습니까?

임금: 자기의 억울한 일도 아닌데 승정원이 소를 올리지 않는다고 큰소리로 발악을 하고, 그것을 중지시키지 못하는구나. 그자는 잡아들여 심문하고, 중지시키지 못한 해당 관원은 파직하라.

ⓕ **유혁연**: 화거(火車)를 내보내 별진(別陣)을 만들도록 하십시오.

임금: 지난 해 겨울부터 훈련도감에서 만든 것이 50대이냐?

---

111) 『三才圖會』器由 梨花槍式에 배꽃가루를 筒에 넣어 창끝에 매달고서 임전했을 때 이 창을 한 번 던지면 수십 보 거리까지 갈 수 있고 그 가루가 피부에 닿으면 즉사한다고 한다. 송나라 李全이 그 방법을 사용하여 山東 지방에서는 당할 자가 없었는데 그의 아내 楊氏가 말하기를, "20년간 연마한 이화창에는 천하에 적수가 없다."고 하였다고 전해진다.

유혁연: 총을 갖춘 것이 30여 대이고 총이 없는 것이 40여 대로, 합하여 70여 대인데, 지금 쏘는 것은 포수가 쏘는 것이 아니라 모두 화거에서 쏘는 것입니다.

임금: 화거 한 대마다 5층이고 층마다 총이 10자루씩이라고 하던데, 그렇다면 화거 한 대에 50자루가 쏘는가?

유혁연: 그렇습니다. 수레의 제도는 다양한데, 화거 같으면 쓸 만합니다. 다만 더 만들고 싶으나, 대흥산성 공사를 한 뒤여서 철물을 장만할 수가 없습니다. 이제 만약 군기시 관원을 장산곶 근처 철이 나는 곳으로 보내 제련하여서 단련하여 만들어서 가지고 오도록 하면 어떻겠습니까?

임금: 그렇게 하라.

유혁연: 그런데 군기시 관원의 양식을 대기가 어렵습니다. 군기시도 피폐해서 양식을 주기 어렵습니다. 관향(管餉)의 남는 쌀로 양식을 지급하는 것이 좋을 듯합니다.

임금: 그렇게 하라.

유혁연: 군기시의 일을 허락하신다면, 훈련도감에도 재정이 있으므로 맡아서 할 수 있습니다. 전라도 등지에서도 단련하여 만들 수 있습니다. 두모포(豆毛浦) 만호를 훈련도감 장관(將官) 중에서 총 만들 줄 아는 사람을 뽑아 보내면 어떻겠습니까?

임금: 그렇게 하라.

임금: 중군(中軍)은 나이가 얼마인가?

유혁연: 기미(己未)생입니다.

허적: 기미생이 아니라 정사(丁巳)생입니다.

유혁연: 영을 철수하려면 따로 호령을 내리셔야 합니다. 그런데 이곳은 지형이 좁아서 뒤로 물려 다른 곳에 지어야 하겠습니다.

ⓖ 임금이 병조판서에게 명령하여 마군에게 금군 가운데 아직 진을 갖추지 못한 곳을 침범하도록 시켰다.

유혁연: 금군이 저곳으로 들어가면 마군이 추격하도록 명령해야 하나, 부상당할까봐 하지 않습니다. 물러나서 3진을 만든 것은 상감께서 보시기 좋게 하려는 때문입니다.

(글자가 결락됨)

유혁연: 진을 펼치고 난 뒤에 물러나서 정해진 곳으로 돌아가도록 할까요? 아니면 나가서 싸우도록 할까요?

임금: 마군을 시켜서 싸우도록 하는 것이 좋겠다.

유혁연: 금군은 이미 시재를 하였으므로, 훈련도감의 마병에게 싸우도록 하는 것이 어떻겠습니까?

임금: 오냐.

유혁연: 그러면 훈련도감 마병을 많이 쓰지 말고, 조용히 교전을 시키는 것이 어떻겠습니까?

임금: 오냐.

윤휴: 수레의 제도에 대해서는 제가 전에 자세히 말씀드렸는데, (중략)

(글자가 결락됨)

ⓗ **유혁연**: 화거들이 친 진을 이미 후퇴시켰습니다. 만약 화거들이 진격하고 후퇴하는 것을 보고자 하신다면 빨리 다시 진격시키려고 하는데, 어떻겠습니까?

임금: 오냐.

임금(병판을 불러): 가후금군(駕後禁軍)을 시켜서 좌익과 우익으로 나가 화거들이 아직 진을 갖추지 못한 곳을 공격하도록 하는 것이 좋겠다.

김석주: 가후금군은 훈련도감 마병에 견줄 수 없습니다. 양반도 있고, 중인도 있어서 그 마음이 단결되어 있지 않아, 용맹한 자가 있더라도 돌입하지 못할 것이고, 물러갈 때에도 열을 이루지 못할 것입니다. 이는 한 달에 한 번만 조련하는 까닭에 전투하는 진법 훈련이 훈련도감 마병만 못한 때문입니다. 오늘은 날이 늦었고 이미 대강을 보았으므로, 약속된 곳으로 철수하도록 하는 것이 어떻겠습니까?

임금: 그렇게 하라.

김석주: 지금 미시(未時) 정3각(오후 1시 36분)입니다. 곧 신시(申時)가 될 터인데, 낮 수라를 올리는 것이 어떻겠습니까? 영을 철수하는 것은 수라 뒤에 해야 할 것이고, 어영청 정초군과 잡색군 몇 초(哨)도

진의 형세를 펼쳐 보이고자 하는데, 어떻겠습니까?

임금: 수라 전에 지금 하는 것이 좋겠다.

임금: 어영군이 진을 펼친 뒤에 조련을 끝내는 것이 좋겠다.

유혁연: (훈련도감의) 마군이 말을 탄지 벌써 오래되어서 말이 피곤할 것입니다. 잠시 말에서 내려 쉬도록 하는 것이 어떻겠습니까?

임금: 오냐.

① **김석주**: 어영군이 지금 막 진을 갖추었는데, 진을 갖춘 뒤에 훈련도감의 가짜 왜군 1초를 시켜서 교전하여 시험하고자 하는 뜻을 감히 아룁니다.

임금: 오냐.

김석주: 오른쪽에 진을 갖춘 것이 바로 어영청 정초군입니다. 왼쪽에 진을 갖춘 것이 어영군입니다. 만약 이렇게 진을 갖추게 되면 대오가 이루어지지 않는 까닭에 이 밖에 6초를 바깥 열로 하고, 안에는 별파진(別破陣)을 두어서 채우는 까닭에 화약무기를 지니고 있습니다.

임금: 오냐.

유혁연: 조련을 마치고 나면 아뢰어서 영을 철수하겠습니다.

허적: 중군은 벌써 영을 철수하겠다고 아뢰었으니 다시 아뢸 필요가 없고, 대장이 명령을 전달하면 될 것입니다.

임금: 오냐.

김석주: 아뢰어 영을 철수하고 조련을 끝낸 뒤 어영군도 정해진 지역으로 가도록 하는 것이 어떻겠습니까?

임금: 그렇게 하라.

안여석: 조련에 대해 감사하는 것은 아뢰는 규정이 없습니다. 대장이 물러가서 중군에게 영을 철수하도록 시키게 하는 것이 어떻겠습니까?

임금: 그렇게 하라.

안여석: 날이 벌써 저물어 갑니다. 군호를 반포해야 하는데, 어떻게 할까요?

임금: 들이도록 하라.

임금: 성기(省記)는 궁궐에 돌아간 뒤에 들이도록 하라.

허적: 이 강 건너편 산 위에 성삼문(成三問) 등 6신의 묘가 있습니다. (중략)

ⓙ 조금 지나서 임금이 장전으로 나갔다.

임금: 내가 오늘 처음으로 습진을 보았는데, 모든 일이 익숙하게 잘 되었고, 별도로 지시한 것들도 잘 해내었도다. 양국(兩局: 여기서는 훈련도감과 어영청) 대장과 중군, 금군 별장, 훈련도감 마병 좌별장과 우별장에게 각각 잘 길들인 말 한 필을 특별히 직접 보고 주도록 하겠다.

중군이 조련에 감사함을 아뢰었다. 안여석이 받아서 아뢰었다,

임금: 알았다.

김석주: 양국의 중군에게 말을 하사한다는 명령을 하셨으나, 어영청 중군 유중기(柳重起)는 사헌부가 아뢰어 정직(停職) 중이어서 따라올 수 없었고, 천총(千摠)이 대신 그 부하들을 이끌고 왔는데, 어떻게 할까요?

임금: 그렇다면 천총에게 주는 것이 좋겠다.

민종도: 큰 소리를 낸 사람을 잡아 신문할 것을 명령하셨습니다. (중략)

중군이 조련을 해산한다고 아뢰었고, 안여석이 받아서 아뢰었다,

임금: 알았다.

김석주: 사복시(司僕寺) 첨정(僉正)이 말을 대령하였습니다.

임금: 앞에 줄지어 서도록 하여 차례대로 지급하라.

김석주: 전에는 반드시 단 위에서 주었습니다. 지금 단 아래에서 주시려 하여서 감히 아룁니다.

ⓚ **임금**: 두 대장은 단 위에서 주도록 하라.

민취도: 열무를 오랜 동안 거행하지 못하다가 오늘에야 행하니, 이는 참으로 성대한 일입니다. 삼군(三軍)의 이목이 징과 북, 정(旌)과 기(旗)에 집중해 있는데, 단 위에서 호령하는 소리를 군사들이 알아듣지 못하니, 앉고 서고 전진하고 후퇴하는 절차를 반드시 교련관이 내려가서 분부한 뒤에야 겨우 모양을 갖추었습니다. 그렇다면 장수는 깃발과 북을 어디에 쓰는 것입니까? 일이 해괴하기가 이보다 더한 것이 없습니다. 훈련대장과 중군을 모두 추고하십시오.

임금: 종전의 규례도 교련관을 시켜 분부하도록 되어 있는데, 왜 꼭 추고해야 하느냐?

(글자가 결락됨)

윤휴: 제가 생각나는 것이 있어서 감히 아룁니다. 상감께서 친림하셔서 자신이 대장의 일을 행하면, 두 대장은 의당 갑옷과 투구를 갖추어 입고 군중의 일을 시행하여야 함에도 버젓이 단 위에 있으면서 저희들과 다를 바가 없습니다. 근래의 규례가 비록 이렇다 할지라도 이것은 잘못입니다. 어떻게 감히 갑옷과 투구를 갖추지 않고 편안할 수 있습니까? 만약 양사(사헌부와 사간원)가 있다면 당연히 추고를 요청해야 하나 이 또한 하지 않았으므로 매우 잘못되었습니다. 군례는 지엄한데, 어떻게 이를 용납할 수 있습니까?

임금: 전의 규례가 이미 그러하고 오늘 처음 한 일이 아닌데 왜 꼭 추고해야 하느냐?

김석주: 상으로 주는 말을 다 주었습니다.

임금: 알았다.

① **유혁연**: 기를 내린다는 것을 아뢰고 난 뒤에 저는 앞에서 달리기 위해 먼저 간다는 뜻을 감히 아룁니다.

임금: 알았다.

중군이 기를 내린다고 아뢰었고, 안여석이 받아 아뢰었다,

임금: 알았다.

오시수: 제가 생각나는 것이 있어서 감히 아룁니다. (중략)

임금: 노량에서 남대문까지 상언하는 것을 받도록 하라.

임금이 막차에 들어갔다. 통례(通禮)가 예가 끝나면 신시(申時: 오후 3시~5시)에 환궁한다는 것을 아뢰었다.

임금이 막차에 들어간 뒤에 약방(藥房)과 승정원, 홍문관이 문안하였다.(이하 생략)[112]

---

112) 『承政院日記』 272책(탈초본 14책) 숙종 5년 9월 癸卯(11일)

이때에도 행사의 시작은 광해군 때의 기록에서와 같이 묘시였으며, 행사를 거행한 곳은 노량의 북쪽 강가였다. 묘시 정삼각(正三刻)은 오전 5시 36분이다. 행사에 대해서는 대열이라 한 것과 열무라 한 것이 함께 나타나고 있는데, 『병정』에 규정되어 있는 대열과 내용이 다르므로, 이 측면에서는 열무라 하여야 할 듯하다. 그런데 진법 훈련인 습진과 아울러 시재가 함께 진행된 것처럼 기록되어 있기는 하나, 실제 내용은 모두 진법 훈련이어서, 이 측면에서는 열무보다는 대열에 가깝다. 또한 조선후기의 5군영 가운데 훈련도감, 어영청, 총융청, 수어청 등 4개 군영이 갖추어져 있는 조건 아래에서 행사에 동원된 병력이 훈련도감, 어영청 소속 군인과 금군으로 국한되어 있는 것이 대열이라 하기에 부족한 점으로 생각된다. 이러한 것이 한 기록 안에서 대열이라고도 하고 열무라고도 하게 된 이유일 것이다. 그러나 대열 의식은 강무와 함께 국왕을 중심으로 하는 국가 의례이자 대표적인 군례로서 왕세자 이하 종친과 재추, 그 밖에 여러 신료들 및 장수와 군사들이 국왕에게 절을 하는 의식이 핵심을 이루는데, 이날의 의식 진행 절차에는 이 국왕에게 절을 하는 의식 부분이 발견되지 않는다. 그러므로 이날의 행사는 엄격한 기준으로 판단할 때 대열이 아닌 열무라 보아야 할 것이다.

행사의 진행에서 군사적 내용에 해당하는 것은 모두 좌부승지 안여석이 아뢰고 왕명을 받들었다. 숙종의 옆에서 행사에 대해 안내나 해설에 해당하는 말을 한 것은 주로 행병조판서 김석주와 행공조판서 유혁연 두 사람인데, 유혁연은 훈련대장을 맡고 있었다. 따라서 즉위한 뒤 5년 만에 처음으로 열무 행사를 하는 국왕에게 병조판서와 훈련대장이 안내자와 해설자 역할을 했다고 볼 수 있다.

ⓐ는 반차(班次)를 기록한 부분이다. 단소(壇所)는 세종 때의 대열의주

등에는 '壇所'로 되어 있다. 땅을 잘 다져서 조금 높게 만든 곳을 뜻한다. 국왕을 중심으로 거행되는 의식의 반차에서 대군 이하 종친 등이 서반에 위치하는 것은 『세종실록』 오례의나 『국조오례의』의 여러 의식에서 공통되는 규정이다. 그런데 이날의 행사에서는 ⓑ의 내용에 있는 것과 같이 우승지 이정이 전례(前例)를 따르면서 잘못 판단하여 종친을 동반, 재상을 서반에 배치하였다가 다시 아뢰어 반차를 바꾸는 일이 발생하였다. 의례를 중요시하는 유교국가 조선에서 이와 같은 사태가 벌어졌다는 것은 그 동안 왕권과 국왕의 권위가 실추되어 종친과 재상이 모두 참여하는 국왕 중심 국가 의례를 거행하는 일이 드물었음을 나타내는 상징적 사건이라고 생각된다.

ⓑ에 나오는 막차는 천막의 형태로 만들어서 임금이 장전으로 가기 전 또 장전에서 물러나왔을 때 휴식을 취하는 곳이다. 장전은 휘장을 둘러서 전(殿)의 구실을 할 수 있도록 만든 곳이다. 장전은 북쪽에 위치하여 남쪽을 향하고, 막차는 장전의 남쪽에 동쪽 편으로 서쪽을 향해 설치한다. 행사는 당연히 국왕이 장전에 나와 있을 때 진행된다.

ⓒ에서 좌우 사대와 어영청 정초군이 총을 쏘는 것은 행사를 시작할 시점이 다 되어 감을 알리는 것인데, 『세종실록』 오례의나 『국조오례의』의 규정에서는 북과 종을 쳐서 알리도록 되어 있었던 것이 이 시기에는 총과 포를 쏘는 것으로 바뀌었다. 중군은 훈련도감 중군으로 훈련대장 밑의 참모장과 같은 존재이고, 중군청은 중군에 딸린 기구이다. 훈련도감 중군과 중군청이 행사의 진행에서 중요한 몫을 하고 있는데, 이는 훈련도감이 창설된 이래 국가의 군사력에서만이 아니라 군례 의식에서도 훈련도감이 주축을 이루었음을 보여 준다.

ⓓ에서 중군이 숙정포를 쏜다고 보고하였으므로 이어서 숙정포를

쏘았을 것인데, 이는 행사가 곧 시작된다는 것을 알리는 것이다. 이에 따라 행사 시작 전에 숙종이 잠시 휴식을 취하기 위해 막차로 갔다. 그런데 이 앞에 숙종이 막차에서 나와 아마도 장전으로 왔을 터인데 이를 나타내는 내용이 없다. 결락된 부분에 해당되는 듯하다.

ⓔ에서 승전포를 쏨으로써 국왕인 숙종이 장전으로 나와 자리를 잡고 드디어 본격적으로 행사가 시작되었다. 이 승전포를 쏘는 것도『세종실록』오례의나『국조오례의』의 규정에서는 없는 것으로, 형명(形名)을 사용하여 지휘하던 것의 상당수가 포로 대체되었음을 보여준다. 진을 갖추어 행진한 뒤에는 전진(戰陣) 곧 전투를 위한 진으로 바꾸어 두 부대가 전투하는 모양새를 갖추게 되는데, 이 시기에는 한쪽 편이 왜군으로 지정되어 있는 것을 알 수 있다. 또한 낭선을 비롯한 여러 무기는 명의 장수였던 척계광(戚繼光)의『기효신서(紀效新書)』에 기록되어 있는 것들로서, 16세기에 성행한 왜구를 효과적으로 막기 위해 이른바 절강병법에 의해 군사를 편성하여 훈련하던 무기들이다. 이 시기까지도 조선에서 가장 중요한 가상적이 일본이었음을 보여준다. 화거(火車)는 문종 때 개발된 무기로, 총통(銃筒)이나 신기전(神機箭)을 한거번에 쏠 수 있도록 고안되었다. ⓕ에 화거에 대한 구체적인 정보와 함께 훈련대장이 화거로 진을 이루고 전진, 후퇴하는 것을 국왕이 보게 된 것을 기회로 삼아 화거 추가 생산에 필요한 조치들에 국왕의 승인을 얻어 낸 것을 볼 수 있다.

ⓖ와 ⓗ, ⓘ는 모두 국왕의 지시에 따라 또는 국왕에게 아뢰어서 그 명령을 받들어 준비되지 않은 돌발 사태를 만들어 내서 그에 대한 대응 능력을 시험하는 부분이다. 이때에는 이러한 명령이 많이 내려가지 않은 편이다. 훈련도감 소속 병력에 대해서는 훈련대장이, 금군과 어영청

소속 병력에 대해서는 병조판서가 아뢰어서 명령을 받들었음을 알 수 있다. 이어서 행사를 마치는 절차에 대해 아뢰고 명령을 받는 과정이 이어졌다. 성기(省記)는 임금이 거처하는 궁궐, 임금이 밖에 나와 있는 경우에는 그 행재소(行在所)의 문과 주요 위치를 파수하는 책임자의 명단을 기록한 것을 말한다. 임금의 승인이 떨어져야 집행된다.

ⓙ와 ⓚ는 공과 과를 논하여 상과 벌을 시행하는 부분이다. 이때 숙종은 즉위 후 첫 번째 대규모 군사적 행사를 거행한 까닭인지 주로 공로를 인정하여 시상하고, 과실에 대해서는 관대하게 대하였음을 볼 수 있다. ⓛ은 훈련대장이 궁궐로 돌아가는 행차를 이끌게 된다는 것을 알려주며, 이어서 영을 철수하는 내용이 뒤이어 있는데, 이 부분은 생략하였다.

강무가 15세기 전반기인 태종~세종연간에 전성기를 이루었다면, 대열은 15세기 말엽 성종 때에 가장 많이 시행되었다. '열무'는 대개는 진법 훈련이 중심을 이루지만 그 내용의 구성이 다양하여 일률적으로 판단하기 곤란하나, 16세기 전반기인 중종 때에 가장 자주 시행되었고, 그 이후 양란이라 부르는 두 차례의 큰 전쟁을 전후하여서는 침체된 상태에 있었다. 병자년의 전쟁을 치른 뒤에도 국내 사회경제적 사정의 문제, 청(淸)의 감시와 통제 등 여러 이유 때문에 열무를 활발히 거행할 수 없었다. 그러다가 17세기 말엽 숙종 때에 이르러서야 다시금 전보다는 열무가 활발히 거행될 수 있었다. '열무'라는 말 자체도 임금이 무를 살핀다는 뜻을 지니고 있는데, 숙종 때에는 임금이 '친히' 직접 관람한다는 것을 강조하여 '친행(親行) 열무'나 '친행(親幸) 열무', '친림(親臨) 열무', '열무 행행'이라는 말을 자주 쓰고 있었다. 이상과 같은 변화 추세는 18세기로 이어지게 된다.

4장

조선후기 국왕의
보사(步射) 사예

1. 영조와 정조의 대사례(大射禮)와 어사

1) 대사례를 거행하기 위한 조건

18세기 조선에서 대사례를 의례로 거행할 수 있으려면 우선 필요한 조건이 대사례 의례 규정의 존재이다. 이 조건은 성종~중종 연간에 대사례를 4회에 걸쳐 대사례를 시행한 일이 있으므로, 일단은 충족되어 있었다고 생각할 수 있다. 그런데 영조는 물론 당시의 관원들은 '대사례의주(大射禮儀注)'가 별도로 갖추어져 『성종실록』에 기록되어 전한다는 사실을 전혀 모르고 있었다. 영조와 당시의 관원들은 대사례에 대한 규정이 당연히 『국조오례의』에 수록되어 있고, 이 시기 이전에 최후로 대사례를 거행하였던 중종 때의 규정이 『중종실록』에 기록되어 있을 것으로만 생각하였던 것이다. 그렇기에 영조는 "대사례의 경우는 근래에 행했던 의절(儀節)을 따르고 싶다. 글이 본디 『국조오례의』에 실려 있을 것이나, 이것은 중종 때에 이미 행했던 전례(典禮)이니, 실록을 상고해 오도록 하라."고 지시하였던 것이다.[1] 그러나 신하들은『국조오례의』에는 대사례에 대한 규정이 없고 다만 국왕이 사단(射壇)에 나아가서 활을 쏘고 이어서 종친과 관원들이 짝을 이루어 활쏘기를 겨루는 의식인 사우사단의(射于射壇儀), 국왕은 활을 쏘지 않고 종친과 관원들이 사단에 나아가서 짝을 이루어 활쏘기를 겨루는 것을 관람하는 의식인 관사우사단의(觀射于射壇儀)만 규정되어 있고,『중종실록』에는 대사례를 거행하였다는 내용만 있을 뿐 그 자세한 규정은 실려 있지 않다는 사실을 확인할 수 있었을 뿐이었다.[2] 당시 대사헌 서명빈(徐命彬)이 가뭄을 이유로 대사례를 중지하자고 상소하며 "대사례는 국조(國朝) 이래 두 번째 이루어지는 성대한 행사입니다만 … "이라 한 것을 보면,[3] 영조와 그 관원들은 성종 때 대사례가 거행되었었다는 사실을 전혀 몰랐던 것으로 생각할 수 있다. 더구나 1743년(영조 19년) 윤4월 대사례를 시행한 날의 기록에는『국조오례의』의 사우사단의 규정과『대명회전(大明會典)』의 대사례 규정을 바탕으로 새 의주를 만들어 의례를 거행하였다고 되어 있다.[4]

그런데 1743년 윤4월에 대사례를 시행하기까지의 과정과 의례 규정 등을 자세히 기록하고 있는『대사례의궤(大射禮儀軌)』를 보면,『영조실록』의 기록에 많은 누락이 있음을 알 수 있다.『대사례의궤』의 '계사질'에는 춘추관 당상인 이조참판 이맹정(李孟矴)과 예문관 대교 조운규(趙雲逵)가 4월 2일에 아뢴 내용이 실려 있는데, 이에 의하면 명령을 받

---

1)『英祖實錄』권 57, 영조 19년 3월 27일(신사) 1번 째 기사
2)『英祖實錄』권 57, 영조 19년 3월 28일(임오) 3번 째 기사
3)『英祖實錄』권 57, 영조 19년 윤4월 2일(을묘) 3번 째 기사
4)『英祖實錄』권 57, 영조 19년 윤4월 7일(경신) 2번 째 기사

들고 강화부(江華府)의 정족산성에 있는 사고(史庫)에 가서 확인한 결과『중종실록』에는 왕이 명령한 내용과 예조에서 아뢴 내용들만 있을 뿐 의주(儀註)나 그 밖의 절목(節目)이 전혀 없고, 1477년(성종 8년)에 거행된 대사례 때의 기록에 의주가 있다는 것을 확인하여서 그것을 베껴 왔다는 것이다.5) 당연히 성종 때의 대사례의주도 아뢴 내용에 포함되어 있다. 실제로『대사례의궤』의 '의주질'에 기록되어 있는 내용은『국조오례의』의 '사우사단의'보다는『성종실록』의 대사례의주와 더 흡사함을 볼 수 있다.6)

15세기의 것이든 18세기의 것이든 조선의 대사례는 중국의 제도에서 유래한 것이다. 그런데 중국의 대사례는 시기에 따라 그 내용과 성격에 차이가 있었다. 처음의 대사례는 제사 의례를 담당할 사람을 선발하는 데에 목적이 있었고, 중간 시기에는 연회에 흥을 돋우는 것에 목적이 있었으며, 조선 건국 직전에 중국에 등장한 명(明)에서는 명확히 군례의 하나로서 그 성격이 규정되어 있었다. 우선 이 측면부터 살펴보기로 한다.

중국 고대 주(周) 시대의 대사례는『의례(儀禮)』「대사의(大射儀)」편에 가공언(賈公彦)이 주석을 달며 인용한 정현(鄭玄)의『삼례목록(三禮目錄)』내용에 의해 그 대강을 알 수 있다. 이에 의하면 대사례는 천자

---

5)『大射禮儀軌』啓辭秩, 癸亥四月初四日 ; 實錄考出別單

6) 한편,『國朝續五禮儀』에 실려 있는 大射儀는 그 내용이『大射禮儀軌』의 것과 다르며, 그 말미에 "영조 계해년(영조 19년)에 대사례를 행하였는데, 그 내용은『國朝五禮儀』의 '射于射壇儀'를 본 땄다."고 하였다. 실제로『國朝續五禮儀』의 大射儀는『成宗實錄』의 大射禮儀註보다『國朝五禮儀』의 射于射壇儀와 비슷하다.『國朝續五禮儀』는 1744년(영조 20)에 완성되었으므로, 1743년에 대사례를 거행한 직후 곧바로 내용의 수정 보완이 이루어졌을 수 있었을 것으로 추정된다.

나 제후가 신(神)에게 제사하여야 할 일이 생기면, 먼저 제사를 도울 사람들을 선발하기 위해 거행하였던 의례이며, 빈사(賓射)나 연사(燕射), 향사(鄕射)보다 규모가 큰 의례였던 까닭에 대사(大射)라 이름을 붙였다고 한다. 이때 천자 또는 제후가 여러 신하와 함께 활을 쏘면서 그들의 덕과 행실, 용모, 예의범절을 살펴서, 들어맞는 것이 많은 사람을 제사에 참여시켰다는 것이다. 또한 당시에는 위와 같은 이유로 대사례가 군례(軍禮)가 아니라 가례(嘉禮)에 속하였고, 아울러 대사례라 하지 않고 대사의라 하였는데, 그 까닭은 의례가 성대하고 절차가 많은 때문이었다고 한다.[7]

대사례는 진(秦), 한(漢) 시대에 이어 위진남북조 시대를 거치는 동안 크게 바뀌었다. 『수서(隋書)』 「예의지 3」에 실려 있는 북제(北齊)에서 계추(季秋: 음력 9월) 때 행한 대사례 내용을 보면, 날(挬: 담장) 7개를 설치해서 1품~정3품(제1날), 종3품~4품(제2날), 5품(제3날), 6품(제4날), 7품(제5날), 8품(제6날), 9품(제7날)으로 나누어 활을 쏘도록 하고, 대장(大將), 사사마(射司馬)로부터 영사(令史), 날사(挬士)까지의 직책을 두어 각기 일을 담당하도록 하였는데, 이것은 주 시대의 대사의와는 전혀 내용이 달라져 있었음을 나타낸다. 이어서 수(隋)의 제도에서 대사례는 군례에 소속되었고, 당(唐) 시대에 편찬한 『개원례(開元禮)』에서는 '황제사우사궁(皇帝射于射宮)'과 '황제관사우사궁(皇帝觀射于射宮)' 두 가지 의례로 분화되어 역시 군례에 소속되었다.[8]

이 뒤 중국 황제의 사례(射禮)는 다시 군례가 아닌 가례로 구분되어, 송(宋) 시대에 이르러 '대사'가 다음과 같이 설명되기에 이르렀다.

---

7) 楊志剛(楊志剛), 2000, 『中國禮儀制度硏究』, 華東師範大學出版社(上海), 450~451쪽.
8) 楊志剛, 2000, 앞의 책, 451~452쪽.

　　대사의 예가 당말 오계(唐末 五季) 때에 폐지되어, 태종이 비로소 담당 관청에 명령하여 의주를 정하게 하였다. 여러 신하가 정월 초하루에 모이듯이 아침에 가서는 술잔을 세 차례 돌리고, 담당 관원이 "여러 왕과 공작 이하가 활을 쏘도록 해 주십시오."라 하여 시중(侍中)이 '가하다'는 명령을 받들었다. 황제가 군복으로 갈아입고 전 아래에 날 7개를 설치토록 하여, 왕과 공작 이하가 차례로 활을 쏘았다. 악기들은 동쪽과 서쪽 회랑에 벌여 연주하고, 웅후(熊侯)와 호후(虎侯) 등의 과녁을 설치하였다. 상품으로 줄 물건들은 동쪽 월대에 두었다가 잘 쏜 자에게 주고, 풍(豊)과 작(爵)은 서쪽 월대에 두었다가 잘 쏘지 못한 자들에게 벌주(罰酒)를 주는 데에 썼다. 그 복색과 의식 내용, 날의 위치 등을 그림으로 그려 올리자, 황제가 보고서 가상히 여겨, 재상들에게 말하였다. '전쟁의 위험이 줄어들면, 당연히 경들과 활을 쏠 것이다.'[9]

　　이처럼 당, 송 때의 대사례는 가례에 속하든 아니면 군례에 속하든 주로 잔치 때에 거행하여 여러 신하의 흥을 돋우는 오락적 성격이 뚜렷하였다. 그 성격이 다시 크게 바뀐 것은 명이 건국한 뒤의 일이다. 1370년(명 홍무 3년) 『명집례(明集禮)』를 편찬할 때 대사례가 다시 군례에 소속되는 한편, 주 시대에서처럼 교제(郊祭)나 종묘의 제사처럼 큰 제사를 지낼 때 그에 앞서 거행하도록 되었다. 곡(鵠)과 핍(乏)[10]의 체제 따위도 『주례(周禮)』의 내용을 바탕으로 수정되었다. 다만 주 시대와 달리, 대사례가 제사를 도울 관원을 선발하는 제도로 이용된 것은 아니었다.[11]

---

　9) 『宋史』禮志 17
10) 乏은 화살을 쏠 때, 명중 여부를 보고하는 자(報獲者)가 몸을 가릴 수 있도록 설치하는 것으로, 생김새는 병풍과 비슷하다. 고대 중국에서는 혹 容이라고도 하였다.
11) 杨志刚, 2000, 앞의 책, 452~453쪽.

15세기 후반에서 16세기 전반까지 성종과 연산군, 중종 때에 거행한 대사례에는 활을 쏘는 절차로 들어가기에 앞서 국왕과 의례에 참여하는 사람들이 모두 술을 세 순배(巡杯) 마시는 절차가 있었다. 이것은 사우사단의와 마찬가지로 대사례에도 여러 신하의 흥을 돋우는 오락적 성격이 유지되었음을 나타낸다. 그러나 영조 때의 대사례 내용에는 술을 세 순배 마시는 절차가 사라졌음을 확인할 수 있다.[12] 중종 때 마지막으로 대사례를 거행한 뒤 200여 년이 지나는 동안 조선 사회에서 성리학적 분위기가 훨씬 강화되었던 것에서 그 이유를 찾을 수 있을 것이다.

성리학적 사회 분위기의 강화는 사림세력의 정치 주도와 짝하여 이루어진 현상이었다. 이에 비해 조선 국왕의 권위와 권력은 약해질 수밖에 없었다. 중종 때까지만 해도 비록 반정에 의해 왕위에 오른 상황이어서 국왕의 권위와 권력이 예전의 국왕들만은 못하였으나, 성리학적 사회 분위기와 사림세력의 정치 주도가 국왕의 권위를 누르는 상황은 아니었다. 이에 비해 16세기 후반 선조연간에서 18세기 초반의 숙종 말엽 및 경종연간에 이르는 기간 동안에는 국왕의 권위가 사림세력의 대표자라 할 산림(山林)의 권위를 누르기가 쉽지 않았다. 그런데 1728년(영조 4)에 일어난 이인좌(李麟佐)의 반란을 계기로 영조가 탕평정치를 본격화한 지 15년이 지난 1743년(영조 19)에 이르러서는 영조의 권위와 권력이 상당히 강화되어 있었다. 이것이 영조가 대사례를 거행할 수 있었던 또 하나의 중요한 조건이었다.

사림세력은 대사례보다는 향사례(鄕射禮)를 중요시하였다. 향사례

---

12)『英祖實錄』권 57, 19년 윤4월 7일(경신) 2번 째 기사 및『大射禮儀軌』儀註秩,「大射禮儀」

는 지역 사회에서 그 구성원들에게 양반 사족 중심의 질서를 드러내고 요구하는 데에 알맞아서, 양반 사족의 선호 속에 영남 지역을 중심으로 지방 사회에서 자주 거행될 수 있었다.13) 이에 비해 대사례는 국왕을 정점으로 하는 질서를 드러내고 요구하는 데에 알맞았다. 이러한 대사례의 속성은 사림세력이 정치를 주도하여 왕권이 위축돼 있는 동안 대사례가 거행되지 않게 된 이유로 작용하였다. 그런데 이제 영조에 의해 국왕이 신하들의 군주일 뿐더러 스승이기도 하다는 군사론(君師論)이 전개되는 상황에서14) 대사례를 거행하기 위한 조건도 충분히 갖추어지게 되었던 것이다.

2) 1743년의 대사례

영조는 그 재위기간 동안 대사례를 두 차례 거행하였다. 첫 번째 시행한 것이 1743년 윤4월 7일이고, 두 번째는 그로부터 21년 뒤인 1764년(영조 40년) 2월 8일에 시행하였다. 영조가 첫 번째 대사례를 거행할 때에는 한 달 넘게 준비를 하였고, 그 과정과 대사례를 거행한 내용이 실록 기록 및 『대사례의궤』에 상세하게 담겨 있다. 이에 비해 두 번째 대사례는 갑작스러운 명령이 내려진 뒤 불과 5일 만에 시행되었다. 그래서인지 실록 기록에도 두 번째 대사례에 대해서는 그 내용이 자세하지 않고, 의궤도 전하지 않는다. 그러므로 여기서는 1743년 윤4월 7일에 첫 번째로 거행한 대사례를 살펴보고자 한다.

---

13) 李泰鎭, 「士林派의 留鄕所 復立運動 ―朝鮮初期 性理學 定着의 社會的 背景」, 『韓國社會史硏究 ―農業技術 發達과 社會變動―』, 1986, 지식산업사

14) 박광용, 『영조와 정조의 나라』, 1998, 푸른역사

(1) 대사례 거행 논의

영조는 이해 3월 27일에 3정승이 여러 재상들과 빈청(賓廳)에 모여 자신에게 잔치를 열어줄 일을 세자에게 요청하려 한다는 것을 알고, 이 가운데서 영의정 김재로(金在魯), 좌의정 송인명(宋寅明), 우의정 조현명(趙顯命)과 예조판서 정석오(鄭錫五), 예조참판 오광운(吳光運) 등 다섯 사람을 불러들였다. 그리고는 자신에게 잔치를 열어주는 문제는 가을에 다시 세자와 의논하라고 미루고, 자신은 즉위한 이래로 줄곧 선왕들이 거행하였던 의례들을 다시 거행하고자 해왔다면서 대사례를 거행하고 싶다는 생각을 밝혔다. 이어서 영조는『국조오례의』에서 대사례에 대한 규정을 확인하고, 과거에 대사례를 행하였던 자취를 실록에서 조사하도록 명령하고, 그 자리에서 윤달(윤4월) 초순에 예조가 택일하여 길일을 잡을 것까지 지시하였다.15)

이에 따라 먼저 그 다음 날인 3월 28일에 예조참판 오광운이『국조오례의』에는 대사례에 대한 내용이 없고 그 대신 '사우사단의'와 '관사우사단의'만이 있다는 사실을 아뢰었다. 이어서 대사례 의식 규정은 사우사단의를 참고하여야 한다는 사실이 확인되었다. 그런데 영조는 대사례가 자주 거행하는 의례가 아니므로 신하들이 잘 알지 못한다는 것을 이유로 세 차례에 걸쳐 예행연습을 하도록 명령하였다. 아울러 웅후와 미후(麋侯) 등 대사례 때 필요한 기물들을 각기 어떤 관서에서 마련할 것인지에 대해서도 일일이 지시하였다.16) 영조가 대사례에 대한 관심이 매우 컸다는 사실은 이로부터 충분히 짐작할 수 있다.

---

15)『英祖實錄』권 57, 19년 3월 27일(신사) 1번째 기사 ;『承政院日記』955책 (탈초본 52책) 영조 19년 3월 27일 辛巳 16번째 기사
16)『英祖實錄』권 57, 19년 3월 28일(임오) 3번째 기사

그 이튿날인 3월 29일 영조가 또 예조 당상관들을 불러, 대사례 때의 악장(樂章)에 대해 물어 확인하였다. 예조참판 오광운이 이에 대해 대답한 뒤, 하(夏), 상(商), 주 삼대 때의 예악(禮樂)이 없어진 것이 많고 개원례는 삼대 때의 것과 합치하지 아니하는 것이 많다며, 『국조오례의』 사우사단의를 근거로 거행할 경우 '대'자를 떼버리고 '사례'라고 하는 것이 마땅하겠다는 의견을 올렸다. 이에 영조는 대사례가 천자의 예이기는 하나, 제후에게도 대사례가 있었으므로 문제가 될 것이 없다고 정리하였다. 그리고 대사례를 거행할 장소를 하연대(下輦臺)로 지정하고, 성균관 대사성 또한 활을 쏘는 관원으로 들어와 참여하게 하라고 지시하였다. 또 대사례가 끝난 뒤에 명륜당(明倫堂)에서 시사(試士)할 것이므로, 시관(試官)으로 낙점을 받은 자들을 제외하고 문무 관원과 왕실 종친에서 20명을 정해줄 터이니 이들이 활쏘기를 익히도록 하고, 장악원(掌樂院)은 악장을 연습하라고 지시하였다.[17]

이어서 정족산 사고에 가서 『성종실록』과 『중종실록』을 확인한 결과가 앞서 보았듯이 4월 2일에 춘추관 당상 이맹정과 예문관 대교 조운규에 의해 보고되었고, 그 2일 뒤인 4월 4일에 대사례를 거행할 계획의 전반이 정리되었다. 이때 성균관 대성전에서 공자에게 제사하는 의례가 가장 먼저 거행되고 이어서 명륜당에서 성균관 유생들을 시사하는 절차가 진행되고, 대사례는 그 뒤에 거행된다는 것도 정해졌다.[18] 또한 『중종실록』에는 임금을 모시고 활을 쏜 관원이 60여 명인데, 지금은 너무 적다는 말이 나와, 종친과 의빈, 문무 관원에서 10명을 더하게 하였다.[19] 4월 6일에는 제사에 관여하는 관원들과 왕을 모시는 관원들도

---

17) 『英祖實錄』 권 57, 19년 3월 29일(계미) 2번째 기사
18) 『大射禮儀軌』 啓辭秩, 癸亥四月初二日 ; 實錄考出別單 ; 癸亥四月初四日 禮曹(영인본 45~65쪽).

모두 재계한다는 것이 구체적으로 정해졌고,20) 의례를 연습하는 일정도 첫 번째와 두 번째는 4월 30일에 두 차례로 나누어서 춘당대(春塘臺)에서, 세 번째는 윤4월 초삼일에 성균관에서 시행하도록 정해졌다.21)

대사례를 거행하는 장소가 구체적으로 확정된 것은 4월 12일이었다. 병조판서 서종옥이 예조 당상관들과 하련대 부근의 지세를 살펴보고 나서, 하련대 서남쪽으로부터 반수(泮水) 안쪽으로 거리를 헤아려 솔[활을 쏠 때 거는 천으로 만든 과녁. 후(侯 또는 帿)] 둘을 설치하는 것으로 결정하여 영조를 만나 허락을 받은 것이다. 본래는 무과 시험을 볼 때 사장(射場)을 설치하던 것과 같이 하련대 동남쪽에서 향교(香橋) 바깥 길 가장자리로 90보(步)를 잡아 솔을 설치할 생각이었으나, 땅이 경사져 기울어서 평평하게 하려면 인력이 너무 많이 필요해 대상지를 바꾼 것이었다. 대사례 때 핍(乏: 화살 막이) 안에서 깃발을 들어 화살이 맞았는지 또 어디에 맞았는지를 알려주는 인원은 미후에만 두고 그 깃발을 들어 알리는 원칙은 『대명회전』의 규정에 따른다는 것, 화살을 맞히지 못한 관원에게 벌주를 내릴 때 작을 쓰도록 되어 있으나 작은 제향에 쓰는 것이므로 치(觶)와 그 받침대를 쓰되 나무로 만들어서 주칠(朱漆)을 하고, 준(尊)은 사기 종지로 바꾸어 사용한다는 것도 이날 정해졌다. 또한 대사례 의례의 절차를 마련한 뒤 예를 거행할 때 찬의(贊儀)가 홀기(笏記)를 작성하여, 의례의 절차에 따라 읽어서 알리도록 한 점이 주목된다.22)

---

19) 『大射禮儀軌』 啓辭秩, 癸亥四月初四日 上御宣政殿(영인본 66쪽). 기록에는 '各十名'을 더하라고 한 것으로 되어 있으나, 실제 대사례에 侍射官으로 참여한 인원이 총 30명이므로 이와 같이 해석하였다.

20) 『大射禮儀軌』 啓辭秩, 癸亥四月初六日 禮曹來(영인본 69~70쪽).

21) 『承政院日記』 955책 (탈초본 52책) 영조 19년 4월 6일 己丑 13번째 기사

〈그림 3-1〉성균관 하연대와 반수

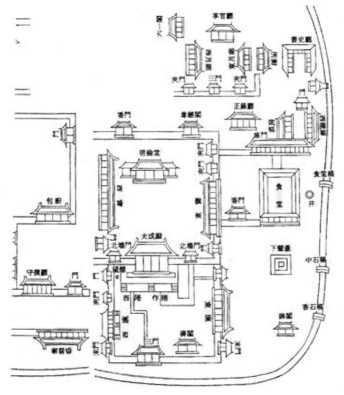

이 그림에서 오른쪽 다리 셋이 위로부터 차례로 식당교, 중석교, 향석교(비각교)이고, 향석교를 줄여 향교라 불렀다. 하연대는 중석교 왼쪽에 있다. 서반수교는 그림의 왼쪽 아래 잘려나간 부분에 있다. 중앙의 뒤쪽 큰 건물이 알성과를 설행한 명륜당이고 그 앞의 큰 건물이 영조가 알성례를 행한 대성전이다.

대사례를 거행하는 공간에서의 중심은 사단(射壇)이었다. 사단에 임금이 머무는 자리와 임금 및 신하들이 활을 쏘는 자리, 음악 연주를 지

22)『承政院日記』955책 (탈초본 52책) 영조 19년 4월 12일 乙未 17번째 기사 ;『大射禮儀軌』啓辭秩, 癸亥四月十二日(영인본 75~79쪽)

휘하는 자리 등이 설치되기 때문이다. 그런데 1743년 대사례를 거행할 때 사단의 위치가 어디인지는 기록에 명확하게 나타나지 않는다. 그렇지만 『승정원일기』에 사단에 대한 기록이 숙종 연간을 거쳐 영조 재위 초엽에도 이어지고 있으므로, 성종~중종 연간에 대사례를 거행하였던 사단이 계속 유지되었던 듯하다. 즉 1477년(성종 8년) 조선에서 처음으로 대사례를 거행하였을 때의 사단의 위치가 1743년에도 바뀌지 않았다고 볼 수 있다.

1477년의 대사례 때 양성지(梁誠之)가 친사문묘송(親祀文廟頌)을 지어 올렸는데, 그 서(序)에서는 성종이 대사단(大射壇) 앞에서 여러 신하에게 크게 잔치를 베푼 뒤 대사례를 거행하였다고 하였고, 송(頌)에서는 성종이 성균관에서 동문(東門)으로 나와 사단으로 간 것으로 묘사하였다.23) 이 내용으로 보면 사단은 성균관 정문 앞 남쪽에 위치하였을 것인데, 성종은 성균관의 동문으로 나와서 갔다. 그러므로 사단의 위치는 성균관 정문 앞 남쪽에서 다시 동쪽에 있었을 것으로 추정된다. 그리고 『영조실록』에는 병조 판서와 성균관 대사성, 예조의 관원들이 성균관의 지세를 살펴보고서 반수교(泮水橋) 서쪽에 사단에서 90보 거리에 후단(侯壇)을 쌓도록 하였다고 기록되어 있다.24) 이 내용이 『승정원일기』와 『대사례의궤』에는 '하련대 서남쪽으로부터 반수(泮水) 안쪽으로 거리를 헤아려 솔 둘을 설치한다'는 것으로 표현되었다고 보아야 할 것이다. 따라서 사단의 위치는 '하련대 서남쪽'이라고 정리할 수 있다.

---

23) 『成宗實錄』 권 83, 성종 8년 8월 6일 경자 1번째 기사
24) 『英祖實錄』 권 57, 영조 19년 윤4월 7일(경신) 2번째 기사. 후단을 어느 관서에서 쌓는지는 기록에 나와 있지 않은데, 사단과 후단의 여러 기구 설치를 훈련원(訓鍊院)에서 담당한 것으로 보아, 훈련원일 가능성이 크다.

반수는 성균관을 빙 감싸고 흐르는 시내의 이름으로, '둥그런 물길'이라는 뜻이며, 동반수(東泮水)에 동북쪽 상류에서부터 다리가 셋이 있었다. 서반수(西泮水)에는 다리가 하나뿐이어서 서반수교(西泮水橋)라 하였다. 『영조실록』에서 말하는 반수교는 곧 서반수교를 의미하는 것으로 판단된다. 서반수교는 성균관 정문 앞에 있는 다리였다. 후단이 그 서쪽에 축조되었으므로, 전체적으로 성균관 문 앞 남쪽에 사단과 후단이 위치하였고, 사단이 동쪽, 후단이 서쪽에 있어서 동쪽에서 서쪽을 향해 활을 쏘도록 되어 있었던 것이다.

〈그림 3-2〉 반궁도

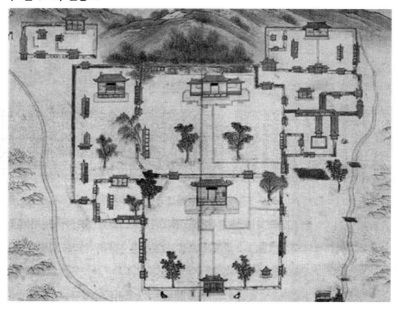

대사례 때 활을 쏠 종친과 의빈, 문무 관원의 명단은 4월 29일에 먼저 영조에게 보고되었고, 대사례를 거행하는 당일인 윤4월 7일 아침에

알성례를 마친 뒤 다시 일부 수정되어 영조에게 보고되었다.25) 4월 30
일 첫 번째와 두 번째 대사례 예행연습이 춘당대에서 시행될 때, 영조
는 영화당(暎花堂) 부근에 막차를 설치하게 하고 그곳에 나아가 직접
관람하였다.26) 연습을 시작하기에 앞서 병조판서 서종옥과 예조참판
오광운 등이 영조를 뵙기를 청하여, 음악 연주에서 한 장(章)을 하나의
마디로 삼아야만 의례 진행 절차와 맞아 떨어진다는 것을『의례』와
『예기』의「사의(射義)」등을 근거로 역설하여서 허락을 받고 나서 본
격적인 예행연습에 들어갔다. 이때 시사(侍射) 후 상을 주고 벌을 주는
것과 관련된 행동거지 등도 구체적으로 그 내용이 결정되었다.27)

　연습이 끝난 뒤 영조는 마음이 흡족하여 전악(典樂)과 아울러 찬의
(贊儀) 이덕인(李德寅)을 주서 이영조(李永祚)를 시켜 불러오도록 하고
는 "지금 의례 연습하는 것을 보니, 제법 모양이 이루어져서 다음에 다
시 익히지 않아도 될 듯하다."라 칭찬하였다.28) 이어서 영조가 연습 때
활을 쏠 관원들이 짝을 이루어 북쪽을 향해 절을 하고 나서 또 서로를
향해 절을 하였던 것에 대해 병조판서 서종옥은 예문(禮文)에 있다고
하는데『국조오례의』에는 없는 문제를 묻자, 찬의 이덕인이 짝을 이룬
두 사람이 서로 읍(揖)하는 것으로,『의례』에 근거를 둔 행동임을 자세
히 설명하였다.29) 이어서 영조의 연이은 질문에 이덕인이 대답하는 가

---

25)『大射禮儀軌』啓辭秩, 癸亥四月二十九四日(영인본 88~91쪽) ; 閏四月初七日(영인
　　본 108~111쪽)
26) 영화당은 창덕궁 후원의 부용지(芙蓉池)에 창경궁 쪽으로 지어진 건물이나 지대
　　가 낮아 춘당대에서 대사례 예행연습을 하는 장면을 보기 어렵다. 아마 영화당 뒤
　　쪽 언덕에 막차를 설치하고 그곳에서 영조가 연습 장면을 관람하였을 것으로 짐
　　작된다.
27)『大射禮儀軌』啓辭秩, 癸亥四月三十日(영인본 91~93쪽)
28)『承政院日記』955책 (탈초본 52책) 영조 19년 4월 30일 癸丑 23번째 기사

운데 웅후와 미후의 체제가 어떠해야 하는지『주례』를 바탕으로 자세히 설명되어, 두 솔의 제도도 구체적으로 정리되었다.[30)]

이렇게 대사례에 대한 논의가 진행되는 한편으로 같은 날 거행할 알성시와 무과에 대한 논의도 함께 이루어지고 있었다. 무과 때에도 대사례 때와 같이 90보 거리에 과녁을 설치할 것인가에 대한 의논 따위가 대표적인 예라 할 수 있다.[31)] 그러다가 영조는 윤4월 초2일에 이르러 이번 대사례가 200여 년 만에 거행하는 큰일이라며, 지방의 한량들도 이미 서울로 몰려들었겠으나, 개성과 강화 양도(兩都)와 여러 도(道) 모두 관찰사와 절도사 등이 장교들에 대한 시험을 보아 1등은 문서로 아뢰고 그 다음은 각도에서 등급을 나눠 상을 주라고 지시하였다.[32)]

(2) 대사례 거행

1743년(영조 19) 3월 27일에 처음 대사례를 거행하겠다는 영조의 방침이 정해진 뒤 40일 동안 여러 논의가 진행되었고, 이 사이에 대사례 의례에 대한 규정도 자세히 갖추어졌다. 그리고 윤4월 7일에 드디어 200여 년 만에 대사례가 거행되었다. 정상적인 경우라면 하루 전부터

---

29) 전거는 앞과 같음. 짝을 이루어 활을 쏠 관원 두 사람이 서로 읍을 한다는 내용이 『大射禮儀軌』啓辭秩, 癸亥四月三十日(영인본 93~94쪽)에도 실려 있으나, 『大射禮儀軌』儀註秩에는 실려 있지 않고, 『英祖實錄』권 57, 영조 19년 윤4월 7일(경신) 2번째 기사의 대사례의주 내용에도 역시 빠져 있다. 그 이유는 이때 이덕인이 말한 것을 표를 붙여 올리겠다고 병조판서 서종옥이 말하자, 영조는 굳이 그럴 필요 없이, 찬의(이덕인)가 홀기(笏記)에 써두었다가 대사례 때 시행하라고 지시한 데서 비롯된 것으로 추정된다.

30) 『承政院日記』955책 (탈초본 52책) 영조 19년 4월 30일 癸丑 23번째 기사

31) 『承政院日記』955책 (탈초본 52책) 영조 19년 4월 30일 癸丑 22번째 기사

32) 『承政院日記』955책 (탈초본 52책) 영조 19년 윤4월 2일 乙卯 28번째 기사

여러 준비가 이루어져야 했으나, 이때에는 사정이 여의치 못해 의례를 거행하기 위한 준비가 모두 행사 당일에 이루어져야 했다. 미리 준비하는 내용이 대부분 자리를 설치하는 것인데, 그 전날 종일토록 비가 내려 자리 설치를 비롯한 모든 준비 작업을 미루어야 했던 것이다.

대체로 의례로서 대사례를 거행하는 절차는 물론이고 그 준비 절차, 그에 앞서 이루어진 논의 과정에 이르기까지 『대사례의궤』에 자세하게 내용이 기록되어 있으나,[33] 실제 의례를 언제 어떻게 준비하고 거행하였는가에 대한 내용이나 의례에 참여한 인물들에 대한 내용은 오히려 『영조실록』과 『승정원일기』에 상세한 경우가 많다. 따라서 이 기록들을 결합하여 이날 대사례 거행에 앞서서 시행된 의례, 대사례 거행 준비, 대사례 거행 이후 시행한 의례들의 내용을 정리하면 다음과 같다.

① 문묘작헌례(文廟爵獻禮)

여기서의 문묘는 성균관의 대성전을 말한다. 공자에 대하여 중국 당(唐) 때 그 시호(諡號)를 문선왕(文宣王)으로 추증한 뒤 이를 역대 왕조가 계승하였는데, 송(宋) 때에 지성(至聖), 원(元) 때에 대성(大成)을 추가하여 대성지성문선왕(大成至聖文宣王)이라 부르게 되었다. 조선에서도 이 호칭을 사용하였으며, 이로부터 공자를 제향하는 건물과 이를 중심으로 구성된 공간을 대성전이라 하였으나, 대개는 문묘라 약칭하여 불렀다. 따라서 이 문묘작헌례는 서울의 문묘인 성균관 대성전에서 공

---

33) 『大射禮儀軌』에 기록되어 있는 내용은 申炳周, 「『大射禮儀軌』解題」(서울대학교 奎章閣, 『大射禮儀軌』, 2001)에 대체로 소개되어 있다.

자 신위에 술을 올리는 의례를 말하며, 그 주체는 조선 국왕인 영조였다. 이 의례 거행을 위해 하루 전에 대성전을 청소하는 등의 작업부터 여러 가지가 시행되었으나,[34] 이에 대한 설명은 생략한다.

윤4월 7일 축시(丑時: 밤 2시)에 영조가 집춘문(集春門)을 통해 창경궁을 떠나 성균관으로 향하였다. 이때 도승지 이중경(李重庚), 좌승지 정필령(鄭必寧), 우승지 남태제(南泰齊), 좌부승지 이명곤(李命坤), 우부승지 이성중(李成中), 동부승지 김광세(金光世)와 사관인 가주서 이영조(李永祚)·권숭(權崇), 기사관 유언호(俞彦好)·이의중(李毅中)이 임금을 모셨다. 비가 오고 있어서 영조가 원유관(遠遊冠)과 강사포(絳紗袍)를 착용하고 그 위에 비옷을 입고 움직여, 소여(小輿)를 타고서 궁을 나왔으며, 노부(鹵簿)와 시위는 의례 규정대로 하였다. 통례가 앞에서 인도하여 집춘문 밖에 이르렀을 때, 이미 문무백관과 성균관 학생들이 대기하고 있다가 국궁(鞠躬)하여 공손히 마중하였다.[35]

성균관으로 들어가 대성전 신문(神門) 밖에 도착하였을 때, 통례가 말씀드려 영조가 소여에서 내려서 걸어서 문을 지나 들어갔다. 영조가 다시 소여를 타고 대차(大次)로 가서 그 안으로 들어갔고, 문무백관은 밖에서 기다렸다. 영조가 면복(冕服)을 갖추어 입고, 규(圭)를 잡고서, 걸어서 정문으로부터 동쪽 계단으로 올라가, 판위(版位)로 나아가서 네 번 절하였고, 대성전 안에 들어와 있는 관원들 모두 네 번 절하여 작헌례(酌獻禮)를 시작하였다. 영조가 손을 씻고 나서 통례의 인도를 따라 대성지성문선왕 곧 공자의 신위 앞에 가서 무릎을 꿇고 향을 올리고 술을 올린 뒤 자리로 돌아왔다가 소차(小次)로 들어갔다.[36]

---

34) 『大射禮儀軌』「儀註秩」, 文廟爵獻禮儀(영인본 122~123쪽)
35) 『承政院日記』957책 (탈초본 52책) 영조 19년 윤4월 7일 경신 28번째 기사

〈그림 3-3〉 성균관 대성전 내부

② 문과(文科) 시취(試取)

문묘작헌례의 나머지 절차를 마치고, 인시(寅時: 새벽 4시)에 영조가 익선관(翼善冠)과 곤룡포(袞龍袍)로 바꾸어 착용하고 나서 명륜당에 거둥하여 어좌(御座)에 올랐다. 어좌는 전날 액정서에서 명륜당 안 한가운데에 남쪽을 향해 설치해 두었다. 답안지인 시권(試券)을 읽는 독권관(讀券官) 등의 자리도 이미 마련되어 있었다.[37]

승지 등 임금을 모시는 신하들과 독권관 이하 관원들이 영조에게 네 번 절하고 서쪽 섬돌로 올라와 자리로 나아갔다. 비가 온 탓에 지각한 시관들이 많아 의례를 위한 반열이 갖추어지는데 시간이 걸려, 대신을 제외한 시관들을 모두 엄하게 추고하라는 명령이 떨어졌다. 그러나 심

---

36)『承政院日記』957책 (탈초본 52책) 영조 19년 윤4월 7일 경신 29번째 기사
37)『大射禮儀軌』「儀註秩」, 文科試取儀(영인본 127~128쪽)

한 가뭄을 겪는 와중에 단비가 내린 데다가, 200여 년 만에 거행하는 대사례를 위해 많은 유생을 불러 모은 덕에 외정(外庭)까지 유생들로 가득 찼다는 말을 듣고 영조는 매우 흐뭇하였다. 이에 '희우관덕(喜雨觀德)'으로 시제(試題)를 내어 시사(試士)하라고 명하였다.

시제 곧 시험 제목은 이에 앞서 여러 사람이 후보로 올린 것들을 보고 나서 영조가 '희우관덕행(喜雨觀德行)'으로 쓰라고 하였었는데, 좌의정 송인명이 '사이관덕(射以觀德)'이라는 말을 들어 '관덕(觀德)'만으로도 충분하다며 '행(行)'자를 빼자고 하였고, 논의 끝에 영조도 그 말이 옳다고 여겨 그렇게 정하였다. 이어서 시험을 볼 유생들이 네 번 임금에게 절하였고, 인의(引儀)가 시제를 판(板)에 내다 붙였다. 영조는 대차로 돌아갔다.[38]

③ 대사례 의식 준비

아침이 되자 비가 그쳤다.[39] 여러 준비에 시간이 걸려, 대사례는 오시(午時: 낮 12시)에 시작하였다.[40] 이 사이에 영조와 주요 관원들은 옷을 갈아입고 아침을 먹고, 휴식도 취하였을 것이나, 이에 대한 기록은 생략되어 있다. 본래는 이보다 앞서 하루 전부터 대사례를 거행할 수 있도록 여러 기물을 설치하고 자리도 배치하였는데, 이를 제시하면 다음과 같다.

---

38) 『承政院日記』 957책 (탈초본 52책) 영조 19년 윤4월 7일 경신 30번째 기사
39) 『英祖實錄』 권 57, 영조 19년 윤4월 7일(경신) 1번째 기사. 그러나 『承政院日記』에는 '朝雨夕晴'이라 하여, 아침에도 비가 왔고, 오후에야 비가 그쳐 맑게 갠 것으로 기록되어 있다.
40) 『承政院日記』 957책 (탈초본 52책) 영조 19년 윤4월 7일 경신 31번째 기사

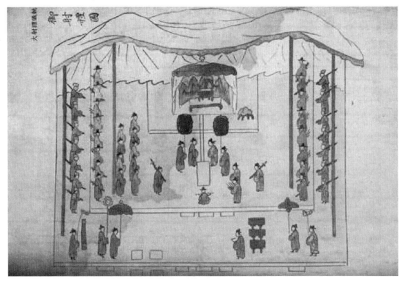

휘장을 둘러서 만든 장전(帳殿)의 모습이다. 어좌와 일월오봉병(日月五峯屏)이 보인다. 시위와 특히 의장이 간소하다.

　본래의 규정대로라면 하루 전에 전설사(典設司)에서 임금이 머물 장전(帳殿)과 악차(幄次)를 먼저 설치한다. 장전은 사단에 남쪽을 향하여 설치하고, 그 안에 액정서(掖庭署)에서 어좌를 설치한다. 악차는 장전의 뒤에 설치하며, 액정서에서 어사위(御射位: 임금이 활을 쏘는 자리)를 그 앞에 설치한다. 어좌와 어사위는 모두 남쪽을 향하게 하며, 각각 자리를 깐다. 장악원(掌樂院)이 헌현(軒懸)을 사단의 남쪽에 벌여놓되, 화살이 날아가는 길을 피할 수 있도록 중앙을 넓게 열어 놓는다. 협률랑(協律郎)의 거휘위(擧麾位: 휘를 들어 음악 연주를 지휘하는 자리)를 사단 위 서쪽 가까이에 동쪽을 향하여 설치한다.41) 그런데 대사례를 거

---

41) 『大射禮儀軌』儀註秩, 大射禮儀

행하기 하루 전날에 종일 비가 와서, 이러한 준비를 할 수 없었고, 그 까닭에 『영조실록』에는 이러한 준비가 모두 행사 당일 이루어진 것으로 기록되어 있음은 앞서 설명한 바 있다.

사단과 후단이 성균관 앞에 위치하였던 것은 조선의 대사례가 성균관과 관계가 깊은 때문이었다. 성종 때의 첫 대사례 이후 조선에서는 이번 영조 때의 첫 대사례에 이르기까지 모두 국왕이 성균관 대성전에 나아가 공자에게 작헌례를 올린 뒤 알성시(謁聖試)를 치루어 문신 곧 유신(儒臣)을 선발하는 절차를 시행하고 나서 대사례가 거행되었다. 대사례의 기원과 같이 활을 쏘는 것에서 그 덕을 살펴 제사 의례를 집행할 사람들을 선발하는 것은 아니었으나, 유교의 유(儒)가 본래 제사 의례를 담당하는 사람을 뜻하는 말이었으므로, 유신을 선발하는 시험과 대사례를 결부시키는 것에 타당성이 없지 않았다. 그러나 중국에서 과거 제도가 정착한 뒤 문과 시험이 대사례와 연결되었던 사례를 찾아볼 수 없으므로, 이것은 대사례에 대해 조선 사회에서 특유하게 해석한 결과라고 보아야 할 것이다.

사단을 영조 때 대사례를 거행하기 위해 새로 쌓았다는 기록은 없으나, 과녁을 놓는 후단은 앞에서 본 바와 같이 분명히 새로 쌓은 것으로 기록되어 있다. 후단은 웅후를 놓는 웅후단(熊侯壇)과 미후를 놓는 미후단(麋侯壇) 둘로 구성되었고, 웅후단은 조금 북쪽, 미후단은 조금 남쪽이며, 그 사이는 10보이다. 1보는 약 1.8m에 해당하므로, 성균관 정문 앞 동쪽에 사단이 설치되고, 이로부터 약 162m 서쪽에 후단이 설치되는데 18m의 거리를 두고 북쪽에 웅후단, 남쪽에 미후단이 설치되었다.

웅후는 임금이 활을 쏘아 맞추는 과녁으로 대후(大侯)라고도 하였으며, 곰의 머리를 그려 넣기 때문에 웅후라고 한다. 과녁의 바탕은 붉은 색이고, 곰 머리 그림의 가장자리에 주색(朱色: 붉은색), 백색(白色), 창색(蒼色: 푸른색)의 차례로 사각형으로 둘레를 둘렀다. 미후는 임금이 활을 쏜 뒤 짝을 지어 시합을 하는 형식으로 활을 쏘는 사람들의 과녁이다. 미후에는 사슴 머리를 그려 넣으며, 바탕은 푸른색이고, 사슴 머리의 가장자리를 주색, 녹색의 차례로 사각형으로 둘레를 두른다. 군기시에서 조예기척(造禮器尺)으로 그 수치에 따라 만들어서 대나무로 깃대를 만들고 줄을 사용하여 후단 위에 벌여서 걸었다. 대나무와 줄의 색깔도 웅후는 붉은색, 미후는 푸른색으로 한다. 웅후와 미후 각각의 좌우 10보 거리에 핍을 설치하였다.42)

　훈련원이 이어서 홍살문[紅箭門]을 사단 남쪽 40보 거리에 동쪽과 서쪽에 각각 설치하여서, 활을 쏠 관원들이 둘로 나뉘어 출입할 수 있도록 분리해 설치하였다.43) 그리고 과녁을 맞힌 화살을 꽂아 두는 기구인 복(楅)44) 다섯을 사단 아래 조금 서쪽에 설치하였다. 임금에 이어서 활을 쏠 사람들이 활을 쏘기 전에 대기하는 자리는 사단의 서쪽 계단 남쪽에 동쪽을 향하여 북쪽이 위가 되게 설치하고, 병조 판서의 자리는 동쪽 계단 남쪽에 서쪽을 향으로 설치하였다. 이들이 활을 쏘는 자리는 사단 위에 성균관 대사성 이상과 3품 이하의 자리를 구별하여 사단 남쪽과 북쪽에 포를 깔아 설치하였다.

---

42) 『英祖實錄』 권57, 영조 19년 윤4월 7일(경신) 2번째 기사

43) 『英祖實錄』 권57, 영조 19년 윤4월 7일(경신) 2번째 기사. 대사례를 거행할 때 홍살문을 설치하는 것에 대한 내용은 성종 때의 「大射禮儀註」와 영조 때의 『大射禮儀軌』, 『國朝續五禮儀』의 「大射禮儀」 어디에서도 확인되지 않고, 이 『英祖實錄』의 기록에만 보인다.

44) 楅은 箙이라고도 쓴다.

이 밖에 집사관(執事官), 임금을 모시고 활을 쏠 관원들과 종친 및 문무백관이 임금에게 절하는 자리를 사단 아래 동서로 설치하였는데, 문신은 동쪽에, 종친과 무신은 서쪽에, 임금을 모시고 활을 쏠 관원들은 서반 앞이었다.45) 획자(獲者: 화살을 줍는 자)들의 자리도 핍 안에 서로 마주 보도록 설치하였다. 시사례(侍射禮) 때에는 훈련원 관원들이 여섯 빛깔의 기를 가지고 핍의 동서 양쪽 사이에 서서, 쏜 화살이 동쪽을 맞히면 청색 기를 들고, 서쪽을 맞히면 백색 기를 들고, 북쪽을 맞히면 흑색 기를 들고, 남쪽을 맞히면 주색 기를 들어 각각 그 방색(方色)의 깃발을 들어 표시하여, 홍심(紅心)을 맞히면 홍색 기를, 맞히지 못하면 채색(采色) 기를 들고, 징이나 북과 같은 악기는 사용하지 않았다.

상으로 내릴 물건은 사단 아래 조금 동쪽에 진열해 두었다. 제용감(濟用監)에서는 표리(表裏)를 관장하고, 군기시에서는 궁시(弓矢)를 관장하였다. 벌준(罰尊)을 올려놓은 탁자는 사단 아래 조금 서쪽에 두되, 점(坫: 받침)을 설치하여 치(鱓)를 올려놓고 탁(卓)의 서쪽에 풍(豊)을 두었다. 점과 치, 풍은 공조에서 준비하여 올리고, 술은 사옹원(司饔院)에서 단술[醴]로 준비하였다. 임금이 쓸 궁탁(弓卓)과 시탁(矢卓), 결습탁(決拾卓) 하나씩 사단 위 조금 동쪽에 서향으로 설치했는데, 활과 화살, 결습은 모두 함(函)에 담아 놓았다.

---

45) 『英祖實錄』 권 57, 영조 19년 윤4월 7일(경신) 2번째 기사. 대사례를 거행할 때 홍살문을 설치하는 것에 대한 내용과 마찬가지로, 집사관과 임금을 모시고 활을 쏠 관원들, 문무백관이 임금에게 절하는 자리의 설치에 대한 내용이 성종 때의 「大射禮儀註」와 영조 때의 『大射禮儀軌』, 『國朝續五禮儀』의 「大射禮儀」 어디에서도 확인되지 않으며, 다만 이 『英祖實錄』의 기록에만 보인다. 자리 설치를 어느 관서에서 담당하는지도 명시되어 있지 않은데, 일반적으로 임금에게 절하는 자리의 설치는 찬례(贊禮)나 전례(典禮) 등이 맡는다. 이때에는 전의(典儀)가 자리 설치를 담당하였다.

상호군(上護軍)46)이 헌가(軒架)47)를 받들어 홍살문 안쪽 넓은 문 중앙의 시도(矢道: 화살이 날아가는 길) 아래에 두었으며, 활 쏠 관원들이 활과 화살을 갖추어 서쪽 문 밖에서 기다렸다. 병조 정랑이 이들의 대오 정비를 담당하였다.48)

④ 어사례 거행

대사례 의례는 자리를 배치하고, 의례 거행을 담당할 관원과 참여하는 관원들이 자리를 잡고, 이어서 국왕이 활을 쏘는 의례, 국왕을 모시고 왕실 종친과 의빈, 문무 관원들이 짝을 이루어 활을 쏘는 의례가 진행된다. 앞의 의례를 어사례(御射禮), 뒤의 의례는 시사례(侍射禮)라 한다.

자리의 배설을 마치자 영조가 익선관과 곤룡포를 갖추어 입고 사단이 있는 곳으로 거동했다. 이때에 의장과 시위는 사단의 동쪽과 서쪽에 시학의(視學儀) 때와 같이 늘어섰다. 종친과 문무백관은 모두 흑단령(黑團領) 차림으로 동문과 서문 앞으로 나아갔고, 임금을 모시고 활을

---

46) 상호군은 본래 무반의 정3품 당상관 관직이나, 이 상호군은 그것과는 다른 대사례 거행을 위해 별도로 무신 정2품으로 임명한 '대사례 상호군'이다.

47) 헌가(軒架)는 아부악 편성의 하나로, 악사(樂師)만으로 편성하여 춤추는 이들은 제외한다. 궁중 연례(宴禮)나 제향(祭享) 때에 월대(月臺) 아래 위치하며, 주로 관악기와 타악기가 중심이 되어 양률(陽律)과 음려(陰呂)로 구성된 음악 중 양률을 맡아 연주한다. 보통 동쪽과 서쪽, 남쪽에 각각 편종(編鐘)과 편경(編磬) 한 틀씩을 설치하는데, 대사례 때에는 남쪽으로 한 틀씩만 설치한 것으로 보인다. 이 밖에 북과 축(柷), 어(敔), 10가지 관악기가 사용된다.(『國朝五禮序例』卷 1 吉禮 雅部樂懸 圖說 ;『增補文獻備考』; 장사훈, 1969,『한국악기대관』, 한국국악학회 ; 한만영, 1975,『국악개론』, 한국국악학회 ; 이혜구, 1980,『국역악학궤범』, 민족문화추진회, 1980)

48)『英祖實錄』권 57, 영조 19년 윤4월 7일(경신) 2번째 기사

쏠 관원들도 역시 흑단령 차림으로 서문 앞으로 나아가 백관의 앞쪽에 섰다. 전악이 공인(工人: 악공)들을 거느리고 홍살문 안으로 들어가서 자리로 나아갔으며, 협률랑이 들어와서 휘(麾)를 들어 지휘하는 자리로 나아갔다. 이어서 집사관들이 먼저 자리로 나아갔다. 인의가 3품 이하의 관원을 나누어 인도하여 들어와서 임금에게 절하는 자리로 나아가자, 좌통례가 부복(俯伏)하고 꿇어앉아, 밖의 준비가 다 끝났음을 아뢰었다.

영조가 대차에서 나가려고 할 때에 의장이 움직이고, 악공들이 북을 치고 피리들을 크게 소리를 내어 연주하였다. 영조가 사단에 오르려고 할 때에는 협률랑이 꿇어앉아 부복하였다가 다시 휘를 들고 일어나고, 툭(柷)을 두드리는 것을 시작으로 하여 악공들이 헌가를 연주하고, 북과 피리 연주는 그쳤다. 영조가 사대의 장전 안으로 들어가 어좌에 오르자, 산(繖)과 선(扇)을 비롯한 의장과 시위는 정해진 규정대로 하였고, 협률랑이 꿇어앉아 휘를 눕혀 놓고 부복하였다 일어나자, 악공이 어(敔)를 긁어 헌가 연주를 그쳤다. 이와 동시에 찬의가 문무백관에게 사배(四拜)할 것을 창(唱)하였다.[49]

여러 호위하는 관원이 어좌 뒤에 줄지어 섰다. 승지들은 서쪽 편계(偏階)로 사단에 올라가서 서남쪽 모퉁이에 북향하여 부복하였고, 사관들은 그 뒤에 있었다. 사금(司禁)들은 사단 아래에 정해진 규정대로 동쪽과 서쪽에 나누어 섰는데, 모든 군사가 무기와 군복을 갖추었다. 인

---

49) 조선시대에 국왕이 중심을 이루는 주요 의식의 진행은 전의(典儀)가 담당하였다. 이 문무백관의 사배는 전의가 지시하고, 찬의가 그 말을 받아 큰 소리로 외치며, 그러면 문무백관이 국왕에게 네 번 절을 하는 방식으로 진행되었다. 구체적으로는 찬의가 '배(拜)'라 외치면 문무백관이 절하고 흥(興)이라 외치면 일어나는 동작을 네 번 반복하였다. 그것이 기록에는 간단하게 사배(四拜)라 표현되는 것이다.

의가 2품 이상의 관원들을 나누어 인도하여 들어와서 절하는 자리에 나아가자, 전의가 사배하라고 말하였고, 찬의가 '국궁 사배 흥(興) 평신 (平身)하라.'고 창하였으며, 이에 따라서 종친과 문무백관이 국궁하였 다가, 헌가의 음악 연주가 시작되자, 네 번 절하고 일어나 몸을 폈으며, 음악 연주가 그쳤다. 인의가 종친과 문무백관을 나누어 인도하여 정해 진 자리로 나아가 회례(會禮)를 정월 초하루 및 동지 때의 조회 의례와 같이 하였다. 다만 임금에게 헌수(獻壽)하는 의식은 행하지 않았다.[50]

통례가 어좌 앞으로 나아가 꿇어 앉아 유사(有司)가 다 갖추어 졌다 는 것을 아룀으로써 대사례 중 어사례의 절차가 시작되었다. 상호군 김 성응(金聖應)이 깍지와 팔찌를 담은 결습함(決拾函)을 받들고 어좌 앞 으로 나아가고, 상호군 박찬신(朴纘新)이 활을 담은 궁함(弓函)을, 상호 군 구성임(具聖任)이 화살을 담은 시함(矢函)을 받들고 차례로 어좌 앞 으로 나아갔다. 획자 한 사람은 깃발을 들은 솔을 등에 진 채 북향하여 섰고, 임금을 모시고 활을 쏠 사람들은 모두 활과 화살을 잡고 그 위치 로 들어섰다. 병조 판서 서종옥(徐宗玉)이 앞으로 나아가 꿇어앉아 '획 자를 후에서 조금 물러나 있도록 하겠다는 것'을 아뢰고, 또 나아가 꿇 어앉아 '북을 치겠다'고 아뢰자, 훈련원 정이 북을 세 번 쳤다. 획자 한 사람이 북소리에 맞추어 솔을 등에 짊어지고서 핍을 둔 곳으로 다시 달 려갔다. 상호군이 깍지와 팔찌를 올려 영조가 깍지와 팔찌 끼기를 마치 자 통례가 꿇어앉아 어좌에서 내려오시라고 아뢰었다. 영조가 내려와 활 쏘는 자리에 서자 헌가가 음악을 연주하였다. 상호군이 활을 올리자

---

50) 이때에~않았다: 이 부분의 내용은 『영조실록』의 이날 기록에 빠져 있거나 매우 간략하게 기록되어 있다. 따라서 『大射禮儀軌』에 있는 내용을 실제 시행되었을 것 으로 보고 옮겨 넣었다.

영조가 활을 쥐고 시험 삼아 당겼다. 상호군이 첫 번째 화살을 올리자 헌가 음악 연주가 제4절에 이르렀다. 상호군이 화살을 쏠 것을 아뢰자, 영조가 첫 번째 화살을 쏘았다. 상호군이 맞혔음을 고하자, 음악의 1절이 끝났다. 두 번째 화살을 쏘자 맞혔음을 고했고, 세 번째 화살은 위로 날아갔음을 고했으며, 마지막 네 번째 화살은 줄을 맞추었다.

〈그림 3−5〉 어사례도 2

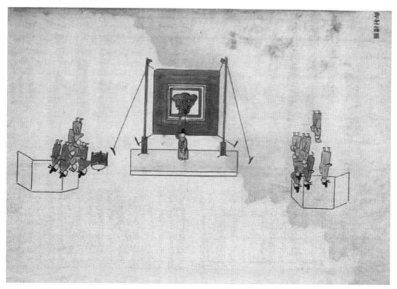

웅후단에 웅후와 핍을 설치한 상태의 모습이다. 임금이 쏜 화살에 대해서는 깃발로 알리지 않는다.

병조 판서 서종옥이 아뢰었다. "예법에 따르면, 맞혔으면 맞혔음을 고하고 음악 연주를 그치고, 웅후를 거두어들이고 미후를 펼쳐 겁니다." 이에 영조가 활을 놓았다. 상호군이 활을 받아 탁자에 두었다. 영조가 각지와 팔찌를 풀자 상호군이 또 받아서 탁자 위에 두었다. 화살을 줍는 관원이 임금이 쏜 화살들을 받들어 중간 계단 아래로 달려오자, 상호군이 받아서 처음과 같이 가로로 받들어 두었다.

⑤ 시사례 시행과 상벌

음악을 연주하자, 시사(侍射)하는 사람들이 짝을 지어 나아가 활을
쏘는 자리로 나아갔다. 시사는 임금을 모시고 활을 쏜다는 말인데, 이
것은 유교의 관념에 따르면 자신의 덕이 어떠한가를 임금에게 보여드
리는 행위였다. 시사하는 첫 번째 짝이 활 쏘는 자리에서 부복했다가
몸을 일으켜 서로를 향해 읍하고 비로소 활을 쏘았으며, 쏘기를 마치자
또 서로를 향해 읍하였다. 그리고는 부복했다가 일어났고 물러나 제자
리로 돌아갔다.[51] 화살을 줍는 사람이 두 사람이 맞힌 화살을 주어다가
복에다 얹어놓았다.

시사관(侍射官)은 총 30명으로, 첫 번째 짝을 이룬 것은 밀창군(密昌
君) 이직(李㮨)과 낙창군(洛昌君) 이탱(李樘)이었다. 지위가 당상관 이
상이어서 사단 위에서 활을 쏜 이들이 이 둘을 포함하여 24명이었다.
당하관이어서 사단 아래에서 활을 쏜 이들이 6명인데, 이 6명은 모두
적어도 영조연간 동안에는 승승장구한 인물들이다. 홍익삼(洪益三)은
효종의 외손인 홍치상(洪致祥)의 손자로 사간원 대사간에까지 올랐고,
유언국(兪彦國)도 대사간과 도승지를 지냈으며, 조명정(趙明鼎)은 이조
판서도 지냈으나 주로 홍문관과 예문관의 관직을 주로 역임하였다. 선
전관 이장오(李章吾)는 본래 문신이나, 용기와 힘이 뛰어나다고 천거를
받아 내승(內乘)을 거쳐 이때 선전관이 되었다가 뒤에 장기간 훈련대장

---

51) 활을 쏘는 자리인 사위(射位)에도 자리[席]을 깔아 놓는다(『大射禮儀軌』 儀註秩, 大
射禮儀).

에 재임하였으며, 구복선(具善復)은 오군영의 대장직을 두루 역임하고 병조 판서에도 오른 인물이고, 신민(申旼)은 무반 출신 승지를 지낸 뒤 평안도 병마절도사가 되었다. 계속해서 짝을 이루어 활을 쏘는 동안 음악을 연주하였고, 마지막 짝이 활쏘기를 끝내자 음악 연주도 중지되었다.

〈그림 3-6〉 시사례도(侍射禮圖) 1

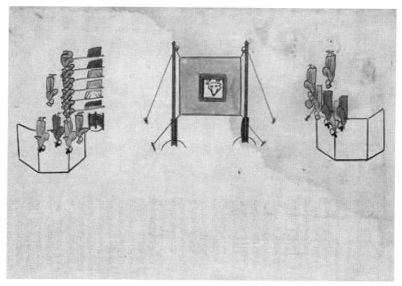

미후단에 미후와 핍을 설치한 상태의 모습이다. 두 사람씩 활을 쏘아 우열을 가려야 하기 때문에 핍 뒤에 여러 사람이 화살이 어디에 맞았는지 알리기 위한 깃발을 들고 서 있다.

시사례가 끝났을 때 영조가 당상관 가운데서는 마지막으로 짝을 이루어 활을 쏜 구택규(具宅奎)를 앞으로 나오도록 하였다. 구택규가 앞으로 나와 엎드리자 영조가 말하였다. "전에 승지로 일할 때 활을 쏠 줄 아느냐고 물었더니 대대로 말을 타고 활 쏘는 일을 해왔다고 하더니만, 지금 이 사례(射禮)에 세 발을 맞혔구나. 네 아비의 일을 잘 이었다고 할 만하다." 구택규가 눈물을 훔치며 감격해 마지않았다. 이어서 병조 판서 서종옥이 화살을 미후에 맞힌 사람의 성명과 화살의 수를 가지고 영조에게 와서 화살을 맞힌 사람에게는 상을, 맞히지 못한 사람에게는 벌을 줄 것을 아뢰어 청하였다. 병조 정랑 이섭원(李燮元)이 화살을 맞힌 사람의 직함과 성명을 외쳐 동쪽 계단 아래 서쪽을 향하여 서게 하고, 맞히지 못한 사람은 서쪽 계단 아래 동쪽을 향으로 서게 하였다. 화살을 맞히지 못한 사람의 이름은 따로 부르지 않았다.[52]

〈그림 3-7〉 시사례도 2

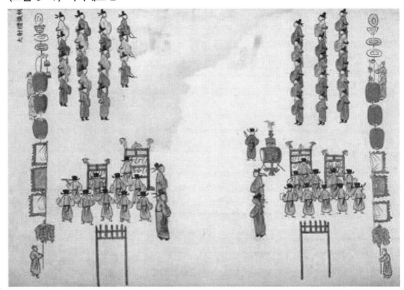

홍살문 두 개를 설치하고 그 안에 편경(編磬)과 편종(編鐘), 북 등의 악기와 악공들이 배치되어 있고, 다시 그 앞에 짝을 지어 활쏘기 시합을 할 사람들(시사관)이 편을 나누어 서 있다. 이 위쪽에 사단이 있다.

---

52) 화살을 하나도 맞히지 못한 사람들의 이름을 부르게 할 것인가도 미리 논의가 되었다. 이름을 부르지 말자는 결정에는 문신만이 그 대상이 될 수 있다는 염려가 작용하였다(『承政院日記』 955책 (탈초본 52책) 영조 19년 4월 30일 癸丑 23번째 기사).

음악 연주가 시작되자 모두 영조에게 사배하였다. 음악이 그치자 군기시에서 화살을 맞힌 사람들에게 상의 등급을 매겨 나누어주었다. 이들은 활을 쥐고 상을 주는 곳으로 갔다. 화살 네 발을 모두 맞힌 사람은 비단 옷감 겉감과 안감 1필씩을, 세 발을 맞힌 사람은 비단 옷감 겉감 한 필을, 두 발을 맞힌 사람은 활 하나와 화살 1백 개를, 한 발을 맞힌 사람은 활 하나를 상으로 주었다. 옷감의 겉감과 안감은 같은 색이었다. 화살 네 발을 모두 맞힌 것은 여은군(礪恩君) 이매(李梅), 함녕군(咸寧君) 박찬신(朴纘新), 행부사직 구성임, 행훈련원도정 윤광신(尹光莘), 선전관 조동정 등 다섯 명이었다. 이들 다섯만이 이날 영조보다 활을 더 잘 쏜 이들이었다. 화살을 하나도 맞히지 못한 사람들에게는 벌주를 주었다. 사옹원의 관원이 사기 술그릇에서 작(勺)으로 단술을 가득 떠서 치(觶)에 부어 풍 위에 두면, 화살을 맞히지 못한 사람들이 활줄을 풀어 활을 팔에 걸고 들어가 꿇어앉아 치를 잡아 들고 일어서서 마신 뒤 그 치를 풍 옆에 두었다. 차례로 나아가 마시기를 마치자, 상을 받은 사람들이 각각 상으로 받은 물건을 어깨 위에 걸었다. 다만 화살만은 허리띠에 꽂았다. 음악 연주가 시작되고, 모두 영조에게 사배하였다. 음악이 그치자 물러나 다들 제자리로 돌아갔다.

통례가 영조에게 예가 끝났음을 아뢰었다. 문무백관과 시사관이 모두 물러나 나갔다. 영조가 예방승지 남태제를 불러 앞으로 나오도록 하고는 소감 세 가지를 말하였다. 그 하나는 옛날 중종 때 이후로 200년 만에 대사례를 거행하였다는 것, 두 번째는 맞힌 화살의 수가 중종 때와 같았다는 것, 세 번째는 자신의 나이가 50이 되었는데 대사례를 거행하게 되어 느낌이 배가된다는 것이었다. 그리고는 예문관 제학 원경하(元景夏)가 오늘 행차를 따라왔으므로 그를 시켜서 기문(記文)을 지어 대사례를 거행한 사실을 서술하여서 명륜당에 걸도록 하라고 명하였다. 이어서 이미 시간이 늦었으므로 무과를 빨리 시행하라고 지시하였다.53)

〈그림 3-8〉 시사관상벌도(侍射觀賞罰圖)

⑥ 무과와 방방례(放榜禮) 시행

미시(未時: 오후 2시)에 영조가 익선관과 곤룡포 차림으로 사단으로 가서 어좌에 앉았다. 따라서 대사례는 약 2시간 정도에 걸쳐 거행되었음을 알 수 있다. 음악이 연주되자 시관과 무과 응시자들이 모두 영조에게 사배를 올렸다. 먼저 과녁이 규격에 맞는지를 확인시키고 나서 3명씩 짝을 이루어 한 과녁에 활을 쏘도록 하여 시험을 보아서 60명을

53)『承政院日記』955책 (탈초본 52책) 영조 19년 윤4월 7일 庚申 31번째 기사.

뽑았다.54)

　신시(申時: 오후 4시)에 영조가 원유관과 강사포로 바꿔 착용하고 하
련대로 갔다. 영조가 어좌에 오르자 음악 연주를 시작하였고, 문무백관
이 사배하였다. 문과 시험생들의 답안지 가운데 우수한 16장을 가져다
가 놓았다. 영조가 독권관과 대독관(對讀官) 등 시관들을 위로하고 먼
저 음식을 내오도록 하여 이들로 하여금 식사하도록 하였다. 식사가 끝
난 뒤 좌의정으로서 독권관을 맡고 있던 송인명이 몇 명을 급제시키려
는지 묻자 영조가 전에는 어떻게 하였는지 되물었다. 송인명이 중종 때
에는 8명, 성종 때에는 4명이었다고 답하자, 영조가 이번 무과 급제자
가 60명임을 확인하고 문과 급제자의 수는 6명으로 정하였다. 급제자 6
명의 이름과 그 부친의 이름을 확인하고서 영조는 이들의 이름을 불러
들어오도록 시키고, 빨리 방방례를 행하라고 독촉하였다. 병조판서 서
종옥이 영조 앞으로 나와서 대사례에 사용한 기구들을 어디에 보관하
여야 하는지 묻자, 영조는 무고(武庫)에 보관해야 한다고 했으나, 형방
승지 이성중의 의견에 따라 성균관에 보관하기로 하였다.55)

　영조가 다시 원유관과 강사포 차림으로 하련대에 와서 어좌에 올랐
다. 음악 연주에 따라 문무백관이 영조에게 사배한 뒤, 예방승지 남태
제와 병방승지 이명곤이 방방(放榜)하시라고 아뢰었다. 문과와 무과 급
제자들의 이름을 불러서 차례대로 자리에 나아가도록 하여 영조에게
사배하도록 하였다. 두 승지가 홍패(紅牌)를 가져다가 이조 낭관과 병
조 낭관에게 나누어 주어 급제자들에게 내려주도록 한 뒤, 문과 장원과
무과 장원에게는 일산 하나씩을 내려 주었다. 문과와 무과 급제자들이

---

54)『承政院日記』955책 (탈초본 52책) 영조 19년 윤4월 7일 庚申 32번째 기사.
55)『承政院日記』955책 (탈초본 52책) 영조 19년 윤4월 7일 庚申 33번째 기사.

영조에게 사배를 하고, 치사관(致詞官)이 앞으로 나와 영조에게 경하하는 말씀을 드렸다. 문무백관이 사배하자 통례가 의례가 끝났음을 아뢰었고, 문무백관이 물러나 나갔다. 영조가 날이 늦었으므로 즉시 환궁할 것을 분부하여, 승지와 사관들이 마침내 물러나 나갔다.56)

영조가 유시(酉時: 오후 6시)에 대사례를 비롯한 여러 일정을 마치고, 원유관과 강사포 차림으로 연(輦)을 타고 성균관을 나왔다. 여러 유생들이 국궁하여 공경히 배웅하였다. 영조의 연이 승지와 사관들이 말을 타는 곳에 이르러서는 잠시 이들이 다 말에 타기를 기다렸다가 출발하였다. 이때 문무백관이 국궁하여 공경히 배웅하였다. 종묘 앞길에서는 영조가 연에서 내려 걸어서 지난 뒤에 다시 연에 올랐다. 돈화문 밖 승지와 사관들이 말에서 내리는 곳에 이르러 영조의 연이 다시 잠시 정지하였다가 이들이 다 말에서 내린 뒤 출발하여, 인정문 밖에 이르러 연에서 내려 소여로 갈아타고 인화문(仁和門)을 거쳐 처소로 돌아갔다. 백관이 각기 흩어져 돌아갈 때, 서쪽 하늘에 이미 황혼이 지고 있었다.57) 영조에게도 14시간이 넘는 긴 일정이었고, 의례에 참여한 문무백관들은 그보다 더 긴 일정을 보내야 했던 하루였다.

⑦ 대사례 뒤의 일들

이때의 대사례는 영조에게나 조정의 신료들에게나 대단히 중요한 의미를 지닌 행사였다. 당분간 신하들이 영조를 뵐 때 처음에 올리는 말, 영조에게 올린 상소에서 처음을 장식하는 어구는 오랜 동안 하지

---

56) 『承政院日記』 955책 (탈초본 52책) 영조 19년 윤4월 7일 庚申 34번째 기사.
57) 『承政院日記』 955책 (탈초본 52책) 영조 19년 윤4월 7일 庚申 35번째 기사

못한 대사례를 거행한 것에 대한 경하의 말씀이었다. 옛날 중국 三代 때의 예법을 회복하였다고 말하는 이도 있었고, 네 발 가운데 세 발을 명중시킨 것을 칭찬하는 이도 있었다.[58] 그러한 만큼 영조의 자부심도 커졌을 뿐더러, 이때 대사례에 사용했던 시설이나 기구들도 자연히 각별한 의미를 지니게 되었다.

영조는 대사례를 마치자 곧바로 사단을 헐지 말라고 지시하였다. 후세 사람들에게 이 사단을 보여주어야 한다는 말이었다.[59] 사단을 새로 쌓았다는 말은 없었으나, 새로이 단장을 하였던 듯하다. 그리고 대사례 때 사용한 활과 화살 및 여러 기구를 다락 건물을 지어 간직케 하였으며, 활쏘기가 육예 가운데 하나라 하여 그 건물 육일각(六一閣)이라 정하여 주었다.[60] 육일각은 성균관 경내에 지어졌으며,[61] 대사례 거행 후 1달 20일 뒤에 완공되었다.[62] 심지어는 대사례에서 어사례 때 정(旌)을 잡았던 자, 웅후를 등에 지고 옮겼던 자들을 변장의 장수로 승진시키도록 하여,[63] 이들에게도 영광이 돌아갔다.

또한 이때 대사례를 거행한 내용은 예조참판 오광운의 주관 아래 『대사례의궤』로 정리되어[64] 두 달 뒤에 완성되었다. 이때 먼저 영조가 볼 어람용 책을 올렸다.[65] 『대사례의궤』는 어람용 한 건 외에 추가로

---

58) 『承政院日記』957책 (탈초본 52책) 영조 19년 윤4월 18일 신미 25번째 기사 ; 36번째 기사

59) 『英祖實錄』권 57, 영조 19년 윤4월 7일(경신) 2번째 기사

60) 『英祖實錄』권 57, 영조 19년 윤4월 7일(경신) 3번째 기사

61) 『承政院日記』1073책 (탈초본 59책) 영조 27년 8월 25일 戊午 28번째 기사

62) 『承政院日記』958책 (탈초본 52책) 영조 19년 5월 27일 己酉 15번째 기사

63) 『承政院日記』957책 (탈초본 52책) 영조 19년 윤4월 18일 신미 18번째 기사

64) 『英祖實錄』권 57, 19년 윤4월 17일(경오) 1번째 기사

65) 『承政院日記』959책 (탈초본 52책) 영조 19년 6월 10일 己巳 15번째 기사

네 건이 제작되어, 춘추관 사고, 의정부, 예조, 성균관에 각 1건씩 보관하였다.66) 영조가 오광운에게 『대사례의궤』를 편찬하라고 지시하던 날, 병조 판서 서종옥이 태묘(太廟)의 제향에 사용하는 악장에 결함이 있음을 지적하여, 그 악장을 바로잡는 작업이 착수되었다.67) 태묘의 제향에 사용하는 악장은 영녕전(永寧殿)의 제향에 사용하는 악장과 같았으므로, 이는 또한 영녕전 제향의 악장을 바로잡는 작업이기도 하였다. 예문관 제학 원경하가 작성하고 있던 「대사례기」는 영조의 검열을 통과하지 못하여 고초를 겪고 있었다. 사실에 대한 기술이 너무 소략하다는 이유로 거듭 퇴짜를 맞았던 것이다.68)

대사례에 대한 논공행상은 『대사례의궤』가 완성된 뒤에 시행되었다. 대사례를 계획 논의하는 과정에서부터 대사례의 거행, 의례 거행 후의 일들의 처리에서 중추적 구실을 한 병조판서 서종옥과 작헌례에서 전작관(奠酌官)을 맡았던 이조참판 이익정에게는 숙련된 말 1필씩 내려 주었고, 예조판서 정석오, 참판 오광운, 승지 여섯 명 등에게는 반숙련된 말 1필씩 내려 주었으며, 성균관에서 영조를 모셨던 유생들, 대사례 때 화살을 주운 장교들, 그 밖에 공장(工匠)과 수복(守僕)에 이르기까지 모두 차등을 두어 상을 주었다. 특별히 성균관대사성 김상로에게는 표피(豹皮) 한 벌을 내려 주었다.69)

---

66) 申炳周, 「『大射禮儀軌』解題」, 『大射禮儀軌』, 서울대학교 奎章閣, 2001
67) 『英祖實錄』권 57, 19년 윤4월 17일(경오) 1번째 기사
68) 『承政院日記』957책 (탈초본 52책) 영조 19년 윤4월 19일 임신 36번째 기사. 「대사례기」가 언제 완성되었는지는 기록에서 확인하지 못하였다.
69) 『承政院日記』959책 (탈초본 52책) 영조 19년 6월 15일 丙寅 11번째 기사 ; 12번째 기사

3) 1764년의 기구(耆舊) 대사례

1743년 대사례를 거행한 뒤 20년의 세월이 지나는 동안 여러 사건이 벌어졌으나, 그 중 가장 큰 사건은 역시 사도세자가 뒤주에 갇혀 죽은 것이었다. 1762년 임오년에 일어났다고 하여 임오화변(壬午禍變)이라고도 부르는 이 사건은 조선 사회에 큰 충격을 주었다. 그렇지만 이 사건으로 가장 큰 충격을 받았던 이는 세자를 죽도록 한 그 아버지 영조와 아버지인 세자를 살려달라고 영조에게 호소하다가 현장에서 쫓겨난 세손 정조였다. 영조가 두 번째로 대사례를 거행한 1764년은 한편으로는 재위 40년이 되는 해이자 임오화변이 일어난 지 2년 뒤에 해당하는 해였다. 또한 영조의 나이가 71세가 되어, 망팔(望八)이라 하여 80세를 바라보기 시작하게 된 해이기도 하였다. 이러한 여러 가지와 관련된 생각이 얽혀서 영조가 70세를 넘긴 관원들을 시사관(侍射官)으로 삼는 기구 대사례를 기획하게 된 것으로 생각된다.

영조는 1764년 1월 20일에 태묘와 영희전에 거둥하고자 경희궁에서 숭현문(崇賢門)으로 나왔다. 이때 약방 도제조 홍봉한(洪鳳漢) 등을 만나 이야기하다가 영조가 충량과(忠良科)를 시행할 의사를 밝혔다. 충량과는 궁궐의 뜰에서 거행하는 과거인 정시(庭試)의 하나인데, 이때 영조가 생각한 것은 충렬사(忠烈祠)와 현절사(顯節祠)에 배향된 충신들의 후손을 대상으로 한 과거였다.[70] 여기서의 충렬사는 전국에 여럿 있는 충렬사 가운데서 강도(江都) 곧 강화에 있는 것을 말하며, 병자호란 때 강화도에서 순절한 것으로 규정된 김상용(金尙容), 심현(沈誢), 이시직

---

70) 『承政院日記』 1226책 (탈초본 69책) 영조 40년 1월 20일 壬申 17번째 기사 ; 『英祖實錄』 권 103, 영조 40년 1월 20일(임신) 2번째 기사

(李時稷), 송시영(宋時英) 등이 그 충신이다. 현절사의 충신은 병자호란 때의 척화신(斥和臣)인 김상헌(金尙憲), 정온(鄭薀), 홍익한(洪翼漢), 윤집(尹集), 오달제(吳達濟) 등이다. 이날 영조는 영희전을 나와서 기로소(耆老所)로 가서 전임 및 현임 의정들, 정1품의 종친, 국구(國舅) 등을 만나 다시 충량과 이야기를 꺼냈다. 기로소에서 어첩(御帖)을 꺼내 연호(年號)를 직접 작은 글씨로 새로 써넣으면서 갑신년이 또 돌아왔다는 것을 다시 상기하고, 충량과를 본격적으로 의논하고자 한 것이다. 이 갑신년은 두 갑자 즉 120년 전인 1644년을 말하는 것으로, 명의 북경이 청의 군대에 함락된 해이다. 이처럼 영조는 명의 멸망을 상기시켜 이들로부터 충량과 실시에 대해 우호적인 반응을 얻을 수 있었다. 이어서 영조는 홍문관 관원들도 불러서 의견을 물었는데, 부응교 이명식(李命植)의 특정 인물들의 후손만을 과거에 응시할 수 있도록 하는 것은 '규정 밖의 일'이라는 지적에 논의가 분분하다가, 영조가 눈물을 흘리며 호소하여, 여기에 귀화한 명나라 사람의 후예들만 더하여 과거에 응시할 수 있도록 결정하였다.[71]

이렇게 충량과 실시가 결정된 지 13일 뒤에 충량과 시행을 불과 5일 앞두고 영조는 의정과 비변사 당상들을 불러서 만난 자리에서 충량과를 실시하는 당일에 기구대사례를 행하라고 명령하였다.[72] 이름을 기구대사례라 한 것은 영조가 기구들 곧 70이 넘은 신하들에게만 국왕에 이어 활을 쏘도록 시키겠다는 의사를 나타낸 것이었다. 향음주례(鄕飮酒禮)가 향촌사회 구성원들의 화합을 중요시한다면 향사례(鄕射禮)는 향촌사회 내부의 사회적 질서를 더 중요시한다는 의견에 비추어 볼 때,

---

71) 『承政院日記』 1226책 (탈초본 69책) 영조 40년 1월 20일 壬申 17번째 기사
72) 『英祖實錄』 권 103, 영조 40년 2월 3일(을유) 1번째 기사

이 기구대사례는 영조가 자신이 70세는 넘기게 된 것을 기회로 삼아 나이가 많은 신하들에게 자신을 중심으로 형성되어 있는 기존 질서의 준수를 은연중에 강조하려는 의도에서 기획된 것으로 판단된다.

〈그림 3-9〉 『춘관통고』의 「금의영희전전도(今儀永禧殿全圖)」

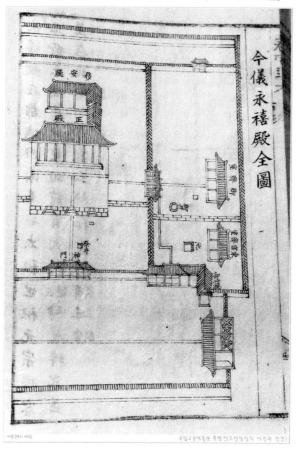

기구대사례를 어떻게 거행할 것인가는 영의정 홍봉한과 예조판서 조운규, 우승지 김화진(金華鎭) 등이 신임 수령들과 함께 영조를 만난

자리에서 논의되었다. 엄밀히 말하면, 논의라기보다는 영조의 일방적인 지시에 따라 결정되었다. 영조는 충량과 정시를 시행하는 날 먼저 시험 제목을 걸어놓은 다음에 종친과 2품 이상 문무관으로 나이 70 이상인 자들과 기구대사례를 행하고, 이어서 무과 정시를 시행하겠다고 하였다. 영조는 여러 차례 한숨을 쉬어가며 말을 이었다. 웅후와 미후 따위의 기구는 육일각에 보관하고 있는 것을 쓰고, 자신이 사용할 결습(抉拾: 활을 쏠 때 사용하는 가락지와 팔찌)과 활과 화살은 새로 만들고, 술 단지와 술잔 등은 21년 전 대사례 때 사용했던 것을 쓰기로 하였다. 예행연습은 하지 않고, 의례 거행 장소는 경희궁 건명문(建明門) 앞으로 정하였다.73) 그리고 2일 뒤 영조가 의정과 비변사 당상들을 불러 만난 자리에서 병조판서 이창수(李昌壽) 등이 그 밖에 필요한 것들을 영조에게 물어 정하였다. 상을 주는 원칙과 내용은 21년 전의 대사례 때와 같이 하고, 「대사례의주」를 새로 마련하기는 하나, 의례의 여러 절차는 찬의가 홀기에 써서 그것을 읽어 이 역시 전의 대사례 때와 같이 하기로 정하였다.74)

2월 8일 진시(오전 8시)에 영조가 익선관과 곤룡포를 갖추고 보여(步輿)를 타고 경희궁에서 숭현문을 거쳐 건명문에 설치한 전좌(殿座)에 도착하였다. 이 시기에 영조는 주로 경희궁에서 거처하고 있었다. 6승지와 사관들은 오사모와 흑단령을 착용하고 차례대로 서 있다가 영조 앞으로 나아가 엎드렸다. 이어서 현임 의정과 전임 의정들이 차례로 나와 영조에게 문안드리고, 영중추부사 신만(申晚)이 탕약을 올렸다. 그리고는 문제를 내어 걸고 오시(午時)까지로 시간을 정해 답안을 작성하

---

73) 『承政院日記』 1227책 (탈초본 69책) 영조 40년 2월 3일 乙酉 17번째 기사
74) 『承政院日記』 1227책 (탈초본 69책) 영조 40년 2월 5일 丁亥 15번째 기사

도록 하여 충량과 문과 정시가 시작되었다.[75]

곧이어 기구대사례를 거행하였다. 영조의 지시에 따라 활을 쏠 관원들이 영조에게 사배(四拜)하고 문관은 동쪽, 무관은 서쪽으로 나누어 서로 바라보고 차례대로 섰다. 기구시사관으로 참여한 것은 봉조하 유척기(兪拓基), 이철보(李喆輔), 정형복(鄭亨復) 등 20명이었다.[76]

웅후를 설치하자 임금이 내려와서 활 쏘는 자리로 나아갔고, 상호군을 맡은 어영대장 김한구(金漢耉)가 결습을 올리고, 훈련대장 구선행이 활을 드렸으며, 금위대장 이장오가 화살을 드렸다. 악사들이 악장 이수(貍首)를 연주하는 사이에 영조가 승시(乘矢) 즉 화살 네 발을 쏘았다. 병조 판서 이창수가 첫 번째 화살은 날아가고, 두 번째 화살은 오른쪽 곁에 맞고, 세 번째 화살은 중앙에 명중하고, 네 번째 화살은 가장자리에 명중하였음을 알렸다. 영조가 전좌로 돌아왔다. 여러 신하가 둘러서서 구경하는 것이 담을 둘러친 것 같았다.[77]

신만과 홍봉한 등이 경하하는 말씀을 올렸다. 신만이 "수많은 눈이 다 우러러보았는데, 이 기쁨을 어떻게 물리칠 수 있겠습니까?"라 하자, 영조가 "일흔 한 살 나이에, 나도 기이하다고 생각하네."라 대답하였다. 웅후는 육일각에, 활과 화살은 영수각(靈壽閣)에 보관하라고 명하였다.

이어서 미후를 설치하고 기구시사례를 거행하였다. 송징계와 유건, 유동무 세 사람이 한 발씩 명중시켰고, 나머지 17명은 모두 한 발도 맞히지 못하였다. 화살을 맞힌 세 사람에게 활 하나씩 상으로 주고, 나머

75)『英祖實錄』권 103, 영조 40년 2월 8일(경인) 1번째 기사 ;『承政院日記』1227책 (탈초본 69책) 영조 40년 2월 8일 庚寅 17번째 기사
76)『承政院日記』1227책 (탈초본 69책) 영조 40년 2월 8일 庚寅 17번째 기사
77)『英祖實錄』권 103, 영조 40년 2월 8일(경인) 1번째 기사

지 맞히지 못한 사람들은 치로 술을 마시는 상벌례를 의식대로 거행하였다.[78]

미후를 철거하고 관혁을 설치하여 충량과 무과를 시행하였다. 무과에서 14명이 급제하였다. 이어 충량과 문과 정시의 성적을 매기도록 하여 김로순(金魯淳), 김장행(金章行), 김이소(金履素) 등 3명을 급제시켰다.[79]

현임 의정과 전임 의정, 국구, 승지, 문과 및 무과 시험관들을 들어오도록 하여 음식을 내려주었다. 영조가 소차(小次)로 들어가 원유관과 강사포로 바꿔 착용하고 나오고, 승지와 사관 및 여러 신하들은 금관조복(金冠朝服)으로 바꿔 착용한 뒤에 신은방방례(新恩放榜禮)를 거행하였다. 영조가 "선원(仙源:김상용)과 청음(淸陰: 김상헌)의 후예가 급제하여 다행이다."라 하고, 보여를 타고서 새로 급제한 자들을 거느리고 숭정문(崇政門)을 통해 경희궁으로 들어갔다. 영조는 동쪽 월랑(月廊)에서 보여로부터 내린 뒤, 명일 아침에 창덕궁으로 가서 사은을 받겠다고 지시하였다.[80] 이로써 이날의 대사례가 끝이 났는데, 공자의 신위에 작헌례를 행하는 절차를 생략하고 대사례를 거행한 첫 사례였다.

4) 정조 때의 연사례(宴射禮) 거행

(1) 정조의 연사례에 대한 인식

조선시대 동안 '대사례'라는 이름의 의례는 앞에서 본 1764년의 기구

---

78) 주 317)과 같음.
79) 『英祖實錄』 권 103, 영조 40년 2월 8일(경인) 1번째 기사
80) 주 317)과 같음.

대사례를 끝으로 더는 거행되지 않았다. 여기에는 정조 때 대사례를 '연사례'라는 이름으로 바꾸고 그 내용도 상당 부분 개편한 것이 중요하게 작용한 것으로 보인다. 이제 살펴볼 바와 같이, 그렇지 않아도 대사례 때에도 의절(儀節)이 많아 번거롭다고 하였던 의례의 내용이 연사례에서는 더욱 늘어났기 때문에, 뒷날 연사례를 거행할 가능성은 더욱 작아지게 되었다. 더구나 정조연간 이후 왕권이 다시 약해진 조건 아래에서는 연사례를 거행하기가 더더욱 어렵게 되었다.

정조도 영조에 이어 왕권 강화와 그것을 이루기 위한 방법들에 대하여 관심이 많았다. 왕위에 오른 지 얼마 지나지 않은 재위 원년(1777년) 봄에 정조가 동부승지 이진형(李鎭衡)에게 계해년(영조 19년, 1743년)에 대사례를 거행한 것이 어느 달인지를 묻고, 그 일기를 들여오도록 하여서는 읽도록 시켜 그 내용을 파악한 것을 볼 수 있는데,[81] 그 까닭은 여기에서 찾을 수 있다. 연사례를 거행한 의도도 같은 맥락 위에 있었을 것으로 생각된다.

연사례는 1779년(정조 3) 9월 25일에 처음이자 마지막으로 거행되었다. 정조연간의『승정원일기』기록을 보면, 정조는 주요 행사에 대해 계획 단계에서부터 철저하게 점검하여 진행토록 하는 것이 보통이었다. 그런데『정조실록』에서는 물론이고,『승정원일기』에서도 이 해의 연사례가 어떤 맥락에서 계획되어 추진되었는지 그 내용을 찾아보기 어렵다. 다만『승정원일기』에서 의례를 거행하기 9일 전에 연사례 예행연습을 하였고, 그 연습 장소에 정조가 모습을 나타내었음을 알 수 있을 뿐이다. 또한 무슨 이유인지 연사례 관련 내용도 매우 빈약하다.[82]

---

81)『承政院日記』1395책 (탈초본 77책) 정조 1년 2월 17일 癸丑 24번째 기사
82)『承政院日記』1449책 (탈초본 80책) 정조 3년 9월 16일 丁酉 20번째 기사

그런데 의식을 거행하기 1년 8개월 전인 1777년 2월에 낮 경연인 주강 자리에서 『논어』를 강하던 중 검토관 안성빈(安聖彬)이 사(射) 곧 활쏘기에 예를 위한 활쏘기인 예사(禮射)와 무술을 위한 활쏘기인 무사(武射)의 구분이 있다면서, 평화로운 시기에는 예사를 익히도록 해야 한다고 말한 적이 있어서 주목된다. 그의 말이 정조에게 영향을 주었을 가능성이 커 보이기 때문이다. 여기서 안성빈이 정조에게 올린 말을 제시하면 아래와 같다.

〈사료 4-1-B〉
활쏘기에는 예사와 무사 두 가지가 있습니다. 평화로울 때에는 예사가 유행하고, 전란 때에는 다투어 무사를 숭상합니다. 그런데 무사라는 것은 항상 있어서는 아니 되는 활쏘기이고, 예사라는 것은 없어서는 아니 되는 활쏘기입니다. 그런 까닭에 무왕이 상나라에 이기고 나서 군사들을 도읍 밖에 흩어 활을 쏘도록 하여, 과녁에 활을 쏘는 것이 중단되었습니다. 이 장(章)은 공자께서 주나라가 쇠퇴하여 예가 폐지된 것을 한탄한 것인데, 여러 나라가 다만 무사만을 숭상한 때문이었습니다. 우리나라는 오랜 동안 전쟁이 없었으나, 무반의 경우 무예로 사람을 뽑는 까닭에 과녁에 활을 쏘는 것을 사람마다 모두 배웁니다. 그러나 예사에 이르러서는 전통이 단절되어 듣는 것이 없습니다. 대사례와 향사례는 예사로서 덕을 살피는 방법이기도 하나, 평화로울 때임에도 배우고 익히는 것이 오히려 과녁에 활을 쏘는 것만도 못합니다. 사단에 오르고 내리며 읍하고 겸양하여 몸을 곧게 하고 마음을 바르게 할 뿐 힘을 기르는 것에만 전념하지 않습니다. 다만 그 덕만을 살폈던 것이 옛날의 도이므로, 예를 익히고 풍속을 바른 쪽으로 이끄는 커다란 방법입니다. 그래서 이것을 말씀드리고자 하였습니다.[83]

83) 『承政院日記』 1395책 (탈초본 77책) 정조 1년 2월 17일 癸丑 24번째 기사

1783년(정조 7) 12월, 정조는 이듬해 봄에 내용을 잘 가다듬어 다시 연사례를 거행하겠다고 하며 춘당대에서 예행연습을 시키면서 다음과 같이 말하였다.

〈사료 4-1-C〉
　주 때의 제도에 천자와 제후의 활쏘기가 세 가지가 있었다. 택궁(澤宮)에서 활 쏘는 것을 대사라 하고, 교(郊)에서 활 쏘는 것을 빈사(賓射)라 하고, 연침(燕寢)에서 활 쏘는 것을 연사(燕射)라 했다. 세 가지의 활쏘기는 모두가 덕행(德行)을 관찰하고 예양(禮讓)을 익히기 위한 것이었다. 우리나라에서는 택궁에서 활 쏘는 것과 연침에서 활 쏘는 것을 모두 대사라고 하였고, 또한 그 의례를 규정한 내용도 대부분 뒷날의 것을 따른 것이 많아, 주 때의 제도에 꼭 맞을 수가 없었다. 그렇기 때문에 내가 몇 해 전에 규장각 문신들에게 명하여 『의례』와 『대례(戴禮)』를 널리 살피고 헤아려 덜고 더하여서 한 번 거행하게 했었는데, 그 뒤에 그대로 두고 다시 수정하지 못했기에 마음에 늘 애석했었다.[84]

　정조가 무엇을 근거로 주 시대의 사례(射禮) 제도를 복원하여 거행할 수 있다고 판단하였는지는 알 수 없다. 택궁은 천자나 제후가 중요한 제사를 지내게 되었을 때 그에 앞서 활쏘기를 익히던 장소의 이름으로, 택(澤) 한 글자만 쓰기도 한다. 따라서 택궁에서 활을 쏘는 것 자체가 대사였던 것이 아니고, 천자나 제후가 택궁에서 활을 쏘는 것에서 시작하여 여러 대부와 사들에게 활을 쏘도록 하여 그들의 덕을 관찰하는 것을 포함하여 대사라 하였던 것이다. 교는 지리적으로는 도읍의 밖에 위치한 곳을 말하는 한편, 하늘에 제사를 지내는 곳을 뜻하였다. 빈사가 지

---

84) 『正祖實錄』 권 16, 정조 7년 12월 10일(丁卯) 1번째 기사

리적인 의미로서의 교와 관련된 의례일 가능성은 거의 없다. 그런데 하늘에 제사를 지내는 것은 천자 고유의 권한으로 규정되어 있었고 이때에는 제후들도 모두 참여해야 했으므로, 빈사 역시 천자가 중심을 이루고 제후들이 빈(賓)으로 참여하여 거행한 사례일 것으로 추정된다. 연침은 천자나 제후의 침전(寢殿) 가운데 정침을 제외한 모든 건물을 뜻한다고 풀이하거나, 주요 침전 셋 가운데 하나로 이해하고 있다. 그런데 이와 같은 풀이로 보자면 왜 이러한 건물에서 활쏘기 의례를 거행하였는지 이해하기 어렵다. 『주례』를 보면 연사는 활을 쏜 사람들이 활과 화살을 들고 춤을 추는 것이 주요 내용으로 규정되어 있고,[85] 『주례』에 대한 주요 주석에서는 천자나 제후가 주로 사신의 노고를 위로하기 위한 잔치를 하면서 활쏘기를 하는 것을 일컫는 것으로 설명하고 있다.[86] 따라서 정조의 대사례와 연사례에 대한 관념에는 그의 독자적이고 주관적인 판단이 주요하게 작용한 것으로 보인다.

어쨌든 정조는 활 쏘는 사람의 덕행을 관찰하고 서로 예를 갖추고 겸양하는 법도를 갖추는 수단으로 연사례를 주목하였음이 분명하다. 정조는 이와 아울러 주 시대의 연사례를 재현하고자 하였던 듯하다. 이에 따라 정조 때에 거행된 연사례는 그 이전에 거행된 조선의 대사례와는 그 내용이 상당히 바뀌게 되었다.

(2) 1779년에 거행한 연사례

앞서서 설명한 바와 같이, 1779년(정조 3) 9월 25일에 조선에서는 처

---

85) 『周禮』春官, 樂師
86) 孫詒讓, 『周禮正義』春官, 樂師

음이자 마지막으로 연사례가 거행되었다. 그런데 그 목적이나 경위를 알려주는 기록은 찾아보기 어렵다. 따라서 이제 곧바로 이때의 연사례 내용부터 보기로 한다.[87]

연사례는 사시(巳時: 오전 10시)에 시작되었다. 이에 앞서 사사(司射)가 솔[侯 또는 帿] 아홉을 불운정(拂雲亭)[88] 남쪽에 벌여 놓았고, 솔 좌우에 핍을 설치하였다. 불운정 아래 좌우에 북 하나와 징 하나, 복 다섯을 설치하고, 또 솔마다 그 좌우에 북과 징 두 개씩, 후기(帿旗) 아홉 개씩 설치하였다. 정조는 봉모당(奉謨堂)에 전배(展拜)하고 나서 서향각(書香閣)에 있었다. 때가 되어 사사가 서향각 어좌 앞으로 와서 꿇어앉아 유사들이 활 쏠 준비를 갖추었음을 아뢰자, 임금이 두면(頭冕)을 갖추고 서향각을 나와 불운정 위로 나아갔다.

종을 여섯 번 울리고 나서 정조가 어좌에 올랐다. 어좌에 오르는 동안 헌가를 연주하였다. 인의(引儀)가 시사관들을 절하는 자리로 인도하였다. 시사관은 좌의정 서명선(徐命善), 규장각 제학 서명응(徐命膺), 병조 판서 홍낙성(洪樂性) 등 12명이었다.[89]

---

87) 이 연사례에 대한 내용은 『正祖實錄』 기사(권 8, 정조 3년 9월 25일 병오 1번째 기사)와 『承政院日記』 기사(1449책, 탈초본 80책, 정조 3년 9월 25일 병오 9번째 기사)에 의거하였다. 두 책의 기사는 대체로 일치하나, 『承政院日記』 기사가 더 자세하다.

88) 拂雲亭은 "현판이 아직 없어 출입하는 자가 어리둥절하였는데, 성종이 대제학 徐居正에게 명하여 이름을 지어 달게 하였다."라 한 것으로 보아, 조선 초기부터 창덕궁 후원에 있었던 정자 가운데 하나임이 분명하다. 1776년(정조 1)에 다시 지었으며, 주합루 동북쪽 작은 언덕에 있었고, 대나무로 지었으며, 정조가 주로 이곳에서 활을 쏘았다.(『東國輿地備考』 卷 1, 京都)

89) 이 내용에 대해서 『承政院日記』 기사에는 행도승지 洪國榮이 정조 옆에서 움직인 것으로 나오는 반면, 『正祖實錄』 기사에는 홍국영이 시사관에 포함되어 있다. 홍국영이 포함되면 시사관의 수가 13명이 되어, 짝이 맞지 않는다.

시사관들이 짝을 지어 나아가 찬의(贊儀)가 부르는 대로 정조에게 사배하였고, 그 동안 헌가의 음악이 연주되었다. 사사가 획자(獲者)를 시켜 정(旌)을 잡고 솔을 지게 하였다. 사궁(司弓)은 활을, 사시(司矢)는 화살 네 개를 받들었다. 시사관들이 깍지와 팔찌를 끼고 활을 잡고 화살을 꽂고서 짝을 지어 사위(射位)에 나아갔다. 사사가 어좌(御座) 앞에 나아가 꿇어앉아 획자에게 명하여 솔이 있는 데로 가게 하겠다는 것을 아뢰자, 고시무신(告矢武臣)이 큰 소리로 '획자는 솔로 가라.'고 하였다. 획자와 기를 든 자, 북을 든 자들이 일제히 소리를 내어 대답하였다. 북 연주자가 북을 세 차례 치자 획자도 북을 쳐서 응답하였다. 고시무신이 또 큰 소리로 "곰솔[熊侯]은 3획(劃)을 얻을 수 있고, 범솔[虎侯]과 사슴 솔[鹿侯], 꿩솔[雉侯], 토끼솔[兎侯]은 2획을 얻을 수 있고, 기러기솔[雁侯]과 물고기솔[魚侯], 수리솔[雕侯], 원숭이솔[猿侯]은 1획을 얻을 수 있다. 맞히면 북을 치고 맞히지 못하면 징을 치며, 한 솔을 얻으면 기 한 개를 들고 곰솔에 화살 네 발을 다 맞힌 경우에는 깃발 아홉 개를 모두 들어라."라고 하니, 획자 이하가 대답하였다.[90]

이어서 어사례가 시작되었다. 정조가 활을 쏘는 자리에 오르려 하자 음악을 연주하기 시작하였고, 오르고 난 뒤 음악 연주가 그쳤다. 사궁과 사시가 활과 살을 바쳤다. 정조가 화살을 쏘려 할 때마다 음악을 연주하기 시작하여, 발사한 뒤에는 연주를 멈추었다. 화살을 맞히면 먼저 도전(翿旜)을 세웠다. 곰솔에 맞혔으면 기 아홉 개를 함께 들어 올리고

---

90) 이 부분에 대한 『정조실록』과 『승정원일기』의 기록(자세한 전거는 주 87 참조)에는 각기 熊, 虎´ 鹿 雉´ 兎, 雁´ 魚´ 雕 猿과 熊, 虎, 鹿, 雉, 兎, 雁, 魚, 鳥, 猿이라고만 기록하였고, 侯(또는 緱)가 빠져 있다. 두 기록에서 雕와 鳥의 차이가 있는데, 더 엄격한 교정을 거쳤을 『정조실록』의 기록이 옳을 것으로 보고 雕를 택하였다.

북을 세 번 쳐서 소리를 내고, 범솔과 사슴솔, 꿩솔, 토끼솔에 맞혔으면 각각 그 기를 들어 올리고 북을 두 번 쳐서 소리를 내었고, 기러기솔, 물고기솔, 수리솔, 원숭이솔에 맞혔으면 또한 각각 그 기를 들어 올리고 북을 한 번 쳐서 소리를 내었으며, 고시무신이 그 기와 북소리를 살펴서 어느 화살이 어디에 맞았음을 고하였다.

화살이 혹 솔에 맞지 않으면 징을 쳐야 하나, 어사례 때에는 징을 울리지 않고 도전을 화살이 날아간 쪽으로 뉘어 놓으며, 고시무신이 이것을 보고 큰소리로 고하되, 위로 갔으면 양(揚)이라 하고 아래로 갔으면 유(留)라 하고 왼쪽으로 갔으면 좌방(左方)이라 하고 오른쪽으로 갔으면 우방(右方)이라 하였다.

어사례가 끝나자 사궁·사시가 꿇어앉아 활과 살을 받아 들고 물러가 자리로 돌아갔다. 정조는 어좌로 돌아와 앉았다. 정조가 어좌에 오르는 동안 음악을 연주하고 중지하는 것을 의식 규정과 같이 하였다.

이어서 시사례가 시작되었다. 시사할 관원들이 짝을 이루어 섬돌 위로 올라와 활을 쏘는 자리[射席]로 가서 정조의 어좌를 향해 부복하였다가 일어나 솔을 향해 서서 차례로 화살을 쏘았다. 각각 어느 솔에 화살을 맞혔는가에 따라 기를 올리고 북을 울리는 것을 위의 의례 규정과 같이 하였다. 활쏘기가 끝나면 다시 정조의 어좌를 향해 부복하였다가 일어나 내려가서 자리로 돌아갔다.

여러 시사관이 짝을 지어 나아가 활을 쏘는 것이 세 바퀴[巡] 돌게 되자, 정조가 시사관들에게 명하여 섬돌 위로 올라 차례대로 자리에 나아가게 하고, 이어서 음식을 접대하도록 하였다. 식사가 끝나고 나서 또 위의 의식과 같이 활쏘기를 계속하여 다섯 바퀴를 돈 뒤에야 시사례가 끝났다.

이어서 상벌례를 진행하였다. 사사(司射)가 화살을 맞힌 시사관의 성명과 획수(劃數)를 쓰고 또 맞히지 못한 시사관의 성명을 써서 올리고, 승지가 꿇어앉아 맞힌 자를 상주고 맞히지 못한 자를 벌줄 것을 아뢰었다. 이를 마치고 나서, 기시관(記矢官)과 고시무신이 섬돌 위 동쪽과 서쪽으로 나뉘어 서서, 시사관들의 성명을 불러 차례대로 데리고 들어가서 임금에게 절하는 자리에 나아도록 하되, 화살을 맞힌 자는 동쪽에, 맞히지 못한 자는 서쪽에 있도록 하였다. 화살을 맞힌 자에게는 활과 화살을 상으로 주고, 맞히지 못한 자는 술을 마시는 것으로 벌을 주었다. 상을 받고 벌을 받는 것이 끝나고서 시사관들이 모두 찬의의 구령에 맞추어 정조에게 사배하였다. 시사관들이 사배하는 동안 음악이 연주되었다.

사사가 꿇어앉아 솔들을 치우겠다는 것을 아뢰어 청하였다. 고시무신이 큰 소리로 '솔을 치워라.'라고 하니, 획자와 기, 북을 든 자들이 일제히 소리내어 대답하였고, 북을 연주하는 자는 북을 세 차례 치고 획자도 북을 쳐서 응답하였다. 인의의 인도에 따라 시사관들이 차례로 나가고, 정조는 어좌에 올랐다가 주합루(宙合樓)로 돌아갔다. 이로써 이날의 연사례를 모두 마쳤다.

주합루에서 정조는 규장각 문신들에게 전문(箋文)을 지어 올리도록 하였다. 전문을 올리는 의례를 끝내고서 고시무신 이하 연사례 거행에 공을 세운 관원들에게 차등을 두어 상을 주었는데, 활과 화살 및 솔들을 비롯한 여러 기구를 준비한 군기시 관원, 의례 진행을 담당한 통례원 관원, 사궁과 사시 등을 담당한 환관들 외에 규장각 관원들도 포함되었다. 내용에는 드러나 있지 않으나, 이로써 추측하건대 아마도 이때의 연사례의주는 규장각 관원들을 시켜 마련하였던 듯하다.

이제까지 살핀 바와 같이, 1779년에 거행한 연사례는 그 내용이 영조 때의 대사례와 마찬가지로 의례에 대한 준비, 어사례, 시사례, 상벌례로 구성되었다. 그러한 가운데 성종 때부터 영조 때까지의 모든 대사례가 문무과 시험과 연결되어 거행되었던 것과 달리, 이 연사례는 시험과 결부되지 않고 독자적으로 거행되었다는 점에서 그에 상당한 변화가 일어났다고 할 수 있다. 또한 흔히 알성례(謁聖禮)라 불렸던, 조선 국왕이 성균관 대성전에 가서 공자 신위에 제사하던 작헌례(爵獻禮) 또한 거행하지 않았다는 점도 되새겨볼 필요가 있다. 그 한편 어사례 때에는 곰솔만 사용하고 시사례 때에는 사슴솔만 사용하던 것에서 바뀌어, 곰솔과 범솔, 사슴솔, 꿩솔, 토끼솔, 기러기솔, 물고기솔, 수리솔, 원숭이솔까지 아홉 가지 솔을 사용하는 방법으로 바꾸었다는 것이 눈길을 끈다. 아홉 가지 과녁을 사용하는 것은 남북조시대 북제(北齊)의 사례(射禮)와 당(唐) 시대에 편찬한 『개원례』의 사례에서 볼 수 있었던 것들이어서, 규장각 관원들이 새로 연사례 의주를 마련하면서 이 시기의 사례를 적극 수용하였던 것이 아닌가 생각된다.

(3) 1783년 12월의 연사의주(宴射儀註)

정조는 즉위 초반에 규장각을 설치하고 젊은 문신들을 양성하여 친위세력을 강화하고자 하였던 것으로 알려져 있다. 1779년에 새로이 연사례의주를 마련하여 연사례를 거행하였던 것도 그러한 의도와 무관하지는 않았을 것이다. 그런데 연사례를 거행한 직후에는 특별한 움직임을 보이지 않던 정조가 그로부터 4년 뒤인 1783년(정조 7) 12월에 이르러 1차로 연사례의주를 수정 보완하여 예행연습을 한 차례 거행한 뒤, 더 구체적인 의주를 갖추도록 지시하였다. 그리하여 그 성과가 『정조실록』에 실렸다.

문제는 그 이듬해인 1784년 봄에 연사례를 거행할 목적으로 예행연습을 하고 또 자세한 의주를 작성하였음에도 불구하고, 결국은 왜 연사례를 거행하지 않았는가, 나아가서는 왜 그 뒤로 연사례가 언급된 자취조차 찾아볼 수 없게 되었는가에 있다. 1784년 봄에 혹 국가적으로 커다란 문제가 생겼었다면 그래도 무엇인가 납득할 만한 단서를 찾을 수 있을 것이나, 실상 당시에 특별한 국가적 문제는 없었던 것으로 생각된다. 정조는 이해 7월 원자를 세자로 책봉하였는데, 그에 대한 논의는 이해 1월 1일 즉 원단 때부터 시작되었다. 이날 현임 의정들과 전임 의정들이 예조 당상을 거느리고 정조를 만날 것을 요청하여, 정조가 편전에서 이들을 불러 보았는데, 이때 이들이 정월 안에 원자를 세자로 책봉하라고 요구하였던 것이다. 이에 정조가 윤허하지 않아 이에 대한 논의가 반년이나 진행되다가 결국은 세자로 책봉하였는데, 이것은 조선 안에 별로 특별한 사회적 문제는 없었음을 나타낸다.91) 이해 6월에『규장각지』를 간행하고,『홍문관지』를 완성하였으며,『대전통편』의 편찬도 이루어졌는데, 이 또한 이 시기 조선사회가 안정적이었음을 방증한다. 그러므로 이해 봄에 연사례를 거행하지 않은 이유는 연사례의 내용이나 연사례와 관련된 일들에서 찾아야 할 것이다.

그러면 먼저 1783년 12월에 예행연습을 한 연사례의 내용부터 살펴보기로 하자.92)

이날의 연습은 춘당대에서 실시되었다. 이때 정조는 "내년 봄에 다시 연사례를 차리고 싶은데, 규장각 관속들 중에 이 연사례를 보았던 사람

---

91)『正祖實錄』권 17, 정조 8년 1월 1일(丁亥) 1번째 기사
92)『正祖實錄』권 16, 정조 7년 12월 10일(丁卯) 1번째 기사.

이 한두 사람에 지나지 않을 것이므로, 반드시 미리 연습을 해 본 다음에야 일에 임하여 잘못할 염려가 없을 것이기에 특별히 경들을 불러 이 연사례를 함께 행해 보려는 것이다."라 하였다. 이어 각신(閣臣) 서호수 (徐浩修)를 사사로 삼았다.[93]

이에 사사가 부(部)를 나누어 시사하는 여러 관원들을 6우(耦)로 편성하였다. 제1우는 내의원 제조 서유린(徐有隣)이 동, 선전관 이한풍(李漢豊)이 서로 한 사람씩이고, 제2우부터 제6우까지는 두 사람씩 동과 서로 짝을 이루도록 하였다. 이렇게 짝을 이룬 6패가 각기 왼쪽 소매를 걷고서 각지와 팔찌를 낀 다음 화살 네 개씩을 끼고 단 아래에서 사배례를 거행하고 드디어 동서로 나뉘어 각자의 위치로 나아갔다.

사사가 앞에 다가가 정조에게 활을 쏘시라고 하자 정조가 어사위(御射位)로 나아갔다. 제1우가 동서로 나뉘어 시사위(侍射位)로 나아갔다. 획자가 용기(龍旗)를 들고 솔을 짚어지고 물러가자, 정조가 화살 네 발을 쏘았다. 시사하는 관원들도 의례 법식대로 뒤이어 쏘았다. 획자가 용전(龍旜)을 똑바로 세우고서 임금이 쏜 화살 3개가 솔에 맞았음을 고하고, 시사자들의 것은 혹 맞추기도 하고 혹은 맞추지 못했음을 고했다.

임금이 어좌로 돌아오자, 제2우 이하가 차례대로 나아가 쏘기를 끝냈다. 임금이 재차 사위로 나아가 화살 네 발을 쏘았다. 정조가 쏜 화살이 또 3개가 맞았음을 고하였다. 시사 및 종사(從射)는 첫 번의 의식대로 쏘았다.

---

93) 당시 서호수는 현직 형조판서였으며, 전임 규장각 직제학이었다(『正祖實錄』권 16, 정조 7년 11월 17일(甲辰) 1번째 기사 ; 권 16, 정조 7년 12월 17일(甲戌) 2번째 기사).

정조가 3차로 사위에 나아가 화살 네 발을 쏘았다. 정조가 쏜 화살 4개가 맞았음을 고하였다. 시사 및 종사는 역시 첫 번의 의식대로 쏘았다.

이리하여 여러 우들이 내려가 사단 아래의 자리로 가서 정조에게 사배례를 행하였다. 사사가 나와서 화살을 맞춘 사람에게는 물건으로 상을 주고 맞추지 못한 사람에게는 술로 벌을 주기를 청하고, 맞춘 사람은 동쪽에 서고 맞추지 못한 사람은 서쪽에 서도록 하여, 차례대로 상과 벌을 받았다. 짝을 이루어 활을 쏘는 자들이 모두 사배례를 하여 의례 연습을 마쳤다.

정조가 연습에 참여한 여러 신하들을 앞으로 다가오도록 하여 음식을 내렸다. 정조가 연습인데도 어느 정도 질서를 갖추었다고 칭찬하자, 서유린 등이 '다툼에도 군자다워야 한다는 것의 의미를 담은 경지를 실제로 밟게 될 줄은 생각하지 못했다'고 답하였다.

이것은 연사례 연습이었으므로, 다른 어떤 의례와 연결되어 거행할 계획이었는지의 여부는 드러나 있지 않다. 그러나 앞서의 연사례에서도 그렇거니와 곧이어 새롭게 마련된 연사례의주에서도 솔이 아홉 가지나 되었는데, 이 연습에서는 그 솔들을 모두 갖추지는 않았던 것으로 보인다. 앞서의 연사례와 달라진 것으로는 '시사'를 임금이 활을 쏠 때 즉 어사 때에 임금을 모시고 활을 쏘는 것에 국한하여, 이 의례를 거행하는 사람들만 시사관이라 하고, 그 나머지 짝을 이루어 활을 쏘는 경우를 종사라 하고 그 사람들은 종사관으로 구분하게 된 것을 들 수 있다. 그리고 종사의 경우 우를 구성하는 것이 4명씩이라는 것도 전과 달라진 점이다. 이로써 어사와 시사의 구분도 사라지게 되었다.

정조는 이날 연사례 연습을 마친 뒤, 그 의주가 거칠고 부족한 점이 많다면서 규장각 제학 서명응에게 고쳐서 편찬하도록 하였다. 이에 따라 서명응이『의례』를 바탕으로 하여『개원례』와『국조속오례의』를 참조하여 새로 고친 의주를 올렸던 것이다.94) 이 의주는 그대로 의례를 거행하여도 무방할 정도로 매우 상세하다. 그런데 그 내용이 임금이 주인으로서 활을 쏠 관원들을 빈 곧 손님으로 맞아들여 활을 쏘고, 아울러 음식을 접대하는 의례를 거행하는 방식으로 정리되어 있다. 이 점이 이 의주의 가장 중요한 특징이었다.

기록에서는 정조가 이 의주를 보았는지에 대해서조차 확인할 수 없다. 그렇지만 정조가 분명히 이 의주를 보았을 것으로 생각을 해야 할 일이 그 이튿날인 12월 11일에 벌어졌다. 정조가 규장각 직제학 서유방과 검교직각(檢校直閣) 서용보를 들어오도록 하여 만난 자리에서 "어제는 임금과 신하 사이의 의리로 연사례를 행하였는데, 또한 벗 사이의 의례로 향음주례를 거행하는 것도 좋을 것이다."라 하고는 좌승지 박우원(朴祐源)을 시켜『대명집례』와『국조오례의』,『삼례의소(三禮義疏)』를 들여오도록 하여 서유방과 서용보 등을 시켜서 향음주례의 의식 절차를 나누어 읽도록 시켰던 것이다. 향음주례와 향사례는 모두 주인이 빈을 맞아 술자리를 열고 활을 쏘는 절차로 구성되어 있는데, 정조는 이것을 명백히 붕우 곧 벗 사이의 의례로 규정하였다. 즉 정조는 서명응이 연사례를 임금과 신하 사이의 상하관계 군신의리 중심의 의례에서 대등한 관계의 붕우의리 중심의 의례로 바꾼 것으로 보았던 것이다. 서명응은 당시 68세로 70살이 다되어가는 노신(老臣)이었고, 당대를 대표하는 학자 관료로서 정조가 왕세손일 때에는 그 빈객이었으며, 정조 즉위 후부터 규장각 제학으로서 계속 규장각 운영을 지휘하였던 인

94)『正祖實錄』권 16, 정조 7년 12월 10일(丁卯) 2번째 기사.

물이다. 이러한 상황에서 정조가 서명응을 비난하고 처벌하기는 곤란하였다. 아울러 이 일은 정조가 또다시 연사례를 시행할 생각을 하지 못하게 되는 주요 이유로 작용하였을 것으로 판단된다. 즉 더는 연사례를 임금과 신하 사이의 상하 의리를 강조하는 의례로 거행하기 곤란해진 것이 연사례가 기록에서 자취를 감추게 된 이유였다.

2. 관사와 친림(親臨)시사 그리고 친사

1) 친림시사의 대두

16~17세기를 지나는 동안 조선사회에서 일어난 정치적 변화 가운데 중요한 것으로 왕권이 약화되고 그 대신 사림(士林)의 힘이 강화되어 사림정치가 전개된 것을 꼽을 수 있다. 사림정치는 붕당(朋黨)을 통해 구현된 까닭에 붕당정치라고도 부르고 있는데, 그 한편으로는 무(武)보다 문(文)을 숭상하는 풍조를 더욱 강화시키는 요인으로 작용하였다. 18세기에 조선의 국왕으로 재위하였던 영조와 정조가 추진한 탕평정치는 사림정치의 틀에서 완전히 벗어났다고 하기는 어려우나, 이제 붕당정치로부터는 벗어나는 양상을 보이게 되었다. 그리고 그 성과는 국왕이 정치의 구심점이 되어 약화되었던 국왕의 권위가 차츰 다시 강화되는 것으로 구현되고 있었다. 대사례의 거행도 그 가운데 하나였다.

그러나 대사례만으로는 영조든 정조든 '신궁(神弓)'으로서 민심을 얻어 조선을 개국한 태조 이성계로의 후손이라는 점을 부각하기에 무언가 부족하였다. 당대의 조선 국왕이 '신궁의 후손'이라는 점을 부각시키려면 중요한 활쏘기 대회에 가급적 국왕이 자주 참석할 필요가 있었고, 나아가서는 그 활 솜씨를 드러낼 필요도 있었다. 이러한 필요성을 영조는 그 재위 후반에 강하게 인식하였던 듯하다. 뒤에서 보듯이, 어느 시점부터 영조가 시사를 관람하는 일이 잦아지고, 나아가서는 조선 초기의 관사와 유사하게 시사를 운영하는 일도 생기는 한편, 시사를 시행하는 자리에서 친히 활을 쏘는 친사(親射)를 한 적도 있기 때문이다.

15세기는 국왕이 때로는 종친을 중심으로, 때로는 금군 등 호위를 맡은 군사들을 중심으로 활쏘기를 시키고 이어서 상을 내려주며 술자리로 이어지는 방식의 관사(觀射)를 자주 시행하였다. 이처럼 관사는 국왕 중심으로 친분을 도모하는 중요한 장치였다. 그런데 16~17세기 동안 왕권이 약화된 상황에서 관사의 횟수는 현저히 줄어들게 되었다. 관사가 쇠퇴한 대신 성행하기 시작한 것이 시사(試射)였다. 조선 건국 후 세종연간까지의 시사는 왕이나 대신, 장수들이 시험 삼아 활을 쏘는 것을 의미하였다. 새 화살을 만들어 그 성능을 시험할 때도 그것을 '시사'라 하였다. 이와 같이 15세기까지는 '시험 삼아 활을 쏘다'라는 뜻의 시사만이 존재하였다. 이러한 까닭에 『경국대전』에는 시사라는 말 자체가 실려 있지 않다. 활쏘기를 훈련하는 규정은 습사(習射)라는 이름으로 실려 있는데, 진법 훈련을 습진(習陣)이라 하였던 것과 같은 맥락의 이름이다.

18세기와 유사하게 '시사'라는 말을 사용하게 된 것은 16세기부터이다. 16세기 전반 중종 때에는 활쏘기 시험을 국왕이 관람할 때 관사라 기록하기도 하고 시사라 기록하기도 하였던 것이 이를 나타낸다. 그러나 17세기 후반 이후로는 대체로 활쏘기 시험을 국왕이 관람할 때 이를 관사라 기록하지 않고 모두 시사로 기록하는 변화가 일어났다. 17세기 이후에도 임금이 활쏘기 시합을 관람하는 것을 관사로 기록한 경우가 없지 않으나, 이는 한자어 그대로 '활쏘기를 보다'라는 뜻으로 기록한 것일 따름이었다.[95] 즉 이 시기에는 국왕이 중심을 이루는 의례 내지 행사로서의 관사에 대한 인식이 사라진 상태에 있었다. 그 대신 시사가 국왕이 중심을 이루는 중요한 행사의 하나로 등장하였던 것이다.

16세기를 지나는 동안 시사는 장수와 장교, 군사들이 활쏘기 시험을 치르는 것을 뜻하는 말로 사용되기 시작하였으나, 아직 명확히 정례화되지는 않았던 듯하다. 매달 정례적으로 거행하는 삭시사(朔試射)에 대한 기록이 훈련도감과 관련하여 17세기 초엽에야 처음 등장하기 때문이다.[96] 다만 국왕의 명령에 따라 특별히 시행되는 별시사(別試射)에 대한 기록이 이에 앞서 16세기 후반 명종 때 처음 등장하는 것으로 보면,[97] 활쏘기 시험의 정례화도 어느 정도는 진행되고 있었을 것으로 추정된다. 그러던 것이 임진왜란 이후 중앙군의 조직체계이자 지휘체계였던 오위 체제가 허구화되고 훈련도감 이후 수어청, 총융청, 어영청, 금위영이 차례로 설립되어 5군영체제로 개편되는 동안 활쏘기 시험으로서의 시사 정례화가 이루어지고 그 일부는 국왕의 관람이 쉽게 이루

---

95) 영조가 알성시 무과 거행이 임박하였을 때 幕次에 들라고 권유하자 무과에 활 쏘는 것을 잠시 보겠다고 한 일이 있는데 그 기록이 觀射로 되어 있다(金興慶曰 武擧子 開場後 則自上入處幕次 似好矣. 上曰 暫時觀射 何妨之有? 『承政院日記』 835책 (탈초본 46책) 영조 12년 10월 2일 壬戌 14번째 기사). 기록에서 이 시기의 觀射는 대체로 이와 같은 양상으로 나타난다.

96) 『宣祖實錄』 권 199, 선조 39년 5월 22일(己丑) 2번째 기사. 선조 39년은 1606년임.

97) 『明宗實錄』 권 27, 명종 16년 12월 18일(癸酉) 1번째 기사. 이때의 별시사는 전쟁이 일어날 것에 대비하여 정규 군인이 아닌 양반 자제, 각 관청의 서리와 지방 고을의 향리 등등 잡색군(雜色軍)에 해당하는 장정들에게 날을 정해 활쏘기를 훈련토록 하는 내용이어서, 뒷날의 별시사와는 성격이 달랐다. 국왕의 특명에 따라 특전을 부여하기 위해 거행하는 별시사는 선조 때부터 시작되었다.

어질 수 있도록 궁궐 안에서 진행되는 내시사(內試射)로 정착한 것으로 보인다.98)

1870년(고종 7)에 편찬된 것이어서 18세기 영조~정조연간의 사례에 적용하기에 망설여지는 측면이 없지 않으나, 『은대조례(銀臺條例)』에는 국왕이 시행을 명령하고 나아가 직접 관람하기도 하는 시사들에 대한 규정이 있어서 참고할 만하다. 그 첫 번째는 국왕의 특별한 명령에 의해 시행하는 시사인 별시사이다. 이어서 국왕이 궁궐 밖에 행차하였을 때 시위한 군사 및 수종한 군사들을 대상으로 역시 왕명에 의해 시행하는 위내군병상시사(衛內軍兵賞試射)와 권무군관(勸武軍官)들을 대상으로 시행하는 권무과시사(勸武科試射), 종친들을 대상으로 하는 종신후전시사(宗臣帿箭試射)가 규정되어 있다. 이어서 정례적으로 시행하는 시사가 규정되어 있는데, 해마다 3월에 평안도 출신 별부료군관을 대상으로 시행하는 서북별부료시사(西北別付料試射)와 해마다 사맹삭(四孟朔: 1월, 4월, 7월, 10월)의 18일에 시행하는 전경무신전강시사(專經武臣殿講試射), 삭시사의 갈래들인 문신당하삭시사(文臣堂下朔試射), 무신당상삭시사(武臣堂上朔試射), 무신당하삭시사(武臣堂下朔試射)가 그것이다.99)

사실 18세기에 시행된 시사는 매우 다양하였다. 지방에서 거행하는

---

98) 內試射에 대한 기록은 1632년(인조 10년) 처음 등장하여(『承政院日記』 36책 (탈초본 2책) 인조 10년 4월 3일 경오 4번째 기사) 1701년(숙종 27년) 이후 빈번히 나타난다.

99) 『銀臺條例』 兵攷.
『銀臺條例』는 홍선대원군의 명령에 의해 승정원의 업무를 파악할 수 있도록 편찬된 책으로, 먼저 『銀臺便攷』를 편찬하였다가 더 간편하게 볼 수 있도록 정리한 책이다. 『銀臺便攷』에는 더 많은 試射가 규정되어 있다.

것도 있고, 서울에서 거행하는 것도 있었다. 서울에서 시행하는 시사 가운데에도 훈련도감 소속 군사들이 녹봉이나 월료(月料)를 받기 위해 치르는 녹시사(祿試射), 그 소속이 내삼청(內三廳)에서 뒤에 용호영(龍虎營)으로 이름이 바뀐 금군들에 대한 시사, 호위청(扈衛廳) 소속 군관들에 대한 시사 등등이 있었다.[100] 무예별감(武藝別監)을 비롯한 훈련도감 소속 군사들과 내삼청의 금군, 호위청의 군관들은 모두 국왕의 호위를 맡는 중요한 병력이었다. 그럼에도『은대조례』에는 이들의 시사에 대한 규정이 없다. 이것은『은대조례』가 승정원의 업무를 정리한 책이라는 점에서 비롯되었을 것인데, 임금이 친림할 가능성이 없는 시사는 군이 정리할 필요가 없었던 것이다. 즉 별시사와 같이 국왕의 특명에 의해 시행되는 시사들 외에는 당시의 정치적 사회적 조건 속에서 더 중요성이 높아 국왕이 자주 시행할 것을 명령하거나 친림이라 하여 친히 가서 관람하는 시사들만 정리한 때문으로 해석할 수 있다.

1788년(정조 12년) 무렵 예조가 관장하는 예제와 관련 업무를 5례로 나누어 유의양(柳義養)이 왕명을 받들어 정리, 편찬한 것으로 알려져 있는『춘관통고』에는 정조 당시 새로 정리한 의례들이 포함되어 있다. 이 가운데 군례에 속하는 의례들로는 연사의와 아울러 친림시사의(親臨試射儀), 친림융무당문신삭시사의(親臨隆武堂文臣朔試射儀), 친림연융대시사의(親臨鍊戎臺試射儀)가 있다.[101] 국왕이 친히 관람하는 시사 의례들이 새로 정리되어 편입되어 있는 것이다.

친림시사의는 일반적인 내시사로서 창덕궁 후원의 춘당대나 그 부근에서 국왕이 친림하여 시사하는 경우의 의식 절차이다. 영조와 정조

---

100)『萬機要覽』軍政篇.
101)『春官通考』卷 76, 軍禮

는 경희궁에 거처한 시기가 많았는데, 이에 따라 경희궁에서 내시사를 시행하는 경우도 적지 않았다. 경희궁에서의 내시사는 주로 융무당[102] 지역에서 시행되었다. 궁 밖에서 시행되는 시사라도 내시사의 규정이 적용되는 경우들이 있었는데, 능행 때 주로 거행되었던 서총대시사[103] 와 경복궁 북쪽 북악산의 창의문과 북한산의 총융청 사이에 위치하였던 연융대[104] 부근에서 시행된 시사가 대표적이었다. 이에 따라 정리된 것이 친림연융대시사였다.

영조 때 편찬한 『국조속오례의』에 대사의가 새로 들어가기는 하였으나 시사가 의례로서 새로 편입된 것이 전혀 없었던 것에 비추어 보면, 이것은 꽤 중요한 변화라 할 수 있다. 영조가 자주 시사를 친히 관람하는 변화는 『국조속오례의』 편찬 이후에 일어났으므로, 시사가 국왕과 관련된 주요 의례의 하나라는 인식도 『국조속오례의』 편찬 이후에 생겨났을 가능성이 커 보인다. 그리고 이들 의례의 핵심 가치는 친림 즉 국왕이 친히 가서 관람하는 데에 있었을 것이다.

---

102) 隆武堂은 慶熙宮 內苑의 別堂으로, 內殿인 會祥殿의 동쪽에 있었다. 그 남쪽에는 觀射臺가 있고 그 북쪽에는 鳳凰亭이 있었는데, 모두 활쏘기를 익히고 무예를 연습하는 곳이었다(『弘齋全書』 권 4, 雜志, 慶熙宮志).

103) 서총대와 서총대 시사에 대해서는 崔永禧, 「瑞蔥臺에 對하여」, 『향토서울』 18호, 서울특별시사편찬위원회, 1963을 참조.

104) 彰義門 밖에 있었던 바위로, 연산군 때 蕩春臺라는 이름으로 놀이를 즐기는 곳으로 사용하였다. 1751년(영조 27년) 가을에 영조가 이곳에서 試射한 뒤 앞으로 자주 친림하여 시사하고자 하는데 이름이 도덕적이지 않다는 이유로 1754년에 鍊戎臺로 바꾸었다(『英祖實錄』 권 74, 영조 27년 7월 17일(辛巳) 1번째 기사 ; 권 82, 영조 30년 9월 2일(戊寅) 2번째 기사). 크기가 사방 9척 가량이었으나, 1972년에 세검정길을 확장할 때 파괴되었다.

2) 영조의 친림시사와 관사

앞에서 보았듯이 조선후기의 시사는 다양하였다. 그 가운데서 국왕이 친림할 수 있는 즉 친히 가서 관람할 수 있는 시사는 서울에서 시행되거나 국왕이 행차한 현장에서 시행되는 시사에 국한될 수밖에 없었다. 이 가운데 서울에서 시행되는 시사는 주로 매달 시행되도록 규정되어 있는 삭시사였다. 삭시사는 일반 군사들을 대상으로 하는 것을 제외하고 관원을 대상으로 하는 것만도 문신당하관삭시사, 무신당상관삭시사, 무신당하관삭시사로 구분되어 시행되고 있었다. 문신당하관은 매달 20일, 무신당상관은 17일, 무신당하관은 22일로 날이 정해져 있었으며, 그날 거행할 수 없는 사유가 생기면 뒤로 물려 시행하고, 국왕이 친히 관람하겠다는 명령이 내려가면 시행 장소와 시사에 참여할 사람들, 상을 줄 내용 등을 아뢰어 승인을 받고 시사를 거행하도록 되어 있었다.[105] 따라서 한 해 동안 서울에서 시행되는 시사만도 이들 삭시사를 포함하여 수십 차례가 되었을 터였다. 그러나 조선 국왕이 시사를 지시하여 시행하거나 시사를 친히 관람한 일에 대한 기록은 영조연간 전까지는 연평균 1회를 넘긴 적이 별로 없었다. 그리고 이러한 경우의 시사는 대부분 알성시 등의 정시(庭試)와 함께 거행된 서총대 시사였다.

이와 같은 양상은 영조 재위 초엽까지도 이어지고 있었다. 그러나 영조 재위 중반~순조연간에는 크게 달라져, 이러한 시사에 대한 기록이 연평균 3~4회에 이르게 되었고, 특히 정조 때에는 연평균 10여회에 이른다.[106] 먼저 『영조실록』 기록에서 영조가 시사를 지시한 경우, 나아

---

105) 『銀臺條例』 兵攷
106) 국사편찬위원회가 제공하는 조선왕조실록 사이트에서 試射로 검색한 결과 원문에서 총 1,151건이 검출되었다. 이 가운데 『太祖實錄』~『睿宗實錄』은 총 20건에

가 이를 친히 관람한 경우를 찾아 그 횟수를 합하여 연도별로 정리해보
면 다음의 표와 같다.

〈표 4-1〉『영조실록』에 기록된 영조가 관여한 시사 횟수

1725년 (영조 1년)	0회	1738년 (영조14년)	0회	1751년 (영조27년)	0회	1764년 (영조40년)	2회
1726년 (영조 2년)	0회	1739년 (영조15년)	4회	1752년 (영조28년)	0회	1765년 (영조41년)	4회
1727년 (영조 3년)	0회	1740년 (영조16년)	0회	1753년 (영조29년)	0회	1766년 (영조42년)	9회
1728년 (영조 4년)	1회	1741년 (영조17년)	0회	1754년 (영조30년)	5회	1767년 (영조43년)	9회
1729년 (영조 5년)	1회	1742년 (영조18년)	1회	1755년 (영조31년)	1회	1768년 (영조44년)	12회
1730년 (영조 6년)	0회	1743년 (영조19년)	0회	1756년 (영조32년)	0회	1769년 (영조45년)	14회
1731년 (영조 7년)	0회	1744년 (영조20년)	0회	1757년 (영조33년)	0회	1770년 (영조46년)	5회
1732년 (영조 8년)	0회	1745년 (영조21년)	1회	1758년 (영조34년)	2회	1771년 (영조47년)	4회
1733년 (영조 9년)	1회	1746년 (영조22년)	0회	1759년 (영조35년)	0회	1772년 (영조48년)	11회
1734년 (영조10년)	0회	1747년 (영조23년)	1회	1760년 (영조36년)	9회	1773년 (영조49년)	11회
1735년 (영조11년)	0회	1748년 (영조24년)	0회	1761년 (영조37년)	2회	1774년 (영조50년)	12회
1736년 (영조12년)	0회	1749년 (영조25년)	3회	1762년 (영조38년)	8회	1775년 (영조51년)	5회
1737년 (영조13년)	0회	1750년 (영조26년)	1회	1763년 (영조39년)	6회	1776년 (영조52년)	1회

불과하고, 『成宗實錄』부터 늘어나(43건), 『中宗實錄』에는 78건에 달한다. 그러나
『仁宗實錄』~『景宗實錄』의 180년(1545년~1724년) 동안은 중복된 경우들(『宣
祖實錄』과 『宣祖修正實錄』, 『光海君日記』중초본과 정초본, 『顯宗實錄』과 『顯宗
改修實錄』)까지 포함하여 모두 합하여도 215건에 불과하다. 이에 비해 『英祖實錄』
206건, 『正祖實錄』 327건, 『純祖實錄』 120건 등으로 나타나, 정조 때와 이 기간
을 전후한 시기가 試射의 전성기임을 알 수 있다. 試射에 대한 기록 중 국왕이 실
제 관람한 것이 다수이기는 하나, 전체가 親臨한 試射인 것은 아니다.

『영조실록』에서 시사가 나오는 기록은 206건이나, 이 가운데 영조가 시사를 친히 관람하였음을 나타내는 기록은 159건이다. 즉 영조는 재위 52년 동안 159회에 걸쳐 시사를 관람하였다. 연평균 3회를 조금 넘는 수준인데, 눈길을 끄는 점은 그 대부분이 1760년(영조 36년) 이후에 집중되어 있다는 사실이다. 1759년까지 영조는 재위 35년 동안 시사를 관람한 것이 22회에 지나지 않았었다. 그런데 1760년 이후 사망하기 전까지 17년 동안 영조가 시사를 관람한 것이 137회로, 연평균 8회나 된다. 국왕이 친히 시사를 하는 곳에 나가서 보는 것이 잦아진 이 시기의 추세가 그대로 정조연간으로 이어졌다고 볼 수 있다.

1760년 이후 영조가 시사를 자주 관람하게 된 이유가 무엇인지는 사실 분명하지 않다. 다만 뒤에 정조가 된 왕세손(王世孫)에 대한 배려가 중요하게 작용한 것으로 짐작된다. 정조가 영조의 두 번째 원손(元孫)으로서 왕세손으로 책봉된 것이 1759년 2월이기 때문이다.[107] 영조는 1728년(영조 4년)에 먼저 효장세자를 병으로 잃은 바 있고, 1752년(영조 28년)에는 의소세손(懿昭世孫)을 병으로 잃은 바 있다. 그리고 1762년에는 사도세자를 뒤주에 가두어 죽도록 해야 했었다. 이러한 까닭에 영조가 새 왕세손의 건강 문제를 비롯하여 여러 측면에 각별한 관심을 가졌으리라 짐작되는데, 영조가 시사를 자주 관람하게 된 이유도 여기에서 찾아야 할 것이 아닌가 생각된다.

영조가 가장 자주 시사를 관람하였던 때는 1768년(영조 44년)~1769

---

107) 『英祖實錄』 권 93, 영조 35년 2월 12일(癸亥) 1번째 기사. 이보다 8년 전에 왕세손으로 책봉되었다가 그 이듬해에 사망한 懿昭世孫의 경우는 책봉례를 거행한 내용이 기록에 남아 있으나(위의 책 권 73, 영조 27년 5월 13일(己酉) 1번째 기사), 정조를 왕세손으로 책봉한 의례와 관련된 내용은 『英祖實錄』과 『承政院日記』 어디에도 전하지 않는다.

년(영조 45년)이었다. 이 두 해 동안에 영조가 어떤 내용의 시사를 시행
토록 하고 관람하였는지, 그 기록은『영조실록』에 어떻게 정리되어 있
는지 살펴보면 다음과 같다.

〈사료 4-2-A〉
1768년(영조 44년) 영조의 시사 관람 기사
① 2월 26일 영조가 융무당에 나가 서북별부료군관들에게 시사를
시켰다. 기 드는 것으로만 맞혔는지를 나타내고, 징과 북은 쓰지 말도
록 하였다.108)
② 3월 4일 영조가 융무당에 나가 권무군관들에게 시사를 시키고
차등을 두어 상을 주었다. 삼일제((三日製)에 합격한 유생들을 들어오
도록 하였다.
③ 4월 11일 영조가 융무당에 나가 내삼청 금군들과 호위청 군관들
에게 시사를 시켰다.
④ 4월 12일 영조가 건명문(建明門)에 가서 문신 시사를 시켰다.
⑤ 5월 17일 영조가 중일청(中日廳에) 가서 어가를 수행하는 군사
들에게 활쏘기와 총쏘기 시합을 시켰다.
⑥ 6월 11일 영조가 융무당에 나가 입직한 금군들에게 시사를 시켰다.
⑦ 6월 20일 영조가 융무당에 나가 중일(中日) 시사를 시행하고 상
을 주었다.
⑧ 7월 20일 영조가 융무당에 나가 문신 삭시사를 시행하고 아울러
종친 시사를 행하였다.
안창군(安昌君) 이경(李爆)은 가자(加資)하고, 학성군(鶴城君) 이유
(李楡)에게는 영조가 보는 앞에서 말을 상으로 주도록 하였다.
⑨ 7월 27일 영조가 융무당에 나가 5군영의 대장과 중군 이하의 장

---

108)『英祖實錄』권 110, 영조 44년 2월 26일(甲申) 2번째 기사. 규정에 따르면 3월 초
하루에 승정원에서 아뢰어 거행해야 하나, 이해에는 2월 26일로 앞당겨 시행하
였다.

교들에게 시사를 시켰다.

28일에도 영조가 융무당에 나가 시사를 시켰다.

금위대장 이장오가 유엽전과 편전을 각 한 발씩 명중시켜, 가자하도록 명령하였다. 이어서 상을 나누어 주었다.

⑩ 9월 12일 영조가 융무당에 나가 평양부 초시에 합격한 무사들에게 시사를 시켰다. 세 발 이상 명중시킨 사람들은 곧바로 전시에 나아갈 자격을 주고, 나머지는 차등을 두어 상을 나누어 주었다.

⑪ 11월 5일 육상궁에 갔던 영조가 6일 오후 환궁하는 길에 호위한 군사들에게 활쏘기 시합과 총쏘기 시합을 시켰다.

⑫ 11월 9일 영조가 융무당에 나가, 4일 전 육상궁에 갈 때 호위한 장교들에게 시사를 시켰다.

〈사료 4-2-B〉

1769년(영조 45년)

① 1월 20일 영조가 융무당에 나아가 삼청(三廳)[109]의 권무군관들을 시사하고, 상을 나누어 주었다.

② 2월 9일 영조가 숭정전에 나아가 식희료(飾喜料)라는 이름으로 선비들에게 시험을 보이고, … 이어서 중일청에 나아가 친림하여 시사하였다. 10일 영조가 덕유당(德游堂)에 나아가 시사한 자들에게 상을 주고, 희식과에 급제한 3인을 들어오도록 하였다.

③ 2월 13일 영조가 임금이 융무당에 나아가 시사하였는데, 국구와 부마, 왕실의 종친, 문신들이 모두 참여하였다.

영조가 "국구와 짝을 이루어 쏘아야 한다."라 하였다.

영조가 활과 화살을 가지고 쏘려 하다가 김한구에게 짝이 되어 쏘

---

109) 三廳은 內乘廳, 別軍職廳, 宣傳官廳이다. 內禁衛, 兼司僕, 羽林衛로 구성된 禁軍三廳을 이 三廳과 혼동하는 경우가 많은데, 금군삼청은 반드시 금군삼청 또는 內三廳이라 하였다. 삼청의 구성원은 모두 장수 내지 장교의 지위를 지닌 존재여서, 금군삼청 구성원보다 대체로 지위가 높았다. 내승에 대해서는 아직 특별한 연구 성과가 없으나, 별군직과 선전관은 각각에 대한 연구 성과들이 있다.

도록 하였다.

김한구가 먼저 화살 한 발을 명중시켰다.

영조가 화살 한 발을 명중시키자, 북을 울리고 음악을 연주하였고, 시위하는 관원들 이하가 모두 기뻐하며 소리를 질렀다.

활쏘기를 마치고 영조가 김한구에게 자신이 보는 앞에서 구마(廐馬) 1필을 주도록 하였다.

부마 이하가 각각 차례로 시사를 하였고, 성적에 따라 차등을 두어 상을 나누어 주었는데, 말을 내려 주거나 가자하였다. 특별히 정후겸(鄭厚謙)을 승자(陞資)시키도록 명하였다.

④ 2월 26일 영조가 융무당에 나가 시종하는 신하들과 무신들에게 시사를 시켰다.

영조도 친히 활을 쏘아 화살 세 대를 명중시켰다. 이어서 술자리를 열어주어 여러 신하에게 술을 마시도록 하고, 또 궁궐의 반찬과 임금의 수라를 차리고 남은 음식들을 내려주고서 말하였다.

"술로 취하고 나서 덕으로 배부르니, 오늘 일을 귀하다고 할 만할까?"

모두 말하였다. "즐겁고 또 귀합니다."

마침내 명령을 내려 상을 나누어 주도록 하였다.

⑤ 4월 12일 영조가 융무당에 나가 평안도 사람들에게 시사를 시켰다.

⑥ 6월 17일 영조가 융무당에 나가 무신 당하관으로 나이 70 이상이 된 자들을 불러 시사를 시키고, 가자를 하거나 첨절제사를 제수하여 상을 주었다.

⑦ 7월 24일 영조가 융무당에 나가 명에서 귀화해온 사람의 후손들에게 시사를 시키고 차등을 두어 상을 주었다.

⑧ 9월 4일 영조가 모화관에 행차하여 삼청의 권무군관들에게 시사를 시켰다. 왕세손이 영조를 수행하였다. 이어서 명릉(明陵) 공사 모습을 멀리서 바라다보았다.

⑨ 9월 15일 영조가 융무당에 나가 명릉 공사를 감독한 장교들 가운데 정시에 떨어진 자들에게 시사를 시켰다. 이어서 음식을 내려주도록 하였다. 정시 무과 급제자가 400명을 넘었으나, 영조는 아직도

억울해하는 자가 있을 것이 걱정되어 특별히 시사를 시켜 그들을 위로하였다.

⑩ 10월 3일 영조가 융무당에 나가 무신들에게 시사를 시켰다.

⑪ 10월 21일 영조가 인조의 옛 집에 가서 봉안각(奉安閣)에 절을 하였다. 이어서 … 이문(里門) 안에 사는 사람들은 명일 융무당에서 시사시키겠다고 하였다.

22일 영조가 융무당에 나가 계해년(1743년, 영조 19년) 공신들의 자손과 어의궁(於義宮) 이문 안에 사는 사람들을 불러 시사를 시키고, 무과 급제 자격을 주거나, 활과 화살 또는 말을 받을 문서를 주었다. 이홍규(李弘逵)란 자가 있었는데 완풍군(完豊君) 이서(李曙)의 5대손이어서 병조로 하여금 순서를 건너뛰어 관직에 임명하도록 하였다.

⑫ 11월 18일 영조가 중일청에 가서 육상궁에 거동할 때 호위한 장교와 군사들, 인경궁(仁慶宮) 터를 지키는 무사들을 불러 시사를 시켰다.

19일 영조가 연화문(延和門)으로 가서 시사한 사람들에게 상을 나누어 주었다.

⑬ 2월 6일 영조가 전날 육상궁(毓祥宮)에 갈 때 호종했던 군사들에게 중일 시사의 규정에 맞추어 시사를 시키도록 하였다.[110]

⑭ 8월 7일 영조가 명릉에 거동할 때 수종한 무사들에게 시사를 시키고, 가자를 하거나 등급에 따라 상을 주었다.

먼저 <사료 4-2-A>로 정리한 1768년의 사례들을 보면, 우선 기

---

110) 영조는 2월 5일 오전에 進宴을 놓고 신료들과 의견이 대립되어 화를 내며 몇몇 주요 신하의 처벌을 명하였으며, 이날 정오에 육상궁으로 갔다. 이때 세손이 영조를 쫓아가 충심으로 간언하여 영조가 화를 풀고 처벌 명령을 거두었고, 이튿날 육상궁에서 환궁하며 세손의 충성심을 군사들이 다 본받아야 한다며 試射를 명령하였다(『英祖實錄』 권 112, 영조 45년 2월 5일(戊午) 1번째 기사 및 2월 6일(己未) 1번째 기사 ; 『承政院日記』 1289책 (탈초본 72책) 영조 45년 2월 5일(무오) 35번째 기사 및 36번째 기사).

록으로 남은 것은 모두 영조가 시사를 시행하는 현장에 나가 직접 관람한 경우들이라는 것이 두드러진다. 그리고 시사를 시행할 대상이 ① 서북별부료군관, ② 권무군관, ③ 내삼청 금군과 호위청 군관 등등 대체로 명확하였다. 그런데 7월말 이후로는 국왕의 특별한 명령으로 시행하는 별시사가 많아지고, 정례적으로 거행하는 삭시사를 영조가 친림하여 보는 일은 적어졌다는 것을 확인할 수 있다.

이제 1768년에 영조가 관람한 시사들을 각기 앞의 『은대조례』 시사 관련 규정을 참고하여 분류하여서 정리하면 아래와 같다.

서북별부료시사 ①
권무과시사 ②
내삼청 금군, 호위청 군관 시사 ③
입직금군시사 ⑥
중일시사 ⑦
위내군병상시사 ⑤, ⑪, ⑫
문신삭시사 ④, ⑧
종신후전시사 ⑧
별시사 ⑨, ⑩

이에 비해서 <사료 4-2-B>로 정리한 1769년의 사례들을 보면, 14차례의 기록 중 영조가 친히 관람한 시사의 기록이 12회, 영조가 친히 명령하여 시행한 시사에 대한 기록이 2회다. 즉 친히 명령하기는 하였으나 친히 관람하지는 않은 시사에 대한 기록도 있음을 알 수 있다. 그리고 여러 차례 별시사가 거행되면서 시사를 통해 상을 주는 대상의 다양성이 커진 것을 볼 수 있다. 이 또한 『은대조례』 시사 관련 규정을 참고하여 분류 정리하면 아래와 같다.

내삼청권무군관시사 ①, ⑧
위내군병상시사 ⑫, ⑬, ⑭
무신삭시사 ⑩
별시사 ②, ③, ④, ⑤, ⑥, ⑦, ⑨, ⑪

앞에 정리한 두 해 동안 영조가 친림한 시사는 대부분 경희궁 안 융무당에서 시행되었다. 이 시기 영조는 경희궁에서 거처하고 있었다. 융무당의 옆에는 관사대(觀射臺)가 있어서, 경희궁에서는 이곳이 시사에 특화된 공간이었다. 이로부터 영조 때에도 궁궐 안에서의 시사인 내시사가 활발히 진행될 수 있었고, 많은 경우 영조가 친림하였던 것이다. 다만 정조 때와는 달리 영조 때에는 내시사를 시행하였음을 알려주는 기록이 『영조실록』에는 별로 없고 주로 『승정원일기』에서만 확인 가능하다. 그런데 영조 때에는 『영조실록』은 물론이고 『승정원일기』에도 '친림내시사'가 어떻게 진행되었는지를 알려주는 구체적인 기록이 나타나는 경우가 없다. 이 현상은 본래 내시사에 승지나 사관들이 참여하지 않는 것이 원칙이었던 데서 말미암은 것으로 생각된다.[111] 그리고 이것은 오랜 동안 내시사의 주대상이 국왕의 최측근 무관들인 삼청 군사들이었던 것과 관련이 있었을 것이다.

영조가 친림하거나 시행을 명령한 시사들의 내용에서 가장 자주 보이는 것은 별시사와 위내군병시사 두 가지였다. 이 가운데 위내군병시사는 그 목적 자체가 국왕이 궁궐 밖에 행차하였을 때 시위한 군사 및 수종한 군사들에게 상을 주는 데에 있었고, 따라서 그 이름이 '상시사

---

111) 上曰, 今日將爲內試射, 自前內試射時, 元無承旨入侍之事, 而卿則方帶將任, 與左承旨來待於靑陽門, 可也(『承政院日記』1412책 (탈초본 78책) 정조 2년 1월 29일 庚寅 13번째 기사).

(賞試射)'였다. '위내(衛內)'의 '위(衛)'는 국왕 호위를 위해 갖춘 조직 체계이자 호위하는 공간을 가리켰는데, 군사들 가운데에는 총을 사용하는 자들이 적지 않아서 <사료 4-2-A>의 ⑤와 ⑪처럼 '시방(試放)'이라 하여 총 쏘기 시합을 활쏘기 시합과 병행하는 경우도 있었다. 별시사 역시 특정 인물들을 대상으로 하여 상을 주는 데에 상당한 비중을 두어 시행되었는데, <사료 4-2-B>의 ③과 ④, ⑪에서 볼 수 있는 바와 같이 시사를 일종의 유흥처럼 즐기면서 상품 하사를 통해 국왕의 권위를 드러내는 장치로 이용하였다. 친림시사의 이러한 양상은 조선 초기의 관사를 계승하는 측면이 강하였다.

특히 <사료 4-2-B>의 ③은 『영조실록』에는 단순한 '친림시사'인 것처럼 기록되어 있으나, 『승정원일기』를 보면 별시사로서 '친림시사'가 매우 복잡한 형태로 구성되어 시행된 사례에 해당하는 것임을 알 수 있다. 우선 이 시사는 진시(辰時: 오전 8시)에 시작되었는데, 날이 저물 때까지 진행되어 영조의 이날 일정에서 마지막을 장식하였다. 영조가 맨 처음으로 국구인 김한구와 짝을 이루어 활을 쏘았으며, 두 사람이 동시에 한 발씩 쏘았음을 알 수 있다. 영조는 정성왕후(貞聖王后) 서씨(徐氏)가 죽자 1759년(영조 35년) 김한구의 딸을 왕비에 책봉된 뒤 가례를 행하였고 이로써 김한구가 영조의 장인으로 국구가 되었는데, 나이로는 영조보다 29살이나 아래였다. 어쨌든 영조가 국구 김한구와 함께 활을 쏜 것이 이날 시사의 첫 단계였다.

이어서 도위(都尉) 즉 부마들의 시사, 종친들의 시사, 문신들의 시사, 군영대장 3인의 시사 순서로 진행되었다. 국구인 김한구, 금성위(錦城尉) 박명원(朴明源)에게는 내구마(內廐馬) 한 필씩, 영성위(永城尉) 신광수(申光綏)는 세 발을 명중시켰지만 이미 자궁(資窮)하였다는 이유로 내구마 한 필에 더해 표피(豹皮) 한 벌을 주었고, 흥은부위(興恩副尉) 정재화(鄭在和)는 나이가 어린데도 많이 명중시켰다고 하여 가자하고, 능성위(綾城尉) 구민화(具敏和)에게는 호피(虎皮) 한 벌을 주었다. 시사에 참여한 문신들에 대한 상은 가자와 승서(陞敍)였다.

병조판서 홍인한(洪麟漢: 당시 금위대장)과 수어사 이사관(李思觀), 총융사 김시묵(金時默)이 각기 영조에게 상을 차려 올렸다. 이에 대해 영조는 지나치다 하였으나, 자신도 음식을 차려 내려주도록 하였다. 이로써 시사 자리가 꽤 큰 잔치 자리로 이어졌던 것이다. 이에 따라 영조와 시사에 참여한 여러 사람의 친목을 도모하는 자리가 자연스레 이어졌고, 이는 조선초기 관사가 수행하였던 기능과 유사하였다.

이어서 영조는 이조 관원을 불러 상으로 관직을 주기 위한 인사 행정을 곧바로 시행토록 하였는데, 핵심은 이제 21세에 불과한 정후겸에게 2품 관직을 제수하는 것이었고, 『영조실록』에는 이 측면이 강조되어 기록되었다.112) 정후겸은 영조의 딸 화완옹주(和緩翁主)와 혼인한 일성위(日城尉) 정치달(鄭致達)에게 입양되어 그 양자가 되면서부터 영조의 총애를 받아, 16살 때 종8품 관직인 장원서 봉사에 임명됨으로써 벼슬살이를 시작한 인물이다. 그 뒤 정후겸은 초고속으로 승진하여 홍문관 수찬과 부교리, 사헌부 지평, 승지 등의 요직을 두루 거쳐, 21살인 이해에 개성부 유수에 임명되었다. 이 시기는 그가 혜경궁 홍씨의 숙부인 홍인한과 함께 영조의 신임 아래 국정을 주무르던 때였다.

이러한 사정으로 보자면, 영조가 1768년부터 갑자기 활발히 '친림시사'를 하기 시작한 데에는 이때 병조 판서를 홍인한이 담당하고 있었던

---

112) 『承政院日記』 1289책 (탈초본 72책) 영조 45년 2월 13일 丙寅 30번째 기사

사실과 상당한 관계가 있을 것으로 추정된다. 그러나 그 바탕은 자신의 권위를 강화시키고자하는 영조의 열망이었다. 그 근거를 다음의 기록에서 찾아볼 수 있다.113)

〈사료 4-2-C〉

임금이 알성례를 행하려고 성균관으로 갈 때, 먼저 선원전(璿源殿)에 갔다가 지나는 길에 어의궁(於義宮)에 들렀는데, 왕세손도 역시 따라갔다. 임금은 을유년(1645년, 인조 23년)이 효종이 세자 자리를 계승한 해이기 때문에 효종이 태어난 옛 집에 갔다가 옛날을 생각하며 감정이 일어나, 이 동네의 무사들을 모아 훈련원에서 시사하도록 하고 친림하였다. 초시(初試)에 임금이 친림하는 것은 전의 규정에 없던 일이고, 또한 명령이 갑자기 내려온 까닭에 담당 관청이 길을 깨끗이 치우지도 못하였고, 반열을 갖추고 의례를 진행하는 것도 혼란을 면치 못하였다.

응교 김노진(金魯鎭)이 여러 부하 관원들을 거느리고 차자(箚子)를 올렸다.

"훈련원의 시사에 친림하겠다는 명령은 우리 성상께서 감정이 일어나고 백성을 위로하여 즐겁게 하려는 성의(盛意)에서 나온 것이기는 하나, 저 문묘에 작헌하는 의례의 모양새를 갖추는 것이 더 중요합니다. 바로 법가(法駕)가 출발할 차비를 갖추도록 하고 나서 마음을 깨끗이 하고 재계하여 바야흐로 공경하고 삼가야 하는 때를 맞아 무사(武事)를 우선한 것은 옳지 않은 듯합니다. 담당 관서에 맡겨 전례대로 시취하게 하는 것도 안 될 것이 없습니다. 삼가 내리신 명령을 빨리 거두어 주소서."

사간 이육(李堉) 등도 역시 차자를 올려 간쟁하였다.

임금이 하교하였다.

"남아 있는 무사를 중흥시키고자 하는 일을 어떻게 시관에게 맡기

---

113) 『英祖實錄』권 105, 영조 41년 3월 27일(壬寅) 1번째 기사

는가?114) 지금 이 명령은 바로 추모하는 데서 나온 것인데 차자를 올리다니 이미 뜻밖이다.115) '무사를 우선한다[先武]'는 두 글자를 어찌 감히 썼는가? 진실로 놀라운 일이다."

이어서 삼사의 여러 관원을 모두 체직시키라고 명하였다.

영조가 효종에 대한 기억을 다시 불러일으키며 갑자기 시사를 지시하고 친림한 의도는 무엇일까? 조선사회의 효종에 대한 가장 강력한 기억은 역시 북벌(北伐)을 적극 추진하였었다는 것과 이를 위해 어영청을 중심으로 군비를 강화하였다는 것이라 생각된다. 선왕 효종에 대한 기억을 불러일으키는 영조의 이러한 행사에는 자신의 권위를 강화시키고자하는 의도가 강력히 자리 잡고 있었고, 따라서 영조의 '친림시사'는 때때로 정치 이벤트적 속성이 매우 강하였다. 젊은 문신들이 이에 대해 반발하는 것은 일견 당연해 보였으나, 영조는 그들의 반발을 용납하지 않았음을 볼 수 있다.

3) 정조의 친림시사와 친사

정조는 조선의 역대 국왕 중 시사에 가장 관심을 많이 기울인 군주였

---

114) 원문은 '南頓遺武 豈付試官'이다. 이에 대한 해석은 영조가 즉위 50년을 앞두고 내린 교서의 내용을 참조하였다. 그 교서에 "옛날 漢 高祖는 豊沛에서 활동하였고, 光武帝는 南頓에서 활동하였는데, 한 사람은 創業하고 한 사람은 中興하였다. 아! 德 없는 내가 즉위한 지 50년 가깝게 되고 또 나이 80이 다 되었으나, 무슨 일이 선왕의 뜻을 받들어 펼친 것이라 할 수 있단 말인가? … "라 하였다(『英祖實錄』 권 118, 영조 48년 1월 15일(辛亥) 3번째 기사).

115) 『영조실록』 기사에는 누락되어 있으나, 영조는 이 해가 태종이 다시 한양으로 도읍을 옮긴 해(1405년, 태종 5년)와 간지가 같은 해라는 점도 상기시켰다(『承政院日記』 1241책 (탈초본 69책) 영조 41년 3월 27일 壬寅 20번째 기사).

다. 시사에 대한 정조의 관심은 먼저 시사에 자주 친림하는 것으로 나타났다. 그런데 시사에 대하여 그가 관심을 기울인 이유는 영조와는 다소 달랐던 것으로 나타난다. 먼저 정조가 시사에 친림한 횟수부터 정리하면 다음의 표와 같다.

〈표 4-2〉『정조실록』에 기록된 정조의 친림 시사 횟수

1776년 (정조 즉위년)	2회	1783년 (정조 7년)	19회	1790년 (정조 14년)	22회	1797년 (정조 21년)	16회
1777년 (정조 1년)	8회	1784년 (정조 8년)	9회	1791년 (정조 15년)	12회	1798년 (정조 22년)	6회
1778년 (정조 2년)	9회	1785년 (정조 9년)	16회	1792년 (정조 16년)	20회	1799년 (정조 23년)	9회
1779년 (정조 3년)	9회	1786년 (정조 10년)	15회	1793년 (정조 17년)	10회	1800년 (정조 24년)	2회
1780년 (정조 4년)	3회	1787년 (정조 11년)	14회	1794년 (정조 18년)	10회		
1781년 (정조 5년)	6회	1788년 (정조 12년)	4회	1795년 (정조 19년)	11회		
1782년 (정조 6년)	7회	1789년 (정조 13년)	13회	1796년 (정조 20년)	12회		

영조와 달리, 정조는 처음부터 시사에 대한 관심이 많았다. 영조의 죽음에 따라 국상을 진행하는 동안인 즉위년~재위 2년 초반의 기간에도 시사에 친히 가서 관람하였다는 것은 그의 시사에 대한 관심이 컸다는 것과 아울러, 무엇인가 중요한 목적이 있다는 것을 나타낸다. 먼저 『정조실록』에서 1777년(정조 1년)에 정조가 친림하였던 시사를 찾아 제시하면 다음과 같다.

〈사료 4-2-D〉
1777년(정조 1년) 정조의 시사 관람
① 2월 24일 정조가 규장각에 나가 시위하는 승지, 사관, 군영대장들에게 시사를 시키고, 내탕금으로 상을 나누어 주었다.

② 3월 11일 정조가 춘당대에 나가 내시사를 시켰다.

③ 3월 12일 정조가 규장각에 나가 군영대장들에게 시사를 시켰다.

④ 3월 13일 묘시(卯時: 아침 6시)에 정조가 등현문(登賢門)에 가서
선전관과 오군영 군사들에게 내시사를 시켰다. 신시(申時: 오후 4시)
규장각 동쪽 월대(月臺)에서 시상하였다.

⑤ 9월 4일 정조가 춘당대에 가서 내시사를 시행하였다.

⑥ 9월 10일 정조가 춘당대에 가서 별시사를 시행하였다.

⑦ 10월 22일 정조가 춘당대에 가서 내시사를 시행하였다.

⑧ 12월 22일 정조가 춘당대에 가서 별군직(別軍職) 내시사를 시행
하였다.

이 해에 정조가 친림한 시사 8회 가운데 두 번(①, ⑥)만 별시사이고,
나머지 6회는 내시사였다. 두 번의 별시사 가운데 ①은 시사 제도를 정
비하기 위해 갑자기 시행한 것으로 생각된다. 이 별시사를 시행한 2일
뒤 정조가 훈련대장 장지항(張志恒)과 어영대장 구선복(具善復)을 불러
서 사마광(司馬光)의 문집에서 내용을 파악하여 솔의 포[帿布]를 새로
만들어서 내원(內苑)에서의 시사 때 곧 내시사 때 사용할 수 있도록 준
비하라고 지시한 것이 그 근거이다.[116) 두 사람은 이틀 전 별시사에 참
여했던 군영대장들이었기 때문이다. 한편 정조는 9월 10일 별시사를
거행할 때 자신이 즉위한 뒤 '처음으로 시행하는 별시사'라 하였는
데,[117] 이것은 2월의 별시사가 그 자체로 별시사로서의 의미를 갖춘 것
이었다기보다는 앞으로 진행할 친림별시사를 위한 시범적 의미로 시
행된 별시사였음을 알려준다.

별시사가 국왕의 특명으로 특정 목적 아래 추가로 시행되는 시사인

116) 『正祖實錄』 권 3, 정조 1년 2월 26일(壬戌) 3번째 기사
117) 『承政院日記』 1406책 (탈초본 78책) 정조 1년 9월 10일 壬申 22번째 기사

반면에, 내시사는 규정에 정해져 있는 날에 시행되는 시사를 국왕이 친림하기 쉽도록 궁궐의 내원에서 시행하고 있었다. 정조는 즉위 이듬해부터 자주 내시사에 친림하였다. 이 뒤 재위 기간 동안 정조가 친림한 시사는 1777년과 마찬가지로 대개 '내시사'였다. 정조는 즉위한 직후 내시사를 부지런히 친림할 결심을 하였고, 그 결과가 이와 같이 나타나게 되었던 듯하다.

〈사료 4-2-E〉
삼청의 내시사를 환관이 감독하는 제도를 폐지하였다.
임금이 다음과 같이 명령을 내렸다.
"내승과 별군직, 선전관 삼청의 내시사는 봄과 가을 정기 시사 때와 궁궐 밖 행차 때마다 설행하여, 반드시 모두 친림하여 여러 기술로 시험을 보여, 맞추게 되면 상을 매우 후하게 주고, 때로는 가자도 하고 급제도 내리는 것을 몇 백 년 동안 한 번도 빼놓지 않았었다. 제도를 만든 성의(聖意)를 우러러 알 수 있는 일이다. 지난 경종(景宗) 때에 더러 환관이 관할한 사례가 있었는데, 옛사람들이 말하는 '왕가의 종이 어떻게 시험을 감독할 수 있는가?'라는 것이었다. 우리나라의 왕실과 조정을 엄격하게 구분하는 법도와 크게 어긋나니, 일체 혁파하라."
이어서 별군직의 중일 시사도 환관이 감독하는 제도를 없애도록 명령하였다.[118]

내승과 별군직, 선전관은 모두 국왕 호위, 왕명 전달 등을 담당하는 고급 무반 직책이어서 환관과 관계가 긴밀하였고 그 까닭에 영조연간에도 영조가 친림하는 경우도 있었지만 환관을 보내 감독을 하도록 하는 경우가 많았음을 알려 준다. 그런데 정조는 이들의 내시사를 자신이

---

118) 『正祖實錄』 권 4, 정조 1년 9월 11일(癸酉) 7번째 기사

직접 감독하겠다는 의사를 분명히 밝힌 것이다. 여기에 더해 정조는 금군과 훈련도감 소속 무예별감 등의 내시사에도 관심이 많았고, 장용영(壯勇營)을 설치한 뒤에는 이들의 내시사에 열정을 보였다. 이에 따라 정조가 친림하는 내시사의 횟수는 줄어들기 어려웠다.

정조의 친림시사는 1790년(정조 14년)에 절정을 이루어, 월 평균 2회에 가깝게 시행되었다. 그렇다면 기존의 내시사 이외에 다른 시사들에 대해서도 친림하거나 별시사가 늘어났을 가능성이 있는데, 실제는 어떠했는지 『정조실록』에서 확인해 보면 다음과 같다.

〈사료 4-2-F〉

1790년(정조 14년)

① 3월 6일 정조가 춘당대에 나가 금군 시사를 시행하였다.

② 3월 9일 정조가 춘당대에 나가 내시사를 시행하였다.

③ 3월 12일 정조가 춘당대에 나가 초계문신(抄啓文臣)을 친히 시험보고 시사를 시켰다.

④ 3월 16일 정조가 무신 당상의 녹시사에 친림하겠다고 명령하고, 17일 춘당대로 나가 무신 상상 녹시사를 시행하였다.

⑤ 3월 20일 정조가 춘당대에 가서 전경무신(專經武臣) 시사를 시행하였다.

⑥ 4월 12일 정조가 모화관에 가서 권무시사를 시행하였다.

⑦ 4월 17일 정조가 춘당대에 가서 전경무신 시사를 시행하였다.

⑧ 8월 1일 정조가 춘당대에 가서 별군직과 선전관의 추등(秋等) 내시사를 시행하였다.

⑨ 8월 2일 정조가 춘당대에 가서 장용영 상시사를 시행하였다.

⑩ 8월 8일 정조가 춘당대에 가서 선천(宣薦) 내금위 및 서북별부료 군관 시사를 시행하였다.

⑪ 9월 2일 정조가 춘당대에 가서 장용위 시사를 시행하였다.

⑫ 9월 8일 정조가 경모궁(景慕宮)에 배알하고 나서 춘당대에 나가

신구 초계문신들을 친히 시험보고 시사를 시켰다.

⑬ 9월 18일 정조가 춘당대에 가서 내시사를 시행하였다.

⑭ 9월 19일 정조가 련융대에 행차하여 서총대시사를 시행하였다.

⑮ 9월 20일 정조가 춘당대에 나아가 증광 무과 전시를 치르지 못한 사람들을 대상으로 시사를 시켰다.

⑯ 10월 16일 정조가 춘당대에 가서 내시사를 시행하였다.

⑰ 10월 18일 정조가 춘당대에 가서 전경무신 시사를 시행하였다.

⑱ 10월 27일 정조가 춘당대에 가서 별군직과 선전관 시사를 시행하였다.

⑲ 11월 18일 모화관에서 서북별부료무사 시사를 시행토록 하였다.

⑳ 11월 24일 정조가 춘당대에 가서 서북별부료군관 시사를 시행하였다.

㉑ 12월 10일 정조가 춘당대에 가서 해서철전무사(海西鐵箭武士)들에게 시사를 시켰다.

㉒ 12월 25일 춘당대에 가서 장용영 시사를 시행하였다.

1790년에 정조가 친림한 시사들은 앞에서 보듯이 대부분 창덕궁 내원에 있는 춘당대에서 시행되었으며, 그 까닭은 이 시기에 정조가 주로 창덕궁에 거처한 데에 있었다. 춘당대 외에 연융대와 모화관에서도 친림시사를 시행하였는데, 이 경우는 궁 밖이기는 하나 역시 내시사로 간주되었다. 시사를 한 대상이 어떤 사람들인지 명확하게 기록되어 있지 않은 경우들은 대개 삼청 시사였을 것으로 추정된다. 여기에 더해, 내금위(內禁衛)와 겸사복(兼司僕), 우림위(羽林衛)로 구성된 금군, 장용영 군사, 서북별부료군관, 황해도 철전무사 등의 군사들이 주요 시사 대상이었고, 무신 당상관과 아울러 정조가 정성을 들여 친위세력으로 양성하고 있었던 초계문신, 전경무신 등이 주요 시사 대상이었음을 볼 수 있다.

이와 같이 정조 때의 친림시사는 국왕의 친위세력 양성과도 관련이 있는 중요한 국왕의 무사로 변모되어 있었다. 그렇지만 더 주목되는 것은 중앙군 병력의 시사를 통해 활쏘기 능력을 기르는 일 자체에 대하여 정조의 관심이 매우 컸다는 점이다. 이러한 사정은 다음의 기록에서 확인 가능하다.

〈사료 4-2-G〉
수어청이 사강절목(射講節目)을 올렸다.
이보다 앞서 임금이 다음과 같이 지시하였다.
"요즈음 각 군영에서의 활쏘기 모임은 그 이름과 실제가 부합하지 않고 점차 놀이를 하는 것처럼 되어가고 있다. 각 군영 장교들의 활쏘기 재주가 나아지지 못하는 것은 바로 이 때문이다. 이제부터 매월 두 차례 활쏘기를 할 경우, 한 번은 전에 하던 대로 천으로 만든 과녁에 쏘고, 한 번은 유엽전으로 가죽 과녁에 쏘게 하라. 그리고 한 달에 한 번만 할 경우에는 지난 달에 천으로 만든 과녁을 쏘았다면 이번 달에는 가죽 과녁을 쏘게 함으로써 서로 번갈아 시험을 보게 하라. 이와 같이 하려면 상벌 또한 마땅히 천으로 만든 과녁을 쏘는 것과 차이를 두어야 할 것이므로, 각 군영이 상의하여 하나로 결정지어 초기(草記)를 올리도록 하라. 천으로 만든 과녁의 길이와 너비조차도 군영마다 각각 다르다. 전에 들은 바로는 수어청이 가장 크다고 하는데, 각 군영대장들이 상의해서 그중에서 크지도 않고 작지도 않게 만든 것을 가져다가 그 길이를 정하여 각 군영이 동일하게 하여 감히 어기는 일이 없도록 하라. 별군직청과 선전관청에서도 활쏘기에 모두 이 규정을 적용토록 하라."
수어청이 아뢰었다.
"전하의 하교대로 각 군영대장들과 상의하고 각 군영의 시사 규정을 참고하여 의논해서 결정지었습니다. 천으로 만든 과녁의 규격은 훈련도감 과녁이 바로 옛날의 규격대로여서 그 크기에 의해 길이를 정하여 규정을 삼고, 상벌 절목도 함께 만들어 아룁니다."[119]

　이 기록은 1790년에 정조가 자주 시사를 시행하던 시기의 것이다. 이제까지의 내용으로 볼 때, 조선후기의 시사는 일정한 기준 이상의 능력을 확보하였음을 입증하는 시험으로서의 시사와, 누가 활솜씨가 뛰어난가를 겨루는 시합으로서의 시사 두 가지로 구분되어 시행되고 있었다. 영조의 친림시사가 '놀이 겸 시합으로서의 시사' 중심이었다고 한다면, 정조의 친림시사는 그 무게 중심이 어느 정도 일정한 능력 이상을 요구하는 '시험으로서의 시사'로 옮겨가 있었다. 위의 내용에서 그 변화가 정조의 의도에 의해 이루어진 것이었음을 짐작할 수 있다.

　'놀이 겸 시합으로서의 시사'를 대표하는 것은 국왕이 종친과 부마, 국구, 대신들과 함께 한 시사이다. 이러한 시사는 사실 함께 즐긴다는 의미가 더 컸다. 실제로 영조는 시사를 한 사람들에게 즐겁냐고 묻기까지 했었다. 영조 때의 시사는 조선초기 관사의 전통이 다시 살아난 셈이었다. 이와 달리 정조 때의 시험으로서의 시사는 그 기준에 미치지 못하면 여러 불이익이 뒤따랐다. 시험으로서의 시사를 대표하는 것은 무과나 주요 병종의 군사를 뽑는 시험인 시취 및 봄과 가을에 병조와 훈련원이 주관하여 장교와 군사들을 대상으로 하여 보는 시험인 도시(都試)에서의 시사이다. 이들 시사는 크게 보아 서서 쏘는 보사(步射)와 말을 타고 달리며 쏘는 기사(騎射) 두 가지로 구성되어 있었다.[120]

　기사를 할 때에는 붕(堋)이라 하여 약 45cm 높이로 흙으로 작은 언덕을 만들어서 그 위에 적(的)이라 부르는 과녁을 올려놓는다. 적은 우리

---

119) 『正祖實錄』 권 30, 정조 14년 4월 16일(丙寅) 4번째 기사
120) 『經國大典』 권 4, 兵典, 試取

에게 익숙한 둥근 동심원이 여럿 있는 형태로 된 과녁인데, 희게 칠한 가죽으로 만들며, 기사에서는 중심원이 흰색인 것과 붉은색인 것 두 가지를 사용한다. 중심원이 붉은색이면 그 밖은 흰색, 붉은색, 흰색, 붉은색의 순서이고, 중심원이 흰색이면 그 밖은 붉은색, 흰색, 붉은색, 흰색, 붉은색의 순서이다.121) 이 적은 보사 중 거리가 짧은 경우에도 사용하였다고 하나, 정식 시험에서는 기사에서만 사용하였다.

그런데 국왕이 친림하는 시사는 거의 모두 내시사였다. 그리고 그 대부분은 궁궐 안에서 시행되었다. 그러므로 친림시사에서는 대체로 기사를 제외하고 보사만 시행되었을 것으로 판단된다. 보사는 다시 240보(약 446m) 거리에 표(標)를 설치하고 목전(木箭)으로 쏘는 시험, 80보(149m) 거리에 표를 설치하고 6냥(약 241g) 무게의 철전(鐵箭)을 쏘는 시험, 그리고 130보(약 242m) 거리에 과녁으로 너비 약 2m 64cm 길이약 3m 35cm의 솔을 설치하고 그 안에 가로 68cm, 세로 75cm인 관(貫)곧 과녁을 설치하여 편전(片箭)을 쏘는 시험 세 가지로 구성되어 있었다.122) 이처럼 보사를 시험으로 볼 때에는 얼마나 멀리 쏠 수 있는가에 대한 능력이 우선시되었고, 이를 확인하는 데에는 표가 사용되었다. 얼마나 정확하게 쏠 수 있는가에 대한 능력은 아기살이라고도 불렀던 편전 시험으로만 측정하였고, 그 측정 수단이 관이었다.

---

121)『經國大典』권 4, 兵典, 試取, 騎射 ; 韓㳓劤 외,『譯註 經國大典』<註釋篇> 587쪽

122)『經國大典』권 4, 兵典, 試取, 二百四十步, 八十步, 一百三十步 ; 韓㳓劤 외,『譯註 經國大典』<註釋篇> 586~587쪽.
   이때 길이는『經國大典』에 營造尺을 적용하도록 분명히 규정되어 있다. 영조척의 실제 길이는 시대에 따라 달랐다. 현재의 유물로 실측한 결과 태조 때의 영조척은 1척이 32.21㎝, 1422년(세종 4)의 것이 32.08㎝, 성종 때의 것이 31.19㎝로, 광해군 때의 것은 31.07㎝로 줄어드는 추세에 있었다. 18세기에는 더 줄어들어 있었을 수도 있으나, 여기서는 31㎝로 정하고 환산하였다.

관은 적과 마찬가지로 하얗게 칠한 가죽으로 만드는 까닭에 한자어로 관혁(貫革)이라고도 쓰며, 그것이 우리말처럼 변하여 현재 사용하고 있는 말이 과녁이다. 관혁은 네모난 모양으로 만들고 거기에 각종 동물의 머리를 그려 넣는 것이 적과 달랐다. 우리가 과녁이라고 하면 흔히 머릿속에 떠올리는 것은 실상 앞의 적인데, 조선시대에 활쏘기 시험에서 사용한 관혁은 네모난 흰 가죽에 돼지나 사슴 머리를 그려 넣은 것이었다. 편전 시험을 볼 때에는 이 관혁을 우리말로 솔이라 하는 후(侯 또는 帿)에 달아서 사용하였고, 관혁을 맞히면 관혁 밖의 솔 부분에 맞힌 경우보다 점수가 2배였다.[123]

17세기에 중앙군제가 오군영체제로 개편되어 발달하는 과정에서 시취 및 도시와 관련된 제도도 바뀌었을 것이나, 이에 대해서는 알려져 있는 바가 거의 없다. 다만 당시의 기록에 장관(將官)으로 나타나는 장수 이하 장교층은 여전히 활쏘기가 주요 시험 종목이었던 데 비해, 훈련도감의 무예별감을 비롯한 일반 군사들은 조총 사격술이 주요 시험 종목이었다. 그 까닭에 국왕이 그 군영의 장교들에게 친림시사를 할 때면 방포(放砲)라 하여 조총 사격 시험도 같이 치르도록 하는 경우가 자주 있었다. 그리고 시험 형식의 친림시사에서 쏘는 화살은 유엽전이 주축을 이루고 여기에 편전을 추가하는 양상으로 구성하는 것이 보통이었다. 이에 따라 과녁도 변화가 일어난 것으로 추정된다. 정조가 말하는 가죽 과녁은 앞의 관혁일 것이고, 천으로 만든 과녁은 솔로 생각된다. 따라서 이 두 형태의 과녁을 유엽전으로 쏘도록 하는 방식이 이 시기 시사의 중심이었던 듯하다.

---

123) 『經國大典』권 4, 兵典, 試取, 二百四十步, 八十步, 一百三十步 ; 韓㳓劤 외, 『譯註 經國大典』<註釋篇> 586~587쪽.

〈사료 4-2-H〉

○ 사시(巳時: 오전 10시)에 임금이 춘당대로 가서 내시사를 시행하여 들어가 모셨다. 행도승지(行都承旨) 홍국영(洪國榮), 기사관 유맹양(柳孟養)·서능보(徐龍輔)·김면주(金勉柱)가 차례로 나아가 엎드렸다.

이를 마치고 좌부승지 박성원(朴盛源)의 직책을 변통해야 함을 아뢰었다.

임금이 글로 명령을 전하도록 하였다. "직책 바꾸는 것을 허락한다."

또 글로 명령을 전하도록 하였다. "승지 자리가 빈 것은 병조 참지 이병모(李秉模)를 제수(除授)하고, 패초(牌招)하여 입시(入侍)하도록 하라."

임금 : "승전색(承傳色)이 세 차례 요청했는데도 나오지 않았으면 승정원의 규례에 추고를 요청하는 규정이 있는데 이렇게 하지 않고 연달아 요청하여 그치지 않았다니, 무슨 연고로 그렇게 하였는가?"

(행좌승지) 정민시(鄭民始) : "해당 방(房)이 규례를 잘 알지 못하여, 나아가 곧바로 추고를 요청하지 않았습니다."

임금 : "오늘 활쏘기에 기사도 해야 하는데, 말을 달릴 길이 진흙탕이니 어떻게 해야 하는가?"

홍국영 : "진흙탕이어서 말을 달리지 못하겠습니다."

임금: "기사는 다음에 하는 것이 좋겠다."

이어서 활을 쏠 관원들의 이름을 부르고, 관혁 두 개를 세워서 유엽전을 쏘도록 하였다. 별군직과 선전관, 내승이 차례로 활을 쏘았다.

홍국영 : "유엽전은 몇 순(巡: 화살 다섯 발)을 쏘도록 할까요?"

임금 : "내시사에서는 이전의 규례에 10순이다."

활을 쏠 관원들이 활쏘기를 마쳤다.

임금 : "누가 장원인가?"

홍국영 : 구순(具純)과 임세재(林世載)가 장원을 겨루어야 합니다.

임금 : 편전을 쏘아 겨루도록 하라. (먼저) 무예별감들이 들어와 쏘도록 하는 것이 좋겠다.

홍국영 : 무예별감은 몇 순을 쏘도록 할까요?

임금 : 유엽전과 편전을 각각 1순씩 쏘도록 하는 것이 좋겠다.

무예별감들이 활쏘기를 마치자, 구순과 임세재에게 겨루도록 하였다.

임금 : "편전은 둘 다 맞히지 못하였구나. 유엽전을 쏘아 겨루도록 하라."

임세재가 두 발을 맞혀 장원을 하여, 환관을 시켜 이름을 부르도록 하여 상을 주었다.

무예별감들에 대한 시상까지 마치고 나서, 임금이 내전으로 돌아갔다.

여러 신하도 마침내 물러나 나왔다.[124]

위의 내용은 『승정원일기』에 기록되어 있는 1778년(정조 2년)의 내시사에 대한 것으로, 『정조실록』에는 이날 내시사를 하였다는 사실만이 기록되어 있다. 이날의 내시사는 삼청 소속 장교들이 대상이었는데, 영조 때까지 내승, 별군직, 선전관으로 되어 있던 순서가 별군직, 선전관, 내승으로 바뀌어 있다. 이처럼 이들 삼청을 대상으로 내시사를 할 경우에는 그 대상을 밝히지 않고 '내시사'라고만 기록하는 경우가 많았다. 또한 위의 기록으로부터 삼청의 내시사 때에는 가능하면 기사도 병행하였음을 짐작할 수 있다. 삼청 소속 무관들에게 유엽전을 10순 곧 50발씩 쏘도록 한 것과 달리, 이들보다 지위가 낮은 무예별감들에게는 유엽전 5발과 편전 5발을 쏘도록 하여 차등이 있었다는 점도 눈길을 끈다. 이들보다 더 지위가 낮아 조총을 주무기로 하는 군사들을 대상으로 시사를 할 경우에는 방포 시합을 병행한 사례가 정조 때에도 있었다.

〈사료 4-2-ㅣ〉
○ (동부승지) 유갑기(柳甲基)가 준천사(濬川司)의 초기(草記)를 아

---

124) 『承政院日記』 1412책 (탈초본 78책) 정조 2년 1월 29일 庚寅 15번째 기사

뢰었다. "도성 밖 개천 준설 공사를 이제 마쳤으므로, 3군문(훈련도감, 금위영, 어영청) 장수와 장교 및 사환군(使喚軍) 등을 명령하신대로 별단(別單)에 써서 들인다는 뜻을 감히 아룁니다."

명령하셨다. "알았다. 저들이 과연 고생하였다. 도청(都廳) 관원과 패장(牌將), 사환군 등을 오시 이후에 시사, 시방(試放)할 터이니, 경과 병조 판서가 시관을 맡고, 금군 별장 임률(任嵂)이 부시관을 맡고, 입직한 병조 총랑이 참고관을 맡아 (시사 및 시방할 사람들을) 거느리고 대령하라. 경진년(1760년, 영조 36년)의 사례는 지나치니, 계사년(1773년, 영조 49년)의 사례에 따라, 유엽전과 조총 가운데서 각기 한 가지 재주를 시험보이도록 하고 이것을 모두에게 알려라. 이렇게 한 다면, 지난 번 종묘 공사에 상을 줄 별간역(別看役)과 비장, 사환군도 오시 이후에 대령토록 하고, 시관은 본청(本廳: 廟役廳) 당상관과 낭관 가운데 문신이 맡도록 하라. 시위 설치는 내시사의 규정에 따라 거행하는 것이 좋겠다."[125]

서울의 개천 준설에는 영조 때부터 품삯을 주고 빈민들의 노동력을 동원하는 방식이 이용되고 있었으나, 그 한편으로는 중앙군 병력의 동원 또한 여전히 이루어지고 있었다. 특히 1760년에는 시사를 시행한 후에 상으로 많은 관원을 가자하여, 이때 당상관으로 승진한 사람들을 '개천 당상'이라 불렀다는 것이 시사에 대한 내용과 함께 『영조실록』에 기록되어 있다.[126] 정조가 '경진년의 사례는 지나치니'라 한 것은 이를 말하는 것이었다. 영조 때에는 이때만이 아니라 시사를 시행한 뒤 가자를 한 경우가 매우 많았는데, 정조 때에는 주로 물품으로 상을 주었고 상대적으로 가자를 하는 일은 적어졌다. 어쨌든 정조 때에도 위와 같이

125) 『承政院日記』1655책 (탈초본 88책) 정조 13년 4월 27일 癸丑 28번째 기사
126) 『英祖實錄』 권 34, 영조 36년 4월 16일(庚寅) 1번째 기사

자주 상시사가 시행되었고, 임금의 권위와 은혜를 드러내기 위해 궐내에서 시행하는 내시사의 형식을 갖추곤 하였다. 나아가 궐 밖에서 시사를 거행하면서 내시사의 형식을 갖추는 경우도 있었다. 1797년(정조 21년) 추석 때에 정조가 현륭원(顯隆園)에 가서 사도세자에게 제사를 지낸 뒤 화성(華城)에 행차하여 낙남헌(洛南軒)에서 시행한 시사가 그 예이다. 이때에는 시사에 이어서 관무재 또한 시행하였다.127) 이와 같이 정조도 영조처럼 능행(陵幸) 등을 이유로 시사를 중심으로 규모가 큰 군사적 행사를 벌인 적이 있는데, 때로는 궁궐 안에서 내시사 형식으로 시행하기도 하였다. 다음은 내시사가 어떻게 이루어졌는지를 볼 수 있는 사료이다.

〈사료 4-2-J〉

○ 묘시(卯時: 오전 8시)에 임금이 춘당대로 가서 내시사를 시행하여 들어가 모셨다.

이때 행좌승지 서유방(徐有防), 행우승지 이재학(李在學), 가주서 이경오(李敬五), 기주관 김건수(金健修), 기사관 김봉현(金鳳顯)이 차례로 나아가 엎드렸다.

이를 마치자 임금이 말하였다. "시관들은 숙배하지 말고 입시하라."

인릉군(仁陵君) 이재협(李在協), 병조 판서 서호수(徐浩修), 대교 이곤수(李崑秀), 검교대교 윤행임(尹行任)이 명령을 받고 나아가 엎드렸다.

임금이 탑교(榻敎)로 쓰라고 명령하였다. "문겸(文兼) 선전관 서형수(徐瀅修), 겸사서(兼司書) 이집두(李集斗)는 그 직책을 바꿔주고, 해조(該曹: 이 경우는 병조)에서 구전(口傳)으로 군직(軍職)에 임명토록 하라."128)

---

127) 『承政院日記』 1780책 (탈초본 94책) 정조 21년 8월 18일 己巳 10번째 기사

임금 : "사복시 도제조와 제조, (비변사의) 유사당상, 훈련대장을 입시토록 하라."

사복시 도제조 서명선, 제조 정일상(鄭一祥), 유사당상 서유린과 조시준(趙時俊), 훈련대장 구선복이 명령을 받들어 나아가 엎드렸다.

서명선이 임금 앞으로 나아갔다. "수고롭게 나오셨는데, 성체(聖體)는 어떠십니까?"

임금 : "한결같소."

임금 : "훈련대장과 호조 판서는 앞으로 나오라."

구선복과 정일상이 나아가 엎드렸다.

임금 : "나라의 경사를 만날 때마다 반드시 관무재를 시행하거나 별시사를 시행하는 까닭은, 하나는 기쁨을 나타내고자 하는 의도 때문이고, 하나는 (군사들을) 위로하고 기뻐하도록 하려는 생각 때문이다. 이번에 전에 없던 경사를 맞았는데[129] 의미 없이 지내버린다면 참으로 (내 마음이) 몹시 쓸쓸할 것이요, 훈련도감 군사들도 공연히 고생한다고 말할 것이다. (나의) 기쁨을 나타내고 (군사들을) 위로하고 기뻐하도록 할 행사가 없어서는 아니 될 것이다. 관무재는 규정에 정시(庭試)에 대응하여 시행하도록 되어 있으므로, 이번 경과(慶科)에 시행하도록 하라. 자주 시행하여 거리끼는 바가 없지 않으나 별시사를 곧이어 시행하는 것이 좋겠다. 호조 판서는 재물과 부세를 담당하고, 훈련대장은 군사들을 장악하고 있으니, 각기 견해를 말하도록 하라."

서명선 등이 말하였다. "나라의 이번 경사는 전에 없던 것이므로, 무릇 (전하의) 기쁨을 나타낼 방도라면 마땅히 끝까지 다해야 할 것입니다. 그런데 각 군문의 일로 말하자면, 이번에 군포의 액수를 줄여서

---

128) 榻敎는 임금이 의정들에게 직접 내리는 형식의 명령을 말한다. 文兼宣傳官은 무신의 직책인 선전관을 문신으로서 겸하는 경우를 말하며, 문신 중심 사회인 조선에서 문신 출신 군사전문가를 양성하기 위한 제도의 하나로 고안, 시행되었다. 口傳은 관직 임명 방식의 하나로, 어떤 직책에 누구를 임명해 주기 바란다는 내용을 한꺼번에 써서 올려 임금의 결재를 받으며, 주로 軍職을 임명할 때 사용한다.

129) 영조의 즉위 한 갑자가 된 것, 곧 60주년이 되었음을 말한다(『正祖實錄』 권 18, 정조 8년 8월 29일(壬子) 1번째 기사).

재정이 부족하지 않을까 염려됩니다. 별시사로 무과 초시를 대신하는 것이 좋을 듯합니다. 이것이나 저것이나 기뻐하는 군사들을 위로하는 것은 마찬가지입니다. 성교가 참으로 지당하십니다."

임금 : "관무재는 18기를 다 시험보아야 할까?"

구선복 : "그렇습니다."

임금 : "별시사 때 상으로 줄 포목이 적어도 170에서 180동(同)은 될 것이다. 기묘년(1759년, 영조 35년)의 예를 보아도 106동이던데, 호조에서 이 수를 채울 만한가?"

정일상 : "그러합니다."

임금이 다음과 같이 전교(傳敎)를 쓰도록 하였다. "무릇 나라에 경사가 있으면 과거를 시행하여 사람을 뽑는 법이고, 대단히 커다란 경사인 경우에는 또한 반드시 군사들을 위로하고 기뻐하도록 하고자 별도로 시재(試才)를 시행하거나 관무재나 별시사를 시행하곤 하였다. 이번에 맞은 나라의 경사가 기존의 규례에 맞추어 위로하고 기뻐하도록 하는 수준이겠는가? 더구나 훈련도감의 군사들은 번상을 정지시킨 금위영과 어영청 향군(鄕軍)들을 대신하여 역을 지는 일을 이제 막 마쳤고, 또 먼 길 능행(의 시위)도 거쳤으니, 저들이 염려되는 바가 매우 자별하다. 지금 훈련대장이 입시한 까닭에 이미 상세히 물어보았는데, 만약 관무재로 시취를 하게 되면 초시와 회시가 도리어 헛된 고생이라는 한탄을 낳을 듯하다. 또 존호(尊號)를 올리기 위해 의식을 예행 연습할 날도 머지않았고, 경과(慶科) 초시도 임박하였는데, 만약 일이 끝나기를 기다리게 되면 한겨울을 만나게 될 것이다. 이리저리 헤아려 보건대 별시사로 시취하는 것이 실로 편하고 좋으니, 날을 이달 그믐과 내달 초순 사이에서 골라 들이도록 하라. 군사와 장교들에게 고루 상이 돌아가도록 하고자 하니, 별시사 때에 장관과 장교, 군사를 막론하고 모두 초시를 건너뛰고 응시하게 하라. 종목은 장관과 장교는 유엽전 1순, 마병과 기사(騎士)는 기추(騎芻: 騎射와 같음) 1차, 보군은 조총 1순으로 마련하라. 이번에는 관무재의 규정에 구애받지 말고, 한 발 이상 맞히면 모두 시기(試記)에 기록하라."

또 다음과 같이 전교를 쓰도록 하였다. "장전(帳前)에서 시취하는 따위의 것들은 다시 자세히 명령을 내릴 것이다. 초시를 건너뛰고 장전에서 시험을 보게 되더라도 반드시 여러 날이 걸릴 우려가 있으므로, 각 영의 군사와 장교들은 형세상 장소를 나누어 잡아 시취해야 할 것이고, 각각 시관을 배치하게 되면 공인(貢人)들에게 폐를 끼치지 않을 수 없으므로, 훈련대장이 세마평(洗馬坪), 금위대장이 남별영(南別營), 어영대장이 남소영(南小營)으로 가고, 병조 판서와 수어사와 총융사는 훈련원으로 가서, 각기 그 군영의 대장이 시관을 맡고, 아장(亞將: 오군영의 아장은 중군임)이 부시관을 맡도록 하라. 시취를 주관하는 관원은 장전에서 시취하는 경우 외에는 모두 따로 두지 말도록 분부하라."

임금 : "이번 능행 때 길가의 논밭으로 밟혀 망가진 곳은 의당 감세하여야 할 것인데, 얼마나 될지 모르겠다. 얼마나 될까?"

서유린 : "40여 부(卜)에 지나지 않는다고 합니다."

임금 : "나라가 견감하는 것은 많지 않더라도 백성이 입는 혜택은 적지 않을 것이다. 마땅히 명령을 내려 이대로 거행하도록 하는 것이 좋겠다."

서유린과 조시준 : "이번에 상언한 사람들 가운데 충주 사는 최성복(崔聖福)과 서울 사는 신대순(申大順)을 불러 물은 뒤 직접 아뢰라고 명령하셨었습니다. 명령하신대로 두 사람을 불러서 상언한 내용을 자세히 물었는데, 최성복이 올린 4개 조항은 지방 사람들이면 다들 말하는 민폐여서 눈길을 둘만한 내용이 별로 없었고, 4개 조항 내용이 외람할 뿐 아니라 말하는 것을 듣고 모습을 보더라도 시골의 아둔한 무리여서 깊이 책망할 필요도 없었습니다. 신대순은 서울에서 한가롭게 노니는 무리로 무언가 바라는 것이 있어 폐막을 빙자하여 장황하게 말하는데, 그 가운데서도 동전 주조에 대한 말은 몹시 해괴하여, 무식하고 천박한 무리라는 이유로 용서할 수 없습니다. 담당 관청에게 무겁게 처벌하도록 하려는데 어떻겠습니까?"

임금 : "그렇게 하라." 거조(擧條)로 내었다.

임금을 모시고 시위한 장교와 군사들이 차례로 시사하는 것을 마쳤다. 차등을 두어 상을 주었다.

이어서 탑교로 쓰도록 하였다. "남항 선전관의 빈 자리는 구전으로 차출하라."

또 탑교로 쓰도록 하였다. "선전관 이민수(李民秀)와 오위도총부 경력(經歷) 이당(李溏)은 해조(여기서는 병조)가 구전으로 서로 바꾸도록 하라."

또 전교로 쓰도록 하였다. "아직 하직하지 않은 수령과 변장(邊將)들은 모두 오늘 안으로 사조(辭朝)하도록 하라."

또 탑교로 쓰도록 하였다. "여도(呂島) 만호 이덕봉(李德鳳)을 교체하라. 대신할 자는 구전으로 차출하라."

그리고 나서 (임금이) 내전으로 돌아갔다.

여러 신하가 차례로 물러나 나갔다.[130]

위의 내용에서 보듯이, 이날 정조의 관심은 당일에 시행되고 있던 내시사가 아니라, 앞으로 시행할 별시사에 쏠려 있었다. 그런 때문인지 정작 이날의 내시사가 어떤 사람들을 대상으로 시행된 것인지는 구체적으로 나타나 있지 않다. 다만 훈련도감 소속 장관 이하 군사들까지는 이 뒤에 별시사를 통해 대거 상을 줄 계획을 세우고 있으므로 이들이 제외되어 있는 것이 확실한 가운데, 정조를 배종하여 시위한 장교와 군사들이 대상임을 알 수 있을 뿐이다. 따라서 삼청(내승, 별군직, 선전관)과 내삼청(내금위, 겸사복, 우림위) 및 호위청 소속 장교와 군사들을 대상으로 시사를 시행하였을 가능성이 크다.

앞에서 이미 설명한 바와 같이, 영조 때까지는 『승정원일기』에 내시

---

130) 『承政院日記』 1565책 (탈초본 84책) 정조 8년 8월 22일 乙巳 18번째 기사. 조선왕조실록에는 내시사가 어떻게 거행되었는지 그 구체적 내용을 담고 있는 기록이 전혀 없다. 『承政院日記』에서도 사정은 비슷한데, 이처럼 승지들이 내시사에 참여한 경우에만 기록이 남아 있다.

사를 거행하였다는 사실을 알 수 있는 기록들은 있으나, 관련 내용이 기록되지는 않았었다. 그러다가 정조 때부터는 내시사에 임금이 친림하는 것이 새 원칙으로 정해졌고, 이에 따라 6승지 중 일부가 임금을 따라 내시사 자리에 들어가게 되면서 내시사를 시행하는 동안 일어난 일들이 『승정원일기』에 기록되기 시작하였다. 즉 내시사는 당연히 '친림시사'로 거행되면서 『승정원일기』에 내시사 관련 내용이 자주 구체적으로 기록되기 시작하였던 것이다.

그런데 내시사와 관련된 『승정원일기』의 실제 기록을 보면, 내시사 자체에 대한 기록도 없지 않으나, 위에서와 같이 내용의 대부분을 임금과 주요 관원 사이에 오간 대화와 임금이 내린 주요 명령 등이 차지하고 있다. 특히 정조 때에는 앞에 인용한 것보다도 훨씬 길게 오간 대화와 명령의 내용이 있는 경우도 많다. 이때 대체로 정조의 주된 대화 대상은 훈련대장 또는 장용대장이었다. 물론 이들에 비해서는 빈도가 낮지만, 금위대장 등 다른 군영대장과도 자주 대화를 하였고, 그 밖에 의정과 병조 판서, 호조 판서, 비변사 유사당상 등도 주요 대화 상대였음을 볼 수 있다. 따라서 정조는 친림시사를 주로 훈련대장 등 주요 군영대장들을 통해 중앙군의 실상을 파악하는 기회로 삼았다고 생각된다. 그 한편 정조는 중앙군의 활쏘기 시합을 직접 나아가서 보고 또 상을 주도록 함으로써 이들의 충성을 이끌어내는 장치로 활용하였다고 볼 수 있다.

정조는 무장 이하 장교와 군사들의 활쏘기 시합을 주로 친림하여 보았다. 그 한편 정조는 기회가 되면 직접 활을 쏘는 일도 잦았다. 궁궐 안에서 친사 즉 친히 활을 쏘았다는 기록도 있고, 궁궐 밖에 행차하여 친사하였다는 기록도 있다. 특히 재위 후반기에는 화성에 행차하였을 때 자주 친사를 하였음이 나타난다. 그 가운데 정조가 주요 문신들에게 활쏘기 겨루기를 시킨 한편 스스로 활을 쏘았음을 전하는 기록도 있다.

⟨사료 4-2-K⟩

(임금이) 여러 신료와 춘당대에서 짝을 지어 활쏘기를 하였다. 이때 각신(閣臣) 서용보(徐龍輔)와 김조순(金祖淳)이 중국에 가게 되어, 내일이 중국 황제에게 보낼 표문을 다시 살펴보고 봉해야 할 날이었는데, 임금이 현임 및 원임 각신들을 모두 춘당대로 불러놓고 말하였다. "오늘 두 사신을 전송하기 위해 조그마한 술자리를 준비하였으니 경들도 모두 모여 함께 활을 쏘고 구경을 하며 즐겁게 보내도록 하라."

그 자리에 나온 각신 오재순(吳載純), 서유방, 이병근(李秉模), 박우원(朴祐源), 서정수(徐鼎修), 서용보, 윤행임, 서영보(徐榮輔), 김조순과 승지 홍의영(洪義榮), 김효건(金孝建), 주서 서유문(徐有聞)에게 짝을 나누도록 명하였다. 서유린은 장용영 제조로서, 김문순(金文淳)은 주교사(舟橋司) 당상으로서 참가하였다.

서유방, 윤행임, 서영보, 김조순은 왼쪽 자리에, 김문순, 이병모, 홍의영, 서유문은 오른쪽 자리에 있었으며 오재순 등은 활을 못 쏘아, 활쏘아 맞힌 성적 기록하는 일을 감독하도록 했다.

임금이 과녁을 쏘아 10순에 41발을 맞혔다.

이병모가 말하였다. "옛날에는 제왕이 훌륭한 일을 하시면 전(殿) 위에서 곧 만세를 불렀습니다. 오늘 전하가 활쏘기를 하여 많은 수를 맞혔는데 이는 역사에 드문 일입니다. 만일 옛사람들이 이런 일을 만났어도 틀림없이 만세를 불렀을 것입니다."

김문순이 말하였다. "제가 활 쏘는 기예를 조금 아는데, 전하께서 쏘시는 것을 보니 그것은 거의 천부적인 것이지 사람의 힘으로 된 것이 아니었습니다. 제가 감히 고풍(古風)을 아뢰겠습니다." [아랫사람이 윗사람에게서 선물을 받고 그 기쁜 마음을 표시하겠다고 요청하는 것을 고풍이라 한다.]

임금이 이를 승낙하고 채필(彩筆)과 화묵(畵墨)을 자리에 있는 여러 신료에게 내려주었다.

오재순과 서유방 등이 아뢰었다. "저희들이 외람되게 모시고 활을 쏘았고 또 많은 선물까지 내려주시니 오늘의 이 훌륭한 만남은 지난 역사를 다 더듬어 봐도 유례가 없을 것입니다. 저희들이 오늘 모시고 활을 쏜 여러 신료와 함께 연명으로 전(箋)을 올려 전하의 만수무강을 빌고 이어 하해와 같은 은혜에 사례하겠습니다."

임금이 말하였다. "경들이 비록 그렇더라도 나는 그렇게 크게 벌리고 싶지 않다."

여러 신료가 또다시 청하자 비로소 허락하였다. 그리하여 음식을 차려 올리고 음악을 울려 권주하였다.

술이 몇 순배 돌자 (임금이) 서용보와 김조순에게 말하였다. "경들이 멀리 떠나야 하니 어찌 연연한 마음이 없겠는가. 사내가 뽕나무 활과 쑥대 화살로 천지 사방에 쏘는 것은 사방에 뜻을 두고자 해서인 것이다. 임금을 가까이서 모시는 자는 남들이 우러러보는 것이며 남의 나라에 사신 가는 일 또한 책임이 막중하니 각기 노력하도록 하라."

서용보 등이 일어나 사은하고 한껏 즐기다가 저물어서야 파하였다.[131]

이 기록에 보이는 인물들은 대체로 정조의 측근들이라 할 수 있다. 서유린은 당시 형조 판서를 지낸 뒤 비변사 유사당상으로 장용영 제조를 맡고 있었고, 김문순은 한성부 판윤으로 비변사 당상을 맡으면서 아울러 주교사 당상을 맡고 있었다. 오재순(검교규장각제학)으로부터 김조순에 이르는 9인 중 서정수와 윤행임은 원임 각신이고, 나머지는 당시 현재로 규장각 관직을 맡고 있던 신하들이었으며, 이들 9인 외의 참여자는 승지(우승지와 우부승지)와 사관이었다.[132] 이 가운데 서용보

---

131) 『正祖實錄』 권 36, 정조 16년 10월 20일(乙酉) 1번째 기사
132) 이들의 최고 관직 이력과 특이 사항을 정리하면 다음과 같다.
　　徐有隣 좌참찬, 金文淳 우참찬, 徐龍輔 영의정, 金祖淳 영돈령부사, 순조의 국구,

와 김조순이 청에 사신으로 가게 되어서 정조가 이들에 대한 전별연을 겸하여 시사를 하는 자리를 마련한 것이었다. 이 행사는『승정원일기』에 좀 더 자세히 기록되어 있는데, 모두 '관사(觀射)'라 한 것이 눈에 띈다.

그러나 이때의 '관사'는 조선초기의 관사와 달리 격식을 갖추어 국왕 중심으로 거행되는 활쏘기 의례는 아니었고, 영조 때 그러했던 것처럼 임금도 활쏘기에 참여하는, 일종의 시사를 변형한 활쏘기라 해야 옳을 듯하다. 이날 정조와 여러 신하는 작은 적을 세워놓고 활을 쏘았는데, 그 거리는 나타나 있지 않다. 그러나 '작은 적'은 짧은 거리에서 서서 쏠 때 사용하는 것이므로 수십 보 정도의 거리에서 활쏘기를 한 것으로 추정된다. 또한『정조실록』기록에는 정조가 10순 곧 50발을 쏘아 41발을 맞힌 것만 기록되어 있으나,『승정원일기』기록에는 신하들의 성적도 기록되어 있다. 이를 옮기면 다음과 같다.[133]

윤행임 14발	이병모, 서유문 각 3발
김문순 13발	김조순 2발
서유방, 서영보 각 5발	홍의영 1발

이들 신하도 각각 50발을 쏜 성적이다. 그 가운데 가장 성적이 좋은 이가 윤행임으로 14발이었고, 그 다음이 김문순으로 13발이었다. 이 두

吳載純 관중추부사, 문형(文衡), 徐有邦 이조판서, 서유린의 동생, 李秉模 영의정, 朴祐源 예조판서, 徐鼎修 병조판서, 尹行任 예조판서, 문형, 徐榮輔 이조판서, 대제학, 洪儀榮 홍문관교리, 金孝建 형조판서, 한성부판윤, 徐有聞 평안도관찰사, 이조참판

133)『承政院日記』1710책 (탈초본 90책) 정조 16년 10월 20일 乙酉 17번째 기사

사람을 제외하면, 나머지 사람들은 1/10 이하의 명중률에 그쳤다. 이것을 보면, 정조의 활솜씨가 일반 문신들과는 비교할 수 없는 수준이었음은 분명하다. 따라서 신하들이 정조의 활솜씨를 기려 이러저러한 말씀을 올리는 것도 당연하였고, 『승정원일기』에 따르면 서유방은 이러한 솜씨를 지닌 임금을 모시고 활을 쏜 것을 무한한 영광으로 여기는 말을 하였다. 정조는 이에 대한 보답으로 선물을 내려 주고 또한 이를 구실로 간단한 술자리를 마련한 것으로 되어 있다.

그런데 『승정원일기』를 보면, 이날 눈이 조금 오다가 그친 뒤 날은 맑은 가운데 기운이 쌀쌀해져서 난로를 내어오도록 하여 난방을 한 가운데 술자리가 진행되었다. 그리고 장용영에서 악공들을 보내 음악을 연주하도록 하였으므로, 소박하지만은 않은 술자리였다. 음식은 내주(內廚)에서 내어왔으므로 왕명으로 차린 것이었다.

정조가 이처럼 활을 잘 쏘게 된 것은 당연히 꾸준한 노력 덕분이었을 것이다. 또 그가 열심히 활쏘기 연습을 한 데에는 분명 중요한 이유가 있었을 것이었다. 정조는 1799년(정조 23년) 12월 그것도 새해가 얼마 남지 않은 25일에 경연을 하는 자리에서 신하들에게 다음과 같이 말하였다.

〈사료 4-2-L〉
" … 아침저녁으로 일삼은 일이 오직 경전을 탐구하는 것이고, 패관잡기 같은 것은 한 번도 눈길을 주어 본 적이 없었다. 다만 활쏘기만은 육예의 하나인 동시에 우리 왕실에서 서로 전해 내려오는 집안의 법도이다. 전에 선왕(先王: 영조) 때에는 보령(寶齡)이 칠순이 넘은 뒤에도 친히 모화관에 가시어 활을 쏘아 정곡(正鵠)을 명중시키기까지 하셨다. 그 활과 화살을 훈련대장 이장오에게 내려 주셨는데, 그의 집에서는 아마도 지금까지 보배로 보관하고 있을 것이다. 내가 선왕의 뜻을 계승하는 의미에서도 활쏘기 연습을 그만둘 수가 없는데, 팔 힘이 점점 예전만 못해져 뜻대로 되지가 않는다. 올해도 벌써 다 저물었다 …."134)

정조가 이와 같은 말을 하게 된 까닭은 직접적으로는 겨울이 끝나가는 음력 12월에 천둥 번개가 치는 기상 이변 현상이 나타났던 데에 있었다. 그 때문에 자신의 잘못을 되짚어보는 가운데 자신의 활쏘기에 대해서 말을 하게 되었던 것인데, 자신이 활쏘기를 하는 명분을 왕가의 법도 곧 조선 왕실의 전통에서 찾고 있다는 점이 주목된다. 그래서 영조 또한 70살을 넘긴 뒤에까지도 활쏘기를 하였다는 것이다.

활쏘기가 조선 왕가의 중요한 법도라는 관념은 16세기 중반 중종 때까지는 분명히 이어졌던 것으로 생각된다. 이 관념이 16세기 후반 이후 조선의 국왕이 활쏘기를 하지 못하는 동안 어떻게 이어졌는지 알기 어렵다. 그러나 '조선 국왕의 활쏘기'가 어떠한 가치와 의미를 지니는지에 대한 생각이 약해졌던 것은 틀림이 없어 보인다. 이 '조선 국왕의 활쏘기'가 조선 국왕에 의해 주목을 받기 시작한 것은 영조가 즉위한 이후이다. 두 차례 대사례를 시행하여 대규모 국가 의례를 통해서 '조선 국왕의 활쏘기'를 드러내었을 뿐 아니라, 위의 정조의 언급에서와 같이 주요 신하들과 자리를 함께 한 가운데 '조선 국왕의 활쏘기'를 드러낸 적이 몇 차례 있었던 것이다.

이러한 변화와 영조 때에 세종이 성군(聖君)이라는 관념이 갑자기 대두되고 아울러 세종 때 갖추어진『용비어천가』의 악장들도 새삼 여러

---

134)『正祖實錄』권 52, 정조 23년 12월 25일(戊申) 1번째 기사

국가 의례에서 연주되기 시작한 변화는 분명한 상관관계가 있을 것으로 추정된다. 여기에서 놓치지 말아야 할 것이 '조선 국왕의 활쏘기'는 곧 태조 이성계로부터 계승되어 온 천명(天命) 담당자로서의 조선 국왕을 상징한다는 사실이다. 조선 국왕이 여러 사람 특히 신하들의 눈길을 모으며 활쏘기를 하는 것은 그가 초월적 권위의 계승자임을 여러 신하에게 뚜렷하게 인식하도록 만드는 중요한 수단이었다.

앞서 잠깐 언급한 바와 같이, 국왕이 몸소 활을 쏘는 것을 조선왕조실록에서는 '어사(御射)' 또는 '친사(親射)'로 기록하였다. 어사는 대체로 대사례 등 주요 의식에서 국왕이 활을 쏘는 경우를 기록할 때 사용하였는데, 앞 절에서 보았듯이 어사례가 대사례의 주요 의례였던 것에서 그 용례를 짐작할 수 있다. 즉 공적인 의미와 가치가 부여되어 국왕이 활을 쏘는 경우가 대체로 어사로 표현되었다고 볼 수 있다.[135] 이에 비해 친사는 사냥이나 그 밖의 여러 가지 일에서 국왕이 직접 활을 쏘는 것을 지칭하였다. 국왕이 관여한 일이라면 그것을 사적인 일이라 하기는 어려우나, '어사'로 표현된 경우에 비해서는 공적인 의미나 가치가 덜하다고 볼 수 있는 일에서 국왕이 활을 쏘았을 때, 대체로 '친사'라 기록하였다. 그리고 단순히 '임금이 활을 쏘았다'는 뜻으로 '상사(上射)'라 기록한 경우도 있었다.

어사이든 친사이든 또 상사이든 조선 국왕이 활을 쏘았다는 기록은 『인종실록』 이후 『경종실록』까지는 발견되지 않다가 영조와 정조 때에 이르러서는 대사례와 연사례에서 두 임금이 어사를 하였고, 그 밖에

---

135) 『英祖實錄』 및 『正祖實錄』과 달리 『承政院日記』에서는 대사례 때 영조가 활을 쏘는 것을 대부분 '親射'라 기록하였다. 따라서 '御射'라는 표현은 실록을 편찬하는 과정에서 '親射'로부터 바뀐 것일 가능성이 크다.

친사를 한 일도 있다는 것을 앞에서 보았다. 영조와 정조가 의례 때 어사를 하며 보여준 활 솜씨는 매우 훌륭하였다. 한 발도 맞히지 못하는 관원이 여럿인 가운데, 두 임금은 네 발 중 세 발을 솔에 맞히는 솜씨를 발휘하였다. 이러한 일은 두 임금이 자주 활을 쏘았던 때문에 가능하였을 것이었다. 많은 신료와 군사들의 눈이 바라다보고 있는 가운데 의례의 주인공으로서 활을 쏘면서 화살을 솔에 맞히지 못하면 임금의 체면이 손상될 수밖에 없기에, 나아가 '조선 왕가의 법도'에 누를 끼치게 될 것이기에 당연히 두 임금은 자주 활을 쏘아 열심히 훈련을 하였다고 생각할 수밖에 없다.

4) 순조, 헌종, 철종의 친림시사와 친사

18세기 본격적인 탕평정치가 전개되는 동안 조선 국왕의 권위도 어느 정도 다시 강화되었고, 조선 왕실의 창업주 태조로부터 비롯된 왕가의 법도로서의 활쏘기도 상당한 권위를 부여받게 되었다. 이제 조선의 왕위를 계승하는 이들은 내시사를 비롯한 여러 시사에 모두 나아갈 수는 없더라도 일정한 정도 이상으로 친림하여야 하는 일종의 의무가 생겨나게 되었다. 나아가서는 이따금 신하들 앞에서 활을 쏘는 모습도 부여주어야 할 필요가 커지게 되었다. '활을 쏘는 국왕'은 이제 조선 왕실의 정체성에 대한 국왕의 자의식으로 자리를 잡게 되었기 때문이다.

그러나 국왕이 시사에 친림하는 것도 정치에 대한 의욕이 있을 때라야 나타나는 현상이었다. 19세기는 세도정치가 전개된 시기로 잘 알려져 있다. 특히 1811년 겨울에 일어난 홍경래 반란 사건은 순조가 의욕적으로 추진하던 정치 개혁이 좌절되고 김조순이 주도하는 세도정치가 본격화하게 되는 계기로 알려져 있다. 이 뒤로도 효명세자(孝明世子)와 헌종이 정치 개혁을 시도한 일이 있으나, 모두 성공하지 못하였다.[136] 사정이 이렇게 전개되는 동안 실록 기록에 나타난 국왕이 시사에 친림한 횟수를 연도별로 정리하면 아래의 표와 같다.

〈표 4-3〉『순조실록』~『철종실록』에 기록된 국왕 친림시사 횟수

1801년 (순조 1년)	1회	1817년 (순조 17년)	10회	1833년 (순조 33년)	1회	1849년 (헌종 15년)	1회
1802년 (순조 2년)	0회	1818년 (순조 18년)	2회	1834년 (순조 34년)	1회	1850년 (철종 1년)	1회
1803년 (순조 3년)	2회	1819년 (순조 19년)	0회	1835년 (헌종 1년)	0회	1851년 (철종 2년)	1회
1804년 (순조 4년)	3회	1820년 (순조 20년)	3회	1836년 (헌종 2년)	0회	1852년 (철종 3년)	1회
1805년 (순조 5년)	2회	1821년 (순조 21년)	0회	1837년 (헌종 3년)	0회	1853년 (철종 4년)	4회
1806년 (순조 6년)	6회	1822년 (순조 22년)	0회	1838년 (헌종 4년)	0회	1854년 (철종 5년)	1회
1807년 (순조 7년)	12회	1823년 (순조 23년)	0회	1839년 (헌종 5년)	0회	1855년 (철종 6년)	2회
1808년 (순조 8년)	9회	1824년 (순조 24년)	0회	1840년 (헌종 6년)	2회	1856년 (철종 7년)	1회
1809년 (순조 9년)	7회	1825년 (순조 25년)	4회	1841년 (헌종 7년)	1회	1857년 (철종 8년)	3회
1810년 (순조 10년)	8회	1826년 (순조 26년)	2회	1842년 (헌종 8년)	1회	1858년 (철종 9년)	0회
1811년 (순조 11년)	18회	1827년 (순조 27년)	2회	1843년 (헌종 9년)	1회	1859년 (철종 10년)	0회
1812년 (순조 12년)	0회	1828년 (순조 28년)	4회	1844년 (헌종 10년)	0회	1860년 (철종 11년)	4회

136) 세도정치기 국왕들이 무신들과 친분을 쌓기 위해 또는 친위 무신을 양성하기 위해 시사를 친림한 측면에 대해서는 오종록, 1990,「중앙 군영의 변동과 정치적 기능」,『조선정치사 1800~1863(하)』, 한국역사연구회, 청년사, 480~482쪽에서 간단히 다룬 바 있다.

1813년 (순조 13년)	1회	1829년 (순조 29년)	3회	1845년 (헌종 11년)	0회	1861년 (철종 12년)	3회
1814년 (순조 14년)	1회	1830년 (순조 30년)	2회	1846년 (헌종 12년)	5회	1862년 (철종 13년)	4회
1815년 (순조 15년)	0회	1831년 (순조 31년)	0회	1847년 (헌종 13년)	4회	1863년 (철종 14년)	0회
1816년 (순조 16년)	4회	1832년 (순조 32년)	0회	1848년 (헌종 14년)	1회		

　『순조실록』에는 친림한 시사에 대한 기록이 총 108건이 있는데, 이 가운데는 1827~1830년 효명세자가 순조를 대신하여 대리청정(代理聽政)을 하던 기간 동안 세자가 친림한 사례도 포함되어 있다. 이 둘을 합하여 순조연간 동안 시사에 친림한 횟수는 1년에 평균 3.2회 정도에 해당한다. 이것을 영조 이전의 조선 국왕들이 시사를 관람하였던 횟수가 연평균 1회 정도에 지나지 않았던 것에 비추어보면 그 3배를 넘는다. 연평균 3.3회는 정조 때의 수준에는 미치지 못하나, 대체로 영조 때의 수준과 비슷하다. 따라서 순조는 시사에 대해 관심이 많았던 국왕이라 할 수 있다.

　그러한 가운데 몇 년 동안은 순조가 시사에 친림한 일이 한 번도 없는가 하면, 20회 가깝게 친림한 해도 있어서 주목된다. 정조의 갑작스러운 죽음에 따라 왕위를 계승한 순조는 1803년 12월 정순왕후(貞純王后)가 수렴청정을 끝냄에 따라 1804년부터 친정(親政)을 하기 시작하였다. 순조는 1790년에 출생하였으므로, 1804년은 우리 나이로 15세가 되는 해였다. 순조는 친정을 시작하면서 곧바로 정치권력을 행사하고자 하였다. 1808년 5월에는 자신이 국가의 재정과 군사제도 및 군사행정의 구체적 내용들을 파악할 수 있도록『만기요람(萬機要覽)』을 만들도록 하여 이 책이 필사본으로 편찬된 바 있는데, 이것은 국정을 장악

하려는 순조의 노력 중 하나였다.[137]

또한 1806년~1811년에 순조는 정조가 했던 방식을 본 따 자신의 친위세력을 양성하려 하였다. 한학문신강(漢學文臣講), 전경문신강(專經文臣講)과 전경무신강(專經武臣講), 이문제술(吏文製述)을 순조가 친림하여 시험을 보도록 하고 입직문음관(入直文蔭官)을 친시(親試)하는 일들이 잦아져, 1811년에 그 절정에 이르렀던 것이다.[138] 이러한 일들이 젊은 문신들 가운데 뛰어난 인재들을 자신의 사람으로 양성하고자 하는 순조의 노력이었다면, 친림시사는 젊은 무신들 가운데 뛰어난 인재들을 자신의 사람으로 키우려는 시도였을 것으로 판단된다. 앞의 표를 보면 이 친림시사 역시 1811년 18회나 되어, 절정에 이르렀음을 알 수 있다.

『순조실록』에서 1811년에 순조가 친림한 시사를 정리하면 다음과 같다.

〈사료 4-2-M〉
1811년(순조 11년)

① 윤3월 18일 순조가 융무당에 가서 별군직과 선전관의 시사를 시행하였다.

② 윤3월 19일 순조가 융무당에 가서 승지와 사관, 규장각 각신, 오위도총부 총관(摠管)들에게 시사를 행하였다.

③ 5월 26일 순조가 융무당에 가서 별군직과 선전관의 시사를 시행하였다.

④ 6월 18일 순조가 경현당(景賢堂)에 가서 규장각 검서관들이 올

---

137) 오수창,「정국의 추이」,『조선정치사 1800~1863 상』, 1990, 청년사, 85쪽
138) 오수창, 위의 글, 86쪽

린 전(箋)을 받고, 문관과 음관, 무관의 응제(應製) 및 시사를 시행하였다.

⑤ 6월 29일 순조가 중일각(中日閣)에 가서 일내(一內) 금군의 시사를 시행하였다.

⑥ 6월 30일 순조가 중일각에 가서 5군영 장신(將臣), 장관(將官)들의 시사를 시행하였다.

⑦ 7월 3일 순조가 금상문(金商門)에 가서 문신 삭시사를 시행하였다. 이어서 자정전(資政殿)에서 시사를 한 문신들에게 응제를 시행하였다.139)

⑧ 7월 4일 순조가 중일각에 가서 3군문 권무군관의 시사를 시행하였다.

⑨ 7월 9일 순조가 중일각에 가서 서북별부료군관 추등 시사를 시행하였다.

⑩ 7월 18일 순조가 영화당에 가서 금군 별부료군관 시사를 시행하였다.

⑪ 7월 19일 순조가 중일각에 가서 남항 선천인(宣薦人)들의 시사를 시행하였다.

⑫ 7월 29일 순조가 영화당에 가서 호위군병 시사를 시행하였다.

⑬ 8월 2일 순조가 영화당에 가서 무신 삭시사를 시행하였다.

⑭ 8월 7일 순조가 영화당에 가서 무신 당상관 삭시사를 시행하였다.

⑮ 8월 10일 순조가 중일각에 가서 문신 삭시사를 시행하였다. 이어서 어수당(魚水堂)에 가서 문관과 음관의 응제를 시행하였다.

⑯ 8월 19일 순조가 춘당대에 가서 내금위 시사를 시행하였다. 그리고 용산정(籠山亭)으로 가서 성균관 유생 응강(應講)을 시행하였다.

---

139) 현재 국사편찬위원회 사이트 『조선왕조실록』 번역에는 이날 시사를 두 차례 시행한 것으로 되어 있으나(『純祖實錄』 권 14, 순조 11년 7월 3일(己卯) 1번째 기사 ; 2번째 기사), 이는 오역이다. 이날 순조는 辰時(오전 8시)에 경희궁 금상문으로 나가서 문신 삭시사를 시행한 뒤, 내전으로 들어갔다가 다시 나와, 시사를 한 문신들을 대상으로 하여 午時(낮 12시)에 자정전에서 응제를 시행하였다(『承政院日記』 2003책, 탈초본 105책, 순조 11년 7월 3일 己卯).

⑰ 9월 4일 순조가 중일각에 가서 입직한 병조와 총융청 낭청들에게 시사를 시행하였다.

⑱ 10월 11일 순조가 춘당대에 가서 입직한 금군들에게 시사를 시행하였다.

순조가 가장 적극적으로 시사에 친림한 1811년 동안 시사를 거행한 장소는 모두 경희궁이나 창덕궁의 어느 곳이었다. 그는 이 해 봄에는 경희궁에 거처하였으나, 여름부터는 주로 창덕궁에 거처하였고, 이에 따라 친림시사를 시행한 곳도 주로 창덕궁 후원 지역으로 바뀌었다. 그러한 가운데 친림시사의 시행 장소가 모두 궁궐이라는 점이 주목된다. 순조는 재위기간 동안 단 한 차례 궁궐 밖에서 시행된 시사에 친림한 것을 확인할 수 있다. 아직 정순왕후가 수렴청정을 하고 있던 때인 1803년 8월 모화관에 나가서 열무를 시행하고 이어서 서총대시사를 시행한 것이다. 이날 중앙 군영의 장수 이하 군사 전반을 대상으로 한 시사에 순조가 친림하였는데, 이것이 처음이자 마지막이었다.[140]

순조도 영조와 정조가 그러했던 것처럼, 능행을 한 뒤 현지 군사들을 대상으로 시사를 시행한 일이 있다. 1808년 8월에는 파주에 있는 영조의 생모인 숙빈 최씨의 무덤 소령원(昭寧園)과 영조의 후궁 정빈 이씨의 무덤 수길원(綏吉園)을 수리하도록 한 뒤 이 두 무덤과 영릉(永陵), 공릉(恭陵), 순릉(順陵) 등 파주에 있는 능들을 찾아 제사를 지내고 나서 환궁한 뒤 파주와 그 주변 고을 별효사(別驍士) 이하 군사들에게 시사와 시방을 지시하고 상을 준 일이 있다.[141] 또 1726년 2월에는 순조가

---

140) 이에 대한 자세한 내용은 『承政院日記』 1870책, 탈초본 99책, 순조 11년 7월 3일 己卯 8번째 기사 참조.

141) 『純祖實錄』 권 11, 순조 8년 8월 6일(己亥) 2번째 기사 ; 9일(壬寅) 1번째 기사 ; 10

정조의 능인 건릉(建陵)과 사도세자의 묘인 현륭원(顯隆園)에 제사를 지낸 뒤 수원부로 와서 화령전(華寧殿)에서 작헌례(酌獻禮)를 행하였는데, 이때 수원 유수가 관할하여 무사들을 대상으로 시사를 하고, 그 시기(試記)를 올려 보내도록 해서 뒤에 시상한 일이 있다.[142] 여기서 중요시해야 할 점은 크게 세 가지이다. 하나는 영조와 정조 때 어느 정도 활발해진 국왕의 궁궐 밖 행차에 시위한 군사들에게 상을 주기 위한 시사가 뒷날『은대조례』에 정리될 정도로 자주 시행되었으나, 순조 때에 이르러 국왕의 궁궐 밖 행차 자체가 드물어진 데다가 시위 군사들의 포상을 위한 시사는 더 드물어졌다는 점이다. 다른 하나는 국왕이 행차한 지역 주민을 위한 시사 또한 드물어졌다는 점이다. 그러나 어쨌든 순조 때에는 그 재위 기간 동안 그나마 한두 번이라도 국왕의 능행에 뒤따른 시사가 거행되었다는 사실이 더 중요하다고 생각된다. 영조와 정조가 새롭게 만든 전통, 왕실의 권위와 관련된 전통의 하나가 약해지기는 했으나 사라지지는 않고 있었기 때문이다.

앞에서 본 바와 같이, 순조는 시사를 한 당일에 응제나 응강을 시행하는 일이 적지 않았다. 군사들을 대상으로 시사를 한 뒤 성균관 유생들을 대상으로 응강을 한 것과 같이 두 행사의 대상자가 다른 경우도 있고, 삭시사를 한 문신들을 대상으로 응제를 한 것과 같이 두 행사의 대상자가 동일한 경우도 있다. 특히 후자를 보면, 순조가 시사를 한 당일에 응제나 응강을 할 생각을 하게 된 출발점은 정조가 규장각 초계문신들을 대상으로 시사를 하고 응제를 하였던 일이었을 것으로 판단된

일(癸卯) 1번째 기사 ; 19일(壬子) 1번째 기사

142)『承政院日記』2200책 (탈초본 112책) 순조 26년 2월 22일 甲戌 12번째 기사 ;『純祖實錄』권 28, 순조 26년 2월 23일(己亥) 1번째 기사

다.143) 다만 정조 때에는 그 사례가 많지 않았던 것이, 순조 즉위 후 1806년부터 1811년까지 이러한 사례가 많아졌다는 변화가 있다. 시사와 웅제, 웅강에 국왕이 친림하는 것은, 잘하지 못하는 사람을 벌하는 것보다는, 잘하는 사람을 상주고 이를 통해 군주와 은혜를 주고받은 관계를 맺는 것에 주안점이 있었다. 순조는 여기에 초점을 맞추어 시사와 관련된 새로운 전통을 세워가고 있었던 것으로 보인다. 특히 ④는 문반과 음반, 무반의 신료로서 벼슬하지 못한 지 10년이 넘은 사람들에게 관직에 나아갈 기회를 주기 위해 시행한 것이어서,144) 이때 관직에 다시 나아갈 수 있었던 사람은 순조와 더 특별한 관계를 맺을 수 있었다. 그런데 이러한 사례는 1811년을 끝으로 순조연간에는 더 이상 나타나지 않았다. 그러나 헌종~철종 연간에 시사와 웅제가 이어지는 이러한 사례가 재현되었다는 사실로 보면, 순조 때의 사례가 새로운 전통의 근거가 되었다는 점에서 그 의미를 찾을 수 있을 것이다.

1811년 순조가 친림한 마지막의 두 시사는 입직한 낭청이나 금군들을 대상으로 하였다. 이것은 시사의 형식은 갖추되 그 규모를 최소화하였음을 나타낸다. 1811년은 순조가 적극적으로 국정을 장악해 가면서 젊은 문신, 무신들과의 유대를 강화하고자 의욕에 차 있던 때이지만, 한편으로는 흉년이 들어 국정에 대한 어려움이 커지고 있던 때이기도 하였다.145) 이에 따라 순조는 재정 사용을 가급적 줄여 시사를 시행하

---

143) 그 한 예로, 정조는 1792년 9월에 춘당대에 가서 친히 시사와 웅제를 시행하고, 이어서 시 짓기 좋은 날이라는 이유로 초계문신 외에도 그 자리에 있던 각신, 문신 승지 등도 聯句를 짓도록 한 일이 있다(『正祖實錄』 권 35, 정조 16년 9월 17일(癸丑) 1번째 기사).

144) 『純祖實錄』 권 14, 순조 11년 6월 1일(丁未) 4번째 기사

145) 오수창, 앞의 글, 1990 및 오종록, 「중앙 군영의 변동과 정치적 기능」, 『조선정치

고자 했던 것으로 판단된다. 그 결과가 입직한 군사나 관원들만 거느리고 시사를 하는 것으로 나타났을 것이다.

1811년 12월에 일어난 홍경래의 반란은 조선 사회의 여러 기존 권위에 타격을 주었다. 그 가운데서 가장 충격을 크게 받은 것이 국왕의 권위였던 듯하다. 1812년 이후 당분간 친림 시사는 한 해에 한 번 이루어지거나 말거나 하는 상황이었다. 그러다가 1814년에는 4회, 1817년에는 10회의 친림시사가 시행되어서 눈길을 끈다.『순조실록』에서 1817년의 친림시사를 정리해 보면 다음과 같다.

〈사료 4-2-N〉
1817년(순조 17년)
① 3월 6일 순조가 춘당대에 가서 서총대시사와 시방을 시행하였다.
② 4월 23일 순조가 춘당대에 가서 서북별부료군관 시사를 시행하였다.
③ 7월 1일 순조가 영화당에 가서 입직 금군의 시사를 시행하였다.
④ 7월 18일 순조가 영화당에 가서 입직 별군직의 시사를 시행하였다.
⑤ 7월 19일 순조가 영화당에 가서 입직 별군직의 시사를 시행하였다.
⑥ 9월 4일 순조가 영화당에 가서 입직 별군직의 시사를 시행하였다.
⑦ 9월 5일 순조가 영화당에 가서 입직 별군직의 시사를 시행하였다.
⑧ 9월 9일 순조가 춘당대에 가서 서총대시사를 시행하였다.
⑨ 10월 3일 순조가 영화당에 가서 입직 별군직의 시사를 시행하였다.
⑩ 10월 6일 순조가 영화당에 가서 입직 별군직의 시사를 시행하였다.

사 1800~1863 상』, 1990, 청년사, 참조.

이 한해 동안 순조가 친림한 시사는 10회나 되지만, 서총대시사 2회와 서북별부료군관 시사 1회를 제외한 나머지는 입직한 별군직 또는 금군을 대상으로 한 시사였다. 물론 그렇다고 해도 한 해가 다가도록 시사에 한 번도 친림하지 않았던 시기가 있었던 것에 비추어 보면, 이 시기에 순조의 권위는 어느 정도 회복되었던 듯하다. 그러나 전반적으로 기근이 자주 발생하고 있던 사정 속에서 친림시사도 다시 중단되다시피 하는 사정에 놓이고 말았는데, 앞서 언급한 바와 같이, 1827년 효명세자가 대리청정을 하면서 세자가 친림한 시사가 어느 정도 활발해지고 있었다. 그 가운데 가장 횟수가 많았던 1828년의 경우를 『순조실록』에서 뽑아 보면 다음과 같다.

〈사료 4-2-〇〉
1828년(순조 28년)
① 1월 4일 왕세자가 영화당에 가서 내금위 시사를 시행하였다.
② 3월 11일 왕세자가 춘당대에 가서 서북별부료군관 시사를 시행하였다.
③ 3월 20일 왕세자가 모화관에 가서 서총대시사를 시행하였다.
④ 7월 13일 왕세자가 춘당대에 가서 내금위 시사를 시행하였다.

여기에 왕세자로 표현된 이가 1809년에 순조와 순원왕후(純元王后) 사이에서 큰아들로 태어난 효명세자로, 1828년에는 우리 나이로 스무 살이 되어 있었다. 먼저 주목해야 할 것이 이해에는 비록 4회만 왕세자가 가서 시사를 시행하였지만 입직 군사만을 거느리고 한 경우는 전혀 없다는 사실이다. 그 다음으로는 모화관으로 나가서 서총대시사를 시행한 일이 있다는 사실이다. 비록 궁궐 안에서 시행한 내시사이기는 하

나, 이에 앞서 1826년에는 순조가 세자를 데리고 두 차례 서총대시사를
시행한 일이 있고, 1827년에는 세자가 대리청정을 하기 시작한 뒤에 한
차례 서총대시사를 시행한 일이 있었다.[146] 그런데 이 해에는 모화관
으로 나가서 서총대시사를 시행하였으므로, 그 규모가 중앙 군영 소속
장수와 장교 상당수가 참여할 수 있는 규모로 커졌을 것임을 짐작할 수
있다. 이로부터 효명세자의 대리청정이 이제 궤도에 접어들었다는 판
단도 가능할 것인데, 잘 알려진 대로 효명세자는 2년 뒤 요절하였다.

이와 같이 세도정치시기의 전반기에 해당하는 순조연간 동안 상당
한 정치적 굴곡이 있었던 것과 관련하여 친림시사도 큰 부침을 겪었다.
이어서 세도정치시기의 후반기에 해당하는 헌종~철종연간에는 친림
시사가 대체로 침체되었으나, 그러한 동안 일시적으로 활발해진 시기
도 있었다. 헌종 재위 15년 동안 친림시사가 17회여서 연평균 1.1회인
가운데 1846년에는 5회가 기록에 나타나고, 철종 재위 14년 동안에는
25회로 연평균 1.8회로 다소 늘어나게 되는데 특히 재위 말엽 1860
년~1862년 3년 동안에 11회가 집중되어 있는 것이다. 이 가운데 1846
년과 1862년의 경우를 『헌종실록』과 『철종실록』에서 찾아 정리하면
다음과 같다.

〈사료 4-2-P〉
1846년(헌종 12년)
① 3월 3일 헌종이 춘당대에 가서 수행하였던 장교들에게 시사를
시행하였다.

---

146) 『純祖實錄』 권 28, 순조 26년 3월 17일(戊戌) 1번째 기사 ; 9월 24일(壬寅) 1번째
　　기사 ; 권 29, 순조 27년 10월 24일(丙申) 1번째 기사

② 3월 17일 헌종이 춘당대에 가서 서북별부료군관 시사를 시행하였다.

③ 7월 5일 헌종이 춘당대에 가서 상시사를 시행하였다.

④ 7월 27일 헌종이 춘당대에 가서 상시사를 시행하고 상을 나누어 주었다.

⑤ 9월 12일 헌종이 남묘(南廟)에 가서 작헌례를 행하고, 이어서 모화관에 가서 왕을 따라 나온 군사들에게 시사를 시행하였다.

〈사료 4-2-Q〉

1862년(철종 13년)

① 3월 19일 철종이 북원(北苑)에 가서 망배례(望拜禮)를 행하고, 이어서 춘당대로 가서 망배례 반열에 참여한 유무(儒武)들에게 시사를 시행하여, 송진사(頌進士) 홍종학(洪鍾學), 한량 김난근(金蘭根) 등 21인을 곧바로 전시(殿試)에 나아가도록 하였다.

② 4월 20일 철종이 춘당대에 가서 삼청 시사를 하였다.

③ 윤8월 21일 철종이 북영(北營)에 가서 삼청 시사를 시행하였다.

④ 9월 2일 철종이 춘당대에 가서 문무 당하관과 무신 당상관 삭시사를 시행하였다.

조선왕조실록의 시사에 대한 기록은 대부분 간략하지만, 『헌종실록』의 경우는 가장 심한 편이다. <사료 4-2-P> 중에서 ①은 2월 중순과 하순에 10여일에 걸쳐 헌종이 자신의 부친인 익종(翼宗: 효명세자를 추존하여 올린 묘호)의 무덤인 수릉(綏陵)에 이어 건릉, 현륭원을 돌며 제사를 올리고 수원부에서 여러 행사를 치른 뒤 환궁하는 동안 시위를 하며 수행한 중앙군 장교들에게 상을 주기 위해 시행한 시사이다. 그런데 『헌종실록』의 당일 기록은 위와 같이 간략하다. ③과 ④는 모두 춘당대에서 상시사를 시행하였다는 기록인데, 『헌종실록』에는 그 대상이 나타나 있지 않다. 『승정원일기』의 기록을 통해 확인해 보면, ③의

7월 5일 상시사는 훈련도감과 어영청 군사들을 동원하여 춘당대 일원 지역에서 열무를 시행한 뒤에 상시사가 시행되었다. 이어서 헌종도 2 순 즉 화살 10발을 친사하여 두 발을 명중시켰고, 헌종은 병조 판서와 군영대장 4명을 비롯하여 승지와 사관들까지 시사를 시행토록 한 것으로 기록되어 있다. 이에 따라 행사가 묘시(오전 6시)부터 시작되었다. ④는 중앙 군영 장교들에 대한 상시사로, 진시(오전 8시)에 시작하였고, 다른 행사 없이 상시사만 시행하였다. 어쨌든 헌종은 『헌종실록』에 보이는 것에 비해 시사 및 군사적 행사에 관심이 컸던 것이 분명하였다. ⑤에 보이는 남묘는 숭례문 밖에 세워진 관우(關羽) 사당으로, 남관묘(南關廟)라고도 하였으며, 조선후기의 여러 국왕이 작헌례를 행한 바 있다.

철종 때에 헌종 때보다 친림시사가 더 자주 거행되었다는 점은 매우 시사적이다. 세도정치기의 여러 국왕 중 그가 가장 권위가 약한 군주로 평가받고 있기 때문이다. <사료 4−2−Q> 중에서 ①에 보이는 망배례는 음력 3월 19일이 명 태조가 즉위하여 명을 세운 날이라는 것과 명 의종이 사망한 날이라는 이유로 영조 때부터 시행하기 시작하였는데, 이 의례에 성균관 유생들이 반열에 참여하는 까닭에 이들을 위한 시사가 시행되었다. 이 밖에는 조선후기에 영조 때에 이르기까지 내시사의 주종을 이루던 삼청 시사 중심으로 행해진 것을 볼 수 있다. 삼청 소속 가운데 가장 중요한 존재가 별군직이었고 그 기원이 청에 항전하다 죽은 무관의 후손에 대한 대우였다는 점에서 망배례에 이어 시행되는 시사와 정치적 맥락이 일치한다. 이것으로부터 철종 때의 시사는 국왕의 의지보다는 당시 풍양조씨가 주축을 이루고 있던 세도가문의 판단에 따라 이루어지고 있었음을 알 수 있다.

세도정치 기간 동안 국왕이 직접 활을 쏜 일들이 없지 않았으나, 여러 신하의 이목을 집중시키는 수준으로 친사가 이루어지지는 못하였던 것으로 보인다. 순조의 경우『승정원일기』에만 그 내용이 보이는데, 순조가 친사하는 장면에 대한 묘사는 찾을 수 없고, 주강 자리에서 참찬관 김이재(金履載)가 "제가 어제 성대한 일을 눈으로 보았습니다. 내원에서 친사하신 것은 즉위 후 처음 이루어진 일입니다."라며 전(箋)을 올려야 하는 것이 아니냐고 순조에게 묻는 내용에서 순조가 친사를 하였다는 사실이 확인될 뿐이다.147) 헌종이 친사를 한 기록 역시『승정원일기』에서만 확인되는데, 앞에서 본 1846년 7월 5일의 상시사 때의 것이 유일하다.

세도정치 시기 세 국왕 가운데 친사를 가장 활발히 하였던 것은 철종이었다. 조선왕조실록에는 이 시기 국왕들 중 철종이 친사한 기록만 1건 남아있다.148) 또한『승정원일기』에는 앞의 기록을 제외한, 다른 날 철종이 친사한 기록 5건이 있다. 이 가운데 3건은 궁궐 안에서 친사한 것으로, 2건은 춘당대에서 시사를 친람할 때 친히 활을 쏜 것이고, 1건은 이문원(摛文院)에 갔다가 돌아오는 길에 중일각에서 친히 활을 쏜 것이다. 다른 2건은 능행 때 친사한 것인데, 이를 살피기로 한다.

철종은 1860년(철종 5년) 3월에 먼저 광주(廣州)에 있는 인릉(仁陵: 순조와 순원왕후의 합장릉)에 제사한 뒤,149) 파주로 이동하여 장릉(長陵: 인조와 인열왕후 합장릉)에 전배(展拜)하고 파주 행궁에서 그 주변 3개 고을 유생들에게 응제(應製)하기에 앞서 친사를 하였다. 따라서 이

---

147)『承政院日記』1935책 (탈초본 102책) 순조 7년 10월 27일 乙未 19번째 기사
148)『哲宗實錄』권 9, 철종 8년 2월 8일(庚寅) 1번째 기사
149) 인릉은 현재는 서울시 서초구에 위치하나, 당시 이 지역은 광주 소속이었다.

때의 친사는 능에 따라간 문무 관원, 시위 군사들, 그리고 이 지역 유생들이 모두 지켜보았다. 철종은 2순을 쏘아 각각 3발을 명중시켰다. 곧이어 유생들의 시험 성적이 발표되고, 시상이 진행되었다.[150]

그 3년 뒤인 1857년(철종 8년) 2월에는 철종이 건릉과 현륭원에 제사를 지낸 뒤 수원부에 와서 화성의 동장대(東將臺)로 가 야조(夜操)를 시행한 일이 있다. 이때 철종이 승지, 사관, 각신 등과 함께 장안문(長安門)에서 동장대로 가는 사이에 방화수류정(訪花隨柳亭)에 이르러 갑옷으로 갈아입게 되었는데, 그 전에 친사를 하고, 따라온 신하들에게도 시사를 시켰다. 철종은 이때도 2순을 쏘았고, 그 가운데 4발을 맞추었다. 이때의 친사는 많은 군사들이 모여 있는 곳으로 이동하는 도중에 행한 것이어서, 주로 철종을 수행하는 문신들과 시위하는 군사들이 지켜보았을 것이 분명하다.[151]

어쨌든 철종은 여러 사람의 눈이 지켜보는 가운데 자신이 활을 쏘는 모습을 보여주고 싶어 하였던 것으로 판단된다. 여기에는 자신의 활 솜씨에 대한 자신감이 크게 작용하였을 것이었다. 그가 춘당대 시사 때 친사를 한 성적도 기록에 남아 있는데, 한 번은 2순(10발)에 6발, 한 번은 3순(15발)에 9발을 맞힌 것으로 되어 있다. 이 정도의 솜씨면 태조의 후손을 자처하는 데에 별로 부족함이 없었다. 어쩌면 철종은 이를 통해 국왕으로서의 권위를 조금은 보탤 수 있었으리라고 짐작된다.

---

150) 『承政院日記』 2552책 (탈초본 123책) 철종 5년 3월 11일 己巳 20번째 기사
151) 『哲宗實錄』 권 9, 철종 8년 2월 8일(庚寅) 1번째 기사 ; 『承政院日記』 2588책(탈초본 124책) 철종 8년 2월 8일 庚寅

3. 열무의 변화와 대열의 재현

1) 영조연간의 열무

영조는 조선 왕실의 권위와 왕권을 강화하려는 큰 뜻을 품은 군주였다. 이러한 그가 그 목적을 이루기 위해 관심을 두었던 분야는 한둘이 아니었던 것으로 나타난다. 그 가운데 무(武)의 측면에서 가장 관심이 많았던 것이 열무였던 듯하다.

1727년 2월 영조는 선왕인 경종의 능을 다녀오면서 열무를 시행하였다. 영조가 즉위한 후 처음으로 거행한 열무였다. 이에 앞서 영중추부사 민진원(閔鎭遠)은 경종에 대한 삼년상을 겨우 마친 상황에서 임금이 '관무(觀武)' 즉 무사를 관람하는 것조차 옳지 않다고 여겨, 숙종 때 대신이 '능에 행차하였을 때에는 열무를 하지 말 것'을 청하였던 일을 들어 넌지시 그 뜻을 아뢰었다. 그러자 영조가 『승정원일기』를 가져다가 보았는데, 숙종 14년(1688년)에 실제로 대신이 그와 같이 아뢴 일이 있기는 하였으나, 그 뒤 숙종이 능에 행차한 때에 열무를 한 일이 많이 있었다는 사실을 확인하게 되었다. 이에 따라 영조가 민진원이 잘 살피지 못하고 아뢰었다고 준엄하게 분부하고는 드디어 능행에서 돌아오는 길에 살곶이 들판에 이르러 친히 열무를 하고 세 장신에게 내구마를 하사하였다. 이어서 관우의 사당인 관왕묘(關王廟) 부근에 이르러 예조판서 신사철(申思喆)이 "『승정원일기』를 살펴보니, 선조께서는 관왕묘에 행차하여 재배례를 행하셨고, 숙종께서는 읍을 하셨습니다."라 아뢰자, 영조가 재배하는 예를 거행하였다.152)

---

152) 『英祖實錄』 권 11, 영조 3년 2월 2일(己未) 2번째 기사. 이 관왕묘는 동대문 밖에 있는 동관묘(東關廟)일 것으로 판단된다.

조선에 관왕묘가 처음 설치된 것은 정유재란 때였다. 1597년 다시 전투가 재개된 뒤 그 이듬해인 1598년(선조 31년)에 명의 유격장 진인 (陳寅)이 남대문 밖에 지은 것이 조선에 세워진 첫 관왕묘인데, 도성 남 쪽에 있는 까닭에 남관묘라 불렀다. 이어서 그 4년 뒤인 1602년(선조 35년)에 명의 만력제(萬曆帝)가 많은 자금을 내려주고 명군과 조선군의 노동력을 동원하여 지은 것이 동대문 밖에 있는 동관묘였다.153) 이러 한 사정 속에서 선조는 동관묘에 나아가 재배례를 행하며 제사를 올릴 수밖에 없었으나, 이 뒤로 조선의 국왕과 신료들은 관왕묘를 무시하다 시피 하였었다. 이로부터 사정이 바뀌어 조선 국왕이 관왕묘를 찾기 시 작한 것은 숙종 때부터였다. 이어서 영조와 정조는 비교적 자주 관왕묘 에 가서 친히 제사 의례를 거행하였다.154) 이러한 변화는 국왕의 왕권 강화에 대한 관심이 한편으로는 무사에 대한 관심 증대로도 이어지는 가운데 나온 것이었다. 따라서 영조가 살곶이 벌판에서 열무를 시행하 고 나서 환궁하다가 관왕묘에 들어간 것은 우연히 일어난 일이 아니라, 계획되었던 일이었을 것으로 추측된다. 숙종 또한 능행을 하고 이어서 열무를 시행한 뒤에 이어서 관왕묘에 가서 의례를 거행한 바 있기 때문 이다.155)

『영조실록』에는 영조가 재위하는 동안 앞의 열무를 포함하여 총 10 회에 걸쳐 열무를 거행한 것으로 나타난다. 이를 표로 정리하면 아래와 같다.

---

153) 남호헌, 2016, 「18세기 관왕묘에 대한 인식의 전환과 그 의미」, 『역사와현실』 101, 한국역사연구회, 280쪽.
154) 남호헌, 위의 글, 286~293쪽
155) 『肅宗實錄』 권 32, 숙종 24년 8월 24일(乙丑) 1번째 기사

〈표 4-4〉 영조연간의 열무

번호	시기	장소	비고
1	1727년(영조 3) 2월	살곶이 들판	능행 뒤 거행, 관왕묘 배알156)
2	1733년(영조 9) 9월	살곶이 들판	능행 뒤 거행157)
3	1734년(영조 10) 9월	노량	능행 뒤 거행158)
4	1735년(영조 11) 2월	노량 교장	곧바로 현장으로 가서 거행159)
5	1738년(영조 14) 8월	살곶이 들판	능행 뒤 거행160)
6	1742년(영조 18) 8월	서빙고 앞 벌판	능행 뒤 거행161)
7	1743년(영조 19) 8월	사리평	능행 뒤 거행, 관왕묘 배알162)
8	1753년(영조 29) 8월	태릉 부근	능행 뒤 거행163)
9	1755년(영조 31) 8월	동교	능행 뒤 거행, 관왕묘 배알164)
10	1759년(영조 35) 9월	사하리	능행 뒤 거행165)

위의 표에서 알 수 있듯이, 영조의 열무는 한 번을 제외하고는 모두 능행 뒤에 시행하였다. 이 가운데 세 번은 또한 관왕묘 배알도 함께 행하였는데, 기록의 내용과 열무를 시행한 위치로 보면 모두가 동관묘였

---

156) 『英祖實錄』 권 11, 영조 3년 2월 2일(己未) 2번째 기사
157) 『英祖實錄』의 11일 기사에는 習陣을 한 것으로 기록되어 있으나(『英祖實錄』 권 35, 영조 9년 9월 11일(己丑) 6번째 기사) 이튿날 승정원에서 아뢴 내용에는 閱武를 한 것으로 되어 있는데 그 장소는 어디에도 나타나 있지 않다(같은 책, 같은 권, 영조 9년 9월 12일(庚寅) 1번째 기사). 다만 『承政院日記』에는 이날의 閱武가 구체적으로 기록되어 있다(『承政院日記』 765책 (탈초본 42책), 영조 9년 9월 11일 己丑 23번째 기사).
158) 『英祖實錄』 권 39, 영조 10년 9월 16일(戊子) 1~3번째 기사
159) 『英祖實錄』 권 40, 영조 11년 2월 21일(壬戌) 2, 3번째 기사
160) 『英祖實錄』 권 47, 영조 14년 8월 19일(己亥) 1번째 기사
161) 『英祖實錄』 권 56, 영조 18년 8월 16일(壬寅) 2번째 기사
162) 『英祖實錄』 권 58, 영조 19년 8월 20일(庚午) 1번째 기사
163) 『英祖實錄』 권 80, 영조 29년 8월 9일(辛卯) 2번째 기사 ; 『承政院日記』 1097책 (탈초본 60책) 영조 29년 8월 9일 신묘 29번째 기사
164) 『英祖實錄』 권 85, 영조 31년 8월 4일(乙巳) 1번째 기사
165) 『英祖實錄』 권 94, 영조 35년 9월 30일(丁丑) 1번째 기사

던 것으로 판단된다. 특히 1743년 열무 때에는 숙종이 관왕묘를 두고 지은 칠언절구를 차운하여 시를 지어서는 편액에 새겨서 동관묘에 걸도록 하고, 남관묘에도 날을 가려 제사하도록 하였다.166) 이러한 사실은 영조연간에 이르러 왕이 능행을 하면 이어서 열무를 거행하고 나아가 가능하면 관왕묘에 배알하는 것이 일종의 관례가 되어갔음을 나타낸다. 또한 그 거행 시기가 음력으로 중춘(仲春)과 중추(仲秋)에 해당하는 2월이나 8월로 정착되어 갔다는 점도 주목된다. 여기에는 이 시기가 열무하기에 알맞은 철이라는 점과 아울러, 중국 주(周) 시대에 열무를 봄과 가을에 행하였다는 관념이 작용하였던 것으로 추측된다.

기록에서 대열기의 존재가 처음으로 확인되는 것은 1734년(영조 10년) 노량에서의 열무를 기록한『승정원일기』의 내용인데, 이때에는 영조가 신미년(1691년, 숙종 17년)167)과 경우가 다르다면서 자신이 친열함에도 불구하고 대열기를 달지 못하게 하고 그 대신 수자기(帥字旗)를 달도록 한 바 있다.168) 그런데 불과 1년 뒤에 다시 노량에서 열무를 하면서는 '임금이 친열을 한다.'는 이유로 대열기를 단 것이어서 의아한 생각이 드나, 1749년(영조 25년)에 간행한『속병장도설(續兵將圖說)』에도 대열기는 '친열을 할 때 사용한다.'고 규정하고 있다.169) 따라서 1734년~1735년 사이에 대열기를 친열 때 사용한다는 원칙을 정했을 것으로 추측된다.

---

166)『英祖實錄』권 58, 영조 19년 8월 20일(庚午) 1번째 기사
167) 이 해로부터 가장 가까운 신미년이며, 당시 숙종이 노량에서 대규모 열무를 시행한 바 있다(『肅宗實錄』권 23, 숙종 17년 2월 26일(壬午) 1번째 기사).
168)『承政院日記』787책 (탈초본 43책) 영조 10년 9월 16일 戊子 17번째 기사
169) 親閱時用(『續兵將圖說』形名 大閱旗)

　　10회에 걸쳐 거행된 영조 때의 열무 가운데 가장 규모가 컸던 것은 당연히 하루 전체 날을 잡아서 거행한 1735년 2월의 행사였다.『승정원일기』의 기록에 따르면, 영조는 이날 진시(辰時: 오전 8시)에 노량 사정(沙汀)에 도착하였고, 초경이 되어서야 궁궐로 출발하였다. 그런데 이렇게 온종일 진행된 이날의 열무 때에 매어 단 가장 중요한 깃발은 대열기(大閱旗)였다. 이것은 이 행사가 단순한 열무가 아니라 대열임을 나타내는 것으로 보아야 할 것인데, 실상 이 열무가 대열임을 충족하는 조건은 임금이 '친열'한다는 것 외에는 특별한 것이 별로 없었다.

　　영조 즉위 후 10년이 지나는 시점에서 대열기가 등장하였다는 사실은 이 동안 영조와 그 측근 신료들 사이에서 국왕 의례로 실재하였던 조선초기의 대열에 대한 인식이 형성되었을 가능성을 시사한다. 이 가능성은 이 무렵 영조가 조선초기의 대열에 대한 정보를 담고 있는 서적들에 대해 적극적인 관심을 보였다는 사실로부터 추정할 수 있다. 조선초기 국왕 의례로서의 대열에 대한 정보를 담고 있는 서적으로는 『경국대전』과 『국조오례의』, 그리고 『진법(陣法)』이 있었는데, 『국조오례의』에는 군례 의례의 하나로 대열이 제시되어 있을 뿐 내용은 『경국대전』 병전과 『진법』을 보라고 규정되어 있다. 따라서 『국조오례의』로부터는 대열이 국왕의 주요 의례라는 사실을 알 수 있을 뿐이고, 구체적 내용은 『경국대전』 병전의 대열 항목과 특히 『진법』에 있는 내용을 보아야만 한다.

이 가운데 『경국대전』은 이미 1728년(영조 4년)에 몇몇 신하들로부터 『경국대전』 규정을 다시 살펴 시행 가능한 것은 시행하여야 한다는 요구를 받은 데 이어 경연 석상에서 지경연사 윤순(尹淳)이 '『경국대전』은 곧 우리나라의 『주례』'라며 그 규정을 약간 수정하여 사용하자는 건의를 하고, 또 동지경연사 송인명(宋寅明)이 다시 비슷한 내용을 건의하자 이를 받아들인 일이 있다.[170] 이때까지는 영조가 친히 『경국대전』 내용을 보았다는 단서는 나타나지 않는다. 그런데 1730년(영조 6년) 영조는 다시금 『오례의』와 『경국대전』을 '세종 때에 갖추어진 훌륭한 법과 아름다운 제도'로 지칭하며 그 법과 제도를 다시금 시행하겠다는 의지를 밝히고 승정원으로 하여금 널리 알리도록 하였다.[171] 이 뒤로

---

170) 『英祖實錄』 권 15, 영조 4년 1월 19일(庚午) 2번째 기사 ; 권 19, 영조 4년 9월 5일 (壬子) 1번째 기사

171) 『英祖實錄』 권 28, 영조 6년 12월 19일 (癸丑) 3번째 기사. 이 『오례의』는 내용으로 보면 『세종실록』의 「오례의」라야 하나, 실상은 『국조오례의』를 가리킬 것으로 생각된다. 『국조오례의』와 달리 『세종실록』 「오례의」에는 대열 내용이 들어 있다.

1736~1737년(영조 12~13년) 동안 영조는 오랜 규정을 다시 밝혀 시행하고자 할 때면 승지들에게『경국대전』을 가지고 들어오도록 하였다.[172] 이 사이에 영조는 우승지 정언섭(鄭彦燮)의 발언을 통해『경국대전』에 대열에 대한 규정이 있다는 사실을 확인하였다.[173] 이어서 1740년(영조 16)부터『경국대전』을 계승하는 법전인『속대전』을 편찬하도록 하고 아울러『국조오례의』를 계승하며 내용을 추가한『속오례의』를 편찬하게 하였던 것이다. 그러므로 이 과정에서 영조가 직접 또는 그 측근 신료들을 통해 대열이 국왕과 관련된 주요 군사 행사였다는 사실을 알 수도 있었던 듯하다. 그러나 영조와 그 측근 신료들은 끝내 대열이 국왕의 주요 군사의례였다는 사실은 알아내지 못하였던 것으로 판단된다.

조선초기 국왕의 군사 의례로서의 대열은 세종연간에 비로소 내용이 규정되어『세종실록』「오례의」군례에 수록되었고, 문종 즉위 후 오위제도가 갖추어지는 과정에서 내용이 수정되어『진법』이라는 책으로 정리되었다. 그런데 이 둘 사이에는 내용에 현저한 차이가 존재한다.『세종실록』「오례의」군례에 수록되어 있는 것은 '대열의'로서, 대열을 거행하는 의식 절차가 중심을 이루고 있고, 진법이나 부대 편성의 원리, 형명 등은 아예 서술되어 있지 않다. 그 반면에『진법』은 말 그대로 진을 갖추어 전투하는 방법이 내용의 중심을 이루며, 이와 아울러 부대 편성의 원리, 형명, 군령 등을 서술하고 있다. 영조와 그 측근 관료

---

172)『英祖實錄』권 41, 영조 12년 1월 2일 (丁酉) 1번째 기사 ; 권 41, 영조 12년 6월 18일 (辛巳) 3번째 기사 ; 권 42, 영조 12년 12월 3일 (壬戌) 3번째 기사 ; 권 43, 영조 13년 1월 2일 (辛卯) 3번째 기사 ; 권 43, 영조 13년 1월 23일 (壬子) 2번째 기사 등
173)『承政院日記』832책 (탈초본 46책) 영조 12년 8월 30일 辛卯 29번째 기사

들이 본 것은 이 『진법』이었고, 따라서 이들에게 대열이란 대규모 진법 훈련일 따름이었다.

영조연간에 대열에 대한 인식이 대규모 진법 훈련 정도에 머물게 된 데에는 대열에 대한 구체적 정보를 『진법』에서 얻었던 것이 결정적인 이유였을 것으로 생각된다. 세조연간에는 이 『진법』과 아울러 오위체제와 관련된 군사 행정 및 군령 관련 규정을 담은 『병정』, 세조가 직접 저술한 병설(兵說)과 장설(將說)로 나누어 군대를 지휘하는 원칙과 장수들이 갖추어야 할 정신자세 등을 담은 『병장설(兵將說)』등 3종의 군사 서적이 간행되었었다. 이 세 종류의 군사 서적은 16세기 초엽 중종 때 함께 다시 간행된 이후로174) 그 존재 자체가 잊혀졌던 듯하다. 그러다가 17세기 말엽 『진법』이 『병장도설(兵將圖說)』이라는 이름으로 다시 모습을 드러내게 되었다.175) 중국에서 오삼계가 주도하여 일어난 삼번의 난이 아직 진행 중이던 1676년(숙종 2년) 윤휴(尹鑴)가 오위를 다시 설치하자고 주장하여 숙종이 오위에 대해 관심을 갖게 된 상황에서 허적(許積)이 궐내에 들어와 숙종에게 '오위는 결코 다시 세울 수 없다.'고 하면서 오위에 관하여 자세히 알고 싶으면 그 제도가 『병장도설』에 자세하므로 이 책을 보시라고 권하여 숙종이 『병장도설』을 궐내에 들이도록 명령한 일이 있었다.176) 영조가 1742년(영조 18년) 궁궐 안에 있던 『병장도설』을 인쇄하여 간행토록 하였을 때 그 이유를 "『병장도

---

174) 『中宗實錄』권 61, 중종 23년 4월 7일 (戊申) 1번째 기사
175) 조선후기에 『병장도설』이라는 이름으로 유포된 책이 조선초기의 『진법』이라는 사실은 許善道, 「<陣法>考 - 朝鮮前期의 中央軍制를 槪觀하고 同書名 <兵將圖說>의 잘못을 바로잡음 - 」, 『軍史』 3, 1981, 국방부 전사편찬위원회에서 밝힌 바 있다.
176) 『承政院日記』 250책 (탈초본 13책) 숙종 2년 1월 23일 병오 31번째 기사

설』은 세조대왕이 병조 판서일 때 친히 지은 것인데, 초본(草本)을 대궐 안에 몰래 간직해 두고 채 간행하여 배포하지 않았기 때문이었다.”라 제시하였으나,177) 실상은 본래 이름이 『진법』인 책이 필사되어 전해오 다가 허적이 정보를 제공하여 숙종 때 대궐 안에 들어오게 된 것임이 분명하다. 영조는 이 『병장도설』을 다시 간행한 데 이어 『속병장도설』 을 편찬토록 하였는데,178) 『속병장도설』의 내용은 습진 곧 진법 훈련 을 임금이 친열하여 시행하는 경우와 각 군문이 자체적으로 시행하는 경우 둘로 구성되어 있다. 그리고 임금이 친열하여 시행하는 진법 훈련 에 ‘국왕 의례’로서의 요소들은 거의 기록되어 있지 않다. 즉 영조에게 대열이란 임금이 친열하는 대규모 진법 훈련일 뿐이었던 것이다.

영조 재위 당시의 기록 그대로 전하고 있는 『승정원일기』에 ‘대열’이 라 지칭되어 있는 여러 군사적 행사를 『영조실록』에는 모두 ‘열무’로 기록하고 있다.179) 그러한 가운데 영조연간 초반의 『승정원일기』 기록 에는 동일한 사건에 대해 서술하면서 ‘열무’와 ‘대열’을 함께 기록한 경 우도 있고,180) 열무를 시행하면서 ‘대열기’를 매달아 올렸다고 기록한 일도 있다.181) 이러한 사례들을 바탕으로 판단해 보면, 영조 재위 동안 에는 ‘대열’을 규모가 큰 열무 정도로 생각하였던 것이 분명하다.182)

---

177) 『英祖實錄』 권 56, 영조 18년 8월 23일 (己酉) 2번째 기사
178) 『英祖實錄』 권 70, 영조 25년 11월 7일 (壬子) 1번째 기사
179) 다만 영조의 誌文에는 經筵에 참석하여 英祖가 한 말과 이에 대해 經筵官이 대답 한 말에 각기 ‘大閱’이라는 말이 한 번씩 등장한다(『英祖實錄』 권 127, 英祖大王 誌文). 정조 때에 대열과 열무를 분명히 구분하는 관념에 의해 『英祖實錄』의 여타 기록에서는 ‘대열’이 모두 ‘열무’로 수정된 것으로 판단된다. 『英祖實錄』은 1778 년(정조 2년) 2월에 편찬을 시작하여 1781년(정조 5년) 6월에야 완성되었다.
180) 『承政院日記』 795책 (탈초본 44책) 영조 11년 2월 17일 戊午 16번째 기사
181) 『承政院日記』 787책 (탈초본 43책) 영조 10년 9월 16일 戊子 17번째 기사

영조는 52년 동안 재위하였으나, 재위 35년째인 1759년의 열무를 끝으로 더는 열무를 한 기록이 없다. 어쩌면 그 3년 뒤인 1762년에 일어난 임오화변 즉 사도세자가 뒤주에 갇혀 죽임을 당한 사건이 영조의 열의를 식게 만들었을 수도 있다고 생각되는데, 1759년의 열무 또한 비교적 대규모로 거행되었다는 사실이 그러한 추측을 뒷받침한다. 그 한편 이때의 열무에서 영조가 비로소 『속병장도설』의 규정을 적용하고자 하였다는 사실 또한 주목된다.[183] 즉 1759년까지도 영조는 열무에 열의를 갖고 있었던 것인데, 임오화변 이후로 그 열의를 펼치지 못하였던 것으로 판단된다.

2) 정조연간 국왕의례로서의 대열 재현

정조는 조선의 역대 국왕 가운데서 능행(陵幸)을 가장 자주 한 군주였다. 정조의 능행을 조사한 연구에 따르면, 그는 재위 24년 동안 총 66회에 걸쳐 능에 행차하였다.[184] 이 수치는 연평균 2.5회 이상이어서, 한 해에 2~3회는 능에 행차한 셈이 되는데, 이러한 수치가 의미가 있는 까닭은 특히 17세기 이후 국왕들이 능행을 한 뒤에는 대체로 열무나 관사, 관무재와 같은 군사 활동이 수반된 데에 있다.[185] 즉 정조는 국왕을

---

182) 『承政院日記』795책 (탈초본 44책) 영조 11년 2월 21일 壬戌 9번째 기사

183) 그 한편 『속병장도설』의 내용은 크게 보아 形名과 軍令이나 軍摠 등에 대한 내용과 진법 훈련에 대한 내용으로 구성되어 있고, 진법 훈련은 다시 親閱儀注와 行用場操式으로 구성되어 있다. 親閱儀注는 국왕이 진법 훈련을 친히 볼 때의 의식 규정이고, 行用場操式은 군영의 대장이 진법 훈련을 주관한 때의 규정이다.

184) 金文植, 「18세기 후반 正祖 陵行의 意義」, 『韓國學報』88, 一志社, 1997

185) 이러한 양상은 이 책 1장에서 보듯이 15세기 말엽 성종 때부터 시작되었으나, 17세기에 매우 강화되었고, 18세기에도 대체로 이어졌다(오종록, 「조선 군사력의

호위하는 군사들의 군사적 능력 향상과 우수한 무예 능력이 있는 군사와 장교를 발탁하는 데에 관심이 매우 많았다.

그런데 『정조실록』과 『승정원일기』의 정조연간 기록에는 열무를 자세히 기록한 사례가 예상치에 비해 많지 않다. 특히 『정조실록』에는 정조가 열무를 한 기록 상당수가 생략되어 있을 가능성이 크다. 그 근거를 1778년(정조 2년) 8월 23일과 24일 기록을 통해 확인해보면 다음과 같다.

『정조실록』의 이해 8월 23일 기록은 정조가 주강에서 『논어』를 강하다가 절약과 검소를 강조하였다는 기사 딱 하나이다.186) 이어서 그 이튿날인 8월 24일 정조가 열무를 하였음을 확인할 수 있다. 이제까지 조선 국왕이 열무를 하였다면 그에 대한 기사가 항상 그날 기록의 중심을 이루어 왔었다. 그런데 『정조실록』의 이날 기록은 ① 정조가 신임 경상도 관찰사 이재간(李在簡), 홍충도(洪忠道) 관찰사 이명식(李命植)을 불러 보았다는 기사, ② 채홍리(蔡弘履)를 사간원 대사간으로 임명하였다는 기사, ③ 정조가 열무를 하고 돌아오던 길에, 국문을 받던 장지항(張志恒)이 갑자기 죽었다는 말을 듣고는 고취(鼓吹)를 정지하게 하였다는 기사 셋으로 구성되어 있다.187) 정조가 열무를 어떤 군사들을 거느리고 어디에서 어떻게 거행하였는지에 대한 내용은 전혀 없다. 문맥으로 보면, 장지항이 갑자기 죽는 사건이 벌어지지 않았다면 열무에 대한 내용이 기록될 이유 자체가 없었다.188) 더구나 이 열무는 정조

실태」, 『조선중기 정치와 정책 ─인조~현종 시기』(대우학술총서 558), 한국역사연구회, 아카넷, 2003 ; 김지영, 「조선후기 儀軌 班次圖의 기초적 연구」, 『韓國學報』 118, 一志社, 2005).

186) 『正祖實錄』 권 6, 정조 2년 8월 23일 (庚辰)
187) 『正祖實錄』 권 6, 정조 2년 8월 24일 (辛巳)

즉위 후 처음 거행된 것이었다. 다만 뒤에서 보듯이 이때에는 이미 대열 날짜가 잡혀 대열을 위한 훈련이 군문별로 진행되고 있던 시기여서, 그 훈련의 일환으로 열무를 시행하였을 수도 있다.

기록의 사정이 이러한 까닭에 정조연간의 열무에 대한 기록은 누락이 많이 발생하였을 것으로 추정되는데, 그것을 감안한다고 해도 실제 『정조실록』과 『승정원일기』의 기록에서 확인되는 것이 위에서 본 열무 기사를 포함하여 총 4건에 지나지 않는다. 이를 간단히 제시하면 아래와 같다.

〈사료 4-3-A〉

① 1778년(정조 2년) 9월 2일, 5군영 병력을 동원하여 노량에서 대열 거행[189]

② 1786년(정조 10년) 2월 25일, 장소 양철평(梁鐵坪) 교장, 금위영 소속 병력 동원, 희릉(禧陵)과 효릉(孝陵) 배알 후 환궁하다가 거행[190]

③ 1792년(정조 16년) 2월 26일, 장소 양철평, 장용영 병력 등에게 간단히 훈련[191]

④ 1796년(정조 20년) 1월 22일, 수원부 화성의 동장대, 장용영 내영과 외영의 보군 및 금군, 현륭원 배알 후 거행[192]

---

188) 『承政院日記』의 이날 기록에도 열무에 대한 구체적 내용은 들어 있지 않다(『承政院日記』 1426책(탈초본 79책) 정조 2년 8월 24일 辛巳).

189) 『承政院日記』 1426책(탈초본 79책) 정조 2년 9월 2일 戊子 13번째 기사

190) 『承政院日記』 1596책 (탈초본 85책) 정조 10년 2월 25일 己亥 17번째 기사

191) 『正祖實錄』 권 34, 정조 16년 2월 26일(乙丑) 1번째 기사 ; 『承政院日記』 1700책 (탈초본 90책) 정조 16년 2월 26일 을축 7번째 기사

192) 『正祖實錄』 권 44, 정조 20년 1월 22일(己巳) 1번째 기사 ; 『承政院日記』 1758책 (탈초본 93책) 정조 20년 1월 22일 己巳 8번째 기사

이상의 기록을 통해 확인할 수 있는 것은 비록 기록에 누락된 사례들이 있다 하더라도 실제로 정조연간에는 열무 시행 빈도수가 줄어들었을 개연성이 크다는 점, 그리고 열무를 시행한 경우라도 매우 간략하게 진행하고 끝낸 경우가 많았다는 점이다. 이로써 판단하자면, 정조는 관사와 관무재를 비롯하여 군사들의 무예 능력을 기르는 것에 비해 진법 훈련에 대해서는 관심이 적었을 수 있어 보인다. 그러나 정조가 장용영 외영이 제대로 갖추어진 뒤 얼마 지나지 않아 사망하였다는 사실을 참작하면, 본격적인 열무가 시작되기 전에 정조가 사망하였기 때문에 이와 같은 현상이 나타났을 수도 있다.

앞서 정조가 영조 때의 대사례를 그의 깊은 유교적 안목으로 비판적으로 인식하고 별도로 연사례의 의주를 갖추고자 하였던 데서 나타나듯이, 정조는 올바른 의례 규범을 갖추는 데에 관심이 많았다. 『영조실록』을 편찬하면서 영조연간에 당시 영조와 신료들이 '대열'이라 인식하고 거행하였던 행사를 모두 '열무'라 기록하게 된 것에는 올바른 의례 규범을 갖추려는 정조의 의사가 반영되었을 것으로 짐작된다. 같은 맥락 위에서 진행된 것이 대열 의주를 갖추는 작업이었다.

정조는 영조가 경종에 대한 국상 기간이 끝나자 곧 열무를 하고자 하였던 것과 비슷하게, 영조에 대한 국상 기간이 끝나자 곧 대열을 하고자 하였다. 그런데 1778년(정조 2년) 8월 11일에 정조는 대열 날짜를 8월 그믐에서 다음 달 초순 사이에 잡도록 정하고는 곧바로 각 군문의 장수와 장교, 군사들이 미리 훈련하여 의절(儀節)을 익힐 수 있도록 절목을 마련할 것을 지시하였다.[193] 이것이 대열의주를 마련하는 작업의

---

193) 『承政院日記』 1426책(탈초본 79책) 정조 2년 8월 11일 戊辰 16번째 기사 ; 12일 己巳 9번째 기사

출발점이었다.

이어서 대열 날짜가 9월 2일로 결정되고, 숙종 때의 대열과 영조 때
의 대열을 『승정원일기』를 확인하여 내용을 써서 올리라는 명령과 대
열 비용에 대한 명령이 내려갔다.194) 14일에는 정조가 도승지 홍국영
을 창덕궁으로 불러서 대열에 참여할 병력과 재정 비용을 구체적으로
의논하였고,195) 15일에는 병조판서 이휘지(李徽之)가 대열절목을 써서
가지고 들어와 정조 앞에서 읽고 대체로 잘 되었다는 평가를 받았다.
그리고 이날 대열을 한 이튿날 호궤(犒饋) 의례를 거행할 장소는 모화
관의 세마대(洗馬臺)로 정하였다. 대열하는 날 각 군문이 도성 안 어디
에서 어떻게 방비 태세를 분담하여 갖출 것인가, 어느 교장에서 대열을
할 것인가 등에 대해서도 논의가 되었으나, 결정은 뒷날로 미루어졌
다.196) 그런데 16일 훈련도감과 금위영, 어영청 3군문만 참여하던 종래
의 대열과 달리 총융청과 수어청까지 5군영 전체가 대열에 참여한다는
원칙이 확인되면서197) 절목도 다시 손을 보아야 했는데, 이때 '대열의
주절목'이라 하여 새로이 마련하는 규정이 진법 훈련에 초점을 맞춘 것
이 아니라, 의례의 절차를 품위 있게 갖추는 데에 중점이 두어진 것임
이 비로소 드러나게 되었다.198) 대열 장소는 노량으로 정했고,199) 장수

---

194) 『承政院日記』 1426책(탈초본 79책) 정조 2년 8월 13일 庚午 8번째 기사 ; 11번째
    기사 ; 12번째 기사
195) 『承政院日記』 1426책(탈초본 79책) 정조 2년 8월 14일 辛未 12번째 기사
196) 『承政院日記』 1426책(탈초본 79책) 정조 2년 8월 15일 壬申 20번째 기사
197) 『承政院日記』 1426책(탈초본 79책) 정조 2년 8월 16일 癸酉 14번째 기사
198) 『承政院日記』 1426책(탈초본 79책) 정조 2년 8월 17일 甲戌 29번째 기사 ; 31번
    째 기사. 大閱儀註는 처음에는 그 명칭이 大閱節目, 大閱儀註節目, 大閱節目儀註
    등이 혼용되다가 大閱儀註로 정착되었다.
199) 『承政院日記』 1426책(탈초본 79책) 정조 2년 8월 22일 己卯 24번째 기사

와 장교, 군사들이 대열 절차를 익히기 위한 연습기간을 거친 뒤 드디어 9월 2일 노량 교장에서 대열을 거행하였다.

이날 정조는 대열을 위해 인시(寅時: 새벽 4시)에 창덕궁에서 노량으로 출발하였다. 궁궐을 출발하고 환궁하기까지의 의례 전반에 대한 진행은 국왕의 의례 대부분이 그렇듯이 좌통례가 담당하였고, 대열의 구체적 절차에 들어가서는 선전관과 병조 판서가 진행을 담당하였다. 의례는 크게 보아 ① 정조가 궁에서 나와 숭례문 밖 행전(行殿)에 이르러 병조 판서로부터 병력 동원에 대한 보고를 듣고 이어서 '대열례(大閱禮)를 행하십시오.'라는 말씀을 듣는 절차, ② 정조가 노량 교장에 이르러 그 원문(轅門)으로 들어가서 각영(各營)을 거쳐서 장단(將壇)에 설치한 어좌에 오르기까지의 절차, ③ 병조 판서와 중영 대장, 선전관, 각영 대장의 참현례(參現禮), ④ 반열에 들어온 사람들의 맹서, ⑤ 점심 식사에 이어서 각영별 조련, ⑥ 5영 전체를 대상으로 한 열진(閱陣), ⑦ 정조의 비밀 명령에 따른 공격과 방어, ⑧ 각영 군사를 거두어 정해진 위치로 복귀하기 위한 이동, ⑨ 병조판서의 대열례 완수 보고, ⑩ 환궁 절차로 구성되었다.[200] 이 대열 절차는 대체로 『춘관통고』에 수록된 '대열 의주' 및 현재 필사본으로 전하고 있는 '대열의주'[201]의 내용과 합치된다. 다만 정조가 이날 관왕묘에 들러 전배례(展拜禮)를 행하고 노량 교장으로 간 것은 당연히 대열의주에는 없는 행동이었다.

이 대열의주에 규정된 내용은 『국조오례의』에 규정되어 있는 『진법』의 것이 아니라, 『세종실록』 「오례」 군례의 '대열의'의 것에 가깝다. 즉

---

200) 『承政院日記』 1426책(탈초본 79책) 정조 2년 9월 2일 戊子 13번째 기사
201) 현재 「大閱儀注」로 서울대학교 규장각에 소장되어 있고(규 13022), 서울대학교 규장각 한국학연구원 제공 사이트에서 원문을 볼 수 있다.

정조는 세조 때의 '진법 훈련'을 복구하는 것에 초점을 맞추어 대열의 주를 규정한 것이 아니었다. 정조는 세종 때의 '국왕의 군사 의례'로서의 대열 정신을 회복하는 것에 초점을 맞추어 대열의주를 규정하였던 것이다. 이제 이 대열의주에 맞추어 거행되는 대열은 '국왕의 군사 의례'로서의 면모를 분명히 드러낼 수 있게 되었다. 그러나 정조연간 동안 대열을 더는 거행하지 못하였다. 다만 1795년(정조 19년) 봄에 정조가 마포의 읍청루(挹淸樓)에 행차하여 수군을 조련한 것을 '수군을 대열하였다'라고 기록한 것을 볼 수 있다.202) 그런데 그 실상은 대열과 상당한 거리가 있었다. 이 행사가 갑작스럽게 진행되어 승지와 사관 가운데서도 미처 참여하지 못하여 파직되는 자가 생겨났고, 병조 당상에 결원이 있는 상황이어서 읍청루에서 갑자기 천망하여 차출해야 했으며, 약방 제조와 별운검(別雲劍)도 그 자리에서 임명해야 했다. 또한 수군 조련은 간단히 끝나고 그 뒤의 여흥이 규모가 커서 본말이 전도된 양상을 띠었다. 여기(女妓) 7, 80명을 누각 아래 배치하고, 장용영 군사 4패, 훈련도감 군사 4패, 금위영 군사 4패, 어영청 군사 4패, 용호영 금군 3패, 수어청 군사 2패, 총융청 군사 2패, 경기감영 군사 1패, 합계 24패가 대를 갖추어 배를 타고서 풍악을 울리도록 하였으며, 그 동안 정조가 신하들과 시를 지으며 즐긴 행사였던 것이다. 따라서 이 '수군 대열'은 대열의주와 전혀 무관한, 대열이라고 할 수 없는 행사였다.

3) 세도정치기의 대열과 열무

정조가 대열의주를 마련하고 그 규정에 맞추어 대열을 거행한 것은

---

202) 『承政院日記』 1742책(탈초본 92책) 정조 19년 3월 18일 己巳 20번째 기사

조선의 국왕과 왕실에게는 상당한 의미가 있는 사건이었다. 무가(武家)로서의 조선 왕실의 전통, 하늘이 내린 장수로서의 태조 이성계의 권위를 계승하는 조선 국왕의 자질을 확인하는 군사 의례는 사실 대열이 아니라 강무였다. 그렇지만 태종이 세종을 시켜서 조선 군대의 총사령관으로서의 지위, 곧 군 통솔권자로서의 위상을 확인하는 군사 의례로서 갖추어 시행한 것은 대열이었다. 즉 정조는 실제 전투 훈련인 진법 훈련을 국왕이 현장에 나아가서 살피는 열무의 친열과 국왕의 군사 의례인 대열 사이의 차이를 인식하고, 실제 의례로서 대열이 거행될 수 있도록 그 의주를 마련한 것이었다.

대열의 이러한 의미와 가치는 정조의 측근이었던 인물들에 의해 순조에게 전달되었던 듯하다. 정순왕후의 수렴청정이 끝나고 1804년(순조 4년) 정월부터 순조가 친정을 시작한 뒤 거행된 첫 번째 대규모 국가 의례가 바로 대열이었다. 다만 이때의 대열은 순조가 명릉(明陵: 숙종과 인현왕후, 인원왕후의 능)과 홍릉(弘陵: 영조비 정성왕후의 능)에 친히 제사를 올리고 나서 환궁하는 길에 양철평 교장에서 훈련도감과 금위영, 어영청 병력과 금군을 동원하여 거행하여서 그 규모는 일반적인 열무와 크게 다르지 않았다.203) 그러나 이때에도 대열 전반을 좌통례가 주관하고 병조 판서가 '대열례'의 시행을 보고한 뒤 의례 절차에 따라 대열을 거행하였고, 그 뒤 다시 '대열례'를 마쳤음을 아뢰고 나서 환궁을 하여, 대열이 국왕의 군사 의례라는 점을 분명히 드러내고 있었다.

세도정치기의 다른 두 국왕인 헌종과 철종도 순조와 마찬가지로 재

---

203) 『承政院日記』 1877책(탈초본 99책) 순조 4년 2월 19일 己卯 9번째 기사

위기간 동안 한 차례씩 대열을 거행하였다. 특히 헌종은 재위 8년째인 1482년에 대열을 거행하면서, 정조 때의 대열 기록을 참고하여 그때와 마찬가지로 5영을 구성하였다. 다만 이때에는 중앙의 5군영 가운데 수어청 병력이 모두 남한산성에 나가 근무하고 있었던 까닭에, 수어청 대신 용호영을 넣어 5영을 편성하였고, 대열 장소도 모화관이어서 규모는 정조 때의 대열에 미칠 수 없었다.204) 그렇지만 헌종이 묘시(卯時: 오전 6시)에 창덕궁을 출발하여, 숭례문 밖에 마련된 행전(行殿)에서 병조 판서로부터 병력 동원 등에 대한 보고를 받고 병력 이동을 재가한 뒤, 병조 판서가 대열례 거행을 아뢰고, 대열을 진행하고, 대열례가 끝났음을 아뢰는 등의 절차는 정조 때의 대열과 같은 방식으로 진행하였다. 대열에 참여한 군사들에 대한 호궤 또한 이날 거행되어서, 전반적으로 규모는 작아졌으나 내용은 정조 때의 대열과 같았다고 할 수 있었다. 이러한 까닭에 대열이 끝난 뒤 영의정 조인영(趙寅永)은 헌종에게 '오늘의 대례(大禮)는 정조 무술(1778년, 정조 2년) 이후 65년 만에 처음 있는 일'이라고까지 말하였다.205) 조인영의 판단으로는 1804년(순조 4년)에 거행된 대열은 대열이 아니었던 것이다. 이 판단의 근거가 무엇인지는 드러나 있지 않으나, 순조의 대열은 보통의 열무와 마찬가지로 능행을 한 뒤에 시행한 점, 5군영을 동원하여 5영을 갖춘 것이 아니라 3군문만 동원하였던 점 등등이 아니었을까 추정된다.

철종도 한 차례 대열을 거행한 것으로 기록에 나타난다. 1854년(철종 5년) 8월 생모인 영원부대부인(鈴原府大夫人)의 묘소에 제사를 지내

---

204) 『承政院日記』 2400책(탈초본 119책) 헌종 8년 3월 15일 甲子 22번째 기사
205) 『承政院日記』 2400책(탈초본 119책) 헌종 8년 3월 21일 庚午 10번째 기사

고 나서 환궁하는 길에 모화관에서 대열을 행하였는데, 병조판서가 대열례를 마쳤다는 것을 아뢰는 기록이 있어서 이것이 대열이었음을 알 수 있을 뿐, 일반적인 열무와 별다른 차이를 발견하기 어렵다.206) 따라서 이 대열은 대체로 순조 때의 대열과 유사한 수준이었을 것으로 판단된다.

세도정치시기로 규정하는 1800년~1863년의 64년 동안 조선왕조실록의 기록에 등장하는 열무 기사는 순조 때 1건, 헌종 때 1건, 철종 때 3건 등 총 5건이다. 이 가운데 헌종 때의 열무는『헌종실록』에는 열무라 하였으나,『승정원일기』에서는 그것이 대열이었음을 볼 수 있다.207) 또한 철종 때의 열무 3건 가운데 1854년 8월에 시행한 것은『철종실록』에는 철종이 '용성부대부인(龍城府大夫人) 묘소에 가서 절을 드리고, 이어서 모화관 행전에 행차하여 열무를 거행하였다.'라 되어 있으나, 이날의『승정원일기』기록에는 철종이 영원부대부인의 묘소에 제사를 지내고 나서 환궁하는 길에 모화관에서 대열을 거행하고, 병조 판서가 대열례를 마쳤다고 아뢴 기사가 실려 있다.208) 이 두 건을 제외하면, 실제 세도정치기에 시행된 열무는 순조 때 1건, 철종 때 2건 등 총 3건이다. 이를 간단히 정리하면 아래와 같다.

---

206)『承政院日記』2558책(탈초본 123책) 철종 5년 8월 24일 庚申 11번째 기사
207)『憲宗實錄』권 9, 헌종 8년 3월 21일(庚午) 1번째 기사 ;『承政院日記』2400책(탈초본 119책) 헌종 8년 3월 21일 庚午 10번째 기사
208)『哲宗實錄』권 6, 철종 5년 8월 24일(庚申) 1번째 기사 ;『承政院日記』2558책(탈초본 123책) 철종 5년 8월 24일 庚申 11번째 기사
철종 생모의 호칭은 철종 즉위 후 鈴原府大夫人으로 올려졌다가, 1681년(철종 12년) 龍城府大夫人으로 바뀌었다(『哲宗實錄』권 1, 철종 즉위년 6월 23일(己丑) 1번째 기사 ; 권 13, 철종 12년 11월 6일(庚寅) 2번째 기사

〈사료 4-3-B〉

① 1803년(순조 3년) 8월 27일

순조가 모화관에 나아가 열무를 시행하고, 이어서 서총대시사를 시행하였다.209)

② 1852년(철종 3년) 8월 22일

철종이 용성대부인 묘소에 가서 절을 드리고, 이어서 모화관 행전에 행차하여 열무를 거행하였다.210)

③ 1861년(철종 12년) 2월 18일

철종이 남관왕묘에 나아가 전작례를 행하고, 이어서 용성대부인 묘소에 가서 절을 드리고, 환궁하다가 모화관 행전에 가서 열무를 거행하였다.211)

철종은 세도정치기의 세 국왕 가운데서도 가장 왕권이 약했다고 인식되는 군주이다. 그러나 국왕의 군사 활동이라는 측면에서 보면, 시사(試射)의 경우도 철종이 가장 활발하였다. 대열이든 열무든 어느 정도나 더 의례로서의 형식을 잘 갖추고 거행하는가의 차이가 있을 뿐 결국은 국왕이 진법 훈련을 지휘하는 것이 본질이라고 할 때, 이 두 군사 행사가 자주 열렸다는 것은 국왕이 중앙군의 군사 지휘권에 관심이 많았음을 나타내는 현상일 것이다. 대열과 열무를 합하여 헤아리면 순조의 재위 기간 34년 동안 2회, 헌종은 재위 15년 동안 1회인 데 비하여 철종은 재위 14년 동안 3회이므로, 철종이 상대적으로 중앙군의 군사

---

209) 詣慕華館閱武, 行瑞蔥臺試射(『純祖實錄』 권 5, 순조 3년 8월 27일(己丑) 1번째 기사). 이것을 "모화관에 나아가 열무하고, 서총대에서 시사를 행하다."라 번역하고 있는데, '서총대시사'가 하나의 제도로 정착해 있다는 사실을 인식하지 못한 데서 발생한 오역이다.

210) 『哲宗實錄』 권 4, 철종 3년 8월 22일(庚子) 1번째 기사

211) 『哲宗實錄』 권 13, 철종 12년 2월 18일(丙子) 1번째 기사

지휘권 행사에 관심이 가장 컸던 것으로 볼 수 있다. 표본의 크기가 작기는 하나, 이러한 점은 시사에서도 같은 양상이 나타났었다는 점에서 의미가 있다고 생각된다.

5장

맺음말
사예를 통해 본 조선왕실 무 문화의 변천

　조선의 국왕은 활쏘기를 다양한 관점에서 접근하고 있었다. 그 관심은 국왕 개인의 심신 수련에서부터 국가의 군사력 강화에 이르기까지 다양한 스펙트럼을 보인다. 본 연구는 문(文)과 상대되는 왕실의 무(武)를 사예(射藝)를 중심으로 구명함으로써 왕실문화의 주요한 측면을 새롭게 조명하고자 하였다.

　조선 국왕의 사예는 당초에 기사(騎射)가 중심이었다. 조선시대에 국왕을 중심으로 하여 거행되는 군례 중 규모가 가장 컸던 것이 강무였으며, 강무 때에는 당연히 국왕의 기사가 이루어졌다. 15세기 동안 66회에 이르는 강무가 시행되었다는 사실은 많은 사람의 눈앞에서 국왕의 기사가 그 이상으로 거행되었음을 뜻하였다. 그러나 이 강무는 일찌감치 15세기 말엽에 중단되고 말았다. 농경지 확대로 대표되는 자연환경의 변화, 성리학의 확산을 중심으로 한 사회 환경의 변화가 모두 강무에 불리하게 작용한 때문이었다. 이제 넓은 공간에서 사냥을 중심 내용으로 하여 시행되어야 했던 강무는 국왕의 의례로서 거행할 수 없는 상황이 되었다. 여기에 더해 왕권마저 약화된 조건 아래에서 강무는 조선 왕조가 끝날 때까지 다시는 시행될 수 없었다. 특히 군주의 사사로운 사냥은 『맹자』 이래로 유교에서 강력하게 금기시해온 것이어서, 시간이 흘러 조선이 유교 국가로 내면화되어 갈수록 어려워져 갔다.

조선중기 이후로 조선의 국왕이 사냥을 한 기록은 조선왕조실록과 『승정원일기』 그 어디에서도 확인되지 않는다. '사냥'을 핵심어로 검색을 하면 신하들이 상소를 올려 우리 주상은 '사냥을 하신 일이 한 번도 없다'는 식의 말로 칭찬하는 내용을 발견할 수 있을 뿐이다. 즉 조선중기부터 조선의 국왕에게 사냥은 해서는 아니 되는 금기로 자리를 잡았던 것으로, 이로부터 사냥이 중심 내용인 강무 또한 확실히 중단되었다. 처음에는 그 중요한 계기로 작용한 것이 연산군의 사냥일 것이라고 판단하였으나, 중종 또한 사냥에 매우 적극적이었고 나아가 강무를 회복하려 하였던 점에서 연산군의 사냥이 끼친 영향은 제한적이었음을 알 수 있었다.

15세기 말엽 성종 때를 마지막으로 조선에서 강무가 중단된 데 이어, 16세기 전반 중종 재위기간을 마지막으로 국왕의 사냥도 끝을 맺게 되었다. 중종에 이어 그 후대의 국왕 가운데서도 강무를 되살리려한 이들이 없지 않았으나, 17세기 후반 숙종에 이르러서는 국왕이 조선의 강무와 중국 의례의 강무를 구별하지 못하는 상황에 이르러 있었다. 이로써 태조 이성계의 후예로서 조선 국왕의 지위를 계승한 이들이 친히 기사를 함으로써 권위를 드러내던 의례와 행사가 모두 종언을 고하였다. 따라서 이제 조선 왕실의 문화 속에서 기사 사예는 국왕의 것일 수 없게 되었고, 국왕과 기사 사예의 관계는 국왕이 군사들의 기사 사예를 관람하는 데서 그치게 되었다.

대열은 강무에 버금가는 규모와 중요성을 지녔던 군례였다. 강무가 중단됨에 따라 16세기부터는 대열이 국왕을 중심으로 하여 거행하는 가장 중요한 군례의 위치를 차지하였다. 그러나 사림정치가 대두하여 본격화한 까닭에 국왕의 군사 의례로서의 대열은 시행하기 어려웠다. 그 결과 16세기 중엽 이후로 200년 넘게 대열 대신 열무가 국왕이 중심을 이루어 시행되는 가장 중요한 군사적 행사의 지위를 차지하였다.

　이렇게 되자, 열무의 개념에도 변화가 일어났다. 당초 무예나 군사적 활동을 국왕이 관람하는 것이면 모두 열무라 하던 것에서 바뀌어, 17세기에는 국왕이 중앙군의 습진(習陣) 곧 진법(陣法) 훈련을 관람하는 행사를 이르는 말로 정착되었다. 다만 중앙군을 습진할 때면 이에 이어 시사나 격구를 비롯한 여러 가지 무예 연습을 시키기도 하였다. 그 까닭에 국왕이 습진에 더해 이러한 무예 연습을 시키고 그 전체를 관람하는 것을 일러 또한 열무라 하는 경우가 적지 않았다. 따라서 17세기 동안에는 열무 개념의 융통성이 유지되고 있었던 가운데, 국왕이 중앙군에게 습진을 시키고 그것을 관람하는 것을 주로 열무라 하였다고 정리할 수 있다.

　17세기 초엽 인조연간에 열무가 이따금 시행되는 동안 대열은 국왕과 관료들의 기억에서 사라진 이름이 되어 있었다. 사실 열무는 『경국대전』에는 그 이름이 없음에도 16세기부터 국왕의 주요 군사 행사가 되어 있었다. 그 반면에 대열은 엄연히 『경국대전』에도 규정되어 있고, 또 구체적 내용은 들어 있지 않으나 그 이름이 『국조오례의』에도 들어가 있는 국왕의 의례였음에도 거행하지 못하고 있었다. 이따금 열무를 거행하던 가운데, 국왕의 군사 의례로서 대열이 존재한다는 사실이 이 시기의 국왕과 신료들의 기억에서 지워져 있었던 것이다. 그러한 까닭에 이 시기에는 대열을 '크게 군사들을 점열한다'는 뜻으로 사용할 수 있었다. 지방의 무관이 지방군을 소집하여 시행하는 조치에 대해서까지 공공연히 '대열'이라 쓰고 있었다. 이것은 국왕 중심 의례로서 대열을 거행하고 있었다면 일어날 수 없는 일이었다.

넓은 의미의 탕평정치를 시도한 시기로 알려져 있는 숙종연간에 이르러서도 조선 본연의 대열에 대해 국왕과 주요 신료들이 인지하였던 자취는 발견할 수 없다. 다만 북벌론이 대두한 효종 때부터 노량진의 사장에서 대규모로 열무를 시행하고 이것을 대열이라 기록하였음을 확인할 수 있을 뿐이다. 숙종 때 사과(司果) 이태서(李台瑞)가 대규모 열무 행사에 대한 감회를 시로 지어 올리면서 그 이름을 '대열부(大閱賦)'라 하였으나, 중국 주(周) 시대의 대열에서 이 행사의 근거를 찾아 성왕(成王)이 남긴 법도라 하였을 뿐, 조선 국왕의 군사 의례로서 대열이 있다는 사실을 드러내 언급하지는 않았던 것도 그 때문이었다.

효종이 대규모로 열무를 거행하고 그것을 대열이라 하였으나, 이것이 조선 초엽의 대열을 재현하고자 하는 시도로 발전할 가능성은 크지 않았다. 숙종이 재위하는 동안에는 그가 즉위하기 약 1년 전인 1673년(현종 14년) 중국 대륙 남부지역에서 일어나 약 10년 동안 지속되었던 오삼계의 난 또는 삼번의 난이라 부르는 사건의 여파가 남아 있어서, 습진이 활발해지는 이유로 작용하였다. 그러나 이때에도 대열을 재현하기보다는 습진의 내실을 갖추는 것이 더 중요시되었다. 앞에서 든 '대열부'와 관련되었던 1679년(숙종 5) 5월 노량진 사장에서 거행된 대규모 열무의 경우, 화거 수십 량을 동원하여 화거진(火車陣)을 치도록 하고는 금군 마병들에게 공격하여 돌파해보도록 하여 그 효과를 시험하였는데, 이것은 이때의 열무가 실전에 대비한 훈련으로서의 성격이 뚜렷하였음을 알려준다.

18세기에 접어들어 조선과 그 주변의 정세는 매우 안정적으로 바뀌었다. 청은 중국 남부지역을 완전히 장악한데 이어 러시아와 국경 분쟁을 빚고 있던 아무르강 유역 또한 차지하고 이를 1689년 네르친스크 조약 체결을 통해 확인하였고, 이에 따라 동북아시아 지역은 지구의 다른 지역과 달리 장기간의 평화가 지속되었다. 이 때문에 열무의 필요성이 약화되었다고는 할 수 없으나, 이제는 대열에 관심을 기울일 수 있는 여유가 생긴 것이 사실이었다. 그 한편 권위의 강화를 시도하고 있던 국왕의 처지로서는 『경국대전』에는 이름도 나오지 않는 열무만을 지속하고 『경국대전』과 『국조오례의』에 명확히 규정되어 있는 대열의 거행을 회피한다는 것이 꺼림칙할 수밖에 없었다. 이에 따라 18세기 영조~정조연간에는 종전처럼 열무를 실시하는 한편으로, 새로 정비된 내용으로 대열을 시행하고자 하는 시도가 나타나게 되었다. 나아가서 이 새로운 내용의 대열을 국왕 의례의 하나로 제도화하는 조치가 이루어지게 되었다. 그러나 이 새로운 내용의 대열을 정례적으로 시행할 수 있을 정도로 왕권이 강력해졌는가는 또 다른 조건이었다.

조선의 국왕이 강무의 일환으로 사냥을 하든 아니면 매 사냥을 하든, 사냥을 한다는 것은 그 자체가 왕이 직접 활을 쏜다는 것을 의미하였다. 즉 조선초기 동안 국왕이 자주 사냥을 하였다는 것은 직접 활을 쏠 기회가 많았다는 것을 뜻하였다. 더구나 이때의 사예는 기사여서 보사와 비교할 상대가 아니었다. 이에 비해 국왕이 활을 쏘는 내용을 담은 나머지 의례는 모두 보사 사예일 뿐이었다. 그러한 까닭인지 조선초기 동안에는 강무 외에는 국왕이 활을 쏘는 내용을 담은 의례가 중요시된 적이 거의 없었다.

강무를 제외하고 보면,『세종실록』오례의나『국조오례의』군례에 규정된 의례 가운데 국왕이 과녁을 향해 친히 활을 쏘는 내용을 담은 것은 사우사단의와 대사례 두 가지가 있었다. 이 가운데 대사례는 성종 때 들어와서야 비로소 의식 규정이 마련되었으므로, 조선초기 전반에 걸쳐 국왕의 공식 의식의 하나로서 과녁을 향해 친히 활을 쏠 수 있었던 것은 사우사단의였다. 그러나 엄연히『세종실록』오례의와『국조오례의』는 물론이고『속오례의』에도 들어 있는 이 의식은 조선왕조 전체를 통틀어 거행하였음을 확인할 수 있는 기록이 전혀 없다. 유교식으로 정비된 활을 쏘는 의식으로서 그 가치를 높이 평가받고 있는 대사례의 경우도 별반 다르지 않았다. 조선왕조 전체를 통틀어서 대사례는 6회, 정조 때의 연사례까지 포함해도 8회밖에 거행하지 않았던 것이다. 연사례를 제외하면 오직 연산군만이 조선왕조의 역대 군주 가운데 대사례를 2회 거행한 유일무이한 임금이었다. 즉 유교식으로 정비된 활 쏘는 의식으로서 그 가치를 높이 평가하는 대사례에 대한 담론이 사료 곳곳에 존재하는 현실과 실제 조선왕실에서 대사례를 얼마나 중요시하여 자주 거행하였는가는 전혀 별도의 사안이었던 것이다. 이 두 가지 가운데에서 왕실문화의 실제를 나타내는 것은 대사례에 대한 담론이 아니라 빈번히 거행된 활쏘기 관련 행사의 실상이었다.

대사례는 향사례와 함께 군례 의례들 가운데서 유교 의례로서의 성격이 가장 강하였다. 그럼에도 유교 국가를 표방하였던 조선왕조가 멸망하기 전까지 대사례는 총 6회 시행하였을 뿐이었다. 성종 때 1회(1471년), 연산군 때 2회(1502년, 1505년), 중종 때 1회(1534년), 영조 때 2회(1743년, 1764년) 대사례를 거행하였던 것이다. 정조 때에는 1783년(정조 7년) 연사례를 거행한 바 있는데, '정조가 그 동안 조선에서 시행한 대사례는 실제는 연사례였다고 하여 이 이름으로 바꾸었다'는 이유로 이 또한 대사례로 간주하기도 하나, 실제 내용은 같지 않았다. 정조는 정작 연사례의 의주를 만든 뒤 다시는 연사례를 거행하지 않았다. 그러므로 대사례와 연사례 등 유교식 활쏘기 의례가 조선시대 왕실문화에서 차지하는 위치는 그 형식을 갖추었다는 정도에 있을 뿐이며, 왕실문화의 내면에까지 힘을 발휘하였다고 볼 수는 없다.

조선초기 동안에는 국왕이 친히 활을 쏘는 일이 많았을 뿐만이 아니라, 활을 쏘는 것과 관련된 의식도 활발하게 거행하였다. 이러한 의식 중 국왕이 자주 참여한 것으로는 관사(觀射)가 있었다. 종친 이하 신료들이나 군사들에게 과녁을 향해 활을 쏘도록 하고 이를 관람하는 것을 관사라 하였다. 이와 관련하여 또한 관사우사단의(觀射于射壇儀)라는 이름으로 군례 의식의 하나로 의례가 규정되어 있으나, 실제 조선왕조실록의 기록에서 확인할 수 있는 관사들은 『세종실록』 오례의나 『국조오례의』 군례에 규정된 관사우사단의 규정을 준수하여 거행하지는 않았다. 관사를 거행하는 장소는 궁궐의 후원, 경회루 앞, 국가가 정자를 지어 놓은 도성 안팎의 여러 명승지들이었고, 자연스럽게 술잔치로 귀결되었다. 조선초기의 여러 국왕이 사실 활쏘기 시합이라는 명분 아래 주요 인물들과의 친목 도모 장치로서 관사라는 의식을 거행하였던 것이다. 다만 세종과 문종만이 장교층 군사들의 무예 향상을 그들과의 친목 도모에 못지않게 의미를 부여하고서 주로 이들을 불러서 관사를 행하였을 따름이었다.

그런데 16세기 이후로 관사라는 이름의 행사는 차츰 줄어들고, 대신 '시사'라 하여 시험 과목으로서의 활쏘기를 국왕이 현장에 나아가 관람하는 내용의 의식이 많아지고 있었다. 사림정치가 본격적으로 전개되고 성리학의 힘이 강력하게 행사되기 시작한 조건에서 활쏘기 시합이라는 명분 아래 훈구세력의 주요 인물들과 친목을 도모하는 장치로 애용되어 온 관사는 더는 왕실문화에서 한 자리를 차지하기가 쉽지 않게 되었던 것이다. 이로부터 이름은 관사라 하더라도 군사들의 활쏘기를 격려하는 것을 넘어서는 행사는 자취를 감추었다.

문무관원과 군사들에게 활쏘기를 익히도록 하고 이어서 시험을 보이는 일은 고려 때의 전통을 계승하여 조선 건국 후에도 이어지고 있었다. 그러나 무과 전시를 제외하고는 국왕이 활쏘기 시험에 나아가 친히 관람하는 일은 매우 드물었다. 즉 조선왕조실록에 기록된 시사는 국왕이 친림하거나, 상사(償賜)를 할 목적으로 누군가가 국왕 대신 현장에 나가서 본 경우의 것들이었다. 다시 말하면, 시사는 조선시대 어느 시기에나 꾸준히 시행되고 있었으나, 조선초기에는 국왕이 친림한 일이 거의 없는 까닭에 조선왕조실록의 기록에 오를 일도 거의 없었던 것이다. 다만 세종 때를 중심으로 활과 화살의 성능을 개량하고 그것을 시험하느라고 관원이나 장교층 군사들에게 활쏘기를 시킨 기록이 '시사'라 한 것들의 주류를 이루었고, 세조 때의 시사도 이와 비슷하였다.

그러한 가운데 세조 때에는 군사들의 시사를 왕이 나아가 보는 일 또한 시작되었고, 이것이 성종 때 본격화하였다. 당시 활쏘기 시험을 보이는 대상은 주로 내금위 등 금군에서 갑사까지의 장교층 군사들이었다. 사실 임금 앞에서 쏠만한 활을 가지고 있다는 것은 그 자체가 지배층의 범주에 든다는 것 또는 신분 지위는 낮아도 재산이 꽤 있다는 것을 뜻하였다. 내금위로부터서 갑사에 이르는 자들은 경제적으로는 지주 계급이었고, 갑사 이상은 명문가의 후손이거나 지방 유력자의 자제라야 들어갈 수 있는 병종이었다. 즉 이 시기의 시사 역시 국왕이 상사를 통해서 젊은 장교층 가운데서 사예가 뛰어난 자들과 친문을 맺을 수 있는 장치여서, 관사의 범주에 포함될 수 있는 속성의 것이었다.

　이러한 사정은 17, 18세기까지도 크게 다르지 않았다. 이제 국왕이 가장 선호하는 시사 대상은 별군직이었다. 별군직은 청에 항전하다 죽은 무관의 후손을 대우하고자 만든 것이어서 명에 대한 조선의 의리와 연결되어 있고, 별군직으로 재직하는 이들은 고위 장수로의 승진이 사실상 보장된 존재들이었다. 이러한 점에서 별군직을 대상으로 한 시사에 국왕이 친림하는 것은 내금위로부터서 갑사에 이르는 자들을 시사하는 데에 나아가는 것보다 그 정치적 이유가 훨씬 두드러졌다. 이러한 까닭에 영조 재위 중반에 이르기까지도 주로 별군직만을 대상으로 친림시사가 이루어졌고, 그 횟수는 평균으로 볼 때 1년에 1회에도 미치지 못하였었다.

　국왕이 군사들의 시사를 자주 관람하는 변화는 영조 재위 후반에 이르러 나타났다. 국왕이 시사에 나아가서 보는 대상이 크게 확대된 때문이었다. 이에 따라 한 해에 여러 차례, 많으면 10회 이상 친림시사를 거행하였다. 영조는 더 나아가 많은 신하나 군사들이 지켜보는 가운데 친히 활을 쏘는 일종의 정치적 이벤트도 자주 거행하였다. 영조는 대열 또한 국왕의 군사 의례로서 거행하고자 하였으나, 끝내 대규모 열무의 틀을 벗어나지 못하였다. 영조 때 일어난 이러한 변화는 세종 때를 중심으로 펼쳐졌던 화려한 문화를 계승하고 재현하고자 하였던 의도와 연결되어 있었다. 이 의도는 『속대전』과 『국조속오례의』, 『속병장도설』를 편찬함으로써 구체화하였다. 영조와 그 측근들은 이 과정에서 조선초기의 문물 정비가 고려말의 경험에 대한 반성을 바탕으로 하여 강력한 왕권을 구축하고 국왕이 중심이 되어 부국강병과 이를 위한 민본이념을 실현하려는 목적의식 아래에서 이루어진 것임을 어느 정도 파악하였으나, 역사적 조건이 이미 바뀐 상황에서 조선초기의 문화를 그대로 재현하는 것은 불가능하였다.

이러한 점은 정조 때에도 크게 다르지 않았다. 정조도 조선 왕실은 태조 이성계의 혈통을 이은 무가(武家)라는 자의식이 강하였고, 조선 국왕의 권위를 강화하기 위해서는 무사(武事)에도 상당한 비중을 두어야 한다는 점을 명확히 인식하고 있었고, 젊은 장교층에서 친위세력을 형성하겠다는 의욕 또한 컸다. 정조 때에 『속대전』을 잇는 법전으로 『대전통편』을 간행하였고, 국가의례를 구체적으로 정리하여 『춘관통고』를 편찬하였으며, 실전용 무예 18종을 담은 『무예도보통지(武藝圖譜通志)』도 편찬하였다. 정조는 그의 재위 2년인 1778년 9월 오군영 군사들을 동원하여 대열을 거행한 뒤 그 의주를 다듬어 만들고서는 다시는 대열을 거행하지 않았다. 조선 국왕의 강력한 군 통솔권을 상징하는 국왕의 군사 의례인 대열을 재현할 수는 있으나, 군사조직의 내용을 비롯하여 여러 조건이 바뀐 상황에서 대열을 거듭 시행하는 것에는 어려움이 많음을 정조가 모를 리 없었다. 이에 따라 정조는 대열을 다시 거행하기보다는 왕권 강화에 실질적인 효과가 있는 무사(武事)를 행하는 쪽으로 방향을 잡았는데, 직접 사예(射藝)를 펼치거나 신료와 군사들의 사예를 펼치도록 하였다는 점이 주목된다. 그는 별군직만이 아니라 여러 종류의 장교들을 중심 대상으로 삼아 시사를 하고 상을 주며 잔치를 하였고, 이와 아울러 이것을 친림시사로 규정하여 국왕의례의 하나로 만들었으며, 여러 신하와 군사들 앞에서 친히 활을 쏘는 행사를 자주 열어 즐겼다. 이상의 일들은 정조의 조선 왕실은 무가라는 인식, 무사에 대한 인식이 구현된 결과였다.

영조~정조연간은 조선 왕실이 불세출의 무장이자 신궁인 태조 이성계의 후손이라는 자의식이 되살아난 시기였으며, 특히 정조 때에는 국왕의 사예 시행과 신료와 군사의 사예를 국왕이 친람하는 행사가 대거 제도화하였다. 이에 따라 영조~정조 때의 변화가 후대로 계승될 가능성이 커졌다. 이것이 왕권이 매우 약해졌다고 평가받고 있는 세도정치기에도 국왕이 자주 친림시사를 하고 또 친사를 하였던 배경이었다. 특히 국왕이 또는 대리청정하는 세자가 무반에서 친위세력을 만들고자 하는 의도가 있을 때마다 친림시사가 잦아지는 현상이 나타나고 있었다. 그러나 그 의도가 좌절되거나 세자가 사망하여 친림시사도 드물어졌고, 결국 세도정치기 동안 왕권은 세도가들의 장벽을 넘어서지 못하였다.

『高麗史』

『高麗史節要』

『太祖實錄』~『高宗實錄』

『承政院日記』

『國朝五禮儀』

『國朝五禮序例』

『國朝續五禮儀』

『東國輿地備考』

『萬機要覽』

『續兵將圖說』

『樂學軌範』

『銀臺條例』

『銀臺便攷』

『增補文獻備考』

『春官通考』

正祖, 『弘齋全書』

鄭道傳,『朝鮮經國典』

『兵政』(栖碧外史海外蒐佚本 20), 1986, 亞細亞文化社

『兵將說·陣法』, 1983, 國防部戰史編纂委員會

『大射禮儀軌』, 서울대학교 奎章閣, 2001

이혜구, 1980,『국역악학궤범』, 민족문화추진회

韓㳓劤 외,『譯註 經國大典』, 1986, 韓國精神文化研究院

『周禮』

『宋史』禮志

『三才圖會』

孫詒讓,『周禮正義』

고영진, 1995,『조선중기 예학사상사』, 한길사

김 범, 2007,『사화와 반정의 시대』, 역사비평사

김 범, 2010,『연산군 그 인간과 시대의 내면』, 글항아리

김승우, 2012,『용비어천가의 성립과 수용』, 보고사

金瑛河, 2002,『韓國古代社會의 軍事와 政治』, 高麗大 民族文化研究院

김일환·정수미, 2002, 『궁시장』(국립문화재연구소 중요무형문화재 기록
　　　　도서), 화산문화

노영구, 2016,『조선후기의 전술 – 병학통 연구를 중심으로』, 그물

박광용, 1998,『영조와 정조의 나라』, 푸른역사

朴元熇, 2002.『明初朝鮮關係史研究』, 一潮閣

신명호, 1998,『조선의 왕 –조선시대 왕과 왕실문화–』, 가람기획

신명호, 2002,『조선 왕실의 의례와 생활 –궁중문화–』, 돌베개

오종록, 2014,『조선초기 양계의 군사제도와 국방』, 국학자료원

李範稷, 1991,『韓國中世禮思想研究 –五禮를 中心으로–』, 一潮閣

이범직, 2004,『조선시대 예학연구』, 국학자료원

장사훈, 1969,『한국악기대관』, 한국국악학회

정진명, 1996,『우리 활 이야기』, 학민사

趙東杰, 1998,『現代韓國史學史』, 나남출판

崔承熙, 2002,『朝鮮初期 政治史硏究』, 지식산업사

최형국, 2013,『조선후기 기병전술과 마상무예』, 혜안

한만영, 1975,『국악개론』, 한국국악학회

韓亨周, 2002,『朝鮮初期 國家祭禮 硏究』, 一潮閣,

杨志剛(楊志剛), 2000,『中國禮儀制度硏究』, 華東師範大學出版社(上海)

姜信曄, 2001,「朝鮮時代 大射禮의 施行과 그 運營 −『大射禮儀軌』를 중심
    으로」,『朝鮮時代史學報』16

김광언, 2006,「한국 재래 사냥구와 사냥법」,『생활문물연구』18

金東慶, 2008,「조선초기 진법의 발전과 군사기능」, 국방대학교 안전보장
    대학원 석사논문

김동경, 2010,「조선 초기의 군사전통 변화와 진법훈련」,『군사』74, 국방
    부 군사편찬연구소

金東珍, 2007,「朝鮮前期 講武의 施行과 捕虎政策」,『朝鮮時代史學報』40,
    朝鮮時代史學會

金文植, 1997,「18세기 후반 正祖 陵行의 意義」,『韓國學報』88, 一志社

김지영, 2009,「조선후기 경험된 권력」,『국왕, 의례, 정치』, 이태진 교수
    정년기념논총 간행위원회 편, 태학사

김지영, 2005,「조선후기 儀軌 班次圖의 기초적 연구」,『韓國學報』118, 一
    志社

남호헌, 2016,「18세기 관왕묘에 대한 인식의 전환과 그 의미」,『역사와현
    실』101, 한국역사연구회

盧永九, 2008,「조선후기 漢城에서의 閱武 시행과 그 의미 − 大閱 사례를
    중심으로 −」,『서울학연구』32, 서울학연구소

朴道植, 1987,「朝鮮初期 講武制에 관한 一考察」,『朴性鳳敎授回甲紀念論

叢』, 경희대사학논총간행위원회

박윤서, 1987, 「조선시대 궁시의 발달」, 『학예지』 1, 육군사관학교 육군박
    물관

박재광, 2007, 「부국강병의 토대, 조선전기의 무기와 무예」, 『한국문화사
    14 ―나라를 지켜낸 우리 무기와 무예―』, 국사편찬위원회

박종배, 2003, 「조선시대 成均館 大射禮의 시행과 그 의의」, 『교육사학연
    구』 13, 교육사학회

소순규, 2012, 「조선초 大閱儀의 의례 구조와 정치적 의미」, 『史叢』 75, 고
    려대학교역사연구소

申炳周, 2001, 「『大射禮儀軌』 解題」, 『大射禮儀軌』, 서울대학교 奎章閣

申炳周, 2002, 「英祖代 大射禮의 실시 ―大射禮儀軌」, 『韓國學報』 106, 一
    志社

심승구, 2009, 「朝鮮時代 大射禮의 設行과 政治·社會的 意味 ―1743년(영
    조 19) 大射禮를 중심으로」, 『한국학논총』 32, 국민대 한국학연구소

심승구, 2005, 「조선전기의 觀武才 연구」, 『향토서울』 65

심승구, 2007, 「조선시대 사냥의 추이와 특성 ―講武와 捉虎를 중심으로―」,
    『역사민속학』 24

심승구, 2011, 「권력과 사냥」, 『한국문화사 40 ―사냥으로 본 삶과 문화』,
    국사편찬위원회

오종록, 1990, 「중앙 군영의 변동과 정치적 기능」, 『조선정치사 1800~
    1863(하)』, 한국역사연구회, 청년사

오종록, 2003, 「조선 군사력의 실태」, 『조선중기 정치와 정책 ―인조~현
    종 시기』(대우학술총서 558), 한국역사연구회, 아카넷

오종록, 2005, 「조선전기사 연구 50년」, 『한국사연구 50년』(이화여대 한
    국문화연구원 편), 혜안

오종록, 2015, 「군왕이 일어서니 세상이 바로 서다 ―조선의 군례―」, 『조
    선의 국가의례, 오례』, 국립고궁박물관

尹絲淳, 2000,「16세기 天命思想과 儒敎政治」,『歷史上의 國家權力과 宗敎』, 歷史學會(編), 一潮閣

윤훈표, 2012,「군사 훈련」,『한국군사사 6』

이왕무, 2002,「조선후기 국왕의 扈衛와 行幸」,『藏書閣』7, 韓國精神文化研究院

이왕무, 2019,『조선왕실의 군사의례』, 세창출판사

李泰鎭, 1986,「士林派의 留鄕所 復立運動 －朝鮮初期 性理學 定着의 社會的 背景」,『韓國社會史研究 －農業技術 發達과 社會變動－』, 지식산업사

李玗秀, 2002,「조선초기 講武 施行事例와 軍事的 기능」,『軍史』45

정재훈, 2009,「조선시대 국왕의례에 대한 연구 －강무(講武)를 중심으로－」, 「한국사상과 문화」, 한국사상문화연구원

千寬宇, 1964,「朝鮮初期 '五衛'의 兵種」,『史學研究』18(痴庵申奭鎬博士華甲紀念論文集), 韓國史學會

崔永禧, 1963,「瑞蔥臺에 對하여」,『향토서울』18호, 서울특별시사편찬위원회

許善道, 1981,「<陣法>考－朝鮮前期의 中央軍制를 槪觀하고 同書名 <兵將圖說>의 잘못을 바로잡음－」,『軍史』3, 국방부 전사편찬위원회

| ㅂ |

오종록

고려대학교 사학과에서 학사, 석사, 박사 학위를 받았으며, 그 사이에 민족문화추진회 국역연수원 연수부를 수료하였다. 여러 대학의 사학과, 한국사학과, 역사교육과, 한문학과 강의를 하였고, 고려대 연구교수와 성신여대 사학과 교수를 지냈다. 주로 조선시대의 군사제도와 정치를 연구하여『조선초기 양계의 군사제도와 국방』,『여말선초 지방군제 연구』,『한국 한문사료 해석 연구』를 펴냈고, 한국역사연구회에서 활동하며 공동연구성과로『조선정치사 1800~1863』(상, 하),『조선중기 정치와 정책－인조~현종시기－』등을 냈고,『한국역사 속의 전쟁』,『조선시대 사람들은 어떻게 살았을까』(1, 2) 등 여러 책에 공저자로 참여하였다.

이 총서는 조선시대 왕실문화가 제도화하는 양상을 고찰하여 그 전반을 종합적으로 구명하는 데에 목적을 두었다. 제도화 양상은 유교적 제도화와 비유교적 제도화 그리고 이 두 방면에 서로 걸치는 형태로 진행되었다고 보았다. 연구 결과, 전반적으로 조선 왕실에 대해서도 유교문화의 지배력이 강화되어 가는 추세 속에, 부문에 따라 종래의 왕실문화 전통과 연결되거나 사회 구성원 대다수가 향유하는 속성의 문화 요소가 예상보다 강력하게 유지되었음을 확인할 수 있었다. 요컨대 조선왕실의 문화는 왕실문화로서의 정체성을 확보하려는 의지, 양반 사족의 기대에 부응하려는 노력 및 알게 모르게 서민들과 정서를 소통하는 양상이 공존하였던 것이다.

조선 왕실 문화의
제도화 양상 연구
6

조선 왕실의 사예(射藝)와 무(武) 문화

| 초판 1쇄 인쇄일 | | 2022년 4월 15일 |
| 초판 1쇄 발행일 | | 2022년 4월 22일 |

지은이		오종록
펴낸이		정진이
편집/디자인		우정민 우민지
마케팅		정찬용 정구형
영업관리		한선희 김보선
책임편집		우정민
인쇄처		으뜸사
펴낸곳		국학자료원 새미(주)

등록일 2005 03 15 제25100-2005-000008호
경기도 고양시 일산동구 중앙로 1261번길 79 하이베라스 405호
Tel 442-4623 Fax 6499-3082
www.kookhak.co.kr
kookhak2001@hanmail.net

| ISBN | | 979-11-6797-048-0 *93910 |
| 가격 | | 29,000원 |

* 저자와의 협의하에 인지는 생략합니다.
잘못된 책은 구입하신 곳에서 교환하여 드립니다.
국학자료원·새미 북치는마을·LIE는 국학자료원 새미(주)의 브랜드입니다.